Legendäre GOLF CLUBS
in
Schottland, England, Wales und Irland

Legendäre GOLF CLUBS
in
Schottland, England, Wales und Irland

Fotos:
Anthony Edgeworth

Text:
John de St. Jorre

HEEL

Vorwort

Ich wünschte, dieses Buch über jene „Legendären Golfclubs" wäre vor 1987/1988 geschrieben worden, als ich einige dieser Plätze besuchte und ich gerne besser auf diese ungewöhnliche Erfahrung vorbereitet gewesen wäre. Obwohl ich es nicht dabei hatte und ich mich auf eigene Faust durchschlug, ist dieses Werk eine Bereicherung. Es vermittelt tiefe Einblicke in diese besonderen Orte, sodass ich nicht nur größeren Respekt vor ihnen habe, sondern auch die Lust verspüre, die anderen Plätze zu besuchen.

Angesichts der vorliegenden Schatztruhe, gefüllt mit Informationen, Eindrücken und menschlich ergreifenden Geschichten sind wir Anthony Edgeworth mit seinem ausgeprägten Blick fürs Bild sowie John de St. Jorre für seine Aufmerksamkeit, die Geschichten dieser ungewöhnlichen Clubs in Worte zu fassen, zu Dank verpflichtet. Hier werden sie sensibel im richtigen Zusammenhang, mit Gefühl und in sprachlicher Gewandtheit wie auch humorvoller Form dargestellt.

Obwohl die jeweilige Umgebung der Clubs in vielerlei Hinsicht – nicht zuletzt unter ästhetischen Gesichtspunkten – unterschiedlich ausfällt, so gibt es dennoch Gemeinsamkeiten und Werte, die sich dem Leser bei ihrem Besuch „aus zweiter Hand" erschließen. Diese Gemeinsamkeiten beziehen sich auf den sozialen – und damit auf das Verhalten der Mitglieder – sowie auf den sportlichen Aspekt mit der Liebe zum Golfsport als gemeinsamem Nenner.

Jene soziale Dimension in den Clubs erklärt sich durch den ausgeprägten Hang der Engländer, bestimmte Vergnügen mit einer Clubgemeinschaft zu teilen, so wie auch das Buch der „Legendären Golfclubs" von dieser Idee durchdrungen ist. Zwar gibt es sicher eine Menge Gründe für eine Club-Mitgliedschaft, doch allen Clubs gemeinsam ist eine bestimmte Gesinnung und die tief empfundene Verpflichtung, Traditionen zu wahren.

Lebendes Beispiel für eine Persönlichkeit, die dieses Postulat vertrat, war für mich Bernard Darwin, dessen Begeisterung für das Clubleben geradezu legendär war, sei es durch Taten oder Worte.

Die Liebe der Mitglieder für den Golfsport ist ein weiteres wesentliches Moment in diesen Clubs. Nicht etwa das Handicap spielt eine Rolle, vielmehr das Gefühl für das Spiel sowie der intuitive Verbrüderungseffekt mit all jenen, die diesen Sport ausüben und damit etwas Besonderes teilen. John Updike brachte es auf den Punkt: „Golf-Kameradschaft ist mit der von Astronauten oder Arktis-Forschern vergleichbar, die auf einer gemeinsamen Erhabenheit gründet. Ob dick oder dünn, ob guter oder schlechter Spieler – wir leben etwas gemeinsam, was Nicht-Golfer niemals nachempfinden können."

Es ist eine in der Sache reine Erfahrung und auch das Bewusstsein hierfür ist zeitlos. Und es ist – für immer und ewig – dasselbe Gefühl für alle Golfer. Ich mag den Gedanken, dass wir wegen dieser Zeitlosigkeit auch ein Stück Unsterblichkeit beanspruchen können – das wohl wertvollste Gut überhaupt.

William C. Campbell
Huntington, West Virginia
August 1998

Einführung
Lebensart

Die Gründungsväter der in diesem Buch erwähnten Golfclubs verband mehr als die Liebe zum Golfsport. Allesamt waren sie hochgestellte Persönlichkeiten, Aristokraten, Landadel, Rechtsanwälte, Bankiers und Industrielle. Von den Gründern eines einzigen Clubs einmal abgesehen, lebten sie durchweg in den gesellschaftlichen Schichten des späten viktorianischen und edwardianischen Großbritanniens. Mit dem ländlichen Leben waren sie sehr verbunden, liebten die Jagd und teilten ihre Leidenschaft für den Sport. Männerfreundschaften hatten einen hohen Stellenwert in ihrem Leben, sei es in den städtischen Clubs, bei der Fuchsjagd oder beim gemeinsamen Golfspiel. Sie hatten einfach Zeit und überlegten ständig, wie sie in Gesellschaft auf unterhaltende Art und Weise ihre Freizeit verbringen konnten.

Der Golfsport, der im ausgehenden 19. Jahrhundert immer populärer wurde, passte perfekt in das soziale Gefüge und die sportlichen Vorlieben dieser Männer. Es war ein Spiel, das gehobene Lebensart und Umgangsformen miteinander vereinte. Kurz – ein Spiel für Gentlemen, die instinktiv immer das Richtige tun.

All dies brachten sie in die von ihnen gegründeten Clubs ein, die sich dann zu außerordentlich geschlossenen Vereinen entwickelten – und dies auch blieben. Davon abgesehen glaubten die Gründerväter an die höheren Werte des Golfsports und spielten eine entscheidende Rolle bei der Entwicklung der ersten Amateur- und Profi-Wettkämpfe. Sie organisierten sie, stifteten Preise und öffneten ihre Plätze für Turniere und Wettkämpfe. Sie gewährten Profispielern Einlass, wenn schon nicht in ihrem Clubhaus, so doch wenigstens als Konkurrenten und Lehrer. Sie ersannen gemeinsam mit lokalen Golfern ländliche Clubs auf Dünenplätzen. Alles zusammen ein Erbe, das in der bemerkenswerten Form der Golf-Etikette weiterlebt. Ein Spiel, bei dem sich die Teilnehmer selbst Strafen auferlegen, beim dem niemand mit seinen Schlägern um sich wirft und bei dem eine Schiedsrichterentscheidung unwidersprochen akzeptiert wird.

Häufig werden Mitgliedschaften in diesen Clubs von den Eltern auf die Kinder weitergegeben. Neue Mitglieder werden – von wenigen Ausnahmen abgesehen – nur unter der Voraussetzung angenommen, wie gut sie zu den alten Mitgliedern passen. Verhaltensregeln, die noch von den Gründern aufgestellt wurden, sind heute noch gültig: Für die einen Foursome, für die anderen Four-Ball; für die einen Wettbewerb, für die anderen Entspannung und Geselligkeit; für die einen gehobene Küche, für die anderen schlichte Ernährung; für die einen edle Clubräume, für die anderen Unterschlupf in einer anspruchslosen Bar.

Ein flüchtiger Blick in den Rauchraum oder die Clubhausbar eines jeden Clubs aus diesem Buch beweist, wie gut Traditionen bewahrt wurden. Das instinktive Festhalten an welcher Art von Kleiderordnung auch immer – Sie werden es auf diesen Buchseiten erleben. Meistens ein Jacket und Krawatte als Referenz an die Clubgeschichte und deren durch das Vereinssilber, die Porträts und die Ehrentafeln glänzende Persönlichkeiten. Höfliches, effektives und oft langjährig unverändertes Personal. Ein enges Verhältnis zwischen den meisten Mitgliedern und eine großzügige Gastfreundschaft. Und nicht zuletzt ein fast abartiger Respekt gegenüber dem Clubhaus und seiner Einrichtung. Die Geräusche und Gerüche beschwören das Fortleben der Tradition, so das Knirschen der Spikes auf dem Kies, das Murmeln der wartenden Caddies, das Klingen der Gläser in der Bar, das Aroma von heißem Butter-Toast und der Duft von Pfeifen- und Zigarrenrauch, der – nachdem das letzte Clubmitglied nach Hause gegangen ist – den Geist von längst verstorbenen Golfern beschwört.

Untermauert wird dieses traditionelle Drum und Dran von der ewig währenden Liebesaffäre mit dem Golfsport, den diese Clubs seit einhundert und mehr Jahren pflegen. Mitglieder kommen nicht einfach nur für einen Drink nach der Arbeit, sie kommen zum Golfspielen. Was freilich nicht bedeutet, dass sie von der Art ihres Spiels besessen sind. So besteht die traditionelle Vorbereitung in diesen Clubs auf dem ersten Abschlag in der Regel aus ein paar Übungsschwüngen mit dem Driver – und hat damit nichts mit den typischen Vorspiel-Ritualen in vergleichbaren amerikanischen Clubs zu tun.

Trotzdem – Wandel hat stattgefunden. Am häufigsten war er wirtschaftlich bedingt und von sozialen Faktoren abhängig, die nichts mit dem Club zu tun hatten. Privater Reichtum mag bei den Clubgründern ein unausgesprochenes Gesetz gewesen sein. Heute ist es für diese Clubs sehr wichtig, dass eine Mitgliedschaft nicht vom Geld, sondern vielmehr davon abhängig ist, inwieweit man ein anerkanntes Mitglied sein kann. Dies bedeutet, dass die Einnahmen durch Greenfee-Spieler und sogenannte Golfing Societys erbracht werden müssen (in England sind Golfing Societys Vereinigungen von Golfern, die sich aus schulischen, beruflichen oder sonstigen Gründen zusammengefunden haben, um untereinander oder gegen andere Golfing Societys im ganzen Land zu spielen). Ein Gebot der Stunde ist auch die Pflicht, als Nutznießer einiger der berühmtesten Golfanlangen der Welt die eigene Anlage auch einem größeren Publikum zugänglich zu machen. Das widerspricht freilich dem dritten Gebot, nämlich den privaten Charakter des Clubs beizubehalten und den Mitgliedern zu ermöglichen, ihre Anlage so zu nutzen wie sie dies gerne möchten.

Jene gemütlichen Zeiten, in denen es sich die Mitglieder erlauben konnten, mehr Zeit auf dem Platz als im Büro zu verbringen, sie sind vorüber. Der Arbeitsdruck, die Ehepartner und Familien, die den Golfer zu Hause erwarten und der allgemein hektischere Alltag – dies alles bedeutet weniger Zeit im Club, auch wenn einige Mitglieder nach wie vor mehrere Clubs frequentieren. Die sich zuziehende Schlinge der Gesetze gegen Alkohol am Steuer haben sich auf das Sozialleben in den Golfclubs stark ausgewirkt. Es wird immer weniger getrunken, und Golfer hängen nicht mehr so lange wie früher im Clubhaus herum.

Auch die Zeiten, in denen einige Club-Geschäftsführer nebenbei willkürliche Macht ausübten, sind passé. Dennoch haben die Clubs nach wie vor einen starken Hang zur Selbstverwaltung auf freiwilliger Basis mit Hilfe eines oder mehrerer Mitglieder. „Bis zu einem gewissen Grad brauchen alle Clubs eine feste Hand", meint ein Mitglied des Golfclubs Royal County Down. „Wenn die Dinge gut laufen sollen, darf es nicht zu demokratisch zugehen. Aber die Mitglieder müssen zufrieden sein – und dies bedeutet, dass man sein Augenmerk auf den Platz, aufs Essen und die Stimmung richten muss."

Viele der Clubs verfügen über eine Frauen-Sparte, aber in keinem dieser Clubs haben Frauen das volle Wahlrecht. Anscheinend können beide Geschlechter mit dieser Regel gut leben. Aber es gibt Ausnahmen: So wird Druck dahingehend ausgeübt, die Mitgliedschaften auf Menschen auszudehnen, die einen anderen sozialen, religiösen und auch ethnischen Hintergrund haben als der bestehenden Mitgliedschaft zueigen ist. Niemand weiß, wie stark dieser Druck einmal werden wird. Die Clubs müssen selbst ihren Weg herausfinden. „Wandel", so ein älteres Mitglied des Golfclubs Prestwick, „ist solange gut, wie er langsam verläuft. Denn schließlich geht es überall um Schnelligkeit, sei es beim Golfspiel, in der Politik oder im Allgemeinen. Dabei stößt sich niemand am Wandel – unter der Voraussetzung, dass er nicht über Nacht das Leben verändert."

Mit dem Wachstum und der Kommerzialisierung des Profi-Golfsports hat der direkte Einfluss der traditionellen Clubs abgenommen – vom Royal and Ancient Golf Club of St. Andrews einmal abgesehen. Für viele in der Welt hat St. Andrews immer noch das letzte Wort, was Regeln, Ausrüstung und Amateur-Status angeht. Dennoch spielen die Traditionsclubs eine wichtige Rolle, wenn es um die Wahrung von Sportsgeist und Benehmen geht sowie um die Pflege ihrer großartigen Anlagen und die Art und Weise, Golf zu spielen. Ein erfahrener Amateur-Golfer und enger Beobachter der Clubs fasste es zusammen: „Die Clubs sichern die Kultur des Spiels."

John de St. Jorre
Mallorca, Spanien
Juli 1998

Heel Verlag GmbH
Gut Pottscheidt
53639 Königswinter
Tel.: 0 22 23 / 92 30 - 0
Fax: 0 22 23 / 92 30 26

Englische Originalausgabe
© 1998 by Edgeworth Editions
   2134 Polo Gardens Drive
   Suite 104
   Wellington, FL 33414
   USA
Englischer Originaltitel:
Legendary Golf Clubs of Scotland, England, Wales and Ireland

Fotos: © by Anthony Edgeworth
Text: © by John de St. Jorre

Deutsche Ausgabe:
© 2000 by Heel Verlag GmbH

Lektorat: Joachim Hack, Bad Honnef
Satz: Artcom, Königswinter, Ruth Jungbluth

– Alle Rechte vorbehalten –

Printed and bound in Hong Kong

ISBN 3-89365-895-5

Die Fotos für dieses Buch wurden mit Kameras der
Marke Canon aufgenommen. Die verwendeten Objektive
hatten eine Brennweite von 20 bis 600 Millimeter.
Fotografiert wurde auf 35-mm-Ektachrome
und Kodachrome-Filmen von Eastman Kodak.

Vorhergehende Seiten:

Lesen der Puttlinie in Royal Worlington und Newmarket

Silbertrophäe in Porthcawl

Rettungsschlag in Swinley Forest

Die Mondlandschaft des Dünenkurses St. George's

*Goldene und silberne Bälle des R & A Club-Captains
(Detailaufnahme)*

Vater und Sohn im Rauchzimmer des GC Royal Norfolk

*Mitglieder und Freunde im Speiseraum unter den porträtierten
Blicken von William Laidlaw Purves, dem Gründer von Royal
St. George's.*

*Putt-Übung am 11. Abschlag in Liverpool.
Nachmittags-Putt in Rye.*

Inhalt

11 *Vorwort*
    von William C. Campbell

13 *Einführung*
    Lebensart

SCHOTTLAND

22 *Alma Mater des Golfsports*
    Royal & Ancient
    Golf Club of St. Andrews

58 *Freudentag*
    Prestwick Golf Club

ENGLAND

80 *Zuchtstätte der Champions*
    Royal Liverpool Golf Club

104 *Ein heldenhafter Platz*
    The Royal St. George's
    Golf Club

132 *Ah, Rye!*
    Rye Golf Club

152 *Club der Golfer*
    Sunningdale Golf Club

176 *Himmel für Herrengolfer*
    Swinley Forest Golf Club

198 *Das 9-Löcher-Wunder*
    Royal Worlington and
    Newmarket Golf Club

218 *Familien-Angelegenheit*
    Royal West Norfolk Golf Club

WALES

242 *Versteckter Edelstein*
    Royal Porthcawl Golf Club

IRLAND

262 *Sind Sie heute im Hut?*
    The Royal County Down
    Golf Club

284 *Heiligtum*
    Portmarnock Golf Club

306 *Große Golfer*
    Der Golf Match Club

310 *Clubadressen*

312 *Danksagungen*

Alma Mater des Golfsports

Royal and Ancient Golf Club of St. Andrews

St. Andrews, Schottland, 1997: Im vagen Licht der Morgendämmerung könnte St. Andrews einfach nur eine mittelalterliche Stadt sein. Der graue Granit schützt sie vor der sich türmenden See; die Arkaden gesäumten Schulhöfe sind friedlich und durch die kopfsteingepflasterten Straßen hallen morgendliche Schritte. Dies war einmal Schottlands größte Stadt, die Wiege der Religion und Geburtsort der ersten schottischen Universität. Mit aufkommendem Licht, lässt sich auch das viktorianische Gesicht blicken – ein neugotisches Erscheinungsbild aus rechtwinkligen grauen Steinen und roten Backsteingebäuden.

Eine Turmuhr schlägt. Unten, ganz in Meeresnähe, stehen einige Zuschauer gespannt hinter dem ersten Abschlag des Old Course, jenem öffentlichen Dünenplatz, auf dem Golf seit nunmehr 500 Jahren gespielt wird. „On the tee" ein echter Schotte, makellos gekleidet mit dunkelgrüner Weste, einem Tweed-Jackett, einer Mütze und der Clubkrawatte des Royal & Ancient Golf Club of St. Andrews, bei Golfern in aller Welt schlicht R & A genannt. Kurz nur spricht er den Ball an, schwingt seinen Schläger und peitscht seinen Drive selbstbewusst in Richtung Fairway. Die Startkanone rechts neben ihm explodiert und übertönt in perfekter Synchronisation den satten Ton eines gut getroffenen Golfballs. Der Ball steigt mit dem Wind und landet schließlich etwas links von der Fairwaymitte. Wie verrückt schwirren die wartenden Caddies aus, und es gelingt einem der jüngeren, den Ball zu schnappen. Er kehrt zum Golfer zurück und erhält im Austausch gegen den Ball eine goldene Sovereign-Münze. Der Fototermin ist beendet, Hände werden geschüttelt und Zuschauer applaudieren. Sandy Mathewson hat sich soeben als neuer Captain des R & A ins Amt eingeführt.

Hinter den Zuschauern befindet sich auf einer kleinen Erhebung ein solides, eindrucksvolles Gebäude aus mildfarbenem Sandstein. Von hier aus ermöglicht es ungehinderte Blicke auf den Old Course und die Bucht von St. Andrews. Erbaut wurde es im Zenith der britischen Imperialmacht im 19. Jahrhundert, und so gehört das R & A-Clubhaus zu den zweifellos bekanntesten Golfgebäuden der Welt. Das britische Empire gibt es nicht mehr, aber die Allmacht des R & A über den boomenden Golfsport blüht wie eh und je. Körper und Seele dieses Sports und seines Reiches residieren in diesem Haus.

Auch im Inneren ist das Clubhaus nicht weniger eindrucksvoll, spiegelt es doch die Stellung des Clubs bei der Kontrollfunktion über den Sport wider. Die gewaltige Eingangshalle wirkt dank üppiger Holzapplikationen und Blumenschmuck auf einem Tisch. Hier gibt es feierliche Kleiderschränke mit den Namen prominenter Mitglieder, ob sie nun Gene Sarazen, Peter Thomson, Gary Player, Kel Nagle, Roberto DeVicenzo, Jack Nicklaus oder anders heißen. Auf der Rechten, hinter dem Empfangstisch, steht der Haus-Butler Bob Marshall, der Wege weist, Gäste informiert und auf alle Nöte der Clubmitglieder eingeht.

Direkt nebenan liegt der Trophäenraum mit den Kronjuwelen des Golfsports – hier findet sich der Belt, jener Gürtel aus marokkanischem Leder mit silberner Schnalle, erster Preis aus der Anfangszeit der Open Championship; natürlich auch die danach folgende Trophäe, die silberne Claret Jug, sowie der Pokal für den Amateur Champion und schließlich der silberne Golfschläger, an den jeder neue Captain des R & A einen silbernen Ball hängen muss. Die Namen, die mit diesen Trophäen in Zusammenhang gebracht werden, umfassen die berühmtesten Spieler der letzten 150 Jahre und ist eine Ansammlung von Legenden, die dazu angetan ist, auch unsentimentalen Gemütern einen Schauer über den Rücken zu jagen.

Der wichtigste Raum im Clubhaus trägt zu recht den Namen Big Room. Es ist ein großer, wohlproportionierter Raum mit zwei gegenüber liegenden Kaminen und einem großzügig geschwungenen Fenster, das den Old Course überblickt. Im unteren Bereich der Wände befinden sich weitere Kleiderschränke, die den ältesten Mitgliedern des Clubs gewidmet sind. Darüber befindet sich eine eindrucksvolle Galerie mit ausdrucksvollen Porträts, unter anderem der Königin, der Schutzherrin des R & A, von ihrem Onkel Edward VIII., der als Prince of Wales 1922 die Funktion als Club-Captain übernahm sowie von Old Tom Morris, jenem jahrzehntelangen Verwalter des Links-Kurses.

Es folgt die Bibliothek, die eine große und vielseitige Sammlung von Büchern beinhaltet, die jeden Aspekt des Spiels betrifft, und die auch als Kartenzimmer dient. Ferner folgen der Aufenthaltsraum, der Sitzungsraum sowie ein Stockwerk höher der Speiseraum. Hier oben befinden sich auch einige Büros, die jedoch demnächst in ein Gebäude außerhalb des Clubhauses verlagert werden, sowie das Büro des Clubsekretärs, von dessen Balkon aus man den besten Blick über den Platz hat. Im Erdgeschoss befinden sich die Umkleideräume sowie der Snooker- und Billardraum.

Gegründet wurde der Club im Jahr 1754 von 22 Adligen und Gentlemen aus der Region Fife, womit der R & A einer der ältesten Golfclubs der Welt ist. Dabei nannten sie sich selbst in den ersten 70 Jahren ihrer Existenz „The Society of St. Andrews Golfers" und waren ein loser Zusammenschluss von Spielern, die jedes Jahr um einen silbernen Schläger spielten. Der Gewinner durfte sich im Jahr nach dem Sieg „Captain of Golf" nennen. Der Club verfügte über kein Clubhaus und teilte sich – damals wie heute – den Besitz der öffentlichen Links mit den Einwohnern von St. Andrews.

Im Jahr 1824 kam man zu dem Entschluss, dass golferische Fähigkeiten nicht unbedingt der beste Maßstab seien, einen Captain zu wählen. Immerhin wurde wenigstens eine Art Wettbewerb beibehalten, in dem sich der neue Captain mit einem Drive in sein Amt spielte – und als einziger Teilnehmer dieses Wettbewerbs als „Sieger" den silbernen Schläger und die Queen-Adelaide-Medaille bekam. Zehn Jahre später wurde König William IV. Schutzpatron des Clubs und verlieh ihm den klingenden und prestigereichen Namen „Royal and Ancient Golf Club of St. Andrews".

Die originalen Golfregeln – insgesamt 13 an der Zahl – wurden im Jahr 1744 von den Gentlemen Golfers at Leith bei ihrer eigenen Clubgründung (heute die „Honourable Company of Edinburgh Golfers) aufgezeichnet und von ihren Mitstreitern in St. Andrews übernommen. Bis etwa 1830 waren die Golfer beider Clubs als Walter der Spielregeln und Traditionen anerkannt. Bis plötzlich die Golfer aus Leith – so beschrieb es jedenfalls Keith Mackie in seinem Büchlein über den Royal and Ancient Golf Club of St. Andrews – „zeitweise ihren Zusammenhalt verloren" und der R & A „ohne besondere Anstrengung nach und nach den Status als erster Club erlangte".

Vorhergehende Seiten: Ein früherer R & A-Captain mit einem Mitglied des Ladies' Putting Club in St. Andrews. Gegenüber: Silberne Details.

Folgende Seiten: Die Stadt St. Andrews. Zuschauer erwarten beim Herbstmeeting den Abschlag des neuen Captains.

Die Kronjuwelen des Golfsports (von links nach rechts): Die (Queen Victora) Jubilee Vase; die Amateur Championship Trophäe; die Claret Jug (Open Championship Trophäe); der Calcutta Cup. Unten: der Championship-Belt sowie der silberne Schläger mit den Captains-Bällen.

Dr. A. M. (Sandy) Mathewson, Captain des R & A (1997 bis 1998).

Ungeachtet der inoffiziellen Position des R & A als Nummer 1 unter den Golfclubs schrieb der Herausgeber des britischen Golf Magazine noch im Jahr 1891: „Der Golfsport ragt fast als einzige unter den hochklassigen Sportarten als auffälliges Beispiel für ein schwieriges und kompliziertes Spiel heraus, das von Tausenden von Spielern gänzlich ohne Organisation ausgeübt wird. Es gibt weder ein verbindendes Element zwischen den Spielern, noch einen Regelkodex, der von einem offiziellen Repräsentanten des Golfsports als solchem überwacht wird."

Diese Zwanglosigkeit hätte womöglich für immer ausgereicht, wenn nur ein paar tausend Golfer aus Clubs, wie sie in diesem Buch beschrieben werden, das Spiel ausgeübt hätten. Doch der Golfsport gewann Ende des 19. Jahrhunderts an Popularität und wurde in einer Reihe von Ländern gespielt, sodass einheitliche Regeln notwendig wurden. So kam es, dass sich die damals bestehenden Clubs an den R & A mit der Bitte nach einem einheitlichen Regelwerk wandten.

Schon 1897 setzte der R & A als Reaktion darauf das erste „Rules of Golf Committee" ein, das von da an weltweit als führende Institution bei den Golfregeln anerkannt wurde. Nur in den USA verfolgte man unter der Ägide der United States Golf Association (USGA) eine eigene Politik. Im Laufe der Jahre wurde diese Ausnahme von der Regel fast bedeutungslos, da R & A und USGA mehr und mehr kooperierten. „Als ich erstmals im Jahr 1950 nach St. Andrews kam", so der Amerikaner Bill Campbell, der sowohl die Ehre hatte, dem R & A als Captain wie auch der USGA als Präsident zu dienen, „drückte man mir neun Schreibmaschinenseiten mit den Unterschieden zwischen den Regeln des R & A und der USGA in die Hand. Aber erst 1984, als ich Präsident der USGA wurde, sorgten wir schließlich für einheitliche Regeln. Und noch später wurde ein Decisions-Buch herausgegeben, das die Regeln identisch interpretierte."

Ein weiterer Meilenstein in der Entwicklung des R & A kam 1920, als die führenden britischen Golfclubs den R & A baten sowohl die Open als auch die Amateur Championship auszurichten. Eine Aufgabe von nationaler Bedeutung, die sich schließlich auch auf die Meisterschaft der Jungen, der Erwachsenen und der Senioren sowie dahingehend ausweitete, dass der R & A das britisch-irische Team für Turniere wie die Mannschafts-Weltmeisterschaften der Amateure, den Walker Cup und die St. Andrews Trophy zusammenstellen sollte. Letzteres Turnier war ein alle zwei Jahre stattfindender Wettbewerb zwischen den britischen Inseln und Festland-Europa. Dieser historische Prozess, mehr und mehr Verantwortung zu übernehmen, ist letztlich für die Macht und das Prestige des R & A heute verantwortlich.

„Niemals wurden wir ausgesucht oder gebeten, die führende Autorität in Sachen Golfregeln zu sein", so der frühere Golfsekretär und berühmte Amateur-Golfer Michael Bonallack. „Genauso verhält es sich mit der Open und den Amateur-Meisterschaften. Wir taten es bereitwillig – und das ist vermutlich die beste Art und Weise."

So ist Sir Michael fest davon überzeugt, dass einer der Gründe für die Stärke des R & A bzw. des Golfsports als international boomende Sportart darin liegt, dass seine Regeln von einer Institution überwacht werden, die keine kommerziellen Interessen verfolgt. Kurz gesagt – alles wird von einigen Amateuren in einem gemeinnützigen Verein geregelt. „Häufig kann man feststellen, dass viele Sportarten unter der Tatsache leiden, von Profis, die mit dem Sport ihr Geld verdienen, verwaltet zu werden." Ferner ist er der Meinung, dass auch der Profi-Verband mit dem Prozedere des R & A zufrieden ist, auch wenn er über Mitspracherechte verfügt.: „Mehr als einmal haben sie uns gesagt, dass sie die Regeln nicht gestalten, sondern stärken wollen."

Eine Verantwortung, die aber nur deshalb möglich ist, weil die Mitglieder unzählige Stunden in Regel- und Ausrüstungskomitees oder in Sitzungen zu den Themen „Amateur-Statut" oder „Meister-

Rechts oben: *Der Empfangschef Robertson (Bob) Marshall.* Rechts: *Messingschild am Clubhaus.*

schaften" verbringen. Oder auch in dem relativ neuen Komitee mit dem wenig aussagekräftigen Namen „External Fund Supervisory Committee", das sich ausschließlich mit der Zuteilung der Gewinne befasst, die die Open – ganz gleich, in welchem Ort sie ausgerichtet wird – erwirtschaftet. Geschickt werden die Komitees vom Secretary oder seinen zuständigen Assistenten auf den Gebieten Regeln, Meisterschaften, Finanzen und Mitgliedschaften in der Tagesarbeit unterstützt. All diese Funktionen unterstehen dem General Committee, das den Club leitet und die Politik festlegt. Wichtige Entscheidungen werden den Mitgliedern in akribischen Zusammenfassungen mitgeteilt und münden in den zweimal jährlich stattfindenden Hauptversammlungen. Letztere sind zwar gut besucht, aber nur noch Formsache. Trotzdem kommen mitunter Diskussionen auf, vor allem wenn es um das Spiel selbst und um die privaten Aktivitäten des Clubs geht; humoristische Einlagen übrigens nicht ausgeschlossen, so der Beitrag eines älteren Mitglieds, das fragte, ob der „Big Room" überhaupt seinen Namen behalten dürfe, nachdem dieser bei Renovierungsarbeiten um 40 Zentimeter gekürzt wurde.

Umfang und Inhalt dieses Buches schränken tiefergehende Beschreibungen darüber ein, was der R & A für den Golfsport geleistet hat. Einige Beispiele können allenfalls ein Gefühl dafür vermitteln: Jedes Jahr werden vier Millionen Regelbücher unter die Golfer gebracht, die außerdem in 20 Sprachen übersetzt werden. Dieses Regelbüchlein hat überdies die Folge, dass an den R & A pro Jahr um die 3000 komplizierte, seltsame und gelegentlich auch vergnügliche Regelfragen gerichtet werden.

Das Ausrüstungskomitee muss sich mit den technischen Errungenschaften und der Entwicklung des modernen Spiels auseinander setzen. „Eines der Hauptprobleme ist die Tatsache", so Michael Bonallack, „dass die Bälle heute viel weiter fliegen als früher. Damit wird so manch ein alter Meisterschaftsplatz hinfällig. Und man kann nicht einmal sagen, woran es genau liegt ... am Ball selbst, an den neuartigen Schlägern mit Graphitschäften und Titanköpfen oder an den Spielern, die körperlich fitter, stärker und besser trainiert sind als in alten Zeiten. Es könnte natürlich auch eine Mischung aus all dem sein."

„Mit der Open Championship machen wir verdammt viel Geld", meint Richard Cole-Hamilton, der ehemalige Vorsitzende des General Committee, „1996 waren es rund 15 Millionen Mark, die für gemeinnützige Zwecke ausgegeben wurden, 1997 waren es gar 18 Millionen." Von der Unterstützung, die die Golf-Stiftung leistet, profitieren 2500 Schulen in ganz England, sei es, wenn sie neue Golflöcher bauen wollen oder ein Bewässerungssystem – jedoch nicht für Reparaturen eines Clubhauses. Auch werden Profis gefördert, die zum Beispiel in Ländern wie Indien oder Slowenien öffentliche Golfanlagen bauen. Auch europäische Golfverbände werden bei der Ausrichtung ihrer Turniere unterstützt.

Aus dem schottischen Club für die Honoratioren von St. Andrews und Umgebung hat sich der R & A zu einer komplexen und mächtigen Organisation entwickelt, die sich um die Belange des zweifellos am weitesten verbreiteten und populärsten Sports kümmert. Dies unterscheidet ihn von den übrigen legendären Clubs, die in diesem Buch vorgestellt werden. Doch von der anspruchsvollen Aufgabe einmal abgesehen, ist der R & A immer das geblieben, was er von Anfang an war: Ein privater Herren-Golfclub. Über 600 Mitglieder machen sich alle Jahre wieder zur Pilgerfahrt aus Anlass der Herbst-Versammlung auf, um gemeinsam Golf zu spielen und die außergewöhnliche Kameradschaft, die dieser Sport fördert, zu genießen.

Oben rechts: *Sir Michael Bonallack auf dem Club-Balkon. Das Büro des Secretary.*

Folgende Seiten:
Der „Big Room" überblickt den ersten Abschlag des Old Course.
Ein auslaufender Pitch auf dem 18. Loch des Old Course.

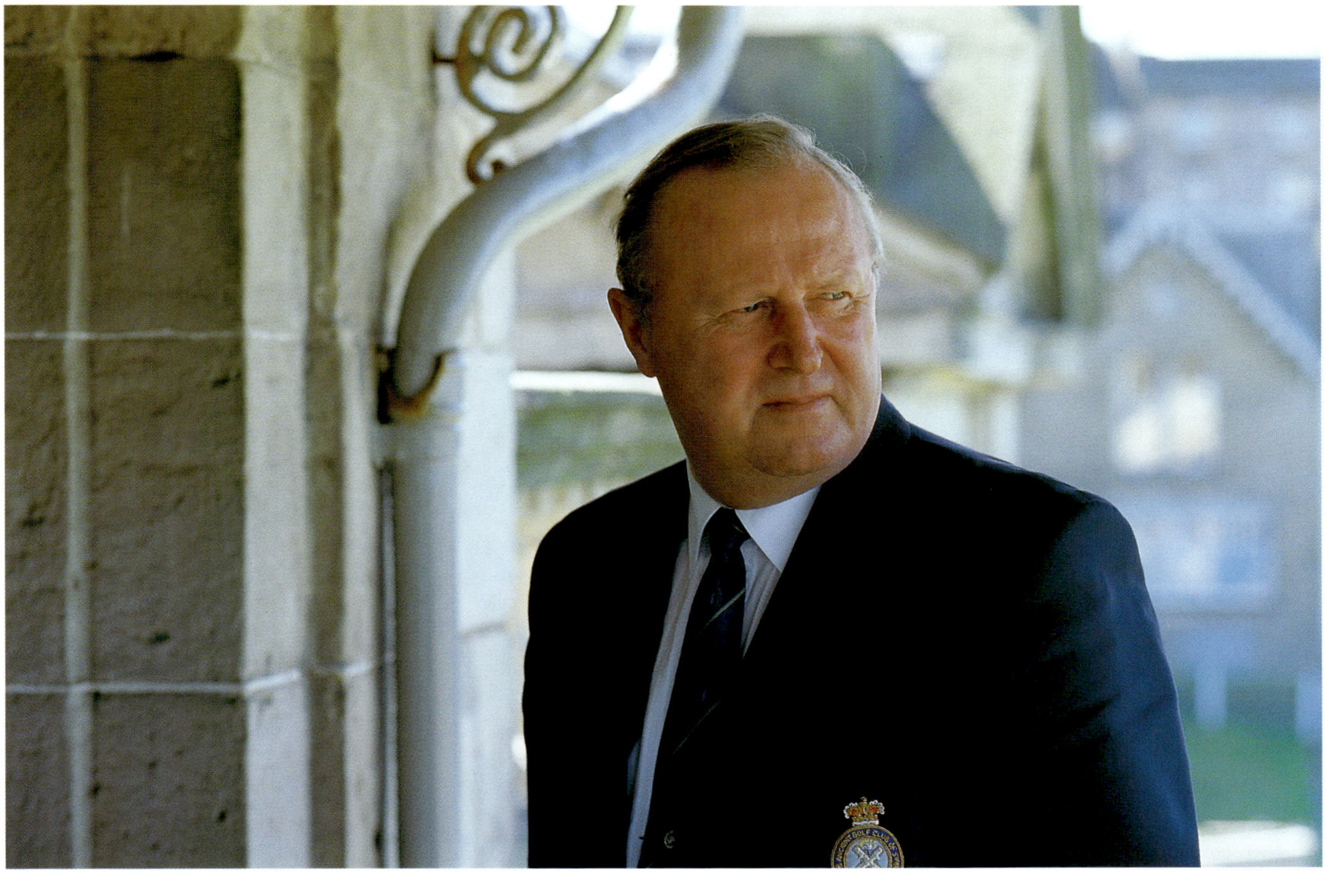

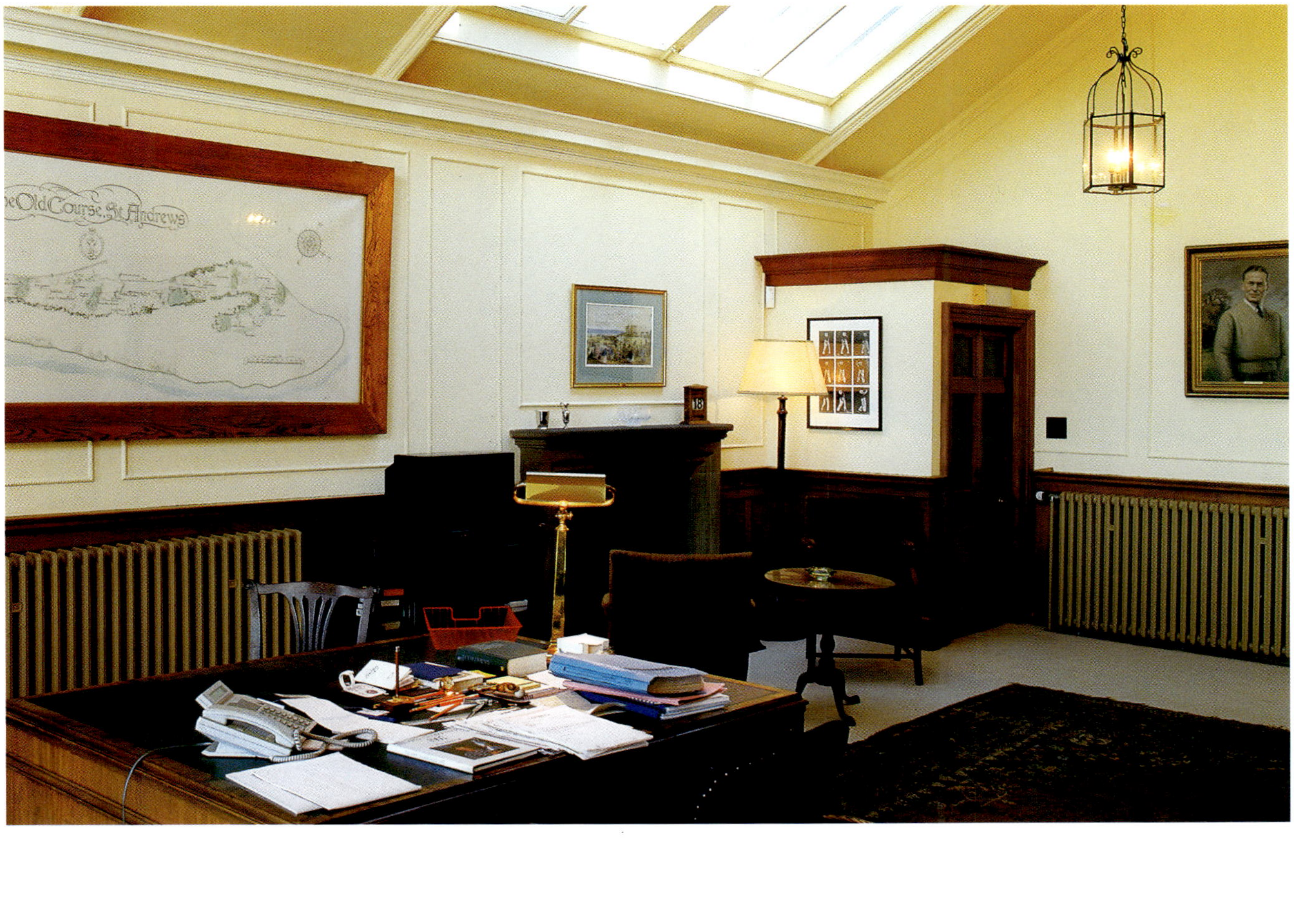
Old Course, St Andrews

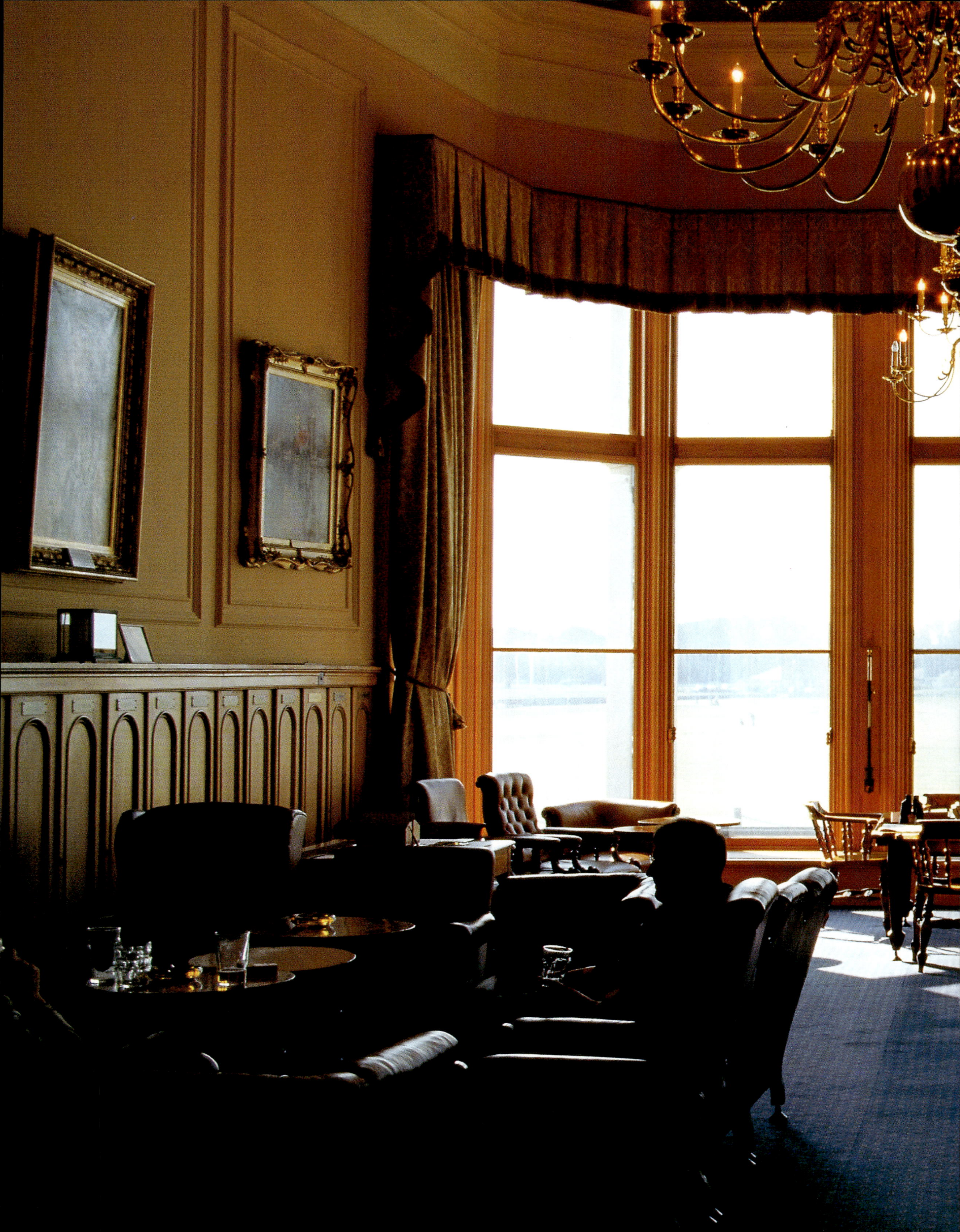

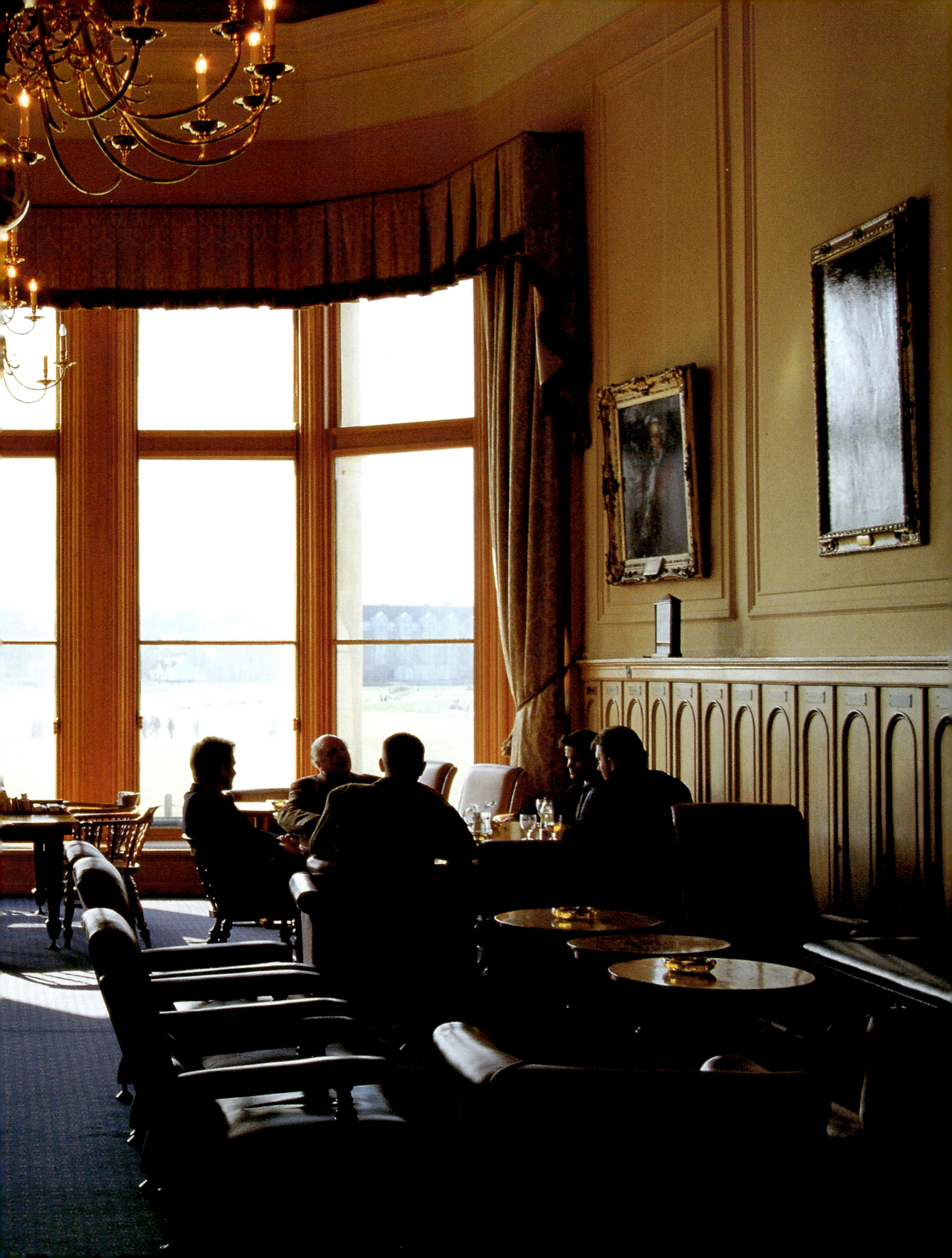

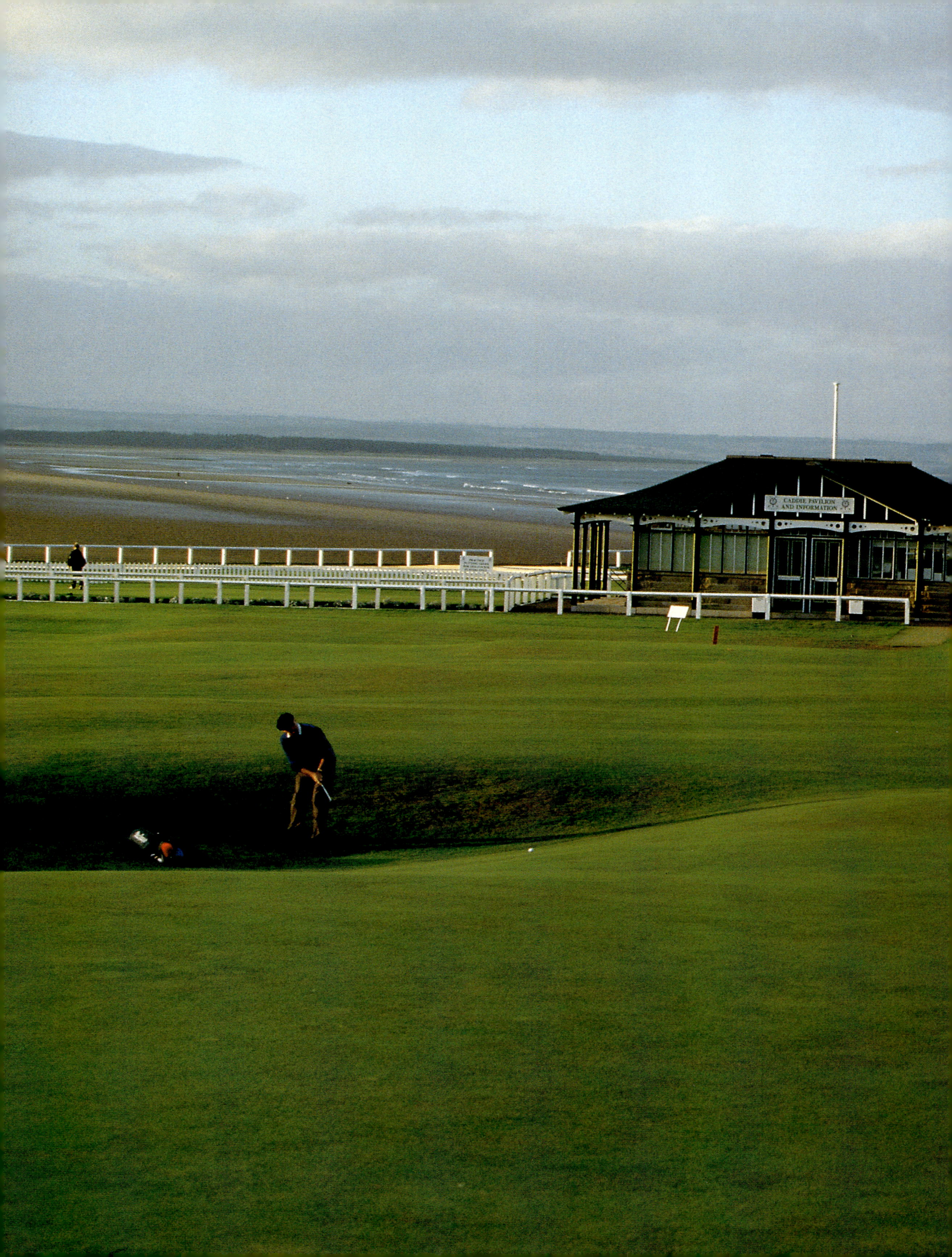
CADDIE PAVILION
AND INFORMATION

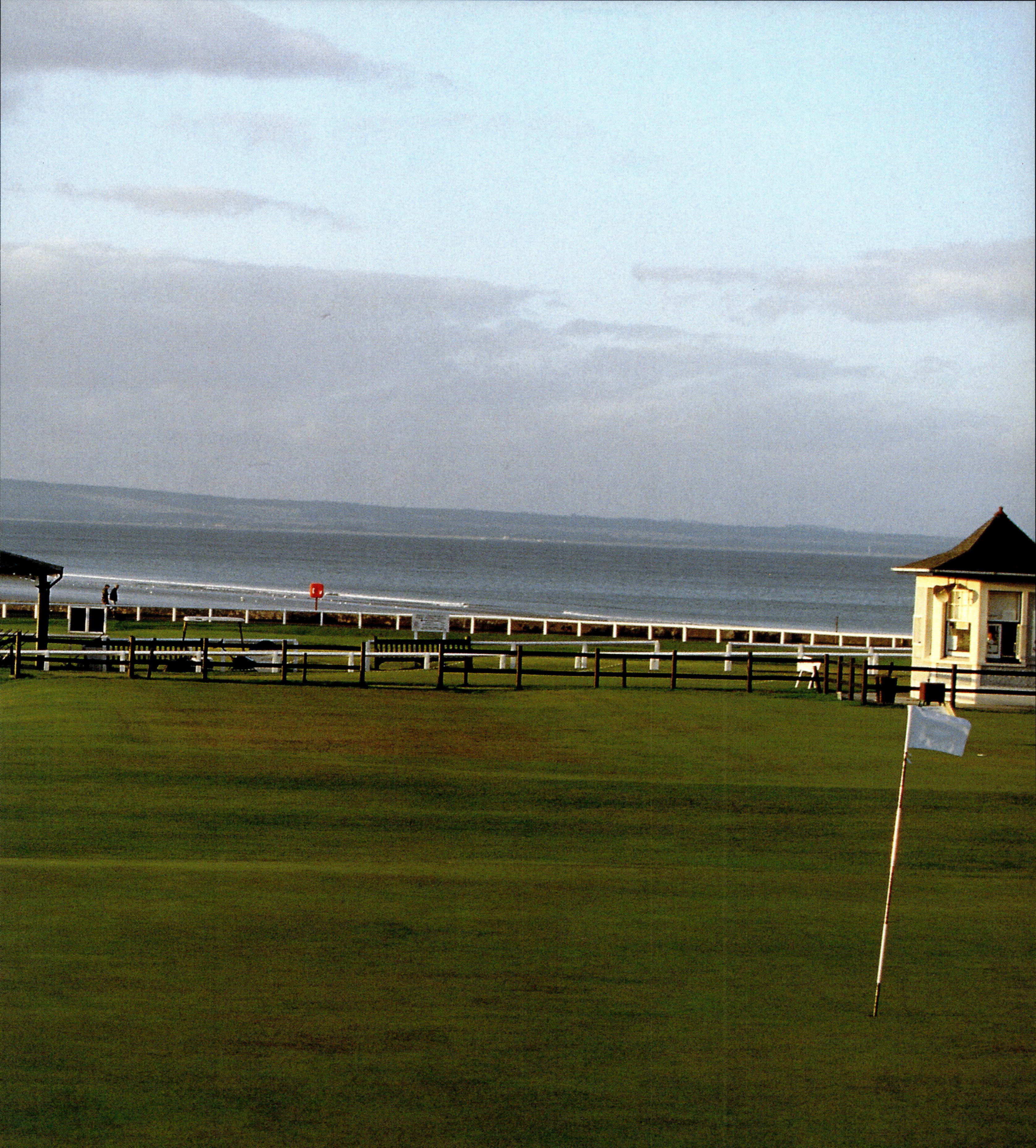

Ein Detail des „Big Room".

Die Gesamtzahl der Mitglieder beträgt 1800, wovon 1050 aus England und Irland kommen (nicht einmal 100 sind Einwohner in St. Andrews). Das Gegengewicht dazu bilden die ausländischen Mitglieder, die nach einem historischen Quotensystem zusammengesetzt sind. Die USA stellen 275 Mitglieder, die ehemaligen Commonwealth-Staaten 110 sowie die anderen Staaten jeweils höchstens 50 Mitglieder. Für viele ist es nicht die erste Mitgliedschaft, sondern ein Club, zu dem man später hinzustößt. Sir Michael ist stolz auf den „gesellschaftlichen Querschnitt – ehemalige Staatsoberhäupter wie George Bush und Kenneth Kaunda sind Mitglied, alte Politiker wie Lord Whitelaw, stellvertretender Premierminister unter Margeret Thatcher, Filmstars wie Sean Connery, Prominente wie die Rennfahrer Jackie Stewart und Nigel Mansell, Geschäftsleute und Amateure, die sich im Profigolf engagieren. Es ist ein sehr interessanter Club, weil man nie weiß, wen man treffen wird."

Im Laufe der Jahre wurden 43 Open Champions – von John Ball im Jahr 1890 über Robert Tyre Jones 1930 und Bobby Locke 1957 bis hin zu Jack Nicklaus im Jahr 1978 – zu Mitgliedern ernannt, ebenso wie 56 Amateur-Champions. Darunter Namen wie Allan MacFrie 1895 wie Cyril Tolley im Jahr 1920, Michael Bonallack 1961 und Peter McEvoy 1978. Vorsitzende waren Männer wie William Landale im Jahr 1754 bis hin zu Dr. Alexander Matthewson im Jahr 1997. Dazwischen die jeweiligen Princes of Wales (1863 und 1902); der Duke of York (1930), der Duke of Kent (1937) und so herausragende Golfer wie Horace Hutchinson (1908), Bernard Darwin (1934), Roger Wethered (1946) und Francis Ouimet (1951).

Mitglieder des General Committee.

Um Mitglied in dieser einzigartigen Institution werden zu können, muss man zunächst darum gebeten, dann mit Hilfe von Bürgen vorgeschlagen werden und schließlich muss man bei den Clubmitgliedern entsprechende Unterstützung bekommen. Ein potenzieller Kandidat muss unter Beweis stellen, dass er sich für den Golfsport interessiert, dass er den Club als solchen nutzen will und selbst bereit ist, in den Komitees mitzuarbeiten. Und er muss sich als guter und geselliger Kamerad erweisen – kurz, jemand, mit dem man gerne eine Runde Golf spielen würde. Es gibt kein Handicap-Minimum für eine R & A-Mitgliedschaft – auch wenn zukünftige Mitglieder über ein angemessenes Niveau verfügen sollten. Die Wartezeit bis zur Wahl dauert in der Regel fünf Jahre.

Das Herzstück des Clubs bilden – zumindest im Herbst, Winter und Frühlingsanfang – diejenigen Mitglieder, die in und um St. Andrews leben. In dieser Zeit gibt es verschiedene Mannschaftswettbewerbe gegen verschiedene schottische Clubs, offizielle Mittagessen und sogar Abendessen mit weiblicher Begleitung. Doch zur Hochform läuft die Mitgliedschaft bei der Frühjahrsversammlung im Mai, im Monat August und bei der Herbstversammlung im September auf, wenn die Mitglieder aus aller Herren Länder das Clubhaus bevölkern.

In dieser Phase gibt es Mitglieder, die sich nach Jahren wieder treffen, aber auch solche, die noch vor wenigen Tagen in einem anderen Club miteinander gespielt haben. Manche Mitglieder jedoch treffen sich auch zum ersten Mal überhaupt. Mit einem Glas oder einem Bierhumpen in der Hand gehen sie im Big Room ein und aus. Es gibt keine Bar im Clubhaus, aber außerordentlich fixe Kellnerinnen und Kellner, die nur darauf warten, per Glockenzeichen aufgefordert zu werden, den nächsten Drink bereitzustellen. Bei

Nächste Seiten: *Die Links von St. Andrews.*

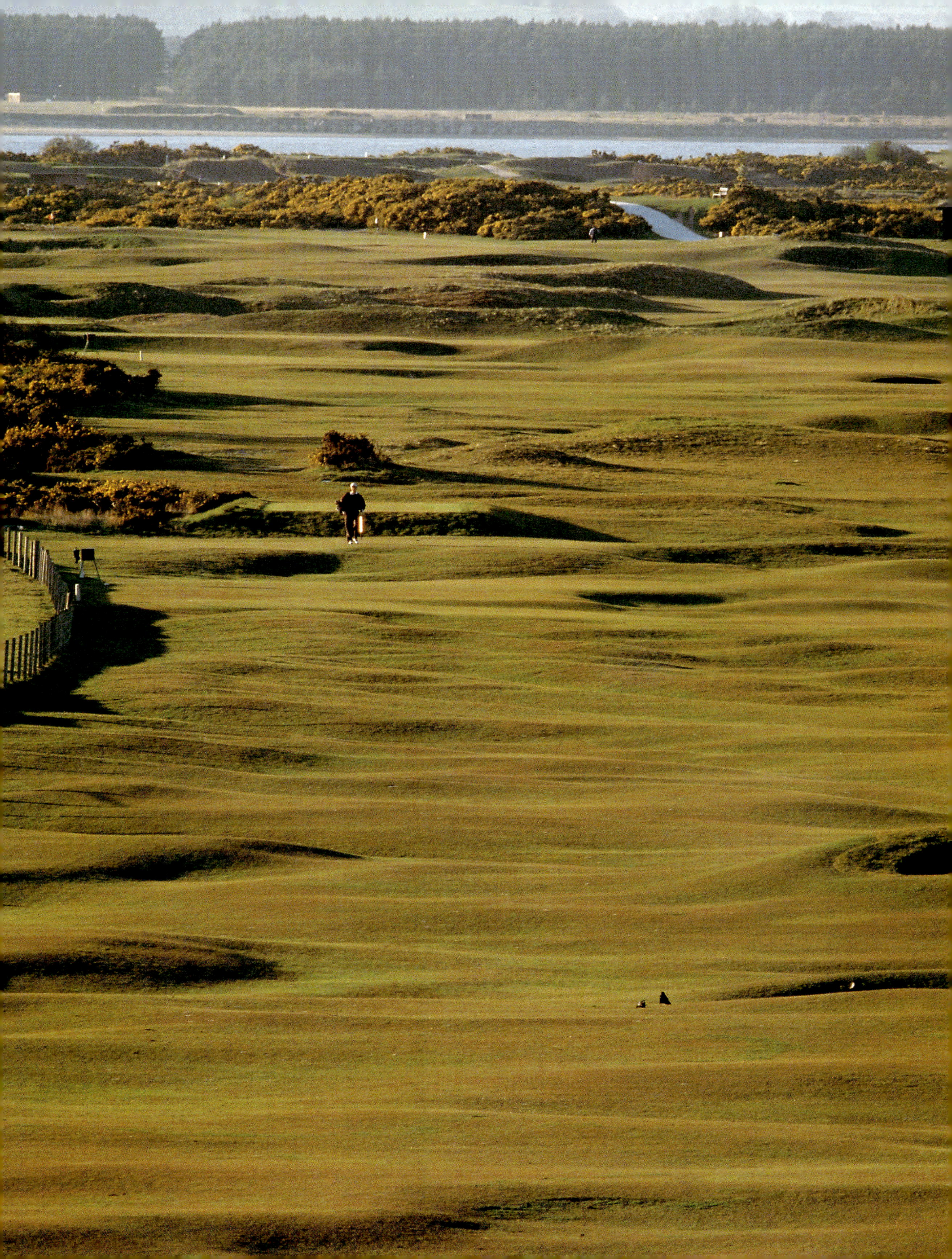

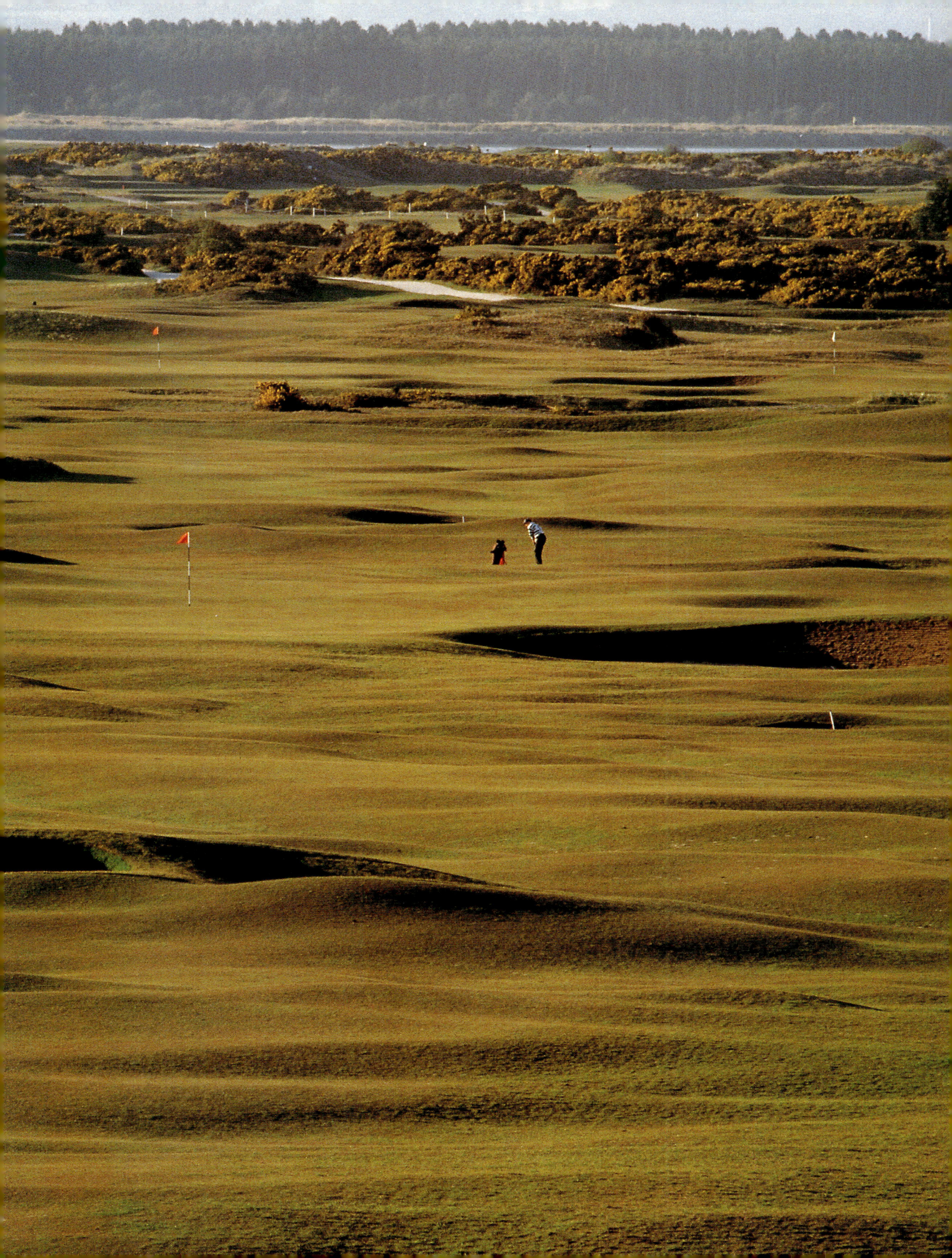

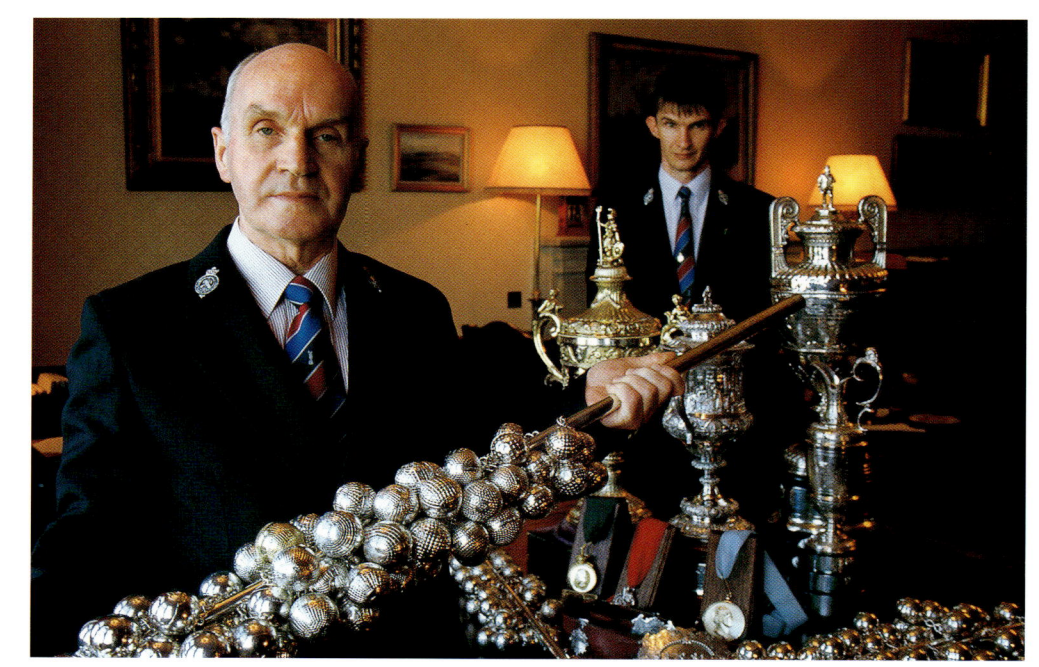

Im Uhrzeigersinn von links oben: T. H. (Harvey) Douglas, früherer Captain mit Dr. A. M. (Sandy) Matthewson, dem Captain im September 1997. P.F. (Peter) Gardiner Hill, ehemaliger R & A-Captain und Mel Dickenson, Präsident des Pine Valley Golf Clubs. Pförtner John Gillespie (links) und sein

Assistent John Horsfield mit dem silbernen Schläger und anderen Club-Trophäen. Ausschnitt aus dem Open-Championship-Gürtel.
Drei amerikanische Spieler bei einer abendlichen Runde. Treppenhaus zum Büro des Sekretärs. Oben: Der Big Room, Waagschale und Handtücher.

Oben und rechts: *Die Open Trophäe (Ausschnitte).*

1908 AT PRESTWICK 291 STROKES
1909 AT DEAL 295 STROKES
1910 AT St ANDREWS 299 STROKES
1911 AT SANDWICH 303 STROKES
1912 AT MUIRFIELD 295 STROKES
1913 AT HOYLAKE 304 STROKES
STROKES
BOB CHARLES. 1963 AT ROYAL LYTHAM & St ANNES
A. LEMA. 1964 AT St ANDREWS.
P.W. THOMSON. 1965 AT ROYAL BIRKDALE
J. NICKLAUS. 1966 AT MUIRFIELD
R. de VICENZO. 1967 AT HOYLAKE
G. PLAYER. 1968 AT CARNOUSTIE
A. JACKLIN. 1969 AT ROYAL LYTHAM
J. NICKLAUS. 1970 AT St ANDREWS
JACK NICKLAUS 1978 AT St ANDREWS 281
SEVERIANO BALLESTEROS 1979
TOM WATSON 1980 AT MUIRFIELD
BILL ROGERS 1981 AT SANDWICH
TOM WATSON 1982 AT TROON
TOM WATSON 1983 AT ROYAL BIRKDALE
SEVERIANO BALLESTEROS 1984 AT St ANDREWS
SANDY LYLE 1985 AT SANDWICH
GREG NORMAN 1986
NICK FALDO 1987 AT MUIRFIELD

Troon im Juli 1997

Es ist früh am Morgen, Licht schimmert über die irische See. Männer, Frauen und Kinder überschwemmen wie Gezeiten den Platz in den Dünen. Windböen und durchdringender keltischer Nieselregen aus westlichen Richtungen lassen einen bunten Wald aus Regenschirmen erspießen, durch den ein Raunen humorvoller Sprüche erhallt. Ganze Lager von spitzen Zelten und flatternden Bannern, Sendemasten und kilometerlangen Elektrokabeln erwecken den Anschein, dass hier eine mittelalterliche Schlacht für ein Hollywood-Epos produziert wird. Heldenhaft ist allenfalls der Countdown für die Hauptattraktion des britischen Golfkalenders – die Open Championship, die hier in Troon an der Westküste Schottlands ausgetragen werden soll.

Obwohl an der Zielstrebigkeit wie auch an der Disziplin kein Zweifel besteht, so sucht man doch vergeblich die führende Hand. Man fühlt sich wie auf einem Ozeanriesen, der ruhig über das einsame Meer dampft, während die Maschinen tief unten im Rumpf ihre Arbeit verrichten, aber auf der Brücke niemand zu sehen ist. Und dennoch – immer wieder entdeckt man zwischen den transportablen Containerbüros Männer mit dunkelblauem Blazer, weißen Hemden, diskreten Clubkrawatten und einer roten Rosette am Revers. Dies sind die Offiziellen des R & A, die für dieses große Sportereignis verantwortlich sind. Männer, die ihren Job hervorragend erledigen – effektiv, unabhängig und diskret. Peter Greenhough, Vorsitzender des Championship-Committees, schwört die Offiziellen auf ihre Schiedsrichter- und Verwaltungsfunktionen ein. Die meisten von ihnen sind Mitglieder des R & A, aber es sind auch Gäste

eben diesen Mitgliederversammlungen im Frühjahr und Herbst warten – hübsch im Big Room auf zeitungsgroßen Deckchen präsentiert – traumhaft gearbeitete Trophäen mit so exotischen Namen wie „Kangaroo's Paw", „Silver Boomerang", „Calcutta Cup", „Silver Beaver", „Manana Trophy", „Jubilee Vase" oder „Pine Valley Plate" auf ihren neuen Besitzer als Ergebnis der unzähligen Mitglieder-Turniere. Und jäh wird der Fortlauf der Golfgeschichte von einem Aufschrei – etwa nach einer langen Sitzung – und lautem Gelächter unterbrochen. Für all jene, die sehr frühe Abschlagzeiten gebucht haben oder jene, die schon früh in einem Lochspiel ausschieden, gibt es im oberen Speiseraum ein Mittagessen mit Wein und Port. Dem gegenüber stehen die – in der Regel überbuchten – offiziellen Abendessen in Smoking und Fliege.

Während das Frühjahrstreffen nur eine Woche dauert, erstreckt sich das Herbsttreffen über drei Wochen. Vierer-Wettbewerbe nach dem K.O.-System stehen in der ersten Woche auf dem Programm, in der zweiten Lochspiel-Einzel und in der dritten Woche ein Zählspiel sowie der traditionelle Putting-Wettbewerb im Himalaya, jenem 18-Löcher-Putt-Parcours, der sich zwischen dem Old Course und dem Strand befindet. Hier treffen die ehemaligen R & A-Captains auf die Mitglieder des Ladies Putting Clubs. Schließlich findet beim Herbstmeeting nicht nur die Cocktail-Party für Clubmitglieder und ihre Frauen statt, sondern auch ein gemischter Vierer-Wettbewerb und das Jahresabschluss-Dinner in der Stadthalle.

Es ist auch der Zeitpunkt, an dem Club und Stadt einen sportlichen Wettstreit austragen, der wohl das größte Golfturnier der Welt sein dürfte. An einem einzigen Tag trifft der R & A auf alle anderen Golfclubs von St. Andrews, wobei sich etwa 360 Spieler auf jeder Seite auf dem Old und dem New Course miteinander messen. Ein Match, das das freundschaftliche Verhältnis zwischen Stadt und Club symbolisiert.

aus anderen Golf-Vereinigungen dabei. Und inmitten dieser männlichen Domäne erblickt man auch drei Frauengesichter. Greenhough ist für eine ganze Reihe von Aufgaben verantwortlich: Wie weit darf die Presse sich innerhalb der Absperrungen bewegen (eine Armlänge); wie muss man mit langsamem Spiel umgehen, dem Dauerproblem des modernen Spiels (Strafschläge und Disqualifikation nach viermaliger Verwarnung).

David Rickman, Regelausschuss-Vorsitzender, muss sich mit den lokalen Regeln und anderen Fragen befassen, so zum Beispiel, wenn der Ball eines Spielers mit „zeitlich begrenzten, unbeweglichen Hindernissen" ins Gehege kommt. Dazu gehören Tribünen, Übertragungstürme und Anzeigetafeln. Diese unspielbaren Bälle sorgen stets für Kopfschmerzen. Und jeder, der mit einem Mitspieler in eine Diskussion verwickelt wird oder Zweifel hat, ist verpflichtet – zumal er selbst nicht die gegenteilige Meinung vertreten darf – einen Schlichter hinzu zu bitten. „Dies hat freilich nichts mit Schwäche zu tun", so David Rickman, „sondern ist ein Gebot für eine faire Entscheidung."

Ian Webb, Vorsitzender des General Committee des R & A, erklärt die Rolle eben jener vier Schlichter: „Als Schiedsrichter könnte man sein Urteil abgeben, aber unter besonderen Umständen ist es nötig, einen Schlichter zu rufen, der – wünschenswerter Weise – das Urteil bestätigt. Die Hauptaufgabe der sogenannten ‚Rovers' ist es, das Spiel im Fluss zu behalten."

Alles ist bereit. Die Sonne bricht durch eine Wolkenschicht, die über den Arran Islands liegt. Und morgen beginnt die 126. Open Championship.

Nächste Seiten:
Der Regel-Ausschuss bei der Open Championship in Troon, Juli 1997.

Darauf folgende Seiten: *Das Fairway des Old Course. Und: Golfer auf dem Weg zum 18. Grün des Old Course.*

Gerade in jüngster Vergangenheit gab es zwischen Stadt und Club Differenzen darüber, wie der Old Course zu kontrollieren sei. Inzwischen hat das Management der unabhängige St. Andrews Links Trust übernommen, der sich aus fünf Mitgliedern der Fife Council Regionalregierung und aus vier vom R & A bestimmten Beisitzern zusammensetzt. Immerhin kommt der R & A in den Genuss einiger bevorzugter Startzeiten, vor allem während des Frühlings- und Herbsttreffens. Die Tatsache, dass der R & A bei keinem einzigen der 18-Löcher-Plätze bzw. dem einen 9-Löcher-Platz, die sich rund um die Stadt und die Bucht winden, über Besitzrechte verfügt, verdeutlicht – trotz dieser paradoxen Situation – den königlichen Status des R & A in der Welt des Golfsports.

Auf dem Old Course – übrigens bis 1896 der einzige Platz in St. Andrews, als der New Course und 1897 der Jubilee Course gebaut wurden – spielte man seit Menschengedenken Golf. Zunächst auf zwölf Löchern, dann auf 22, aber seit 1764 auf 18 Löchern. Berühmt-berüchtigt ist der Parcours nicht nur für seine Doppelgrüns, von vier Löchern einmal abgesehen, sondern auch für seine ebenso natürlichen wie teuflischen Bunker mit den Namen Principal's Nose, Strath, Hill, Mrs. Kruger, Beardies und Hell. Zwei Löcher sind nach Legenden des Golfsports benannt: Das 10. Loch nach Bobby Jones und das 18. Loch nach Tom Morris. Das wohl berühmteste Loch überhaupt ist das 17., treffend nach seiner Lage schlicht Road Hole genannt. Auf dem Old Course möchte jeder Golfer einmal spielen bevor er stirbt.

Ein interessanter historischer Aspekt ist die Tatsache, dass der Parcours bis zum 1. Weltkrieg regelmäßig entgegengesetzt bespielt wurde, das heißt vom ersten Abschlag aufs 17. Grün, dann vom 18.

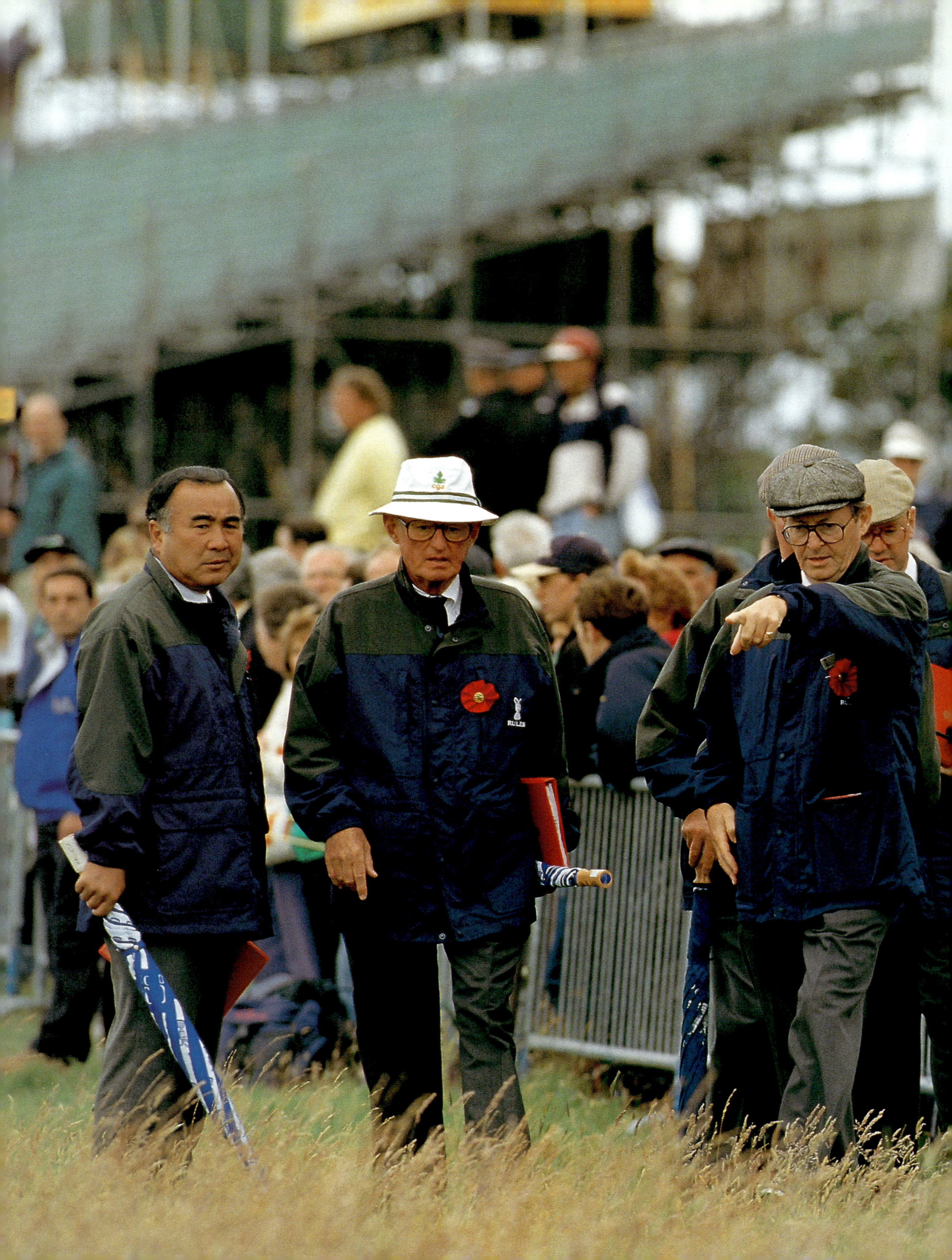
RULES

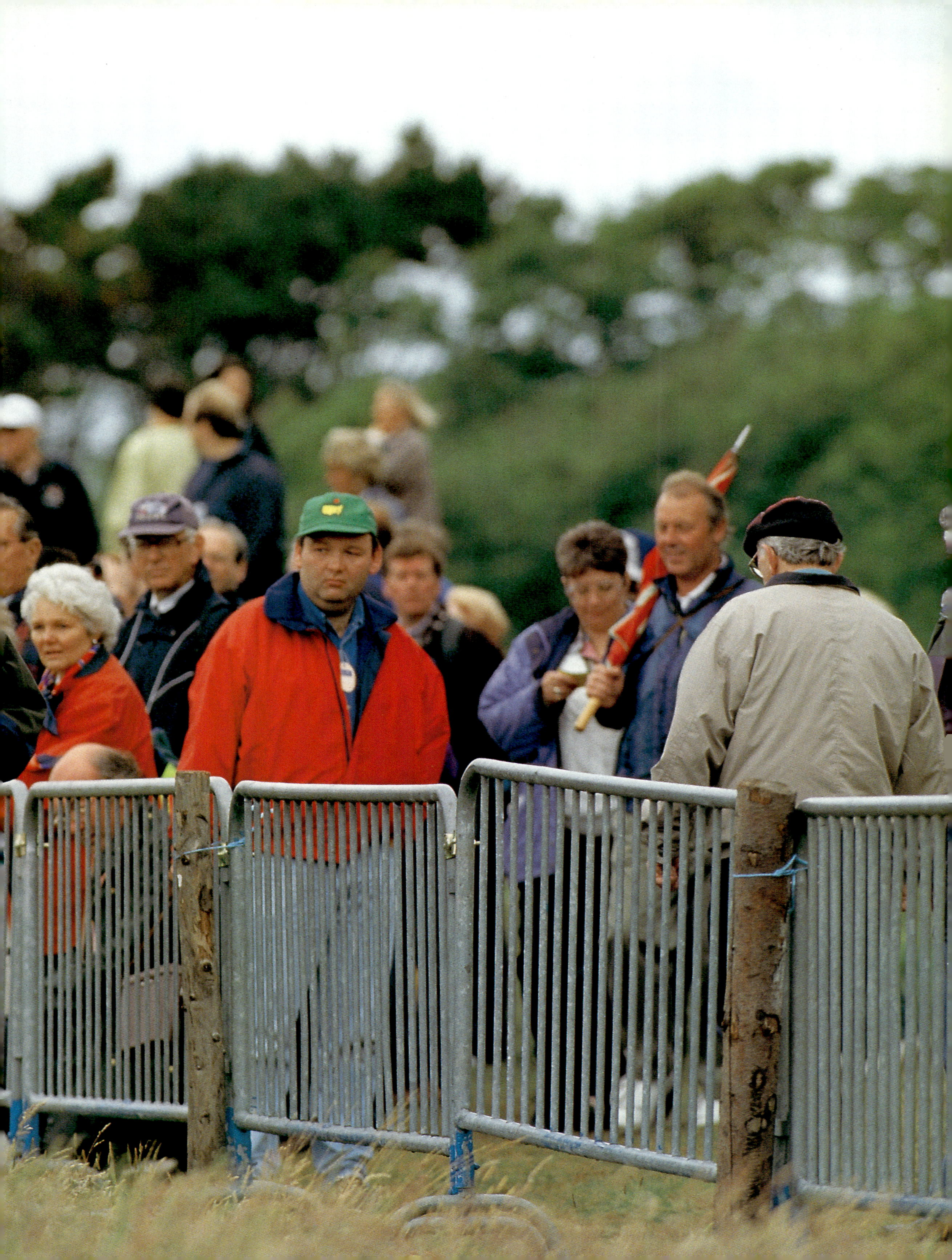

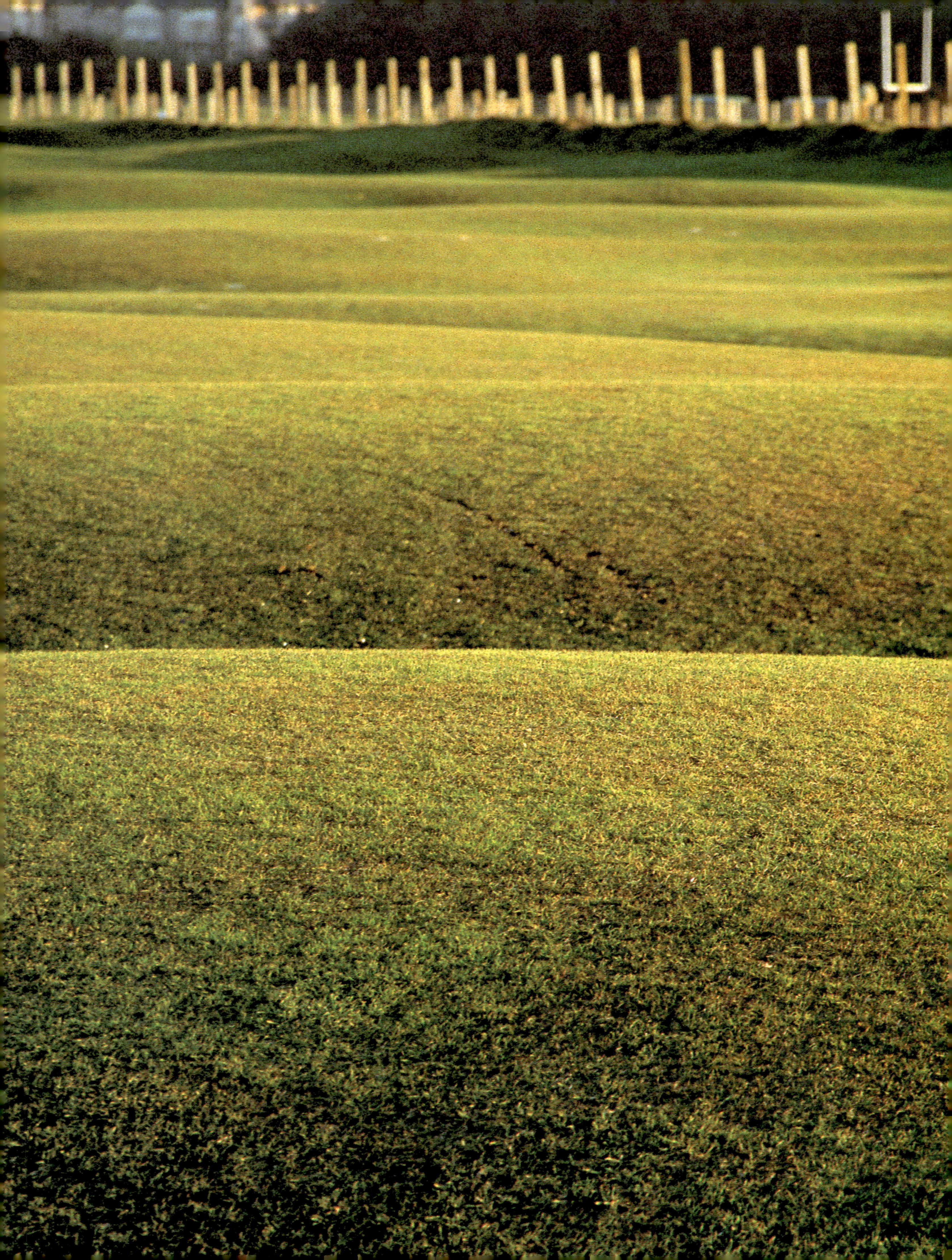

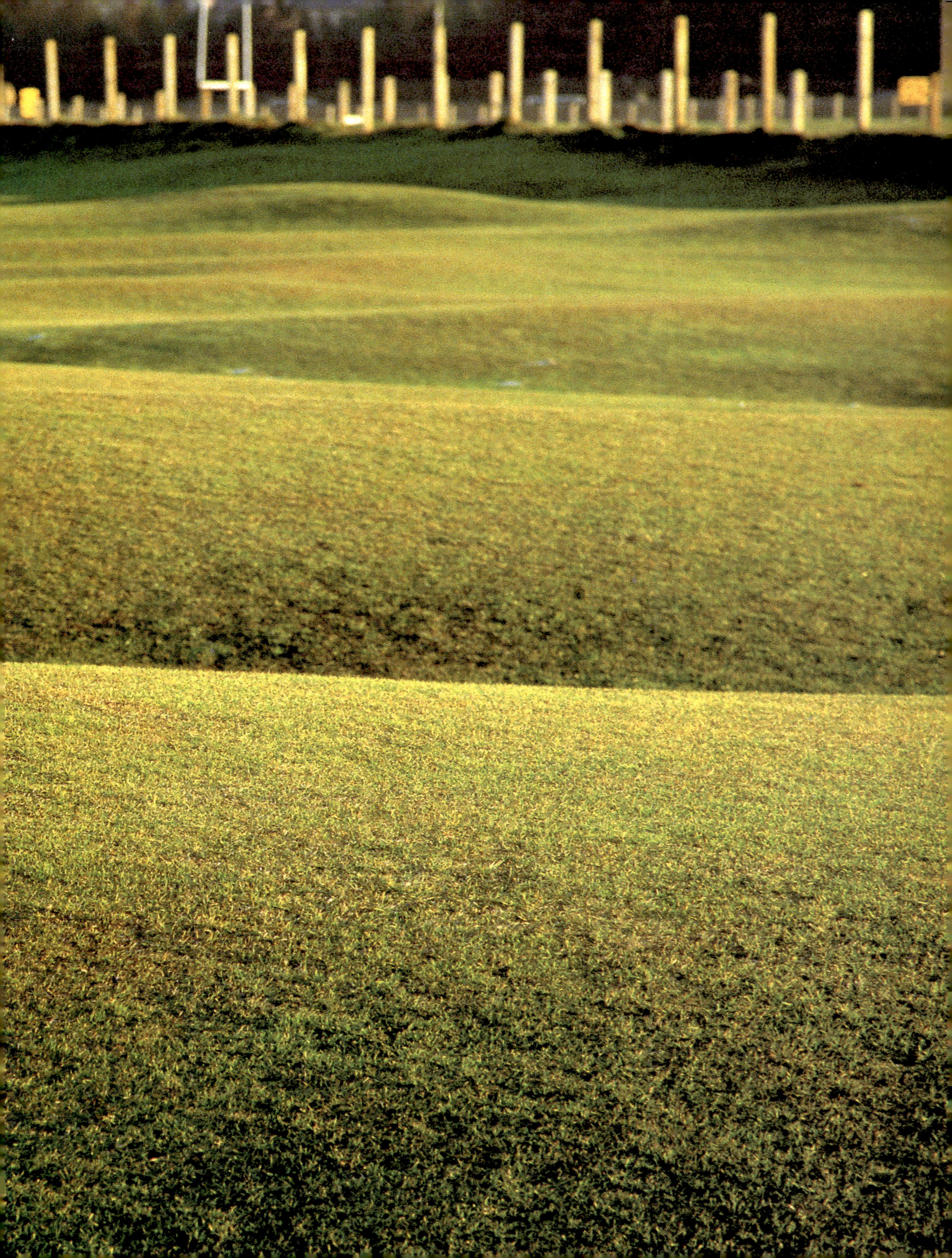

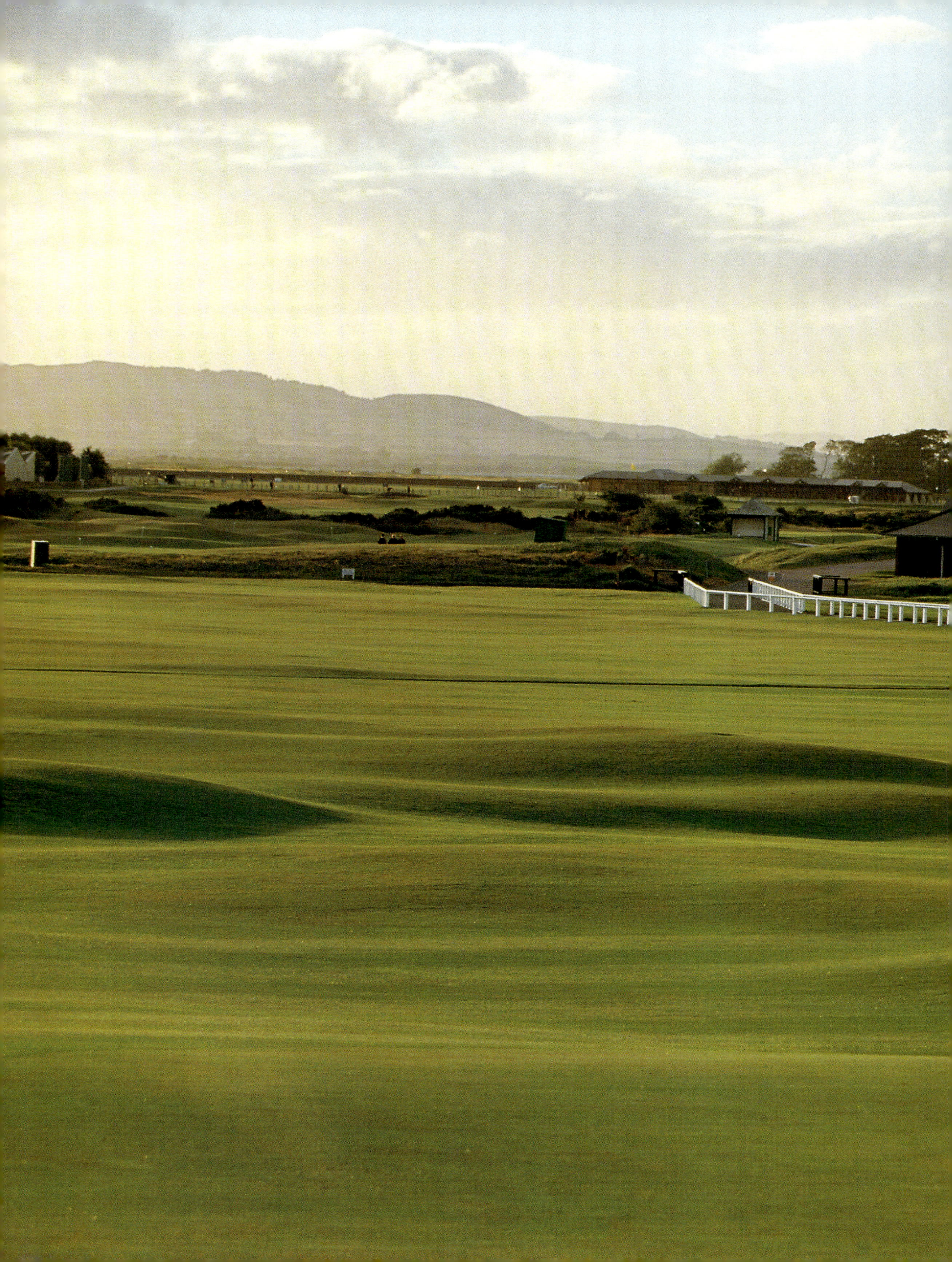

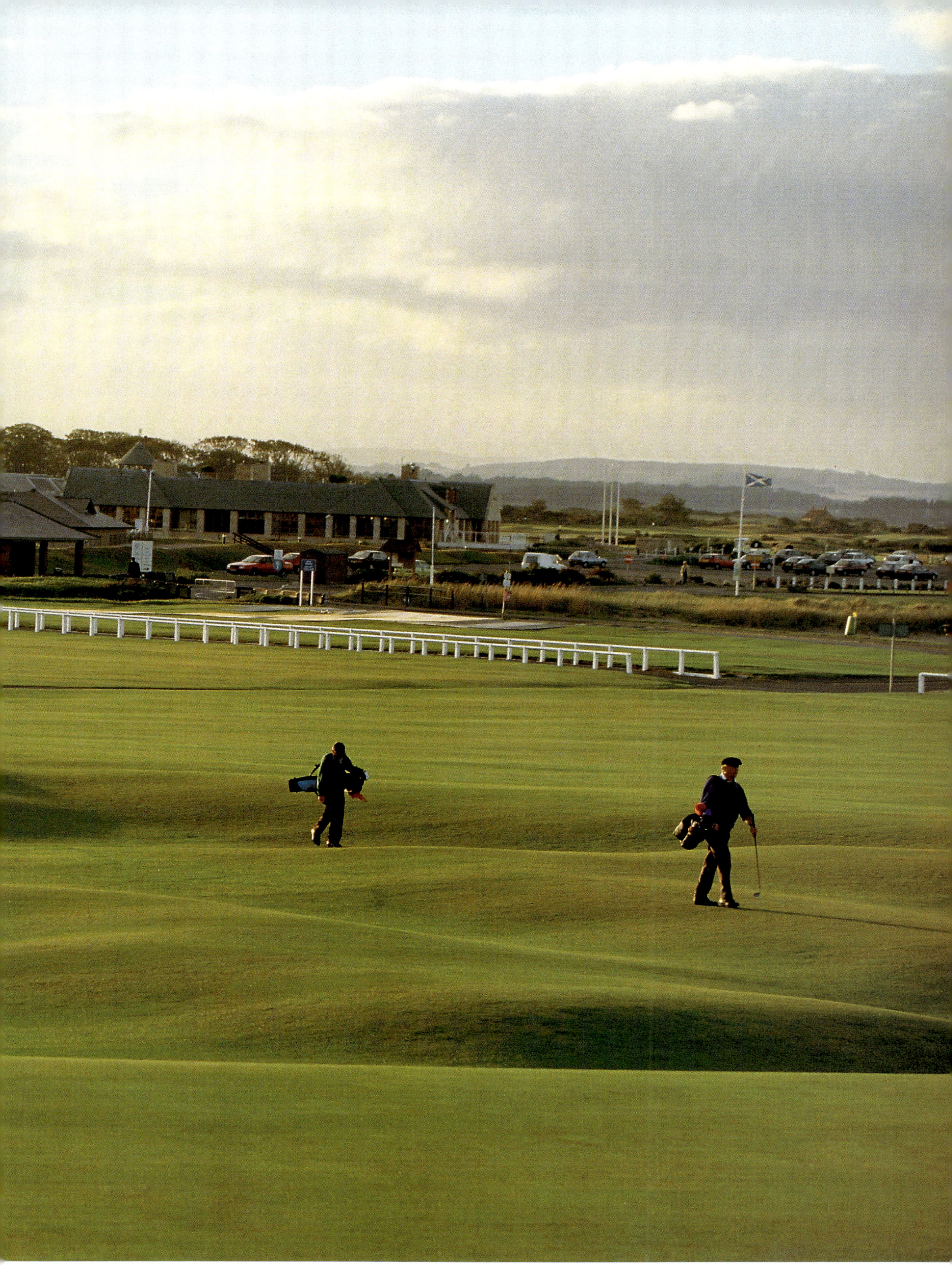

Freudentag

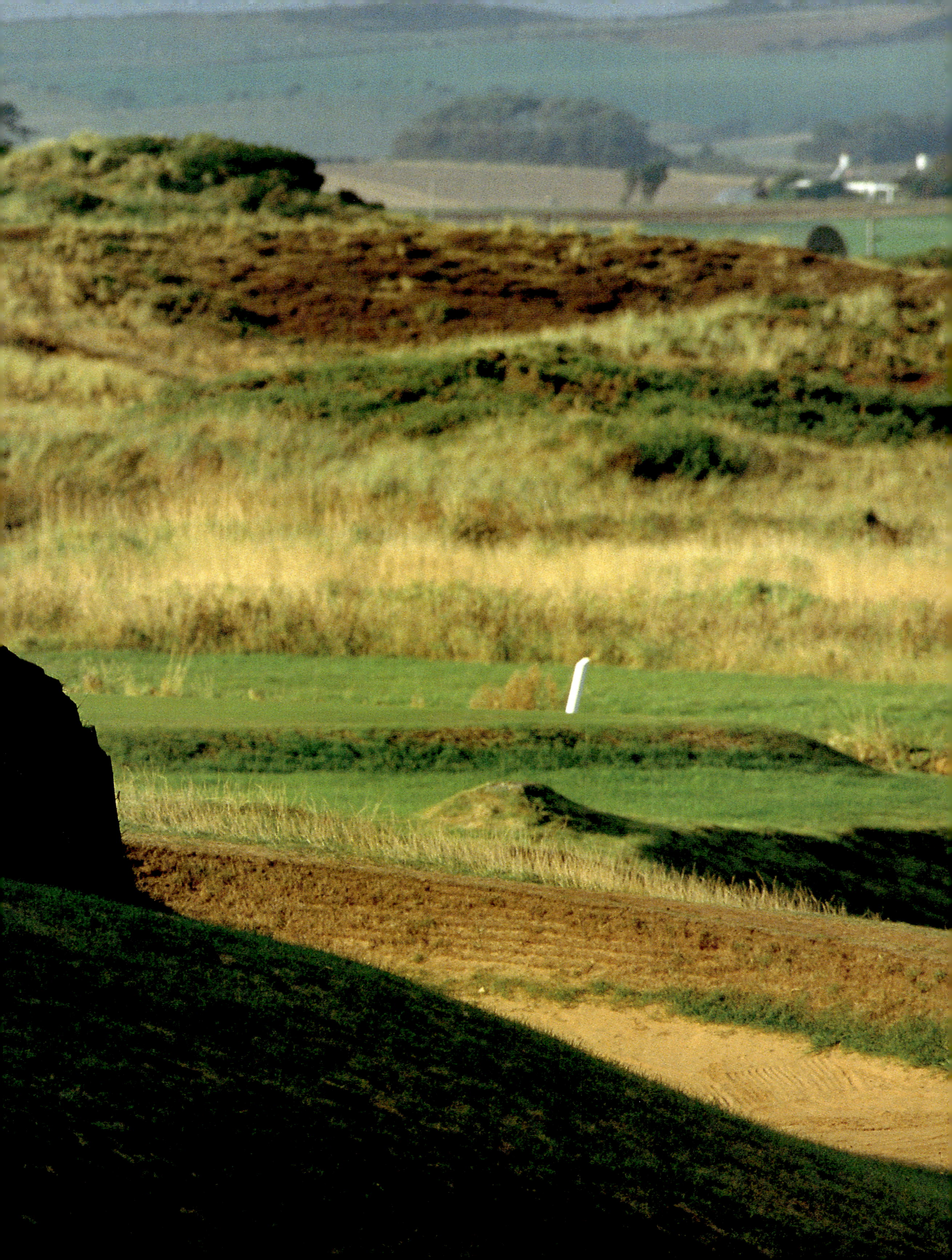

Prestwick Golf Club

Samstag, 12 Uhr 30. Einer jener stürmischen Herbsttage, die weiße Wölkchen vom Firth of Clyde über die Links in Prestwick, der Grafschaft im westlichen Schottland, treiben. Im Clubhaus legen die Angestellten letzte Hand an den Mittagstisch an. Noch herrscht Ruhe im Speiseraum des Clubs. Eine gute Gelegenheit, diesen geschmückten Tisch als kleines Kunstwerk zu bewundern, das dazu angetan ist, unsere optischen Sinne zu reizen und uns Appetit zu bereiten.

Ein einziger, solider und polierter Mahagoni-Tisch erfüllt den Raum. Wie paradierende Wachsoldaten reihen sich die 32 Platz-Sets mit der Abbildung des Clubwappens aneinander, das zwei gekreuzte Golfschläger, drei Bälle, den Namen „Prestwick" und das Datum „1851" zeigt. Inmitten des Tischs finden sich vage Hinweise auf das zu erwartende Mahl: Silberne Essig- und Ölfläschchen, dünne Weizenkekse und Ryvita-Cracker, Worcestershire Sauce der Marke Lea & Perrins, Mango-Chutney von Sharwoods, Major Macdonald's Regimental Chili Tomatenwürze, Arran-Senf, weitere Chutneys, Meerrettich-Sauce in offenen Schälchen mit langen Löffeln sowie ganze frischgebackene Ingwerbrote und Früchtekuchen, denen scharfe Messer zur Seite liegen, die nur auf ihren Einsatz warten. Wein-, Wasser- und Portgläser begleiten jedes einzelne Gedeck. Flaschen mit dem Hauswein des Clubs und Wasserkaraffen unterbrechen in gleichmäßigen Intervallen die Länge des Tischs.

Auf einem Sideboard aus Eiche, einem mittelalterlichen Relikt, das aussieht, als hätte man es aus einem Kloster befreit, erstreckt sich das Kalte Buffet: Allen voran eine kräftige, gut zehn Kilo schwere Rinderrippe, frische Zunge und gekochter Belfaster Schinken. Nicht weit entfernt liegt versenkt – in einer grün ausgelegten Mulde – das Käsebrett. Ein Stilton bietet sich an, in seinem gestärkten weißen Tuch, dazu Cheddar, Cheshire und Boursault. Und daneben, wie zufällige Farbkleckse, eine Schale mit frischem Sellerie und kleinen Schälchen mit Erdbeeren, Trauben und Datteln.

Der untere Bereich der Wände dieses Raumes ist mit Holzpaneelen ausgeschlagen, der obere dunkelgrün gestrichen. Überall verteilt hängen die Porträts ehemaliger Captains, wobei den Ehrenplatz der 13. Earl of Eglinton inne hält, jener adlige Landeigentümer, der Prestwick im Jahr 1851 gründete. Von der gegenüber liegenden Wand starrt ihm Charles Hunter entgegen, „der Hüter der Grüns" und zugleich der am längsten für den Club tätige Club-Professional. Das Clubsilber findet sich links und rechts der viktorianischen Vase auf dem Kaminsims. Dieser lange, vertraut wirkende Speiseraum ist das Herz und die Seele des Golf Clubs Prestwick.

Schnell füllt sich der Raum mit Clubmitgliedern und deren Gästen, und in Windeseile fühlt sich ein Besucher wie zuhause. Die Vorspeise umfasst eine Meeresfrüchte-Platte mit Lobster, Langusten, Mies- und Kamm-Muscheln, Austern, geräuchertem Lachs und Kaviar; oder aber man entscheidet sich für überraschend fein zubereitete Blutwurst mit einer Senf- und Sahnesauce oder eine der frischen Suppen. Danach folgt die Wahl unter Roastbeef, Lamm, überbackenem Schinken, Ochsenschwanz, Nieren, Fasan, Steak, Nierenpastete oder einer Curryspeise – vom Angebot am Kalten Buffet einmal abgesehen.

Die lange Tafel zu Prestwick – sie ist in der Welt der traditionellen Golfclubs eher unüblich, steht aber symbolisch für das Verständnis des Clubs, keinem Mitglied ein Vergnügen vorzuenthalten, sei es Golfspielen, Trinken oder Essen. Für die Clubmitglieder ist diese Sitte so wichtig wie die Tafelrunde von König Arthur mit seinen Rittern. Dem Gast eröffnet dieses Samstags-Lunch einen tiefen Einblick in den historischen Anspruch dieses Clubs. Der Speiseraum mag zwar das Heiligtum in Prestwick sein, ist aber nicht sakrosankt. Jeder darf ihn betreten und die Speisen ebenso genießen wie die menschliche Wärme in diesem Männerverein. Auf die Frage, was es denn einem Mitglied bedeute, an einem Samstag nach Prestwick zu kommen, ein paar Runden Golf zu spielen, ein paar Drinks zu sich zu nehmen und ein erstklassiges Essen zu genießen, ist die Antwort fast immer die Gleiche: Dem Alltag entfliehen und sich wohl fühlen. Und sie kommen – aus nah und fern – nur um Spaß für einen Tag zu haben.

Hinter diesem Spaß liegen eineinhalb Jahrhunderte Geschichte. David Smail brachte die Genese dieser informativen und von Eleganz geprägten Geschichte des Golf Clubs Prestwick, dem Geburtsort der Open Championship, auf den Punkt: „Gleichgesinnte gründeten den Club am 2. Juli 1851 im Red Lion Hotel in Prestwick, das glücklicherweise heute noch steht. Wie die Gründer des R & A und der Honourable Company waren es landverbundene Männer, Säulen der Gesellschaft, Land-Edelleute – Adel im wörtlichen Sinne –, die im Dienst und Beruf ihren Mann standen. Weniger Reichtum als vielmehr Muße stand im Vordergrund. Männer, die Zeit für den Golfsport und andere Landaktivitäten hatten."

Zwei Entwicklungen sorgten dafür, dass sich der Golfsport in den Gründungsjahren des Golf Clubs Prestwick Mitte des 19. Jahrhunderts verbreitete: Zunächst war es die Ablösung des Feathery-Balls durch den Gutta-Percha-Ball, der nicht nur wesentlich weiter flog, sondern in der Herstellung auch weitaus billiger war. Zweiter Aspekt war die rasante Entwicklung des britischen Eisenbahnnetzes, das den Golfern die Ayrshire-Küste mit ihrem natürlichen Dünenterrain erschloss und Clubgründungen zunächst in Prestwick und – später – in Gailes, Barassie, Troon und Turnberry ermöglichte.

Der Originalverlauf des 12-Löcher-Platzes von Prestwick grenzte im Süden an die Links-Road, der Verbindung zwischen Stadt und Strand, die Eisenbahnlinie im Osten, die See im Westen sowie die Pow Burn und die Mauer, die das Gelände kreuzten. The Wall verschwand, als der Parcours später im nördlichen Bereich auf 18 Löcher erweitert wurde, doch die anderen Grenzen blieben.

Eine der Schlüsselfiguren der Anfangstage des Golfclubs Prestwick war Colonel James Ogilvie Fairlie, ein enger Freund und Mitgolfer des Earl of Eglinton. Ein Jahr vor der Clubgründung war Fairlie Captain des R & A, und rasch stellte er eine ansehnliche Mitgliedschaft zusammen (Aufnahmegebühren: 1 Pfund, Jahresbeitrag: 1 Pfund). Er sorgte dafür, dass Old Tom Morris, der anerkannteste Golfer jener Tage, aus St. Andrews nach Prestwick kam, um dort das Platz-Layout

Vorhergehende Seite:
Der fordernde Kurs von Prestwick, wo die erste Open Championship ausgespielt wurde.
Gegenüber:
Die Victoria Vase.

Folgende Seiten:
Blick auf das 4. Loch und das Fairway des 12. Lochs mit der Pow Burn im Vordergrund. Das Samstagsabendlunch im Speisesaal unter dem „Vorsitz" des Earl of Eglinton, dem Clubgründer.

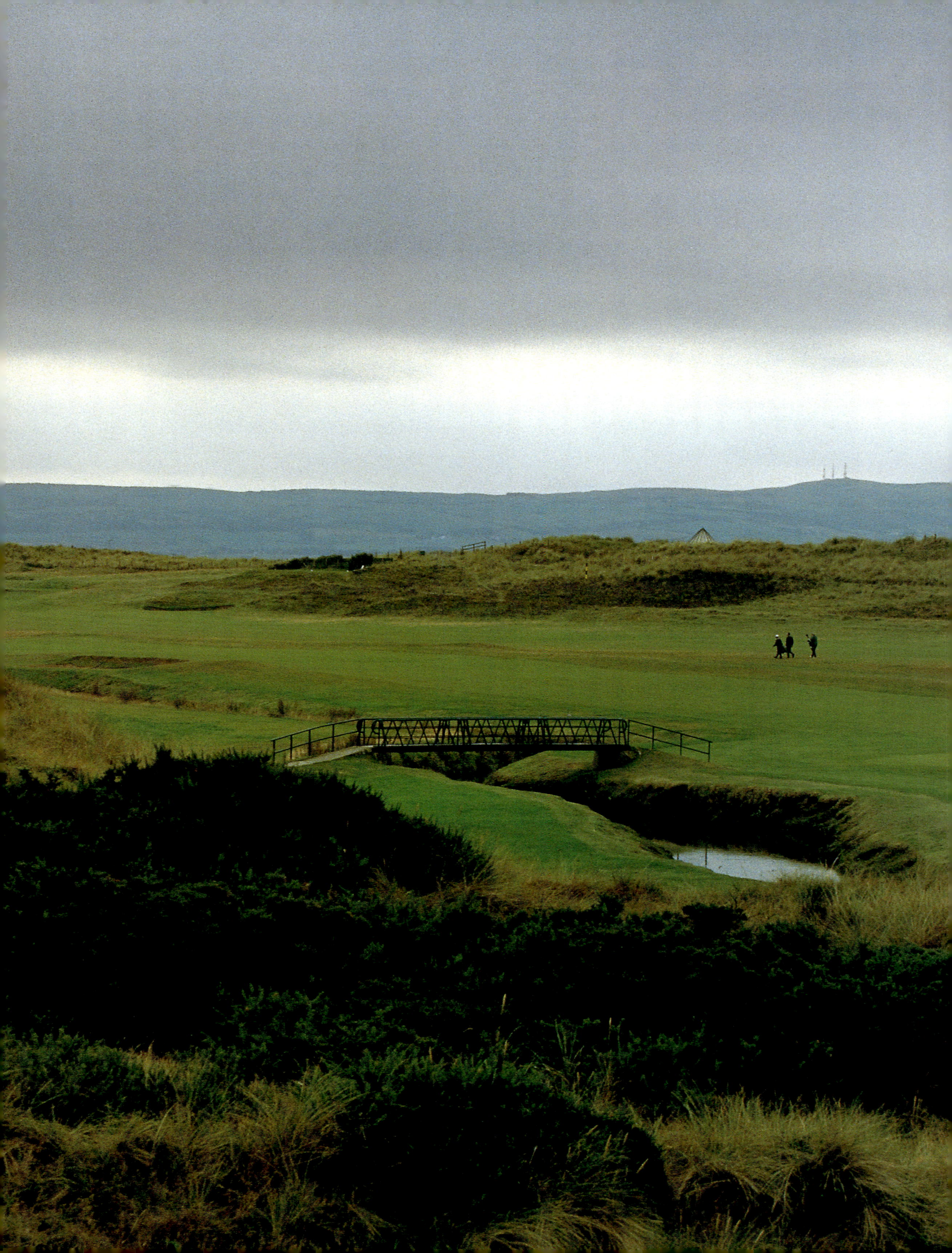

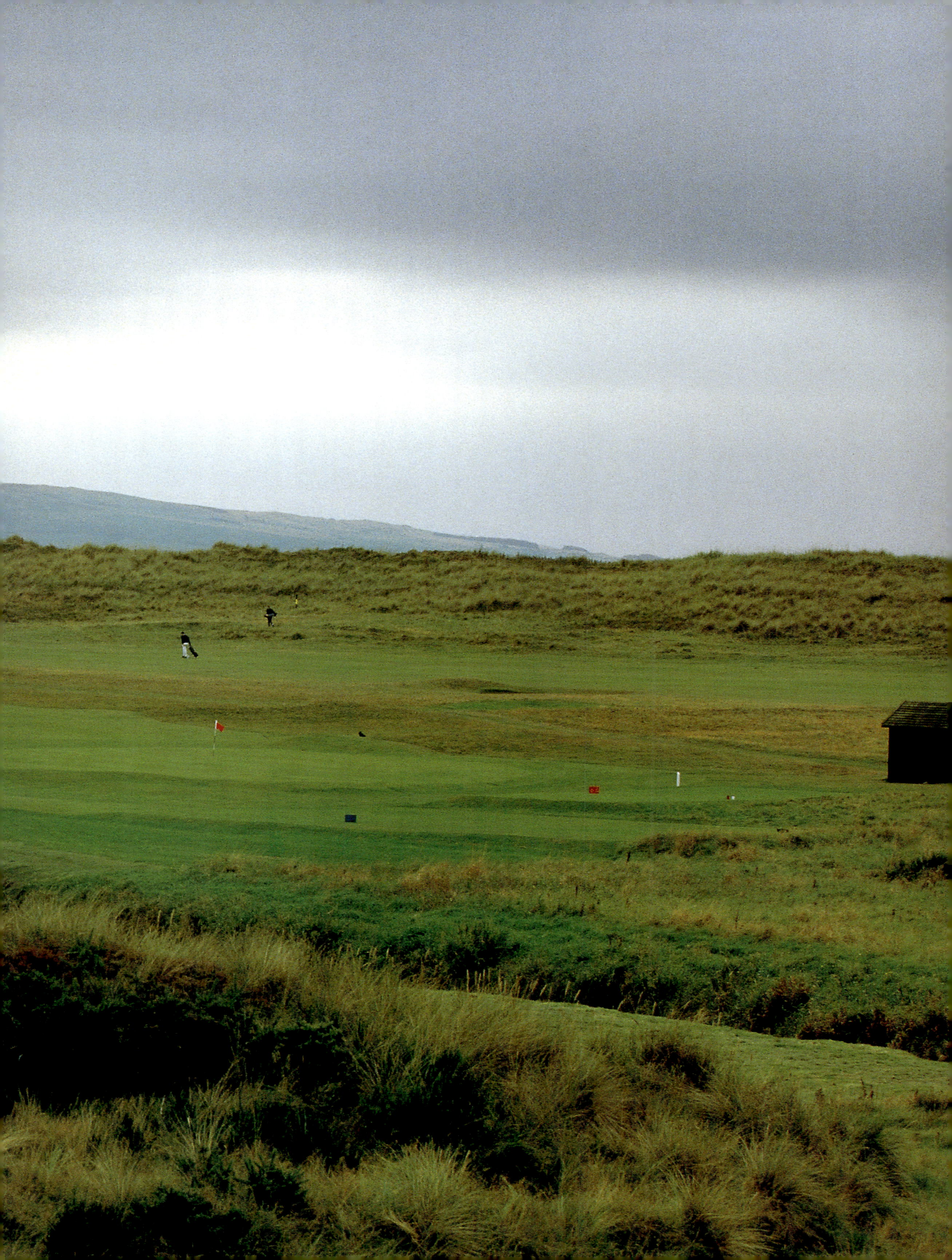

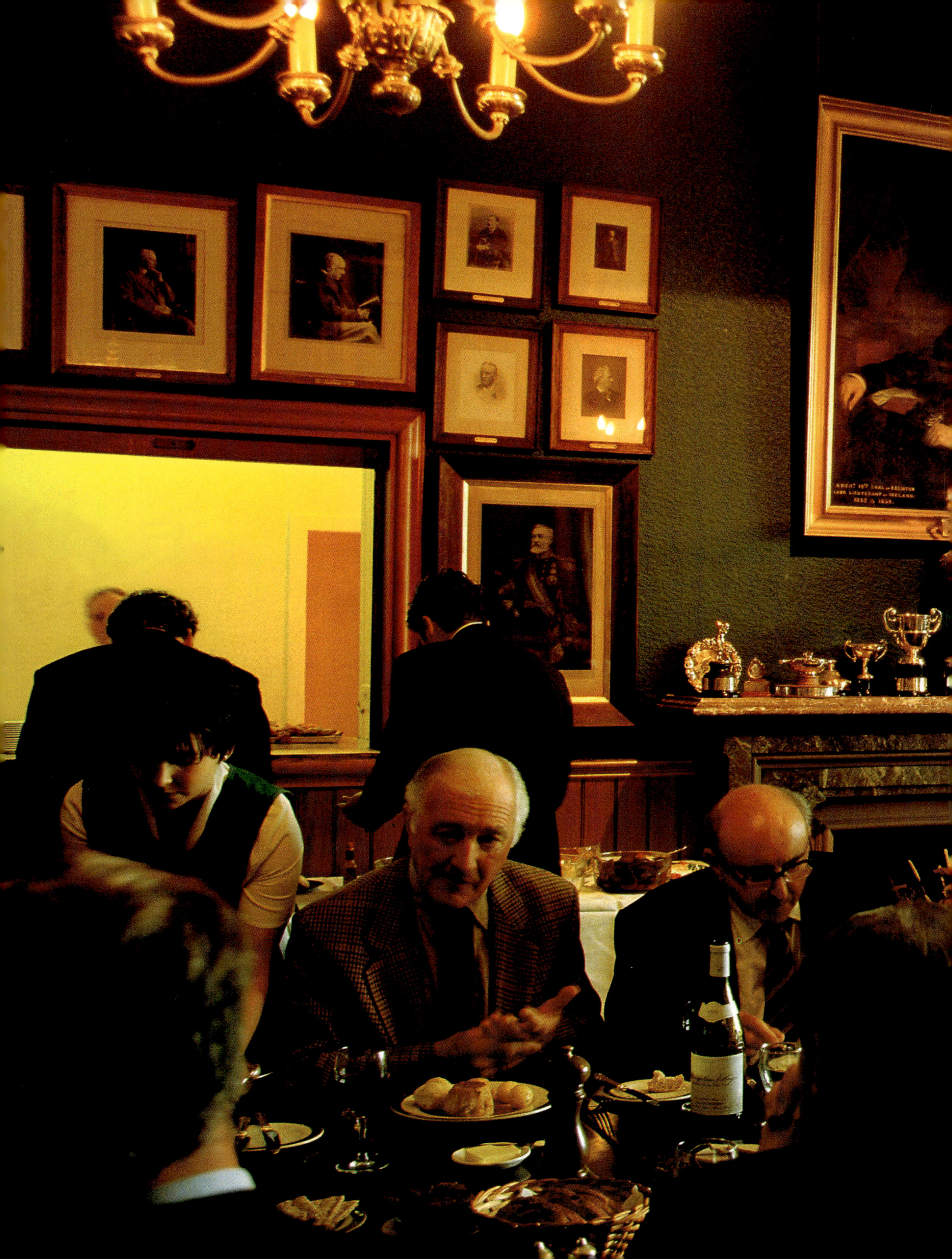

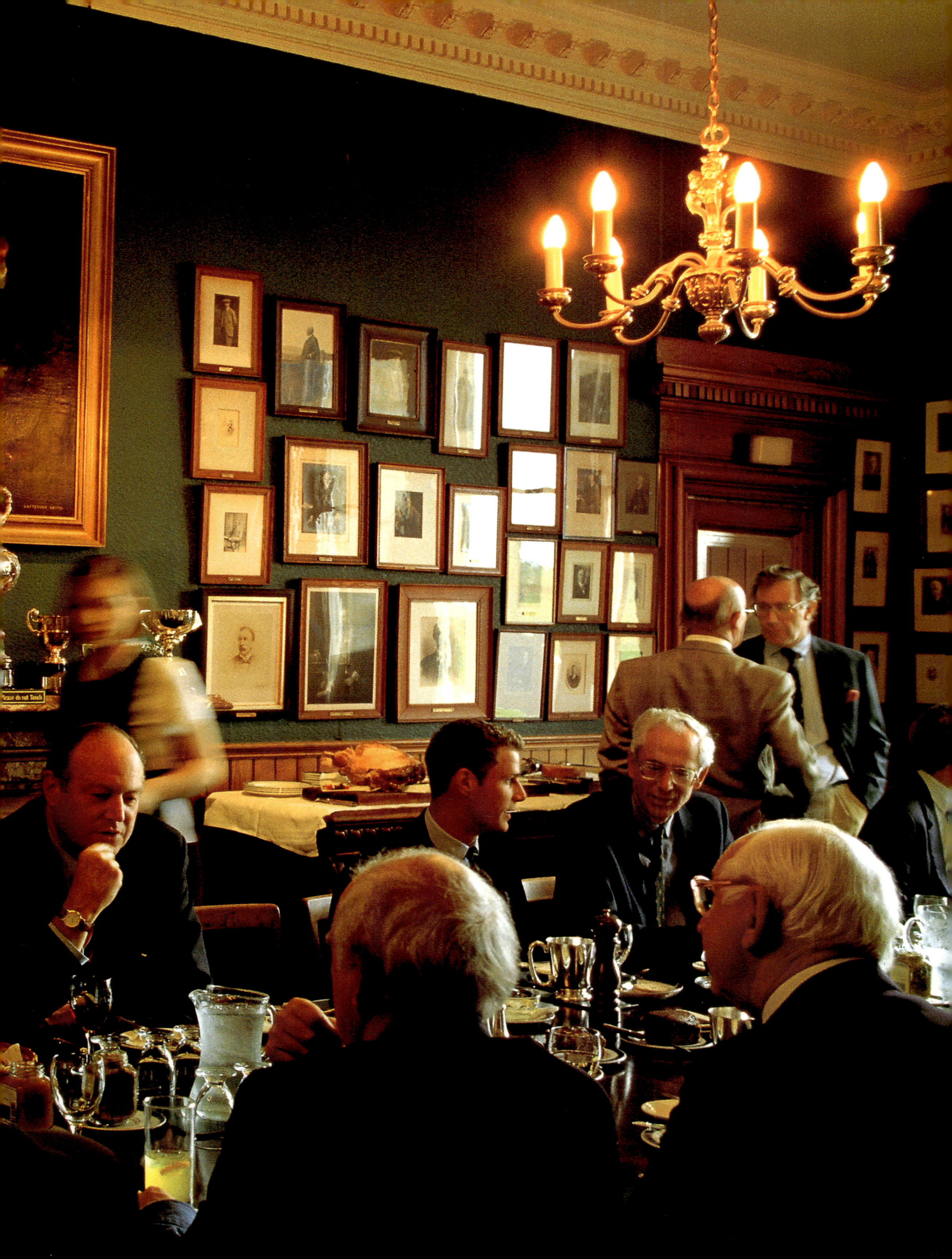
Please do not Touch

fertigzustellen und „Keeper of the Greens" zu werden. Aus diesem Anlass brachte Morris seinen Sohn Tom mit, der schließlich in Prestwick aufwuchs und einer der besten Champions dieses Sports wurde.

Nur neun Jahre nach seiner Clubgründung wurde in Prestwick die erste Open Championship organisiert und ausgerichtet. 1856 hatte der Club vorgeschlagen, einen Wettkampf über 36 Löcher zu veranstalten, an dem entweder in Prestwick oder in St. Andrews die Profigolfer aller Clubs teilnehmen konnten. Die Reaktion der anderen Clubs blieb lau, sodass der Golf Club Prestwick allein die Initiative ergriff. Als Preis gab der Club einen roten Ledergürtel mit einer silbernen Schnalle, auf der Golfer und Caddies dargestellt sind, im Wert von 25 Pfund in Auftrag. Derjenige Golfer, der diesen Preis an drei aufeinander folgenden Jahren gewinnen konnte, durfte ihn für sich behalten. In einem Rundschreiben an alle Golfclubs in Schottland und England wurden die Clubs aufgefordert, die jeweils drei besten Profis zum Turnier zu entsenden. Die von Prestwick gestellte Bedingung war, „dass die Spieler bekannte und respektierte Caddies sein müssen".

Die erste Open der Geschichte wurde am 17. Oktober 1860 über drei Runden auf dem 12-Löcher-Parcours von Prestwick ausgetragen. Als es dunkel wurde, stand Willie Park als Sieger fest. In den Clubannalen hieß es: „Zweifellos war der nächste Tag, der Prestwick Medal Day, der wichtigste Tag in Prestwick. Und die meisten Teilnehmer stellten sich einmal mehr als ehrenwerte Caddies heraus".

Im darauffolgenden Jahrzehnt wurde die Open alljährlich in Prestwick ausgetragen. Und als Young Tom Morris im Jahr 1870 seinen dritten Sieg in Folge errang, heimste er auch den Gürtel ein. Danach erhielten die Open-Sieger die Challenge-Trophy, die immer noch weitergereicht wird. Insgesamt wurden in Prestwick 24 Open Championships ausgetragen und großartige Golfer wie Willie Auchterlonie, Harry Vardon und James Braid erlebten hier ihre Geburtsstunde als Champions. Seine letzte Open erlebte Prestwick im Jahr 1925, als der Amerikaner James Barnes mit einem Schlag Vorsprung und einem Score von 300 Schlägen über 72 Löcher gewann.

Seitdem widmet sich Prestwick überwiegend dem Amateur-Golfsport. Insgesamt 16 Amateur-Meisterschaften wurden hier ausgetragen. Übrigens auch im Jahr 2001, dem 150. Geburtstag des Clubs. Viele weitere Meisterschaften wurden auf diesen vom Winde verwehten Links ausgefochten, einschließlich der Jungen- und der Senioren-Amateur-Championships. Wie einige andere Traditionsclubs auch ist Prestwick außerstande, mit den Menschenmassen und den Erfordernissen einer Open der Neuzeit fertig zu werden: „Gerne würde ich darüber nachdenken", so Clubsekretär Ian Bunch, „die Nationalen Offenen hier auszutragen und vielleicht sogar einen Walker oder Curtis Cup. Diese Turniere können wir hier sicher verkraften."

Nur zu gerne vergab Bernard Darwin Namen an Löcher, um sie irgendwie menschlicher zu machen: „Löcher und Bunker können große Männer zugrunde richten, und solche Katastrophen haben Namen verdient", schrieb er, „und Prestwick hat eine ganze Reihe davon." Neulinge können sich daher recht einfach ausmalen, was sie angesichts von Namen wie „Himalaya", „Alpen", „Sahara", „Railway", „Tunnel" und „The Bridge" erwartet.

Zwar wurden im Laufe der Zeit eine ganze Reihe von Verbesserungen durchgeführt, aber Vieles ist noch im Originalzustand. Frank Rennie, seit 1962 Golflehrer in Prestwick und erst der siebte in der Clubgeschichte, meint: „Hier wird Golf noch auf traditionelle Weise gespielt – mit Kuppen und Mulden überall auf den Fairways. Es ist ein natürliches Terrain und wurde nicht stark verändert. Ein halbes Dutzend Grüns sieht noch aus wie zu Old Tom Morris Zeiten. Die Fairways sind schmal, die Roughs sehr dicht und die Grüns klein und wellig. Natürlich spielt auch der Wind eine große

Gegenüber: *Im Rauch-Zimmer (Detail).*

GOLF RULES
THE HONOURABLE COMPANY OF GOLFERS
REGULATIONS
GAME of GOLF,

68.

Ian Lochhead – ein jüngeres Mitglied – mit silbernem Humpen.

Oben: *J. M. H. (Michael) Scott, früherer Captain.*
Mitte: *A. R. (Richard) Cole-Hamilton, früherer R & A-Captain und Vorsitzender des General Committee, im Kartenzimmer.*
Oben: *Dr. A. D. (Percy) Walker, früherer Captain.*

Nächste Seiten: *Prestwick schläft.*

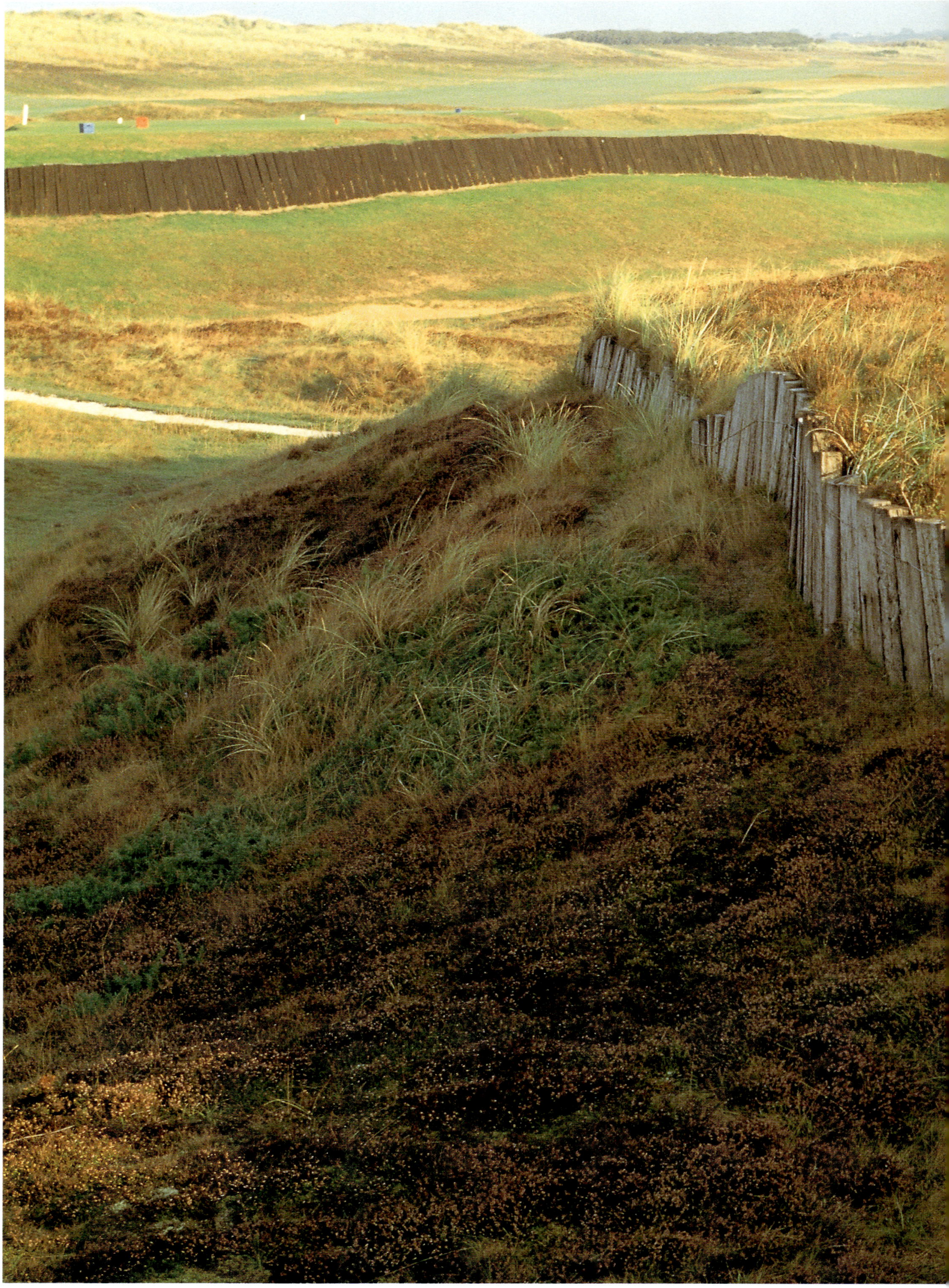

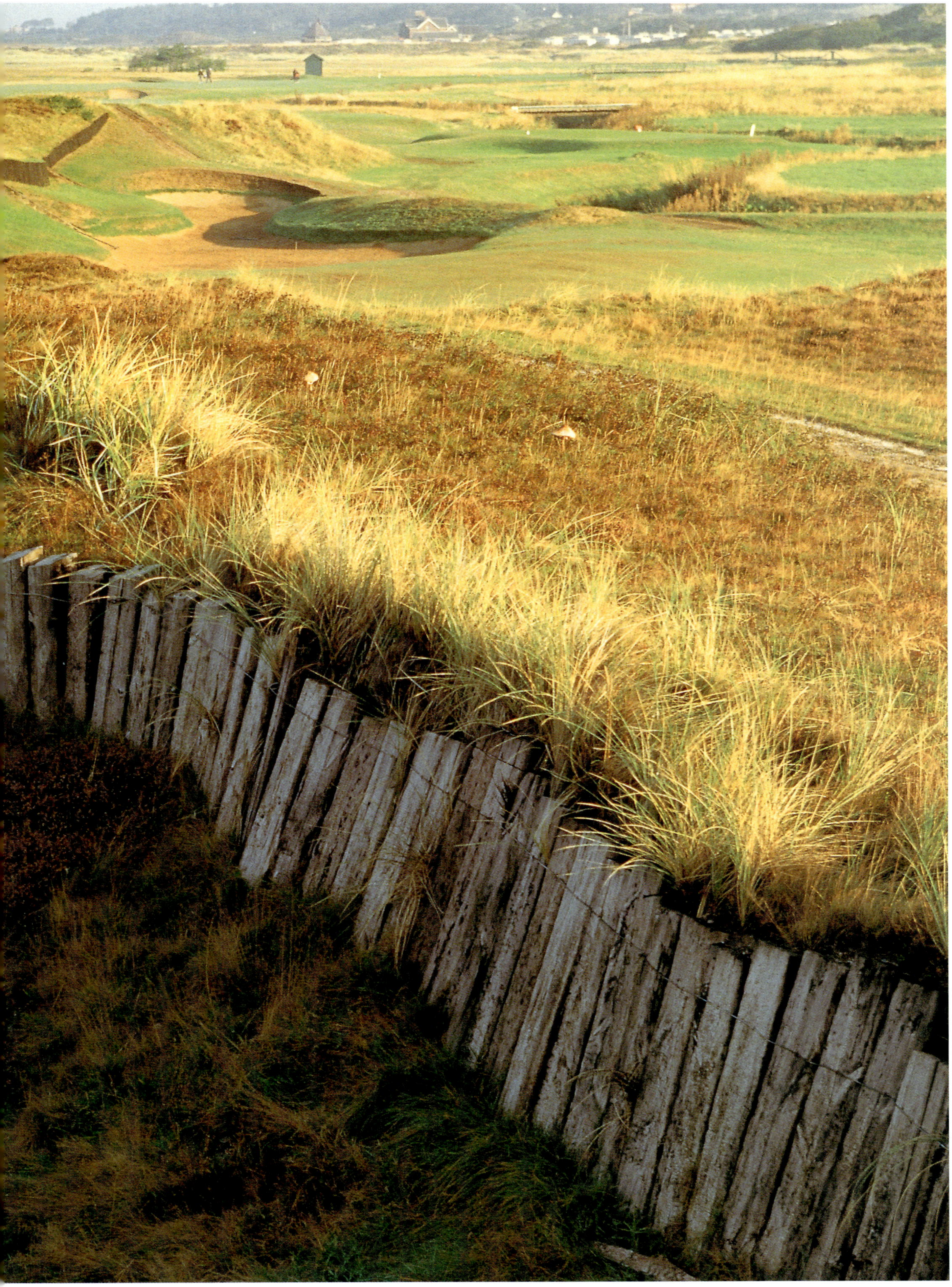

Ganz oben: *Im Rough.* Oben: *Vorhut des Prestwick „eightsome".*
Gegenüber: *Auf der Suche nach dem Ball in der Nähe des 10. Abschlags.*

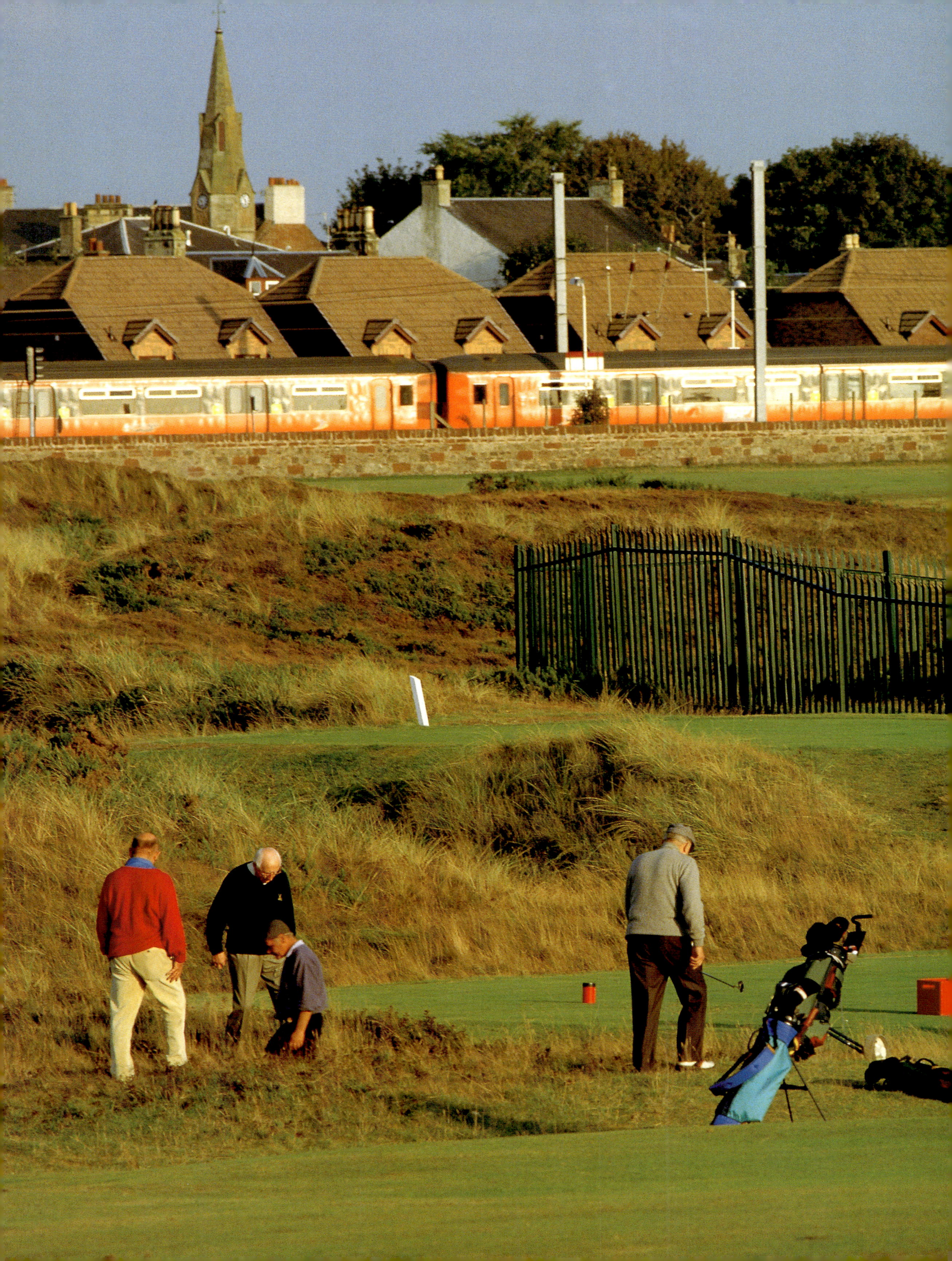

Rolle. Und schließlich haben wir mit jener berühmten Schleife über die letzten vier Löcher eine golferische Herausforderung parat, die so manches Match auf den Kopf stellte."

Bemerkenswerter Aspekt des Golfsports in Prestwick ist die Tatsache, dass Caddies, jene vom Aussterben bedrohte Spezies in vielen englischen und irischen Clubs, hier immer noch intensiv zum Einsatz kommen. In keinem anderen schottischen Club sind mehr von ihnen angestellt, werden mehr von ihnen regelmäßig gebraucht. So gibt es eine Kernmannschaft von 30 bis 40 Caddies, die in den Sommermonaten leicht auf 70 und mehr ansteigt. Die Unterstützung durch die Mitgliedschaft bedeutet, dass hier eine relativ große Zahl von Caddies ganzjährig arbeiten kann. Durchaus herzergreifend ist der Prestwick „eightsome", bei dem jeder Spieler mit seinem eigenen Caddie den Himalaya oder anderes hügeliges Terrain erklimmt und dies aussieht, als zöge eine marodierende schottische Bande durch die Landschaft.

Lange Jahre blieb die Mitgliedschaft in Prestwick ihren aristokratischen Ursprüngen treu. Die Mitglieder entstammten dem Landadel, und nicht alle spielten Golf. Als der spätere Club-Captain Michael Scott im Jahr 1950 dem Club beitrat, gab es an der golferischen Seriosität keinen Zweifel, aber insgesamt war die Mitgliedschaft überaltert, konservativ und allzu klein: „Über eine lange Zeit hinweg wurden einfach keine neuen Mitglieder mehr aufgenommen. Prestwick war ein Club ganz weniger Menschen. In Erinnerung haften geblieben ist mir die Tatsache, dass ich das einzige Mitglied war, das jünger war als 30 Jahre."

Immerhin – die alte Prestwicker Tradition, als Mitglied im richtigen Moment vereinnahmt zu werden, sie funktionierte, sobald man sich im Clubhaus befand. „Ich kann mich genau erinnern", so Michael Scott, „als ich einmal im Rauchzimmer am Fenster stand und nicht mit einer geselligen Golfrunde rechnete, weil einfach niemand da war. Plötzlich kam Charlie MacAndrew, damals stellvertretender Vorsitzender des Unterhauses, der offensichtlich eine Runde organisiert hatte, zu mir und fragte: ‚Haben Sie eine Spielmöglichkeit, young Scott?' Und ich antwortete ‚Nein, Sir, habe ich nicht'. Darauf seine Antwort ‚spielen sie mit uns!'"

Auch Richard Cole-Hamilton, ebenfalls früherer Captain in Prestwick und – bis vor einigen Jahren – Vorsitzender des General Committee des R & A, ist davon überzeugt, dass Prestwick in der Vergangenheit ein elitäres Image hatte: „Wenn der Boden für die Fuchsjagd zu hart war, dann konnte es schon sein, dass Lord Eglinton und seine Freunde auf eine Runde Golf vorbeischauten." In der Tat war die Clubatmosphäre in jenen Tagen für neue Mitglieder durchaus bedrückend. „Einer der jüngeren Leute krabbelte auf allen Vieren unterhalb des großen Fensters am Rauchzimmer vorbei, nur um nicht gesehen zu werden. Bis ihm der Golflehrer sagte, dass er dies lassen solle und aufstehen möge. ‚Eines Tages wirst du selbst Captain sein'. Und so kam es auch."

Drei klassische Anekdoten aus dem alten Prestwick, in die kurioser Weise jeweils ein Major verwickelt war, sprechen für sich: An einem Tag saß der alte Major Neilson im großen Lehnstuhl ganz allein in der Ecke des Rauchzimmers, als plötzlich Morty Dykes – übrigens später Gewinner der schottischen Amateurmeisterschaften – herein kam. Dykes kam direkt auf den Major zu und sagte freundlich: „Ist dies nicht ein schöner Tag heute, Sir?" Der Major, der seine Augen nicht von seiner Zeitung erhob, drückte nur die Glocke über seinem Kopf. Sofort sprang der Steward hinter der Bar hervor. „Steward", rief Nielson, „hier ist ein junger Mann, der gerne das Wetter diskutieren möchte. Können Sie ihm behilflich sein?"

Percy Walker, ein Arzt im Ruhestand, erinnert sich an ein Club-Dinner in den frühen 50er Jahren, als sich der Club-Captain an ihn wandte und bemerkte, dass Major Galloway, ehemals ein Patient Walkers, ärztlichen Beistand benötigte: „Er war während des Dinners unter den Tisch gerutscht und

Ganz oben: *Im Rauchzimmer am Ende eines Tages.*
Oben links: *Ausschnitt aus dem Speiseraum.*
Oben rechts: *Ausschnitt aus den Umkleide-Räumen.*

der Captain raunte mir zu ‚Sitzen sie hier nicht einfach herum, gehen sie ihrem Patienten helfen.' Ich krabbelte also unter den Tisch, wo ich den Major liegen sah. Ich schaute ihn mir an, ging wieder an meinen Tisch und der Captain fragte mich, was denn mit dem Major los sei. Ich sagte ‚Er ist betrunken, Sir', worauf wir von unten eine Stimme vernahmen: ‚Und sie, Sir, sind gefeuert!'"

Percy Walkers zweite Geschichte handelt erneut um Major Neilson: „Eines Tages kam der Sekretär – übrigens selbst ein Major – zu mir und bat mich, Major Neilson zu helfen. Dieser wollte auf die Toilette und war im Waschraum flach auf sein Gesicht gefallen. Ich beugte mich zu ihm herab und maß seinen Puls. Aus seinen kugelrunden Augen schaute er zu mir auf und schrie aus seiner horizontalen Lage heraus: ‚Lassen Sie mich sofort los. Wenn ich ärztliche Hilfe benötigen sollte, werde ich meinen eigenen Arzt konsultieren.'"

Um 1970 herum gab es in Prestwick entscheidende Veränderungen. Anlass war ein negativ ausgefallenes Gutachten der Feuerwehr, nach dem größere Umbauten im Clubhaus notwendig wurden. Die veranschlagten Kosten für die Arbeiten überstiegen die Vorstellungen der Mitglieder bei weitem, sodass ernsthafte Maßnahmen ergriffen werden mussten, um die notwendigen Gelder zusammen zu bekommen. Es erforderte schließlich auch beim Management eine professionellere Herangehensweise. Schuldscheine wurden ausgegeben, Spenden von alten und neuen Mitgliedern wurden angenommen und – was am Wichtigsten war – man warb mit den Werten des Clubs um Gastgolfer. Schnell war so das dringend benötigte Geld zusammen.

„Wir reichten der ganzen Golfwelt die Hand, sogar bis nach Amerika", erzählt Percy Walker, Club-Captain des Jahres 1976. „Und plötzlich strömten die Leute zu uns. Die Greenfees der Gäste leisten einen nennenswerten Beitrag zur Deckung unserer jährlichen Unterhaltskosten für Clubhaus und Platz. Und auf eine merkwürdige Art und Weise scheinen die Besucher den Geist dieses Ortes in sich aufzunehmen."

Prestwick richtet Turniere gegen die beiden anderen schottischen Traditionsclubs aus, obwohl viele zugleich Mitglied im R & A und in Muirfield sind. Wie der Golf Club Royal County Down verfügt Prestwick über zwei Gesichter, zeigt sich also Janus köpfig. Während der Woche – vor allem in den Monaten April bis Oktober – strömen die Besucher ein, und Mitglieder werden kaum gesichtet. Aber am Wochenende, vor allem samstags, kehrt sich dieser Prozess um. Die Besucher verschwinden und die Mitglieder vereinnahmen wieder ihren Club. Foursomes sind das populärste Spiel, da es im Gegensatz zu den vielen zwischen Frühling und Herbst ausgetragenen Wettbewerben und Turnieren, bei denen alles auf Leistung abzielt, hier nur auf echten Spaß und Kameradschaft und nicht auf persönlichen Triumph ankommt.

In Prestwick gibt es insgesamt vier Dinner-Matches mit Smoking-Zwang, die sehr populär sind, bei dem die kommenden Vierer – wie übrigens auch in vielen Clubs im Süden des Landes – während des Essens von einem Sprecher bekannt gegeben werden. Nach dem Dinner darf auf die Paarungen bei Port, Kummel und Zigarren gewettet werden.

Der aktive Teil der Golfer beträgt in Prestwick etwa 200 von insgesamt 300 Mitgliedern. Samstags ist Mitgliedstag, der rund um das berühmte Mittagessen herum organisiert wird. Am Sonntag lassen die Aktivitäten nach, spielen doch die Mitglieder an diesem Tag häufig mit ihren Frauen (zwar gibt es keine Ladies Section in Prestwick, aber immerhin Umkleideräume für weibliche Gäste, die gemeinsam mit einem Mitglied spielen). Sollte es zu freiwerdenden Mitgliedschaften kommen, werden diese zu gleichen Teilen unter den Söhnen der Mitglieder und jenen ohne bisherige Verbindung zum Club aufgeteilt – sozusagen, um das Gleichgewicht zwischen altem und neuem Blut zu behalten.

Allerdings scheint es so, als sei es gelungen, das Durchschnittsalter der Mitgliedschaft in Prestwick zu senken. Ian Lochhead ist einer dieser jüngeren, energischen Mitglieder. Er ist Mitte 30, und schon sein Vater war hier Mitglied. Als aktiver Golfer engagiert er sich seit kurzer Zeit auch im achtköpfigen Vorstand des Clubs: „Das Besondere hier ist die Kameradschaft zwischen den Mitgliedern. Jeder ist extrem freundlich. Man kommt entweder in den Rauch- oder Speiseraum, und schon wird man empfangen, ganz gleich, welcher Generation man angehört. Das Einzige, was die Leute hier wirklich nervt, ist langsames Spiel. Selbst schlechte aber schnelle Golfer sind hier in höchstem Maße anerkannt."

Als Segen für die Mitglieder stellt sich nach wie vor die Zugstrecke heraus, die entlang der Platzgrenze am ersten Loch verläuft. Von Glasgow aus, wo viele Mitglieder arbeiten und leben, dauert eine Fahrt circa eine Stunde. Einerseits geht man mit der Bahn der alltäglichen Gefahr auf der Straße aus dem Weg, andererseits den harten Strafen für Trunkenheit am Steuer. Unter den jüngeren Mitgliedern ist es liebgewonnene Tradition, zum Weihnachtsessen des Clubs per Bahn anzureisen – selbstverständlich mit Räucherlachs-Sandwiches und Champagner im Gepäck.

Jene Kameradschaft, die in Prestwick vor allem aus Anlass des Samstags-Lunch so offensichtlich wird, erfuhr der weitgereiste Golfer Murray McCracken bereits bei seiner ersten Einladung in den Club: „Es ist schon merkwürdig – man fühlt sich bereits als Mitglied, obwohl man eigentlich noch Gast ist. Im Laufe der Zeit war ich immer wieder Gast, und ich war gefangen von der Atmosphäre."

Besonders ein Besuch im Rauchzimmer verstärkt jenes Gefühl der Freundlichkeit und der Freude. Hier trinken die Mitglieder ihr Bier aus eleganten, silberlegierten Humpen, die dem Club im Laufe der Jahre großzügig gespendet wurden. Es herrscht ein Kommen und Gehen, ebenso lautes Gelächter. Und die Klarheit bzw. der Wohlklang der von Schotten gesprochenen englischen Sprache ist Balsam für die Ohren. Alle sind da – Bankiers aus Glasgow, Industrielle, Rechtsanwälte, Buchhalter, Farmer aus Ayrshire und auch ein paar Ärzte aus der Gegend. Ein halbes Jahrhundert ist altersmäßig vertreten – von 30 bis 80 Jahren.

„Wollen Sie noch einen Whisky vor dem Essen?", fragt ein Mitglied ein anderes. „Aber sicher doch." „Und möchten Sie auch ein wenig Wasser dazu?" Antwort: „Aber nur, wenn noch Platz im Glas ist."

Irgendjemand erklärt – natürlich augenzwinkernd – die wahre Bedeutung der Farben auf der Clubkrawatte. „Das Grün steht für den Platz", sagt er, „das Rot für den Portwein und das Weiß für Kummel." (Einige Mitglieder behaupten, dass der Club der drittgrößte Kummel-Konsument Schottlands sei – und sie könnten durchaus recht haben).

Zwei jüngere Mitglieder sprechen über die Besonderheiten des Platzes und vor allem des ersten Loches, bei dem es auf einen guten Abschlag ankommt. Auch Bernard Darwins Name fällt bei dieser Gelegenheit und seine Vorliebe, Löcher mit Namen zu benennen. „Wir haben einen neuen Namen für die Aufgabe, die es am ersten Loch zu bewältigen gilt", sagt das eine Mitglied. „Siehst Du den kleinen Hügel da drüben, ganz in der Nähe des Lochs? Lass ihn uns Brustwarze nennen – kommt man da rüber, ist alles in Ordnung." Worauf der andere meint: „Ich bin mir nicht sicher, ob der große Bernardo dies gutheißen würde." Darauf der erste: „Es könnte sein, dass er das Wort nicht mag, aber die Tatsache an sich – da bin ich mir sicher – würde ihn entzücken."

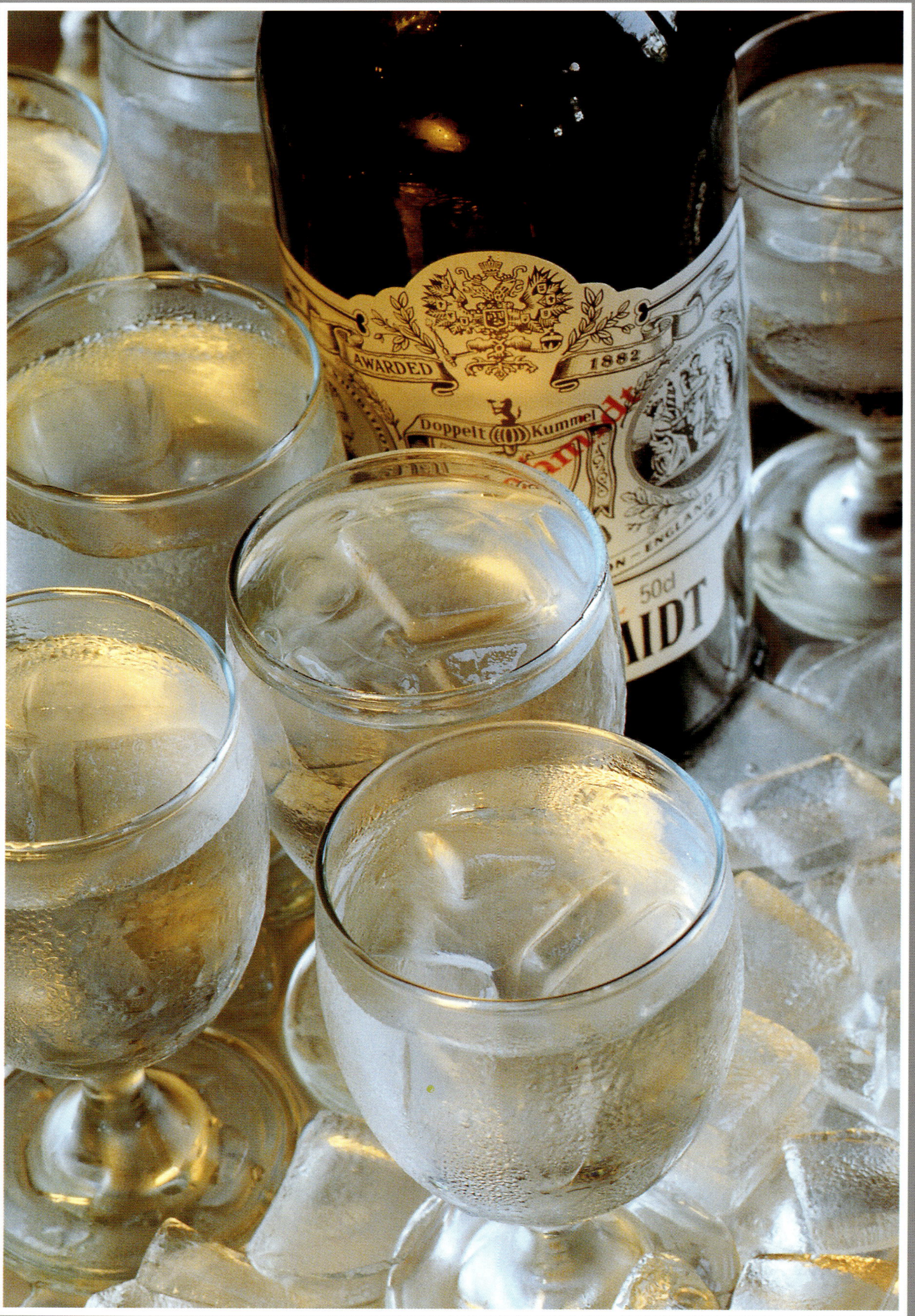
AWARDED
1882
Doppelt Kummel
ENGLAND
50cl

Kummel: Der Putt-Mix

Gegenüber: *Wolfschmidt Kummel*
Oben links: *Gin Tonic*
Oben rechts: *Whisky im R & A*
Mitte rechts: *Pimms*
Unten: *Bar-Keeper in Swinley Forest*

„Am Samstag sank die Temperatur kaum unter den Gefrierpunkt. Aber wegen des eisigen Ostwinds fühlte es sich viel kälter an – ein Tag für mindestens vier Kummel." So Herbert Warren Winds Bericht in der Zeitung New Yorker über das President's Putter-Turnier auf den Links von Rye Anfang der 70er Jahre.

„Vor einer Runde nehme ich immer einen kleinen Kummel on the Rocks", gesteht Tom Harvey, früher Captain des R & A und des Royal West Norfolk Golf Clubs. „Wir nennen es den Putt-Mix, aber heraus kommt eine recht merkwürdige Mischung an Putts."

Kummel – ausgesprochen wird es Kimmel – ist ein farbloser, süßer Likör mit Kümmel-Geschmack. In britischen Traditionsclubs ist diese Sitte im Gegensatz zu den irischen Clubs stark verbreitet. Die Ursprünge allerdings kennt man nicht mehr. Keine Bar ist ohne eine Flasche Wolfschmidt oder Metzendorff Kummel komplett. Die Mitglieder trinken ihn entweder pur oder mit Eis und Wasser nach dem Mittag- oder Abendessen. So mancher Golfer reibt sich damit auch die Handflächen ein, um bei der nachmittäglichen Runde „einen besseren Halt" beim Putten zu haben. Nun mag man sich darüber streiten, ob sich dadurch das Spiel verbessert, aber es hat zumindest einen psychologischen Effekt, wird so doch der beginnende Reflexverlust angesichts des 38-Prozent-Alkoholgehalts ausgeglichen.

Das Wort Kümmel kommt aus dem Deutschen und bezeichnet ein Heilkraut, das dem Drink seinen unverwechselbaren Anis-ähnlichen Geschmack verleiht. Tatsächlich kommt der Likör wahrscheinlich aus Holland, von wo er sich auf die norddeutschen Küstengebiete ausbreitete. Für deutsche Golfer mag diese Referenz an heimische Sitten der Fischer und Bauern bei ihrem ersten Besuch auf den britischen Inseln ungewöhnlich vorkommen.

Wolfschmidt Kummel wird inzwischen in England nach einem alten dänischen Rezept produziert. Es ist die führende Marke und der beliebteste Kummel in den Clubs, die in diesem Buch erwähnt werden. An zweiter Stelle steht Metzendorff, der von einem Mann mit dem wohlklingenden Namen Baron von Blanckenhagen erfunden wurde. Metzendorff wird in Frankreich produziert und über London vertrieben.

Der Golfclub Prestwick beansprucht für sich den dritthöchsten Verbrauch an Kummel in Schottland. Eine Zahl, die sich nicht überprüfen lässt, die aber den Tatsachen wohl nahe kommt. Im Golf Club Royal St. George's werden beide Marken geführt, und dort soll man angeblich gleich hinter Prestwick liegen. Doch auch die Mannen im Sparrows in Porthcawl liegen zweifellos gut im Rennen...

Zuchtstätte der Champions

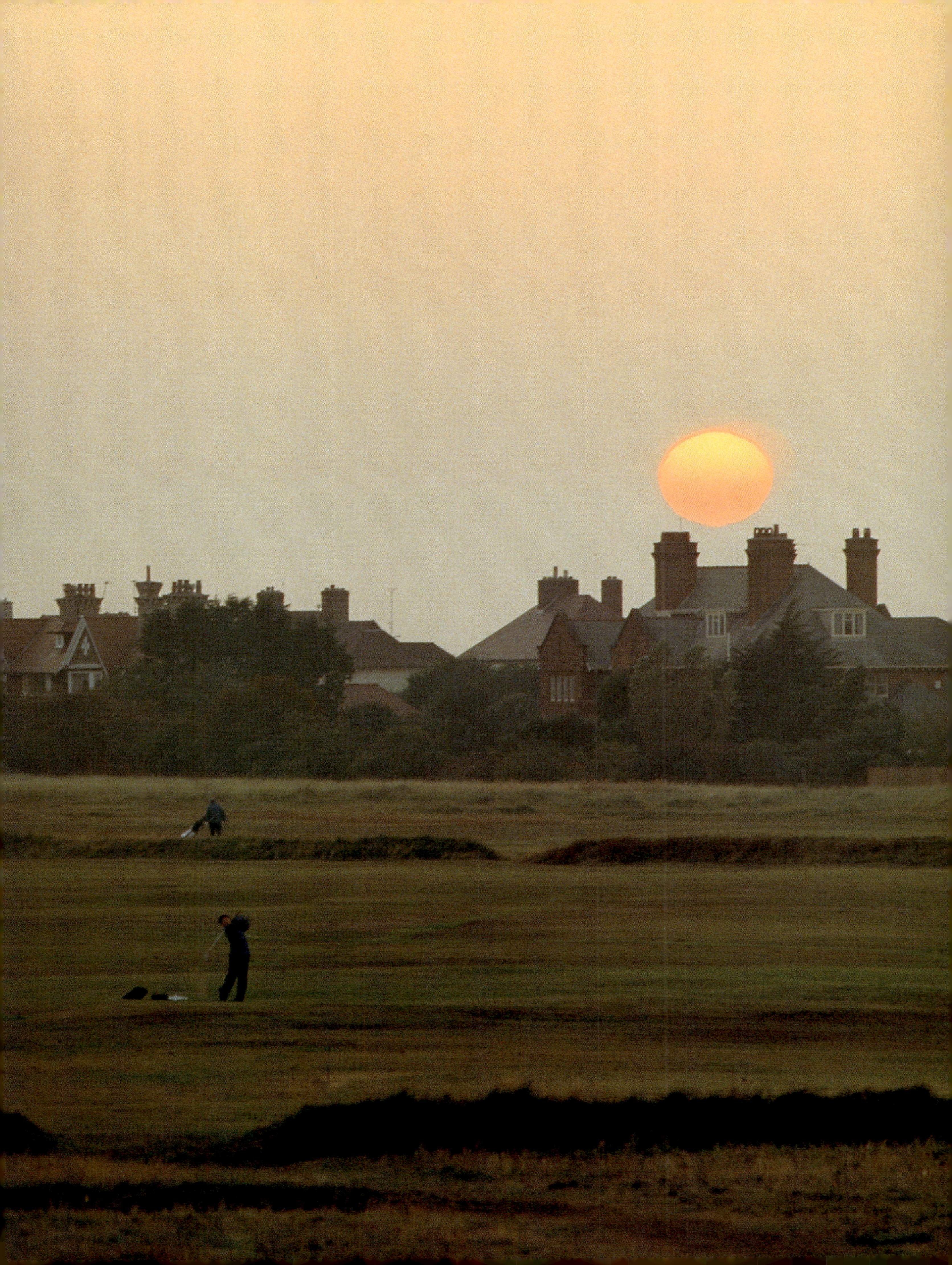

Royal Liverpool Golf Club

Ein rauer Novemberabend auf der nordwestlich in England gelegenen Halbinsel Wirral. Regenschauer peitschen über die Links in Hoylake. Eine Nacht, die man besser im Haus verbringen sollte und eine, in der es wohl keinen besseren Platz dafür gibt als das komfortable Clubhaus des Golf Clubs Royal Liverpool. Heute ist St. Andrews Night und etliche Hundert Mitglieder im Smoking schlendern im Erdgeschoss rund um die Trophäen und Erinnerungsstücke des Clubs. Es wird gescherzt und gelacht. Ein Meer an geröteten Gesichtern. Fast greifbar scheint das Gefühl der Freundschaft zu sein und auch die Erwartungshaltung.

Ein schottischer Dudelsackspieler in vollem Ornat pumpt sein Instrument auf und die bittersüße Musik des Hochlands erfüllt den Raum und weckt Erinnerungen an keltischen Stolz und verlorene Schlachten. Das Stimmengewirr erlischt, als ehemalige Captains wie in einer Prozession die Haupttreppe herabsteigen und sich an den breiten Stufen aufstellen. Es beginnt ein Ritual, das aussieht wie „blinde Kuh", nur dass niemandem die Augen verbunden sind. Der Amtsinhaber tastet wie kurzsichtig um sich, während die Mitglieder sich gegenseitig anschubsen, um die eine oder andere Person in sein Blickfeld zu rücken. Plötzlich hat der Spuk ein Ende und der Captain findet den Mann, nach dem er gesucht hat und legt ihm seine Hand auf die Schulter. Der Raum erbebt in Pfiffen, Jubel- und Buhrufen. Die Menge tritt zurück und der Captain geleitet seinen Nachfolger auf die Treppe. Auch die ehemaligen Captains treten zur Seite, und die Prozession führt wieder hinauf – vorbei an den Porträts von John Ball, Harold Hilton, Jack Graham und Bobby Jones hinein in den festlich geschmückten Clubraum, in dem das wohl luxuriöseste und privateste Dinner des Jahres ausgerichtet wird.

„Es ist eine furchtbare Veranstaltung", meint Nicko Williams, der im Jahr 1987 die Treppe hinauf geleitet wurde. Kurz zuvor hatte er sich eine Weihnachtsmann-Maske vom Gesicht gezogen, die er aus diesem Anlass getragen hatte. „Diese Veranstaltung ist nur für Mitglieder, es gibt keine Formalitäten und auch keine Reden."

„Es ist fantastisch", meint ein anderes Mitglied, „wie schlechte Menschen einfach Spaß haben können."

Ungefähr einen Monat vor diesem Abendessen trifft sich der amtierende Captain mit so vielen Vorgängern wie nur möglich, um den neuen Kandidaten zu küren. Nicko Williams: „Es ist schon erstaunlich, wer dann plötzlich aufkreuzt, die Alten und die Lahmen – sie alle sind da. Und man hat nicht die leiseste Ahnung, wen wohl die Wahl trifft."

Allerdings gibt es normalerweise gar keine ordentliche Wahl. Irgendjemand stellt sich einfach heraus – etwa in der Weise, wie die Konservative Partei ihren Vorsitzenden bestimmt. Nur einmal, erinnert sich ein früherer Captain, verlief alles anders: „Man hatte sich auf zwei mögliche Kandidaten verständigt, als eines der älteren Mitglieder im angetrunkenen Zustand sagte, er habe diese Prozedur satt. Er stellte seinen Favoriten auf, weshalb eine Abstimmung erforderlich wurde. Dann aber vergaß er, seinen eigenen Kandidaten zu wählen, der dann mit einer Stimme unterlag."

„Traditionell, aber nicht spießig", so fasst Clubsekretär Christopher Moore den Charakter des Golf Clubs Liverpool zusammen. Zweifel an der Tradition sind angesichts der glorreichen Vergangenheit, die sich wie ein roter Faden durch die britische Golfgeschichte zieht, nicht angebracht. Im Mai 1869 fand im alten Royal Hotel in unmittelbarer Nähe des Warren, einem von Karnickeln durchsetzten Stück Land, das an die Sanddünen entlang der Flussmündung des River Dee grenzte, die Gründungsversammlung statt. Die geistigen Väter dieses neuen Golfclubs waren James Muir Dowie, der schottische Geschäftsmann aus Liverpool, sowie sein Schwiegervater Robert Chambers. Nur einen Monat später war der Golfclub Liverpool gegründet und Dowie sein erster Captain. George Morris, Bruder des alten Old Tom Morris aus St. Andrews, wurde gebeten, den Platz zu gestalten. Mit George kam auch Sohn Jack aus Schottland, der als erster Golflehrer des Clubs fungierte und über 60 Jahre in Hoylake blieb. Die Clubangelegenheiten wurden bis zum Neubau eines Clubhauses im Jahr 1896 vom Royal Hotel aus erledigt.

In den ersten sieben Jahren seiner Existenz teilte sich der Club das Warren-Gelände mit den Pferden und der Renngemeinschaft des Liverpooler Jagd-Clubs, der hier eine Rennbahn unterhielt. Die einzigen an diese Ära erinnernden Relikte sind zwei Holzananas, die sich früher auf den Pfosten zur Pferdekoppel befanden und heute den Eingang zum Putting-Grün markieren. Außerdem eine Glocke des Sattlers, die heute dazu dient, die Mitglieder zum Dinner zu rufen.

Im Laufe der Jahre erwarb man mehr Land. Der ursprüngliche 9-Löcher-Platz wurde zunächst auf zwölf Löcher erweitert und schließlich auf 18 Löcher. Ein großes und würdevolles Clubhaus kam schließlich hinzu. Im Jahr 1872 erhielt der Club dank des Herzogs von Connaught seinen königlichen Titel. Und 1885 begann mit der Ausrichtung der Amateurmeisterschaften die lange Clubgeschichte der großen Golf-Events.

Weitere Premieren ließen in Hoylake, wie der Club häufig genannt wird, nicht auf sich warten. 1902 gab es den ersten internationalen Wettkampf zwischen England und Schottland, 1921 das erste Match zwischen England und den USA – übrigens dem Vorläufer des Walker Cups – und 1925 die Nationalen englischen Meisterschaften. Insgesamt zehn Open Championships und nicht weniger als 16 Britische Amateurmeisterschaften wurden hier ausgetragen, von unzähligen Profi-, Amateur- und Frauenturnieren sowie nationalen und internationalen Meisterschaften einmal abgesehen. Und es war in Liverpool, als Bernard Darwin aus Anlass der Amateur & Open Championship sagte, „dass sich die Golfbälle um die Welt des britischen Golfsports drehen". Nur in St. Andrews wurden mehr große Golfturniere ausgetragen als in Royal Liverpool. Und in Anerkennung seiner Verdienste um den Sport bekam der Club auch im Jahr 2000 den Zuschlag für die Amateur-Meisterschaften.

Hoylake wäre nicht Hoylake ohne seine „mächtigen Champions". Als Bernard Darwin 1933 diesen Begriff prägte, dachte er zweifellos an dieses lokale Trio, das das britische Amateurgolf fast dreißig Jahre lang beherrschte: John Ball, Harold Hilton und Jack Graham.

John Balls Vater war Besitzer des Royal Hotels. Er war erst neun Jahre alt, als der Club gegründet wurde, und seine Ausbildungsjahre waren eng mit der Entwicklung des Clubs und des Platzes verflochten. Später galt Ball als größter Amateurgolfer, den England je hervorgebracht hatte. Insgesamt ging er in

Vorhergehende Seiten:
Blick in Richtung Westen über die Driving Range.
Gegenüber: *Die „Gold-Medals" des Clubs.*

Folgende Seiten:
The Alps, Bunkerwand am 11. Loch.

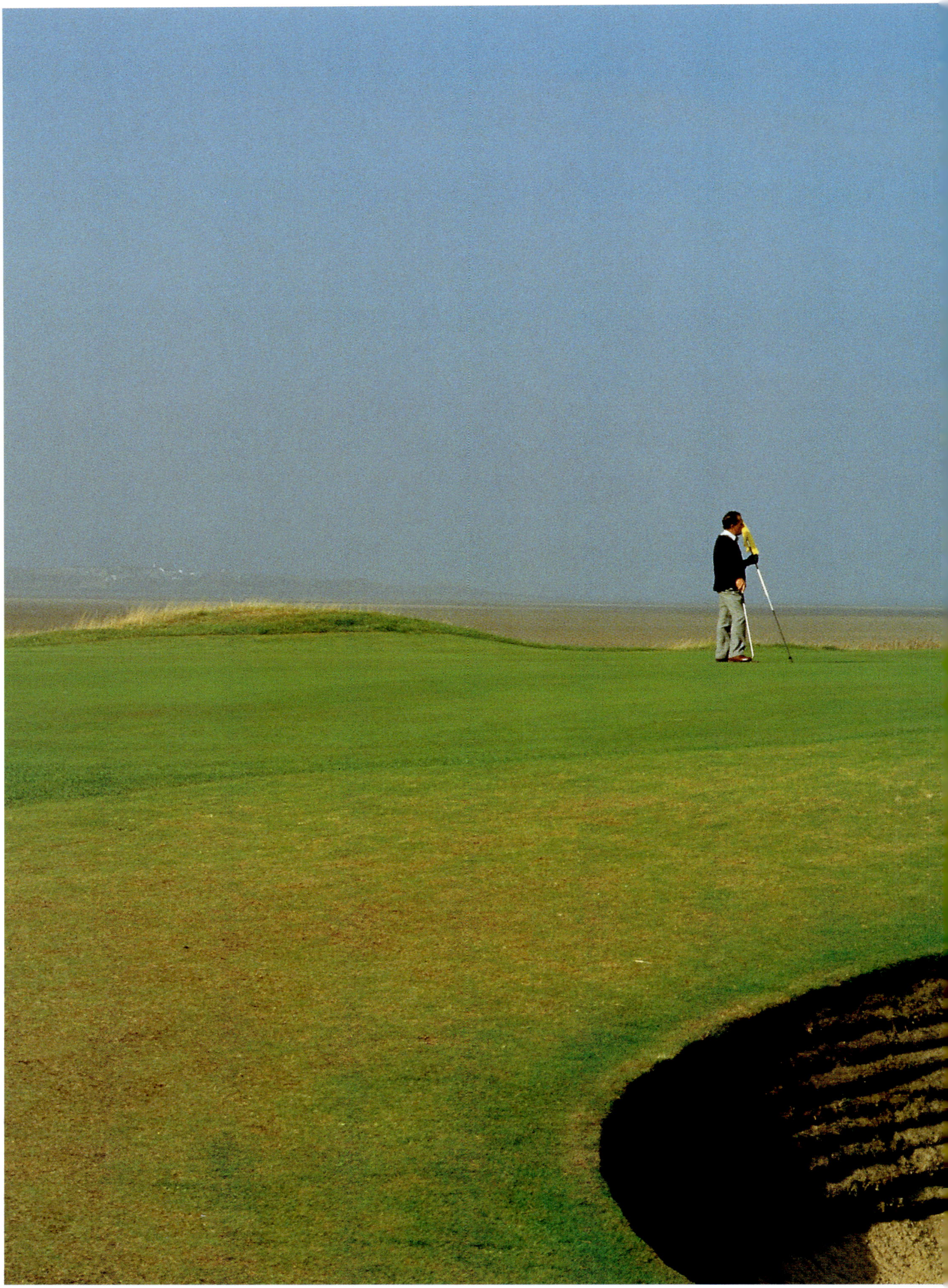

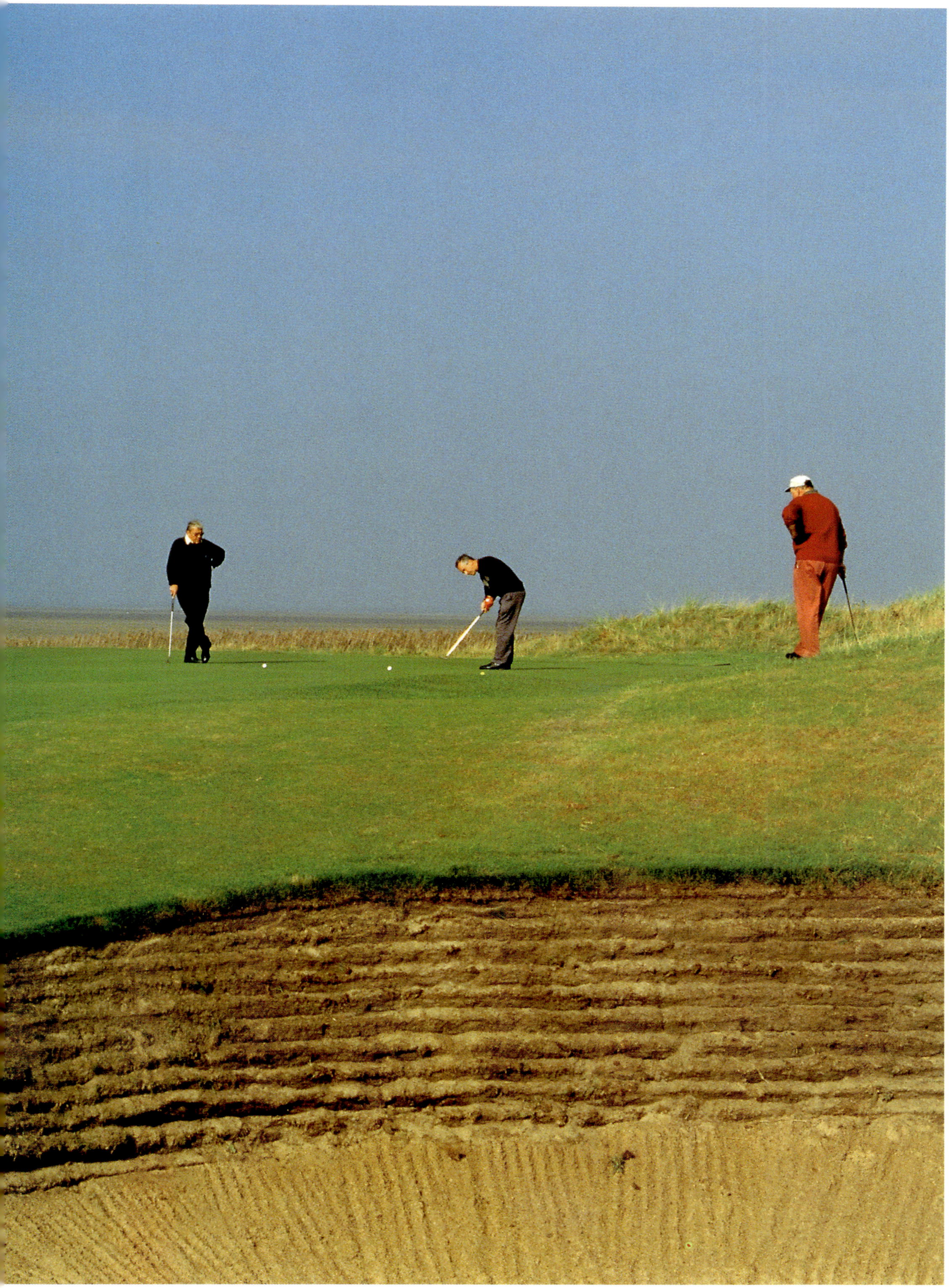

Ganz oben: Ehemalige Captains.
Oben links: Der ehemalige Captain D. G. (David) Beazley.
Oben rechts: Der Golfautor John Behrend, früherer Captain des Clubs und des R & A.
Gegenüber: Senioren und der Clubsekretär beim Drink im Clubraum.

Folgende Seiten: Die Flussmündung des Dee bei Ebbe.

einer Zeitspanne von 24 Jahren (1888 bis 1912) acht Mal als Sieger aus den Amateurmeisterschaften hervor, das letzte Mal im Alter von bereits 50 Jahren. Auch war er der erste Amateur – und neben Hilton und Jones einer von drei Amateuren überhaupt –, der 1890 die Open in Prestwick gewann. Bill Campbell brachte es in John Behrends Biography über Ball auf den Punkt: Er schlägt die Schotten in ihrem eigenen Spiel auf eigenem Grund und Boden...

Harold Hilton wurde 1869, dem Gründungsjahr des Golf Clubs Liverpool, in Hoylake geboren. Wie bei Ball reiften die golferischen Talente in Hoylake, nachdem sie zunächst angefüttert und genährt wurden. Seine bemerkenswerte Karriere begann er im Alter von 23 Jahren mit dem Sieg bei der Open in Muirfield im Jahr 1892. Einen Erfolg, den er im Jahr 1897 – in Hoylake, wohlgemerkt – erneuerte und damit die Open-Trophäe erstmals in den Club holte. Schließlich siegte er bei den Amateur-Meisterschaften im Jahr 1900, nachdem er zweimal nur Platz zwei belegt hatte. Auch diesen Erfolg wiederholte er drei weitere Male. Im Jahr 1911, seinem Wunderjahr, gewann er die Amateur-Meisterschaften, den US-Amateur-Meisterschaften, um schließlich bei der Open in Royal St. George's nur um einen Schlag ein Stechen um Platz eins zu verpassen.

Das dritte Mitglied dieser heroischen Dreifaltigkeit von Hoylake war Jack Graham, dessen Familiengeschichte parallel zu der des Clubs verlief. Graham stand allerdings stets im Schatten von Ball und Hilton, weil er niemals die Amateur-Meisterschaften oder die Open gewinnen konnte. Dennoch gelangte Graham fünf mal ins Halbfinale der Amateur-Meisterschaften, spielte ein Jahrzehnt lang für Schottland und verlor dabei nur zwei Mal ein Match. Er beendete die Open fünf mal als bester Amateur, gewann zwei mal die Gold Vase in St. George's sowie 25 Gold-. und 14 Silbermedaillen in diversen Clubturnieren. Sein außergewöhnliches Talent war allgemein anerkannt, doch der Tod ereilte ihn 1915 in Flandern, als er eine Gruppe von Liverpool Scottish Camerons begleitete. Es war das tragische Ende einer immer noch viel versprechenden Golfkarriere.

Und zu guter Letzt ergänzt Bobby Jones, der 1930 in Liverpool die Open gewann und damit den zweiten Grundstein für seinen Grand-Slam-Gewinn legte, die Ahnengalerie mit den drei Söhnen des Clubs in Hoylake.

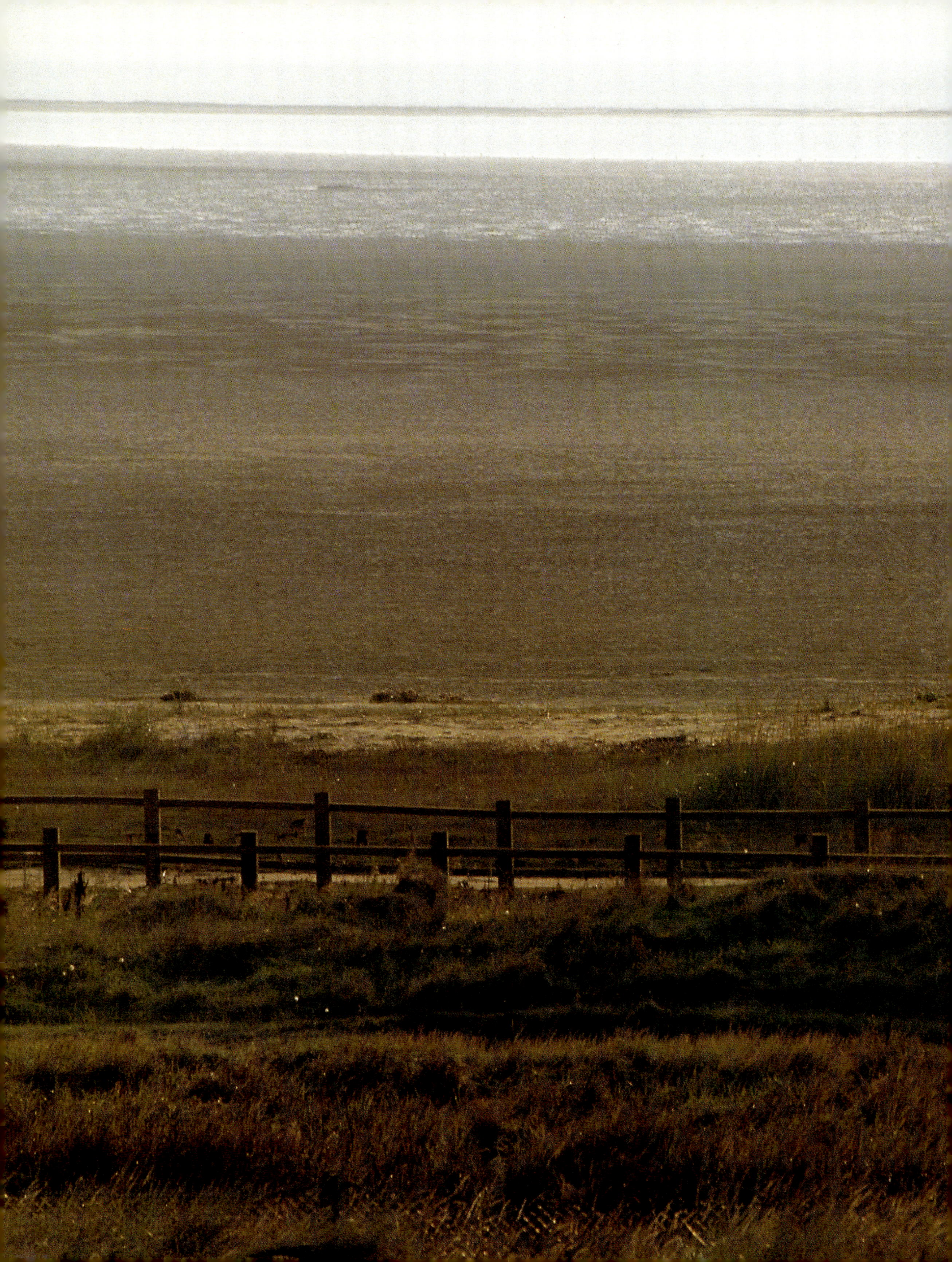

J. M. (Michael) Marshall, früherer Captain und Schatzmeister des Club.

Auf dem 9. Fairway.

Auf den ersten Blick fällt es schwer, die sensationelle Vergangenheit des Golfplatzes in Hoylake zu würdigen. Insgesamt wirkt er für einen Links-Kurs sehr flach. Straßen und Häuser begrenzen ihn auf drei Seiten, ja zwängen ihn ein. Eine große Ausgrenze inmitten des Geländes, die auch die Driving Range umfasst, betrifft das 1., das 15. und das 16. Loch und sorgt bei den Golfern für Misstrauen. Doch wenn man sich einmal auf dem Platz befindet, ihn spielt, kommen sein Charakter und seine Schönheit zur Geltung. An keiner Stelle ist der Platz so flach, wie man anfangs dachte. Er ist wellig, ja onduliert und seine Hindernisse, die niedrigen, graszbewachsenen Wälle, sorgen für Abwechslung und Raffinesse. Mit fortschreitender Runde wird man das listige Design und die vielfältige Herausforderung schätzen lernen. Die Ausgrenzen mitten im Gelände sind unter britischen Meisterschaftsplätzen einzigartig. Pat Ward-Thomas beschrieb das Bespielen dieser Löcher als „furchteinflößende Übung".

Die Ästhetik der Links wächst, je mehr man sich von der städtischen Umgebung in der Nähe des Clubhauses in Richtung Dee-Mündung bewegt. Und irgendwann steht man am 11. Abschlag, jenem dem Wasser nächstgelegenen Loch, und hat einen fantastischen Blick sowohl auf den Platz als auch auf den Flussarm. Bei Ebbe gar, wenn der Strand die Küste mit Hilbre Island verbindet, sieht es aus als befände man sich am ersten Tag der Schöpfungsgeschichte. Dies ist einer dieser Plätze, an dem der Maler William Turner seine Staffelei aufgestellt hätte, um jene unvergesslichen Seelandschaften und Sonnenuntergänge zu malen.

Der 1997 verstorbene ehemalige Captain und Schatzmeister des Clubs, John Graham – ein Neffe von Jack –, erinnerte sich daran, dass er, als die Flussmündung einmal zugefroren war, gemeinsam mit Freunden über das Eis bis Hilbre Island spielte. In einem Interview erzählte er: „Das Wetter sorgt nur selten für Spielunterbrechung. Hoylake liegt im Windschatten vor den Nord- und Ostwinden, so dass man fast ganzjährig spielen kann."

Auch John Behrend, ehemaliger Captain des Clubs und des R & A, hält den Platz für ausgezeichnet: „Der Wind und die Bodenverhältnisse verändern sich dauernd und stellen den Spieler vor immer neue Aufgaben. Es ist ähnlich wie auf dem Old Course in St. Andrews, aber übers Jahr gesehen sogar schwieriger. Hier gibt es kein einziges Loch, bei dem man auf dem Abschlag steht und denkt – okay, das ist ja ein einfaches Par."

„Es ist ein Links-Kurs, wenn auch kein sehr dramatischer", meint John Heggarty, in den vergangenen 15 Jahren Golflehrer des Clubs. „Die Wellen sind nur klein, und die Lagen in den seltensten Fällen flach. Meine Lieblingslöcher verlaufen entlang der Flussmündung (die Löcher 9, 10, 11 und 12). Sie sind eine Herausforderung, aber sie sind ebenso von natürlicher Schönheit und Ästhetik geprägt. Hoylake ist ein Meisterschaftsplatz, der wie vor 100 Jahren für die Golfer ein Test ist."

Links-Manager Derek Green hat viel zur Perfektionierung des Platzes beigetragen. Dennoch ist er davon überzeugt, den Charakter als traditionellen Links-Kurs beizubehalten. „Viel Druck geht vom Golfsport im Fernsehen aus, vor allem in Amerika, wo alles tiefgrün und maniküt aussehen muss. Wir verfügen zwar über Bewässerungssysteme, aber nur, um unseren Platz am Leben und nicht grün zu erhalten."

Hoylake wurde – wie übrigens viele traditionelle Golfclubs in diesem Buch – von einflussreichen Männern gegründet, die Geld und Ansehen in einer großen Stadt in erreichbarer Nähe zu den von ihnen bevorzugten Links erwarben. In Prestwick war es Glasgow, in Royal County Down war es Belfast, in Porthcawl Cardiff und in Portmarnock Dublin. Hoylake gedieh unter dem Einfluss und der Mitgliedschaft aus der großen Hafenstadt Liverpool jenseits des Mersey. Die ersten Mitglieder in Royal Liverpool waren reiche Baumwoll-Händler, Reeder, Rechtsanwälte, Börsen- und Versicherungsmakler. Sie alle entschieden sich für die Wirral Peninsula als Ausgleich für ihr Leben in der Stadt.

Gegenüber:
Die Captains-Ehrentafel

Folgende Seiten: *Ebbe in Hoylake.*
Weibliche Mitglieder beim Verlassen des 10. Grüns.

CAPTAINS

- 1868 – J. MUIR DOWIE
- 1870 – J. MUIR DOWIE
- 1871 – LIEUT-COLONEL E. H. KENNARD
- 1872 – LIEUT-COLONEL E. H. KENNARD
- 1873 – JOHN DUN
- 1874 – JOHN DUN
- 1875 – WYNDHAM C. A. MILLIGAN
- 1876 – HENRY HOULDSWORTH GRIERSON
- 1877 – GEORGE R. WILSON
- 1878 – LIEUT-COLONEL BRIGGS, 96TH REGT
- 1879 – CHARLES COOK
- 1880 – ALEXANDER BROWN
- 1881 – FRANCIS MUIR
- 1882 – JAMES MANSFIELD
- 1883 – CHAS. D. BROWN
- 1884 – JAMES CULLEN
- 1885 – B. HALL BLYTH
- 1886 – JOHN GRAHAM, JUNR
- 1887 – ALEXANDER SINCLAIR
- 1888 – ALEXANDER STEWART
- 1889 – JAS. B. FORTUNE
- 1890 – CHARLES HUTCHINGS
- 1891 – H. W. HIND
- 1892 – S. G. SINCLAIR
- 1893 – T. LESLIE FERGUSON
- 1894 – HORACE C. HUTCHINSON
- 1895 – HELENUS R. ROBERTSON
- 1896 – GEO. C. H. DUNLOP
- 1897 – T. W. CROWTHER
- 1898 – FINLAY DUN
- 1899 – W. S. PATTERSON
- 1900 – G. R. COX, JUNR
- 1901 – EDWARD EVANS JUNR
- 1902 – A. C. RANKINE
- 1903 – FRANK HOLROYD
- 1904 – GEORGE PILKINGTON
- 1905 – H. C. R. SIEVWRIGHT
- 1906 – PETER BROWN
- 1907 – A. M. PATERSON
- 1908 – G. E. GODWIN
- 1909 – A. G. LYSTER
- 1910 – W. B. STODDART
- 1911 – E. RAMSAY MOODIE
- 1912 – E. A. BEAZLEY
- 1913 – E. V. CROOKS
- 1914–1919 – J. H. CLAYTON
- 1920 – C. H. McDIARMID
- 1921 – GERSHOM STEWART, M.P.
- 1922 – EDWARD B. ORME
- 1923 – J. P. BROCKLEBANK
- 1924 – ALLAN J. GRAHAM
- 1925 – W. E. MOUNSEY
- 1926 – JAMES BAXTER
- 1927 – A. KENTISH BARNES
- 1928 – STUART DOWNS
- 1929 – KENNETH STOKER
- 1930 – J. G. B. BEAZLEY
- 1931 – FRANK BROCKLEHURST
- 1932 – P. W. STEWART
- 1955 – E. R. ORME
- 1956 – NORMAN W. ROBERTS
- 1955 – JOHN L. POSTLETHWAITE
- 1956 – JOHN A. GRAHAM
- 1957 – G. GORDON BEAZLEY
- 1958 – GORDON F. WILLIAMSON
- 1959 – J. D. W. RENISON
- 1960 – J. MICHAEL MARSHALL
- 1961 – E. BIRCHALL
- 1962 – A. N. L. WARNOCK
- 1963 – ROY H. SMITH
- 1964 – W. T. G. GATES
- 1965 – A. G. L. LOWE
- 1966 – W. STANLEY HULME
- 1967 – MALCOLM H. WILLIAMS
- 1968 – J. C. LAWRIE
- 1969 – RT. HON. SELWYN LLOYD, C.H., M.P.
- 1970 – DAVID SHONE
- 1971 – ALAN S. BOOTH
- 1972 – A. H. T. CROSTHWAITE
- 1973 – T. DRAPER WILLIAMS
- 1974 – JOHN R. TURNER
- 1975 – V. E. SANGSTER
- 1976 – JOHN BEHREND
- 1977 – D. STAVELEY TAYLOR
- 1978 – I. G. LEIGHTON
- 1979 – L. BRIGGS
- 1980 – JOHN A. BROCKLEHURST
- 1981 – ANTHONY W. SHONE
- 1982 – ROGER T. ROBINSON
- 1983 – JOHN REES ROBERTS
- 1984 – D. H. S. PAIN
- 1985 – JOHN H. SPENCE
- 1986 – KEITH V. DODMAN
- 1987 – J. A. COLVIN
- 1988 – N. C. WILLIAMS
- 1989 – T. J. MARSHALL
- 1990 – L. M. WHITE
- 1991 – F. D. M. LOWRY
- 1992 – G. A. MAXWELL
- 1993 – DAVID G. BEAZLEY
- 1994 – J. D. W. MAXWELL
- 1995 – N. A. WAINWRIGHT
- 1996 – PETER L. CANEVALI
- 1997 – ANDREW W. RENISON

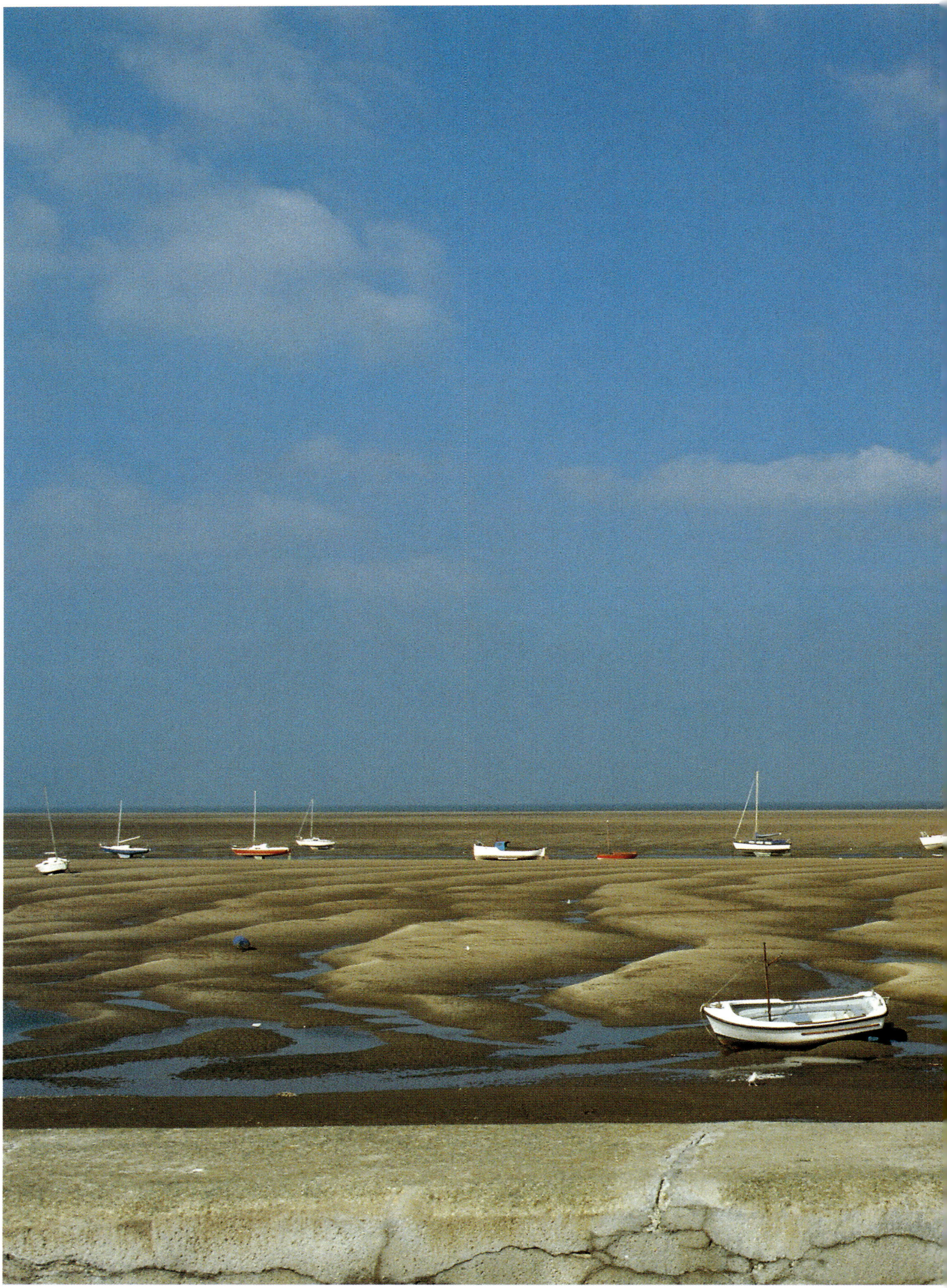

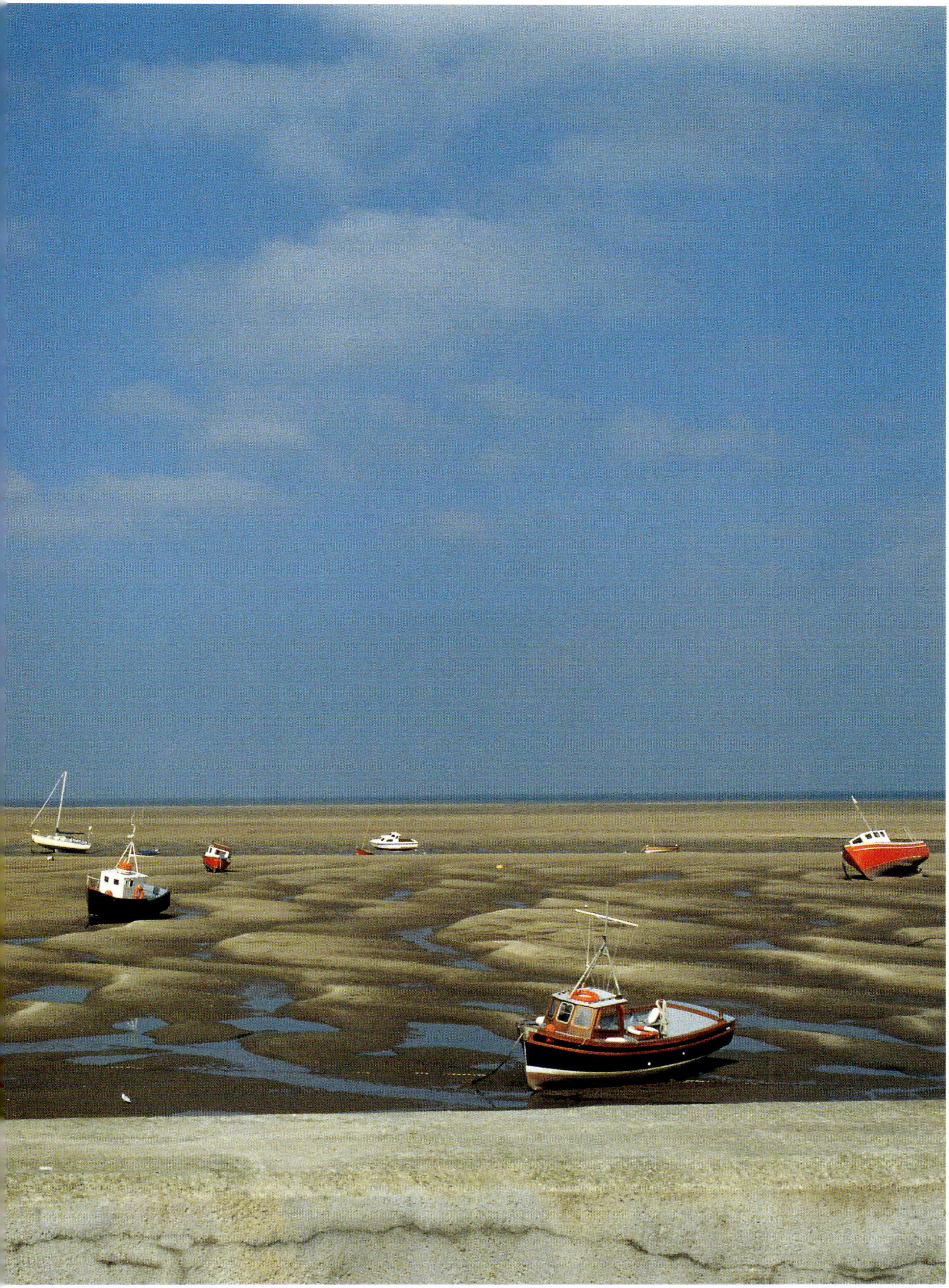

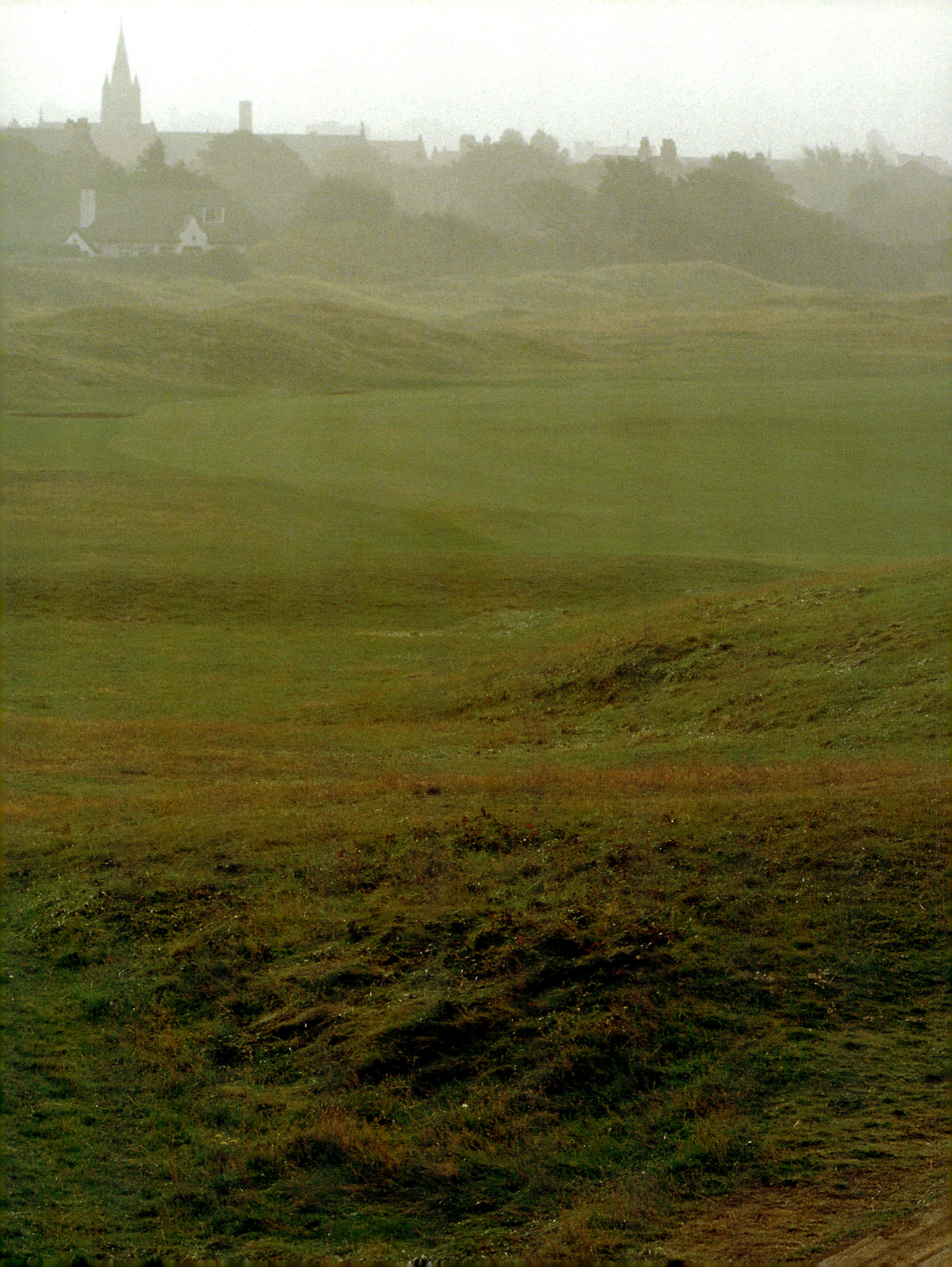

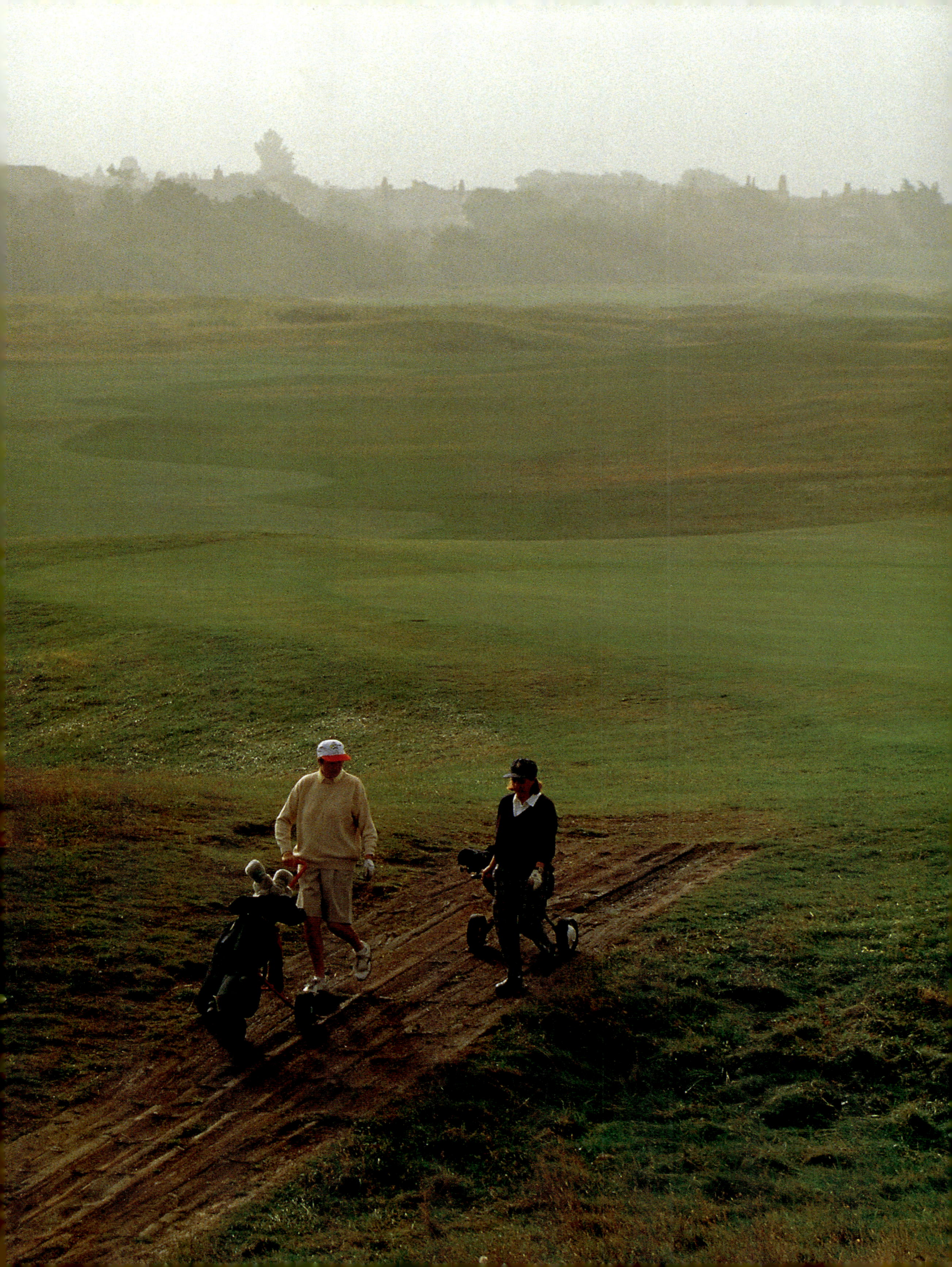

Diesem Prinzip der sozialen Mischung blieb der Club jahrelang treu ergeben. John Graham, der 1933 Hoylake beitrat, erinnert sich: „Es ging die soziale Leiter auf und ab. Meine Freunde besuchten alle Privatschulen. Und nie wäre jemand auf die Idee gekommen, eine andere Person, die, sagen wir zehn Jahre älter war, nicht mit ‚Sir' anzureden."

Und die Club-Atmosphäre? „Die war, gelinde gesagt, bläulich angehaucht. Norman Fogg, einer der besten Golfer jener Tage, konnte nicht spielen, ehe er nicht – wie er es nannte – einen kleinen Muntermacher (einen großen Brandy) zu sich genommen hatte. Bis zum Lunch hatte er ein halbes Dutzend Gin und Magenbitter intus, gefolgt von ein paar Gläsern Port und einigen Kummel, die ihm beim Putten helfen sollten. Nachmittags wankte er auf den Platz, und seine Gegner meinten, sie könnten ihn ausnehmen. Und so trieben sie die Wetten in die Höhe und wie erwartet gewann er jedes Mal."

Ein weiteres Original des Clubs war Guy Farrar, der 1933 die erste Clubgeschichte verfasste und später zum autoritären, wenn auch sehr beliebten Clubsekretär avancierte. Über ihn wird die Geschichte erzählt, dass er auf dem Heimweg über den Golfplatz fast über ein Liebespaar stolperte, das er in flagranti erwischte. Farrar ging zu dem Mann und klopfte ihm auf die Schulter: „Sehen Sie, guter Mann", sagte er, „das dürfen Sie hier nicht." Der Bursche erhob sich und fragte: „Warum denn nicht?" Worauf Farrar erwiderte: „Sie sind hier nicht Mitglied."

Michael Marshall, früherer Schatzmeister und Captain des Clubs (sowie selbst Sohn und Vater eines Captains) wurde in den 30er Jahren Mitglied in Hoylake. Auch er erinnert sich an heftige Trinkgelage, an große Ausgaben und übermächtige Charaktere mit deftigen Ansichten. „In diesen Tagen war Pfeffer drin", sagt er mit einem Lächeln. „Sie haben dir ganz unverblümt gesagt, was Sie von dir oder von jedem anderen, der ihnen über den Weg lief, hielten. Das ist heute ganz anders."

Es gab auch schlechte Zeiten in Liverpool, wie auch in anderen ehrwürdigen Clubs in England und Irland. Der Niedergang Liverpools nach dem Krieg blieb nicht ohne Auswirkungen. Dieser große alte Club durchlebte wie Prestwick und andere in den frühen 70-er Jahren harte Zeiten. Die Vorstände jener Tage hatten freilich keine langfristige Strategie. Der Platz befand sich in schlechtem Zustand und auch das Clubhaus zeigte in alarmierender Weise Ermüdungserscheinungen. An einem Tag spielte ein Mitglied Snooker und stand, wie er es nannte, „kurz vor einem legendären Sieg auf dem grünen Fries", als ein Teil des Clubhausdachs ihn mit einem großen Knall unter sich begrub. Nicht die schwarze, sondern die weisse Kugel landete im Loch...

Einige harte Maßnahmen mussten ergriffen werden, wie etwa die Ausweitung der Mitgliedschaft, in dem man bei Golfclubs der Umgebung um neue Mitglieder warb. Ein geschäftsführender Vorstand mit dreijähriger Amtszeit stutzte die Aufgaben des Captains auf repräsentative Funktionen. 1984 schließlich wurde Derek Green als Links-Manager eingestellt, der eine ganze Reihe von größeren Platzverbesserungen durchführte. Unter anderem ein Bewässerungssystem, das sogar vom R & A entscheidend subventioniert wurde. In jüngster Zeit kamen ansehnliche Investitionen für die Modernisierung und neue Ausstattung des Clubhauses hinzu. Das Geld dazu mussten die Mitglieder aufbringen. Aufnahmegebühren und Jahresbeiträge wurden erhöht und durch eine glückliche Fügung konnte man sich sogar über eine ansehnliche Steuerrückzahlung freuen.

„Wir sind aufs 21. Jahrhundert vorbereitet", meint Chris Moore. „Das Clubhaus verfügt jetzt über den selben Standard wie der Platz – beide auf sehr hohem Niveau. Doch nach wie vor ist es ein Club, kein Hotel. Es strahlt Wärme und Würde aus."

Royal Liverpool zählt 360 voll zahlende Mitglieder, die im Umkreis von 50 Meilen rund um den Club wohnen. 200 davon sind aktive Spieler. Es gibt eine dynamische Jugendabteilung (zwölf bis achtzehn Jahre), 40 Mitglieder in Übersee und etwa 100 Frauen, die ihre Angelegenheiten in einem eigenen Club

Ganz oben: *Bekannte Portraits von Bobby Jones (links) und Harold Hilton.*
Oben: *Golfmemorabilien in Vitrinen.*

Folgende Seiten: *Ein Blick auf den Platz vom Clubraum aus.*

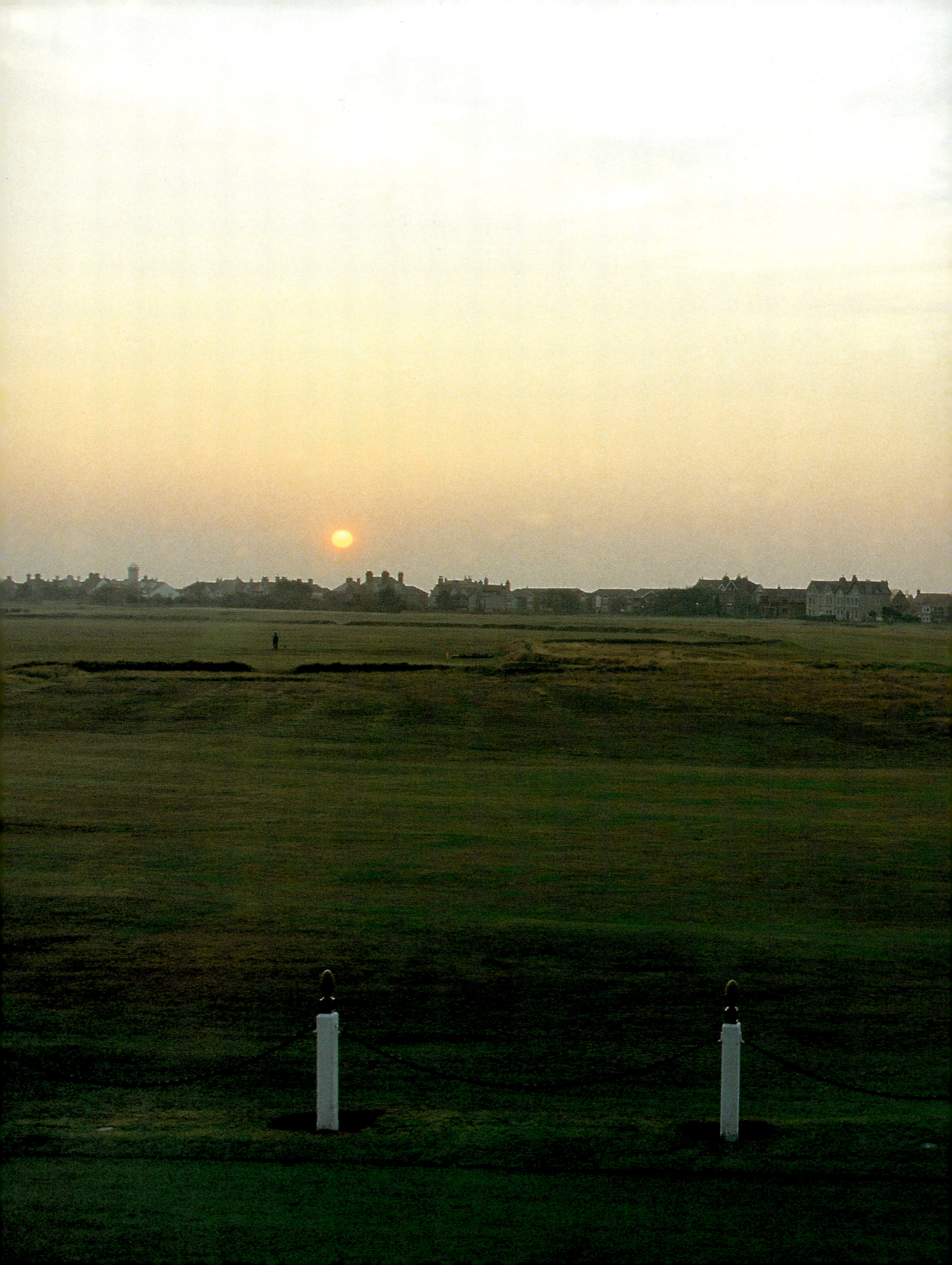

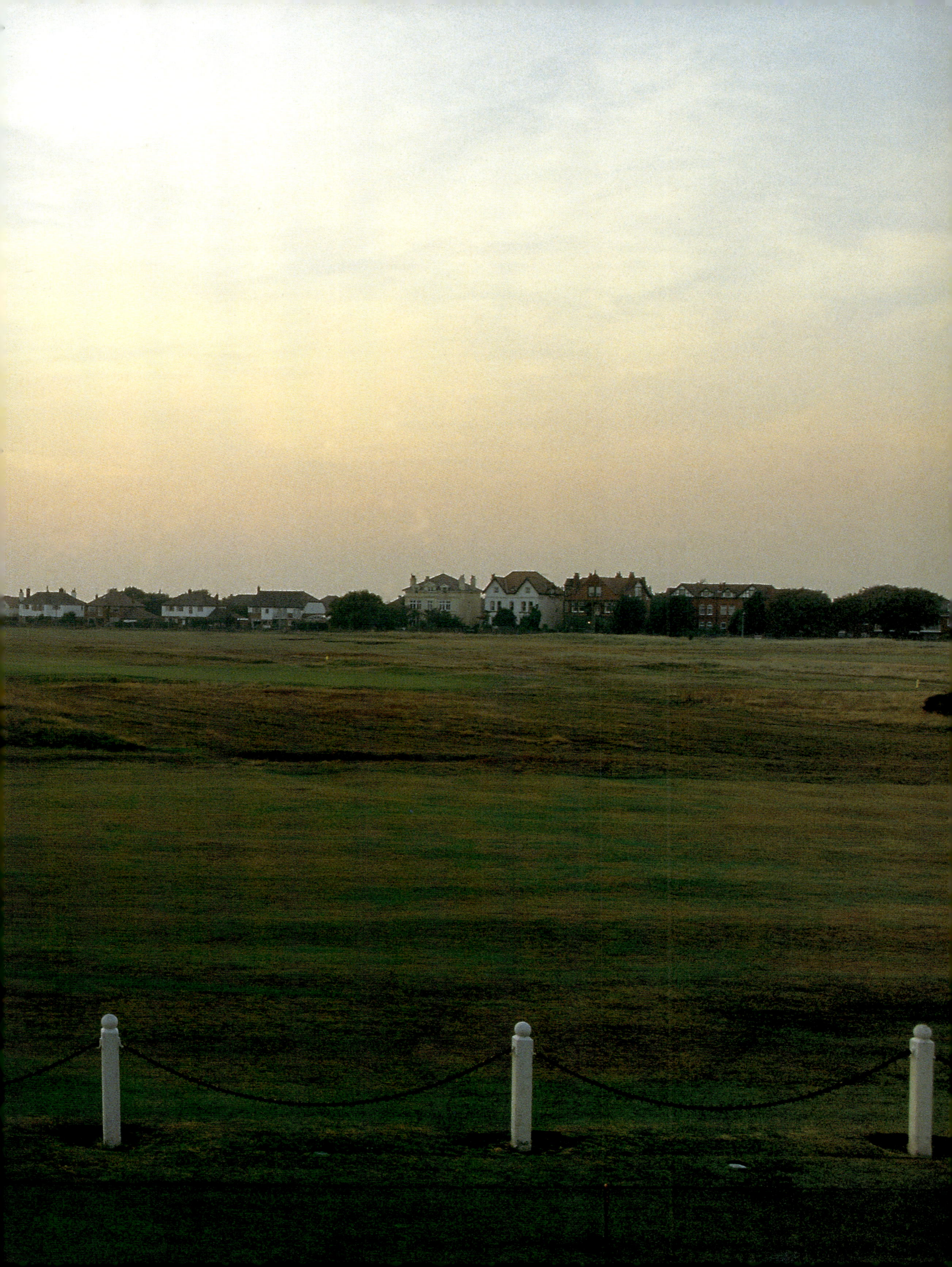

regeln (sie verfügen sogar über einen kleinen und komfortablen Flügel des Clubhauses). Selbst einige Gästezimmer stehen Persönlichkeiten des Clubs zur Verfügung, wenn sie einmal schnell präsent sein müssen. Golferische Fähigkeiten werden groß geschrieben, aber auch das Clubleben und der Sinn für Spaß. Hoylake nimmt – ganz ohne Übertreibung – seine beiden Verpflichtungen gegenüber der Tradition des Golfsports und männlicher Kameradschaft ernst.

So gibt es Gruppierungen innerhalb des Clubs, wie zum Beispiel die „Hitties", die sämtliche Ebenen der Clubhierarchie einschließlich der drei Schatzmeister umfassen, die „Hohen Tiere", wie ein jüngeres Mitglied sie respektlos bezeichnet. Zu diesen Gruppierungen gehören teilweise auch Auswärtige, so etwa Golfing Societies, die auch mal einen Schluck zu sich nehmen. Das Kontrastprogramm hierzu bilden die „Acers", die den Ruf haben „eine Vereinigung von Trinkern zu sein, die ab und zu auch mal Golf spielt".

Das Problem der Überalterung hat Hoylake teilweise durch seine aktive Jugendabteilung in den Griff bekommen. Teilweise aber auch, in dem man die Clubpforten für nette, junge und sozial respektierte Golfer öffnete. Eines dieser Mitglieder ist Graham Brown, ein Scratch-Golfer und Ligaspieler aus Schottland sowie Vorsitzender der Cheshire Union of Golf Clubs. Obwohl er erst Anfang 40 ist, gehört er seit über 20 Jahren zum Club und beteiligt sich aktiv an diversen Ausschüssen. Eindrucksvoll sind unter anderem seine Darstellungen von Seve Ballesteros und dessen Ansichten über den Ryder Cup.

„Es ist ein sehr liebenswerter Club", meint Graham Brown, „aber auch mit einer sehr aktiven Mitgliedschaft. Es ist so ganz und gar nicht die weite Welt der Prestwicks. So liegt denn auch Liverpool viel näher zum Platz als Prestwick von Glasgow. Zum Stadtzentrum sind es bei uns keine 20 Minuten, so dass wir eher ein Stadtrand-Club sind. In London würden die Menschen sich ein Bein ausreißen, um einen Platz in solcher Nähe zu haben."

Die Verbindung zur örtlichen Gemeinschaft wird in Hoylake durch den Village Play Club gehalten, einer Vereinigung von 35 lokalen Geschäftsleuten, die im Umkreis von fünf Meilen rund um die Gemeindegrenzen leben. Als Gegenleistung dafür, dass sie keine Beiträge zahlen, müssen sie arbeiten – Divots ausbessern, Zäune reparieren, Gebäude streichen oder einfach Wache schieben. Traditionell stellt stets ein ehemaliger Captain aus Hoylake den Vorsitzenden. Sie haben einen eigenen Aufenthaltsraum, nur ihre Jahresversammlung bzw. ihr Jahresabschluss-Dinner halten sie im Clubhaus ab. Regelmäßig finden Turniere gegen den Club und auch die Damenabteilung statt.

Durch Renovierungsmaßnahmen am spätviktorianischen Backsteingebäude hat die würdevolle Ausstrahlung des Clubhauses gewonnen, die menschliche Wärme blieb indes erhalten. Die Eingangshalle im Inneren würde mit den zahlreichen Trophäen, Schlägern und Erinnerungsstücken jedem Golfmuseum zur Ehre gereichen. Genauso verhält es sich mit der gemischten bzw. der Männer-Bar, von denen man jeweils einen schönen Blick auf den Platz hat. Oben empfängt einen das Kartenzimmer, der Billard- und der Speiseraum sowie das physische und geistige Zentrum Royal Liverpools, der Club-Raum. Hier finden alle großen Dinners statt – ein weitläufiger Raum mit hohen Decken, Eichen-Paneelen und einer großzügigen Fensterfront zum Golfplatz. Über der Tür befinden sich die Ehrentafel der ehemaligen Captains sowie an allen Wänden die handkolorierten Foto-Porträtaufnahmen, die dieselben in ihren roten Clubjackets zeigen.

Möglicherweise mag man von einem derartigen Ambiente überwältigt sein, aber ein ehemaliger Captain beschwichtigt: „Die Mitglieder in Hoylake sind – von ein paar Ausnahmen einmal abgesehen – genial, großzügig und auffallend gut erzogen." Eine zugegeben unwissenschaftliche Zusammenfassung der Mitgliedschafts-Charaktere, aber eine, die den Kern der Wahrheit offenbart. Am besten, man kommt mitten in der Woche in diesen Clubraum. Möglicherweise treffen Sie auf ein paar ältere Mitglieder, die sogenannten Wednesday-Boys, die ein paar Drinks zu sich nehmen und in alten Zeiten schwelgen. Einer von ihnen lebt in einer Wohnung mit Blick auf das 16. Grün. Wenn seine Zeit gekommen ist, möchte er, dass seine Asche über der Driving Range verstreut wird: „Das wäre dann das einzige Mal", gackert er, „dass ich da gewesen bin."

Auch der alte Leslie Edwards, ehemaliger Sportredakteur der Liverpool Daily Post und wandelndes Golf-Archiv, sitzt am Feuer und nippt an seinem Wein, während sich die Flasche auf dem Kaminvorsprung erwärmt. Jos Armitage, als Cartoonist für die Zeitung Punch besser bekannt unter dem Pseudonym „Lonicus", kommt mit dem Fahrrad ins Clubhaus. Als Kind erlebte er Walter Hagen, wie dieser die Open 1924 in Hoylake gewann und die Ehefrau des frischgekürten Champions quer über das Grün rannte, um ihn zu küssen. Das hat er nie vergessen. Und am Abend, einige härtere Drinks später, versammeln sich die jüngeren Mitglieder in der Clubhaus-Bar.

Einer von ihnen legt seine schwarze Augenklappe ab, die er während des Golfspiels trägt und bestellt einen Drink. Unterdessen erklärt sein Golfpartner, dass sein Kumpel gerne jagt und dass er durch einen Schuss sein Auge verlor: „Aber dies hält ihn nicht vom Schießen ab – er muss jeden Tag irgendetwas umlegen."

Wie bei vielen anderen großen Clubs, die in diesem Buch erwähnt werden, ist ein Hauptaspekt in Hoylake das genießerische Miteinander unter den Mitgliedern – sei es auf oder jenseits des Platzes. Bedauerlich ist nur die Tatsache, dass hier keine Open mehr ausgerichtet werden kann. Dies liegt ironischer Weise nicht am Platz selbst, der auch bei einer Meisterschaft dieser Klasse eine Herausforderung ist, sondern vielmehr an der Infrastruktur, über die solch ein Club verfügen muss. Obwohl sich seit der letzten Open in Hoylake im Jahr 1967 gerade an der Zufahrt und auch bei den Übernachtungsmöglichkeiten viel getan hat, fehlen dennoch Parkplätze und ausreichend Raum für die Zeltstadt. An dieser Tatsache ist nicht zu rütteln – es sei denn, der R & A würde die Zuschauerzahlen begrenzen und auch das sonstige Drum und Dran, Begleiterscheinung jeder Open, beschneiden. Nach wie vor bleibt die Open für viele im Club ein großes Ziel.

Unterdessen haben sich die Meisten damit arrangiert, das eigene Glück mit der großen Welt des Golfsports zu teilen. Ob Einzelspieler oder in Gesellschaft – alle sind herzlich willkommen, in die Fußstapfen von John Ball, Harold Hilton, Jack Graham und Bobby Jones zu treten und den lebendigen Geist der Mitgliedschaft dieses Clubs zu genießen. Schließlich handelt es sich um eine Institution, die gut mit ihrer Geschichte leben kann und die immer noch eine große Zukunft hat. Das Motto von „Weite und Sicherheit" – es wird hier zweifellos weiter leben.

Noch eine historische Anmerkung zu einem historischen Club. So wird gemunkelt, dass die Zeremonie des Handauflegens, um aus Anlass des St. Andrews Dinners den neuen Captain zu küren, weniger mit Geschichte als vielmehr mit der blühenden Fantasie John Grahams und seines Freundes John Barrat zu tun hat, der auch „Herzog des Angostura-Bitters" genannt wurde. Bis vor knapp 20 Jahren war der Name des neuen Captains nämlich schlicht einem Anschlag am Schwarzen Brett zu entnehmen. In der verschwimmenden Vergangenheit des Clubs sei die Inthronisierung aber ein farbenprächtiges und freudiges Ereignis gewesen, dessen Tradition irgendwann eingeschlafen sei. Und Hoylake wäre nicht Hoylake, wenn die Mitglieder noch einen weiteren Anstoß gebraucht hätten… – und so wurde das neue „alte" Ritual dankbar aufgenommen.

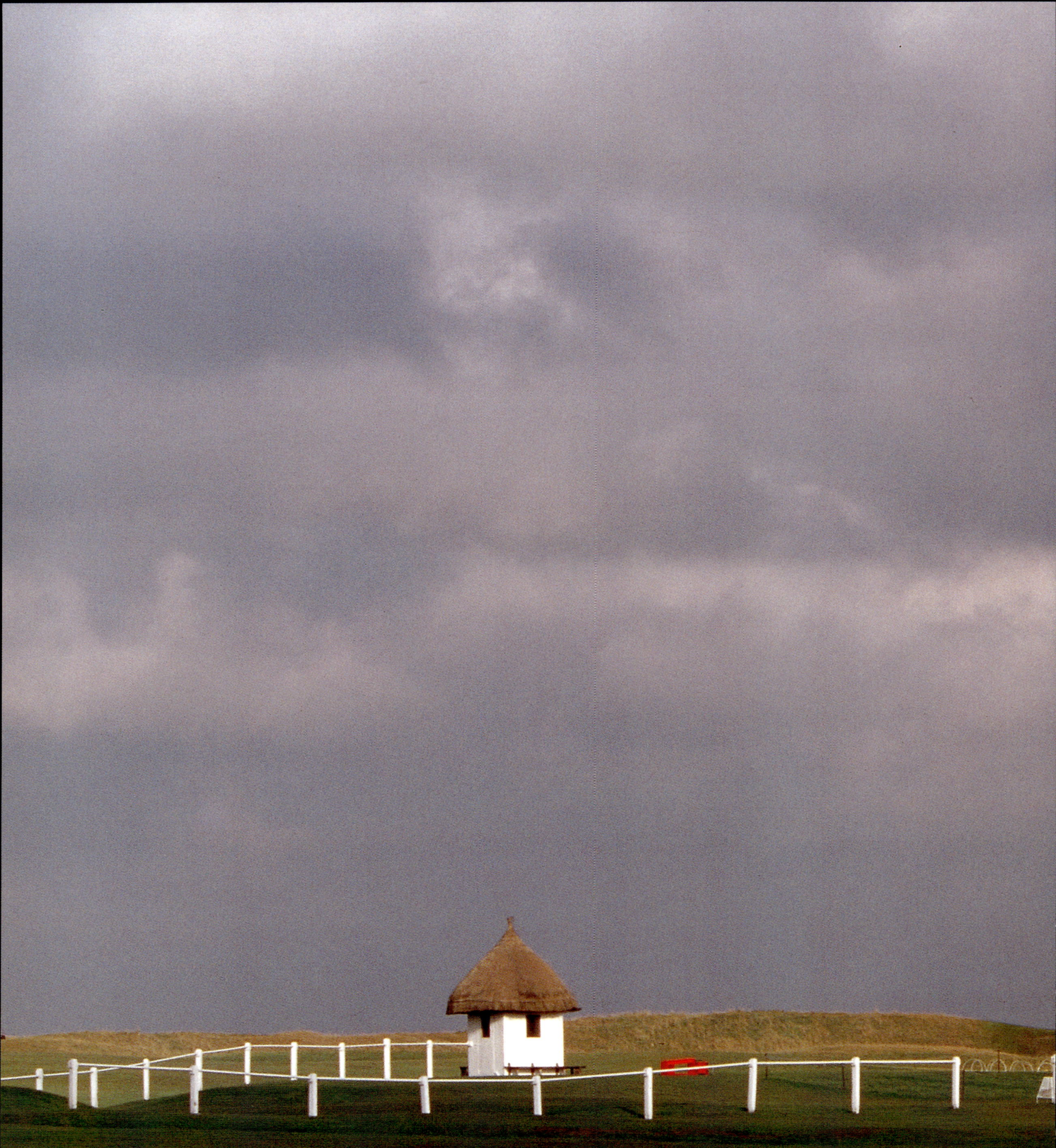

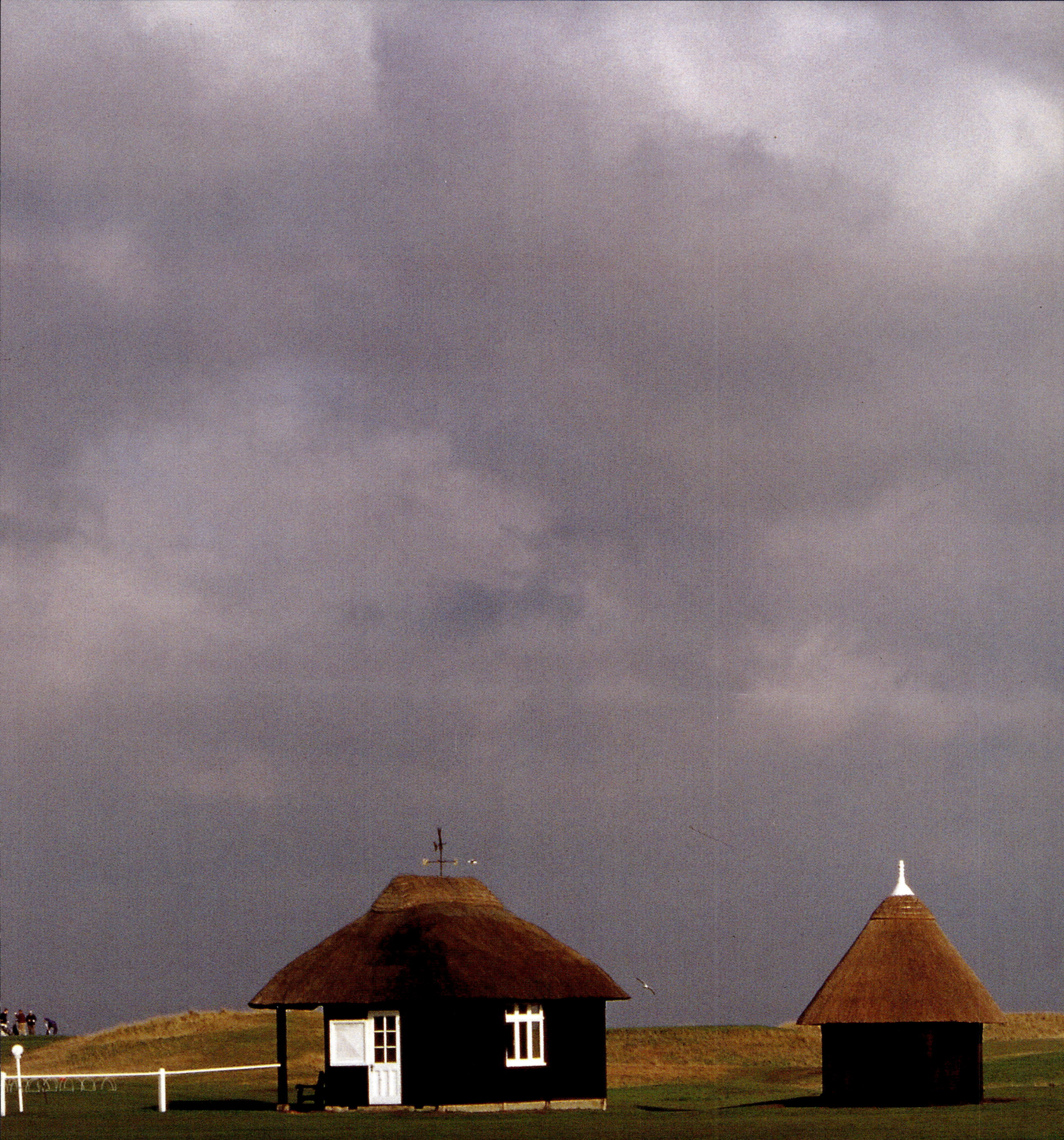

The Royal St. George's Golf Club

Die meisten Golfer, die auf einem für sie neuen Platz ankommen, wollen so schnell wie möglich auf die Runde gehen. In Royal St. George's jedoch sollte man seine Ungeduld zügeln und erst einmal in der St. Clement's Church inmitten des Ortes der Grafschaft Kent halt machen. Steigen Sie die Wendeltreppe des 900 Jahre alten normannischen Turms hinauf und lassen Sie Ihren Blick um sich schweifen. Was Sie sehen, ist ein unberührter historischer englischer Ort – einer aus einer Gruppe fünf alter Seestädte –, und genießen Sie das fantastische Panorama auf den wohl größten Links-Course Englands. Es ist zugleich eine Hommage an einen Mann, der vor über 100 Jahren an eben dieser Stelle stand und in Richtung Norden auf die windgepeitschten, von Salz- und Blumenduft geschwängerten Dünen blickte und außer ein paar Häusern der Küstenwache keine Zeichen menschlicher Zivilisation wahrnahm.

Der schottische Arzt und Scratch-Golfer William Laidlaw Purves kam im Herbst des Jahres 1895 in Begleitung seines Bruders und begeisterten Archäologen in der eigentlichen Absicht nach Sandwich, jene Stätte zu erkunden, an der 43 n. Chr. der römische Kaiser Claudius in England landete. Und so galt der Besuch auf der Turmspitze einer ersten Orientierung. Doch als William Purves die weit ausladenden und welligen Dünen erblickte, die nur vom Fluss Stour und dem Ärmelkanal begrenzt wurden, war das Britannien unter römischer Herrschaft schlagartig vergessen. Vor ihm lag das verheißene Land – und als schottischer Golfer gab es dafür nur einen einzigen Verwendungszweck.

Mit typisch viktorianischer Effektivität und ebensolcher Eile mietete Dr. Purves das Land beim Earl of Guilford, warb um Mitglieder und baute den neuen Golfplatz. Unmittelbar an das Gelände grenzte ein Bauernhof, der zum ersten Clubhaus umfunktioniert wurde. Unterstützung fand der Arzt durch seine beiden schottischen Golf-Kameraden Henry Lamb und William Robert Anderson – und es waren keine 18 Monate seit dem ersten Ausguck vom Turm der St. Clement's Church vergangen, als der Platz allmählich Formen annahm. Die Gründungsversammlung fand im Mai 1887 im Metropole Hotel in London statt, gefolgt von der ersten Club internen Golfveranstaltung auf den Links von Sandwich. 130 Personen hatten sich zu diesem Zeitpunkt als Mitglieder eingeschrieben, und auch das Clubhaus war schon „sehr komfortabel eingerichtet". Mittagessen und Snacks wurden vom Bell Hotel in Sandwich geliefert. So dauerte es auch gar nicht lange, bis die Mitglieder sich ihrem neuen Club sehr verbunden fühlten. Wie zum Beispiel Tommy Mills, der 1888 eigentlich nur für ein Wochenende im Bell Hotel eingecheckt hatte, aber sich von diesem Ort so verzaubern ließ, dass er hier bis zu seinem Tod 44 Jahre später blieb. Auch der Gründungsvater des Clubs war laut Zeitzeugen von seiner Schöpfung derart begeistert, dass er sie nach dem Schutzpatron Englands benennen wollte. St. George's Golf Club, so seine feste Überzeugung, würde das englische Gegenstück zu St. Andrews werden.

Seine Zuversicht war berechtigt, denn schon 1894 – knapp sieben Jahre nach Clubgründung – gastierte die Open Championship in St. George's, übrigens das erste Mal außerhalb Schottlands. Der Sieger hieß damals John H. Taylor. Im Laufe der Jahre wurde der Platz immer wieder modifiziert, um mit den Entwicklungen des Spiels Schritt zu halten, weshalb auch die Open immer wieder nach Sandwich zurückkehrte. Inzwischen wurde so ziemlich jedes Turnier – sei es für Profis oder für Amateure – auf diesen weitläufigen und herausfordernden Dünen ausgetragen: Allein die britische PGA Championship fünf mal in der Zeit von 1975 bis 1983; der Walker Cup des Jahrgangs 1930 (es gewann das amerikanische Team mit Bobby Jones als Captain im Jahr seines Grand Slams) und des Jahres 1967; der Curtis Cup 1988; die Amateur-Meisterschaften nicht weniger als zwölf Mal bzw. die britischen Amateur-Meisterschaften fünf Mal.

Die Auszeichnung für die herausragende Qualität der neuen Golf-Links kam in Form königlicher Schirmherrschaft. Im Jahr 1902 verlieh König Edward VII. dem Club das Recht, sich fortan Royal St. George's zu nennen. Schließlich übernahm sein ältester Sohn, der Prince of Wales und spätere König Edward VIII., das Amt als Club-Captain, während dessen Bruder, der Herzog von York – und spätere König Georg VI. –, Ehrenmitglied war. Überhaupt umwehte die Clubpräsidentschaft in der ersten Hälfte des 20. Jahrhunderts ein Hauch von Aristokratie: Dem Earl of Granville folgte Lord Northbourne und diesem wiederum der Earl of Guildford. Nach ihnen kam Sir Eric Hambro, der wiederum vom Marquis of Linlithgow beerbt wurde.

Aber auch golferisch zeigten sich die Hoheiten nicht weniger eindrucksvoll: Insgesamt 16 Mitglieder spielten im Walker Cup und Männer wie G. A. Hill, P. B. (Laddie) Lucas, Gerald Micklem und Michael Bonallack fungierten gar in den Nachkriegsjahren als Cup-Captains. Bernard Darwin – gewissermaßen ein Aristokrat der Feder – war gar Präsident in St. George's. Pat Ward-Thomas schrieb 1976: „Kein Platz liegt dem golferischen Herzen Englands näher als Royal St. George's in Sandwich."

Die Clubgeschichte St. George's trägt den Titel „Ein Platz für Helden". In der Tat – jene Kombination aus welligen Fairways, aus ständig in andere Richtungen verlaufenden Löchern, aus strategisch platzierten und häufig mannstiefen Bunkern sowie den starken und wechselhaften Winden hat aus St.George's – oder Sandwich, wie der Platz häufig genannt wird – eine der größten golferischen Herausforderungen werden lassen, die die britischen Inseln zu bieten haben. Bester Beweis dafür ist die Tatsache, dass aus Anlass der vielen Open Championships, die auf diesem Parcours ausgetragen wurden, nur Bill Rogers im Jahr 1981 und Greg Norman 1993 in der Lage waren, nach 72 Löchern immer noch unter Par zu liegen.

In der Clubgeschichte formulierte es Lord Deedes folgendermaßen: „Ob es ein großer Platz ist, lässt sich dadurch prüfen, ob man nach einer Runde fähig ist, sich an jedes einzelne Loch zu erinnern. Diese Tatsache steht in St. George's außer Frage, weil es keine zwei Löcher gibt, die einander gleichen."

„Jedes Loch hier ist für einen Bogey oder einen Doppel-Bogey gut", glaubt der Golflehrer und Ex-Walker-Cup-Spieler Andrew Brooks: „Die Fairways sind hier sehr wellig und die Schwierigkeit besteht darin, ein mittleres bis langes Eisen zu schlagen, wobei der Ball immer höher oder tiefer als die Füße liegt und man hangaufwärts oder hangabwärts steht. In St. George's ist man auf einen langen und geraden Drive angewiesen, man muss seine Eisen besser treffen als normalerweise und man muss gut putten können. Auf diesem Platz gibt es einfach keinen Ausweg."

Vorhergehende Seite: *Das erste Tee im Royal St. George's.*
Gegenüber: *Die Fowler Trophy, heute Summer Cup genannt.*

Folgende Seiten: *Abschlag vom ersten Tee – Mitglieder, Caddies und Hund. Die Putt-Linie lesen – am 6. Grün.*

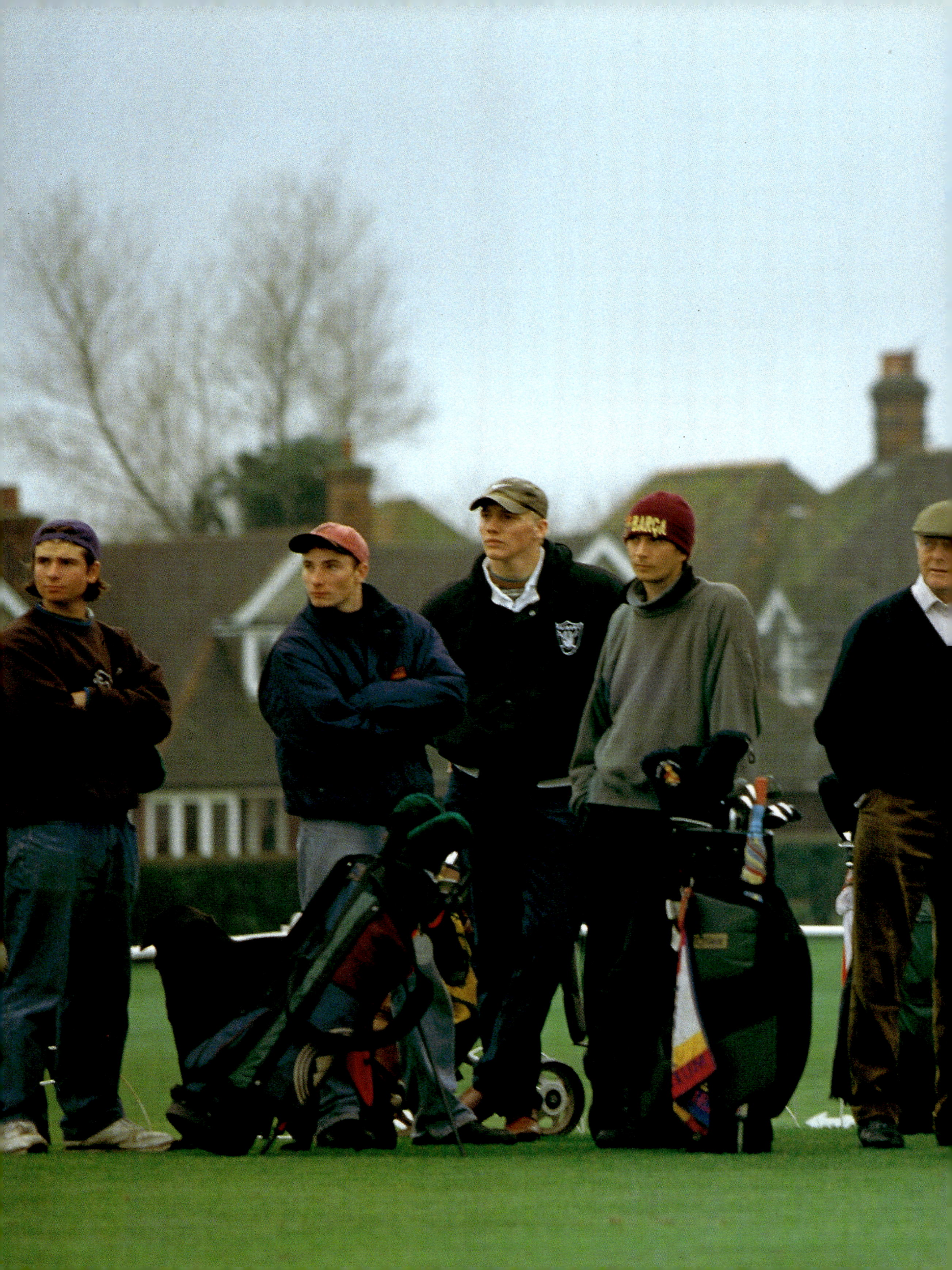

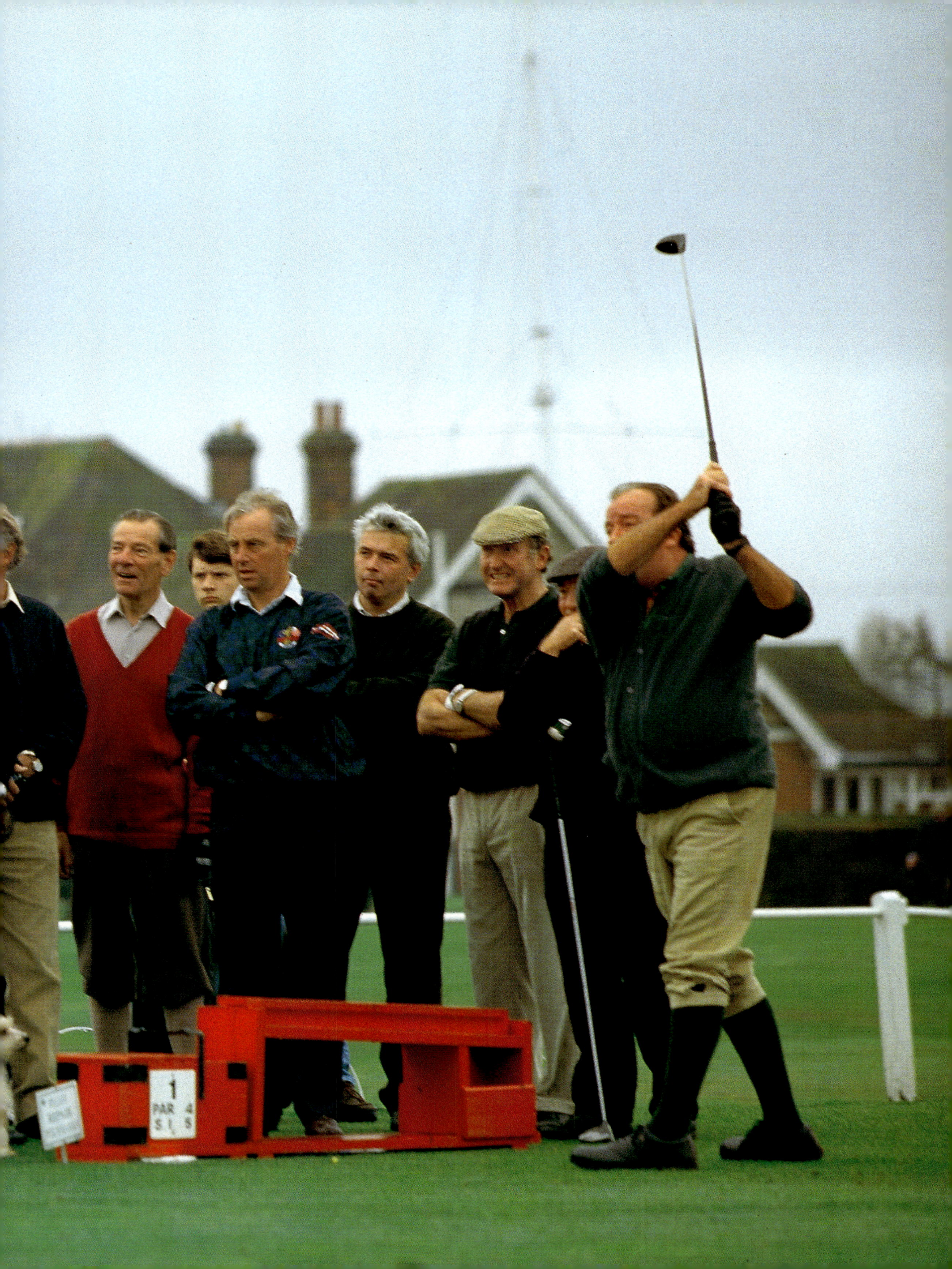
1
PAR 4
S I 5

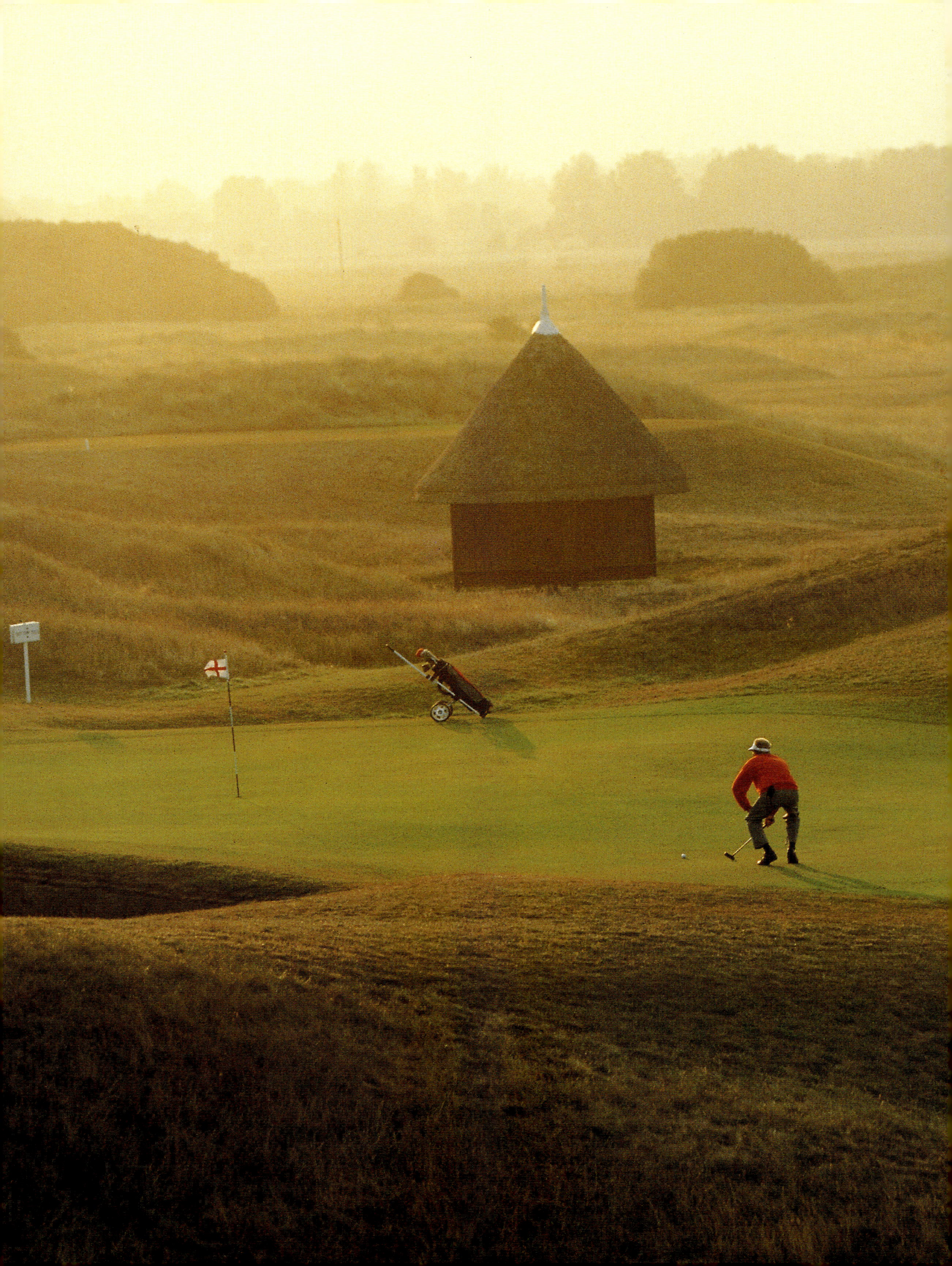

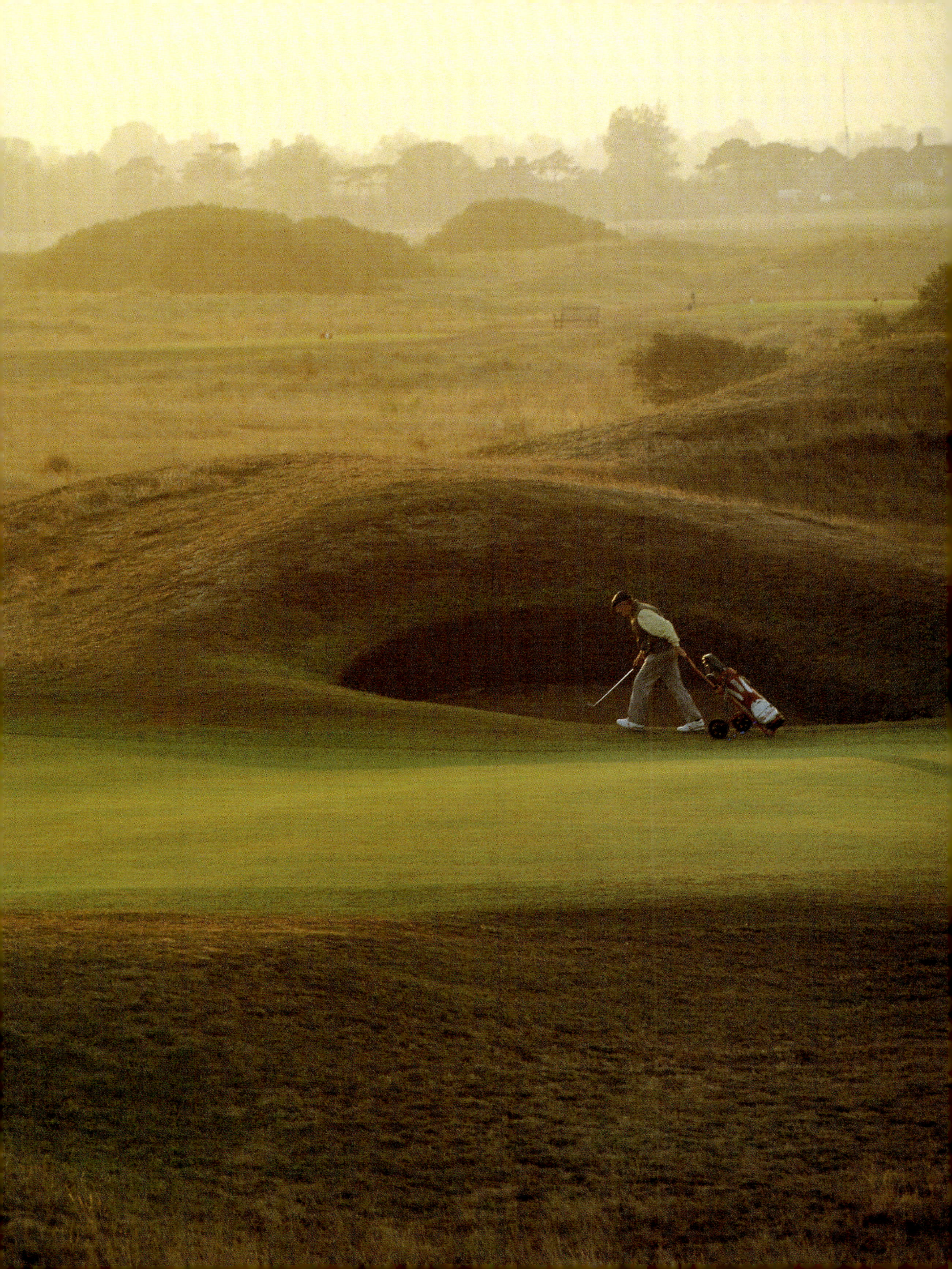

Zu den schwierigsten Bahnen dieses anspruchsvollen Platzes gehört das rund 400 Meter lange erste Loch. Ein Angst einflößender Start, bei dem es so aussieht, als müsse man nur gerade abschlagen. Tatsächlich jedoch ist es ein leichtes Dogleg, so dass man im rechten Rough landet, obwohl man davon ausgegangen war, man habe seinen Ball mitten auf dem Fairway platziert. St. George's werden häufig „blinde Schläge" nachgesagt, doch in der Regel sind diese nur Ergebnis eines schlechten Drives. Auf der Anhöhe des vierten Lochs lauert ein gigantischer, von Bahnschwellen gestützter Bunker. Für einen militärisch geübten Blick wäre dieser auf einem Übungsgelände sicher kein Fremdkörper. Selbst wenn man mit seinem Abschlag dieses Hindernis überwunden hat, bleiben immer noch rund 180 Meter bis zum Grün, das von einem Hügel davor geschützt wird und der dafür sorgt, dass ein nicht perfekter Schlag das Grün verfehlt. Das sechste Loch ist ein schönes Par 3 mit dem sinnigen Namen „Maiden". Dr. Purves war nämlich davon überzeugt, dass die zu überwindende Sanddüne mindestens genauso anspruchsvoll sein müsse wie die „Jungfrau" in den Schweizer Alpen.

„Auch das neunte Loch ist reichlich bebunkert, wobei der Wind in der Regel übers Grün pfeift. Ein guter Schlag führt den Ball zwar zum Loch, wenn dieser jedoch die falsche Seite des Abhangs erwischt, rollt er sofort zehn bis fünfzehn Meter vom Grün. Die Schlusslöcher gehören zu den schwierigsten im Golfsport überhaupt. Am 15., einem ca. 420 Meter langen Par 4, braucht es schon einen guten Drive, um den Bunkern auf der rechten und linken Seite aus dem Weg zu gehen. Drei dieser quer übers Fairway verlaufenden Fallen befinden sich unmittelbar vor dem Grün, so dass man seinen Ball nur schwerlich rollen lassen kann. Fünf Schläge sind daher kein Problem. Das 16. ist ebenfalls ein herausforderndes Par 3 gegen den Wind, beim 17. Geht's auf 390 Metern Länge in die vorherrschende Windrichtung. Um überhaupt irgend eine Chance auf eine vernünftige Lage zu haben, ist man auf einen präzisen Drive angewiesen. Doch selbst dann bleibt beim zweiten Schlag zum Grün – mit einem Hügel als frontalem Hindernis sowie fünf Bunkern – die schwierige Wahl zwischen einer rollenden oder einer direkten Annäherung. Das 18. ist mit 420 Metern der reinste Horror – mit einer Ausgrenze auf der rechten Seite, tiefen Roughs auf der linken und einem Grün, das scheinbar eigene Vorstellungen von dem hat, wo der Ball zum Liegen kommen soll."

Andrew Brooks beendet seine Runde mit einer Bemerkung zur Windsituation: „Normalerweise verlaufen die Bahnen auf einem Parcours in Meeresnähe auf und ab – wie etwa in St. Andrews. Mal mit dem Wind im Rücken, mal gegen ihn auf dem Weg zurück. In St. George's verläuft die Runde in zwei Schleifen, wobei man selbst stets die Richtung ändert."

Der renommierte Zeitungsredakteur Lord Deeds erinnert sich, dass er als Schüler 1930 beim Walker Cup zuschaute. Zwei Dinge machen aus seiner Sicht den Platz zu etwas Besonderem: Zunächst einmal fehlt „alles Künstliche", wobei der Platz seine natürlichen Qualitäten auch dann beibehielt, als er im Laufe der Jahre modifiziert wurde, um den Anforderungen des modernen Golfwettbewerbs gerecht zu werden. Die zweite Besonderheit ist seine „unübertreffliche Vielfalt".

Hinzu kommt die außergewöhnliche Schönheit der Links. Die Landschaft ist so ursprünglich und geschützt, dass man auch aus der Nähe nicht sofort einen Golfplatz vermuten würde. Weite Wiesen mit vereinzelten Schafen, ein paar zugewachsene Bäume, ein Kirchturm sowie einige verstreute Gebäude – Letztere als stabile und schlichte Orientierungspunkte in einem weitläufigen und welligen Gelände mit dem Meer als entferntem Hintergrund. Die reetgedeckten Unterstände sowie die auf jedem Loch wehenden weißen Flaggen mit dem roten Kreuz des Heiligen Georg (übrigens von der Frau des Caddiemeisters gefertigt) sorgen für sofortigen Wiedererkennungswert. Hinzu kommen an einem son-

Gegenüber, oben: *Detailaufnahme des Veterans' Prize, der aus Anlass des Frühjahrstreffens ausgetragen wird.*
Gegenüber, unten: *Gezuckerte Johannisbeeren*

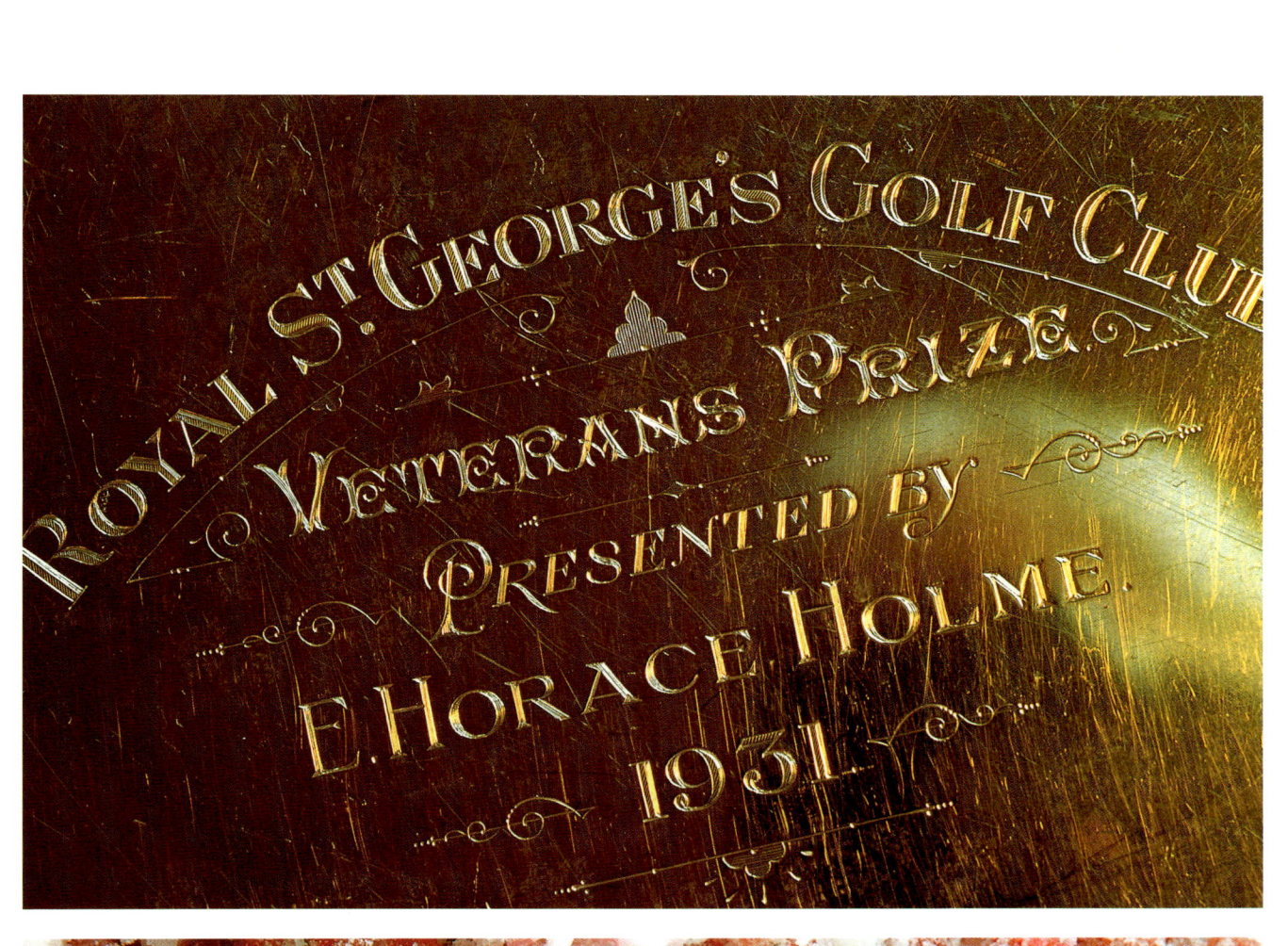

ROYAL ST. GEORGE'S GOLF CLUB
VETERANS PRIZE
PRESENTED BY
E. HORACE HOLME
1931

Ganz oben: M. F. (Michael) Attenborough, früherer Captain des Clubs und des R & A.
Oben links: F. R. (Bobby) Furber, früherer Captain und Club-Chronist.
Oben rechts: E. W. (Jim) Swanton, Cricket- und Golfjournalist.

Oben: *Die Ehrentafel der Clubpräsidenten im Raucherzimmer sowie die Silberschläger mit den Captains-Bällen.*

Folgende Seiten: *Auf dem Weg zum 7. Abschlag.*

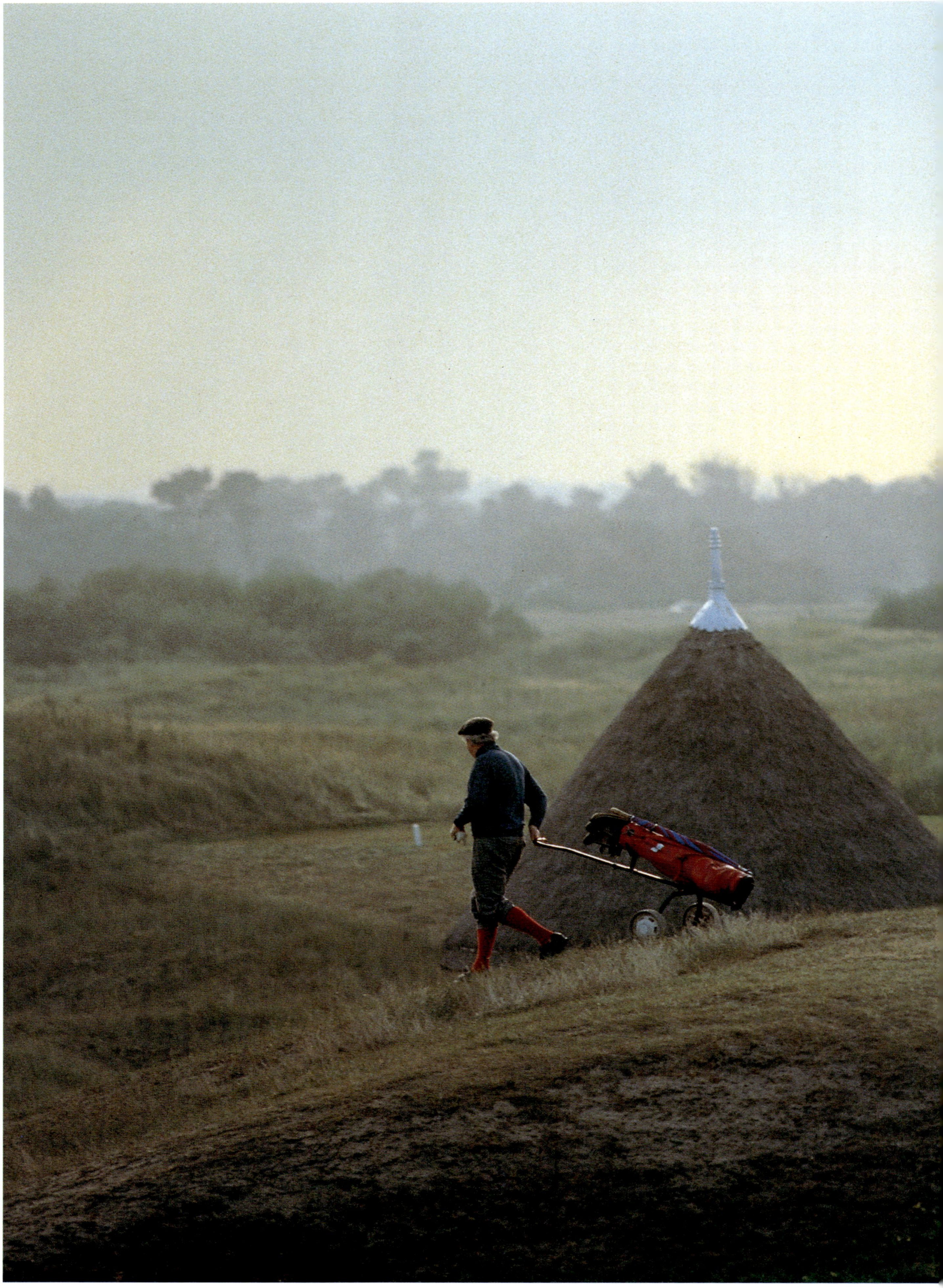

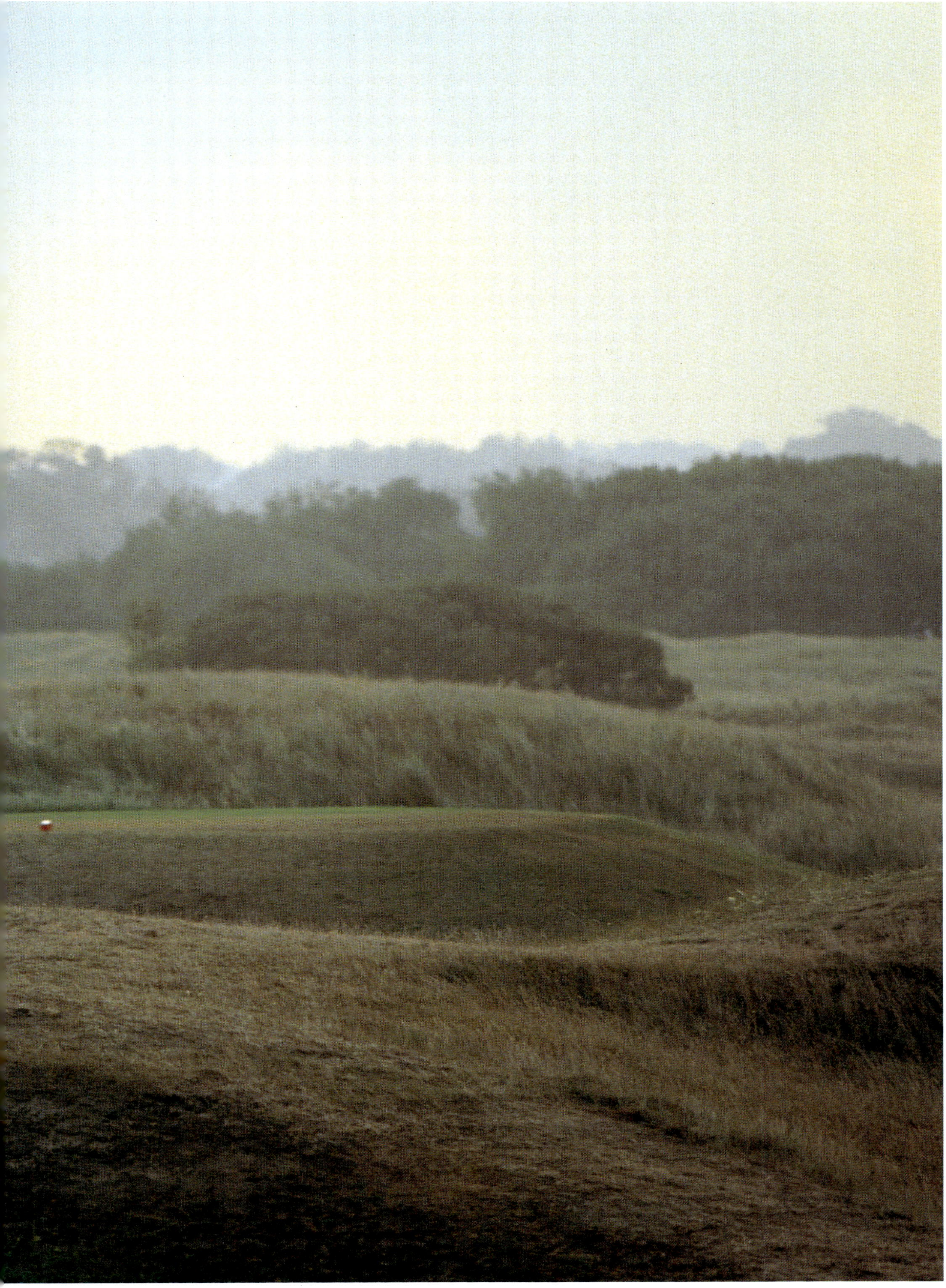

nigen Sommertag das im Wind wogende Schilfgras mit einer Unmenge wilder Blumen, unter anderem seltene Orchideen-Arten, sowie duftender Ginster. Stockenten, Turmfalken, Möwen und Lerchen tollen durch die Luftströmungen darüber.

Das Clubhaus in Royal St. George's ist der Qualität des Platzes ebenbürtig. Es vereint die Attribute eines Museums, einer Kneipe, eines Drei-Sterne-Restaurants und eines höchst privaten Männer-Vereins. Auf dem Weg zur Bar werden Glanz und Gloria des Clubs unweigerlich sichtbar, vor allem, wenn der Besucher sich gemächlich dorthin begibt. In der holzgetäfelten Eingangshalle werden die Gewinner des St. George's Grand Challenge Cups gewürdigt, einem seit 1888 ausgetragenen Clubturnier für Amateure mit einem Handicap von drei und besser. Die Siegernamen lesen sich in der Tat wie das „Who is Who" des Golfsports – mit unvergleichlichen Männern wie John Ball, Francis Ouimet und Jack Nicklaus. In der Korridor-Bar, oft auch Raucherzimmer genannt, befinden sich Vitrinen mit Silber-Trophäen, Medaillen und alten Golfschlägern sowie Porträts von ehemaligen Captains. Zum Beispiel des Earl of Winchislea and Nottingham, wie immer in vornehmer Haltung, mit hängendem Schnurrbart, unverwechselbarem Karo-Jacket, Weste und Krawatte. Oder auch von Lord Brabazon of Tara, ein elegant aussehender Gentleman mit langer Zigarettenspitze im Cecil-Beaton-Look (damit dürfte es wenig überraschen, dass es Lord Brabazon war, der 1931 die auffallende Clubkrawatte entwarf).

Der Club verfügt zudem über ein Gästehaus mit neun Zimmern, das dem eigentlichen Clubhaus direkt angegliedert ist und das seinerseits für eine der wohl besten Golfclub-Speisekarten berühmt ist. Dem kostspieligen, individuellen englischen Frühstück – sagen Sie, was Sie wollen und Sie bekommen es heiß und reichlich serviert – folgt vor allem am Wochenende, wenn die Köchin und Ehefrau des Oberkellners, Moira Anderson, in der Küche einen Sturm entfacht, ein abwechslungsreiches und fantasievolles Mittagessen.

Das Raucherzimmer strahlt mit seinen Ehrentafeln, seinen Ledersesseln und dem unübertrefflichen Weitblick über den Platz zugleich ehrwürdige Geschichte und privaten Charakter aus. In dieser eleganten, von Tradition und Golferinnerungen geprägten Umgebung nehmen Mitglieder und ihre Gäste vor oder nach der Runde einen Drink zu sich. St. George's begann als Londoner Club, und daran hat sich nichts geändert. Anders als in Rye unten an der Küste, wo joviale Lebensart ein Gefühl von Zuhause verströmt, ist St. George's einfach glatter und reservierter. Ein ehemaliges Mitglied aus Rye und heutiges Mitglied in St. George's wurde nach den Gründen befragt, warum er denn den Club gewechselt habe? Seine diplomatische Antwort lautete, Rye sei einfach zu weit. Auf die Frage, wo er denn wohne, gab er Chile an.

Michael Attenborough, früherer Captain des Clubs und des R & A und ehemaliger Walker Cup-Spieler meint, der Club sei lange Zeit verknöchert gewesen, auch wenn dies stark nachgelassen habe: „Als ich Captain wurde, befragte ich den Sekretär nach bevorstehenden Fallen in meiner Amtszeit, und er sagte ‚Wenn sich der Platz in gutem Zustand befindet, das Steak gut gebraten wird und die Barpreise nicht allzu sehr ansteigen, dann haben sie ein gutes Jahr vor sich.' Und er hatte vollkommen Recht."

„Die Mehrzahl der 675 voll zahlenden Mitglieder lebt in der Hauptstadt", meint Sekretär Gerald Watts. „Die meisten Mitglieder kommen aus der Londoner Gegend. Die aktive Mitgliedschaft ist nur sehr klein, vielleicht um die 150 Spieler. Insgesamt werden mehr Golfrunden von Gästen als von Mitgliedern absolviert."

„Es ist ein sehr traditioneller Club", fährt Gerald Watts, früher Schulleiter und vielseitiger Sportler, fort. „Wenn man das Glück hat, in einem Club zu sein, der die Open Championship ausrichten darf, hat man in der großen Welt des Golfsports einige Verpflichtungen. Mit der Open selbst verdienen wir

Gegenüber: *Das ultimative englische Frühstück in St. George's.*

Folgende Seiten: *Mitglieder im Raucherzimmer.*

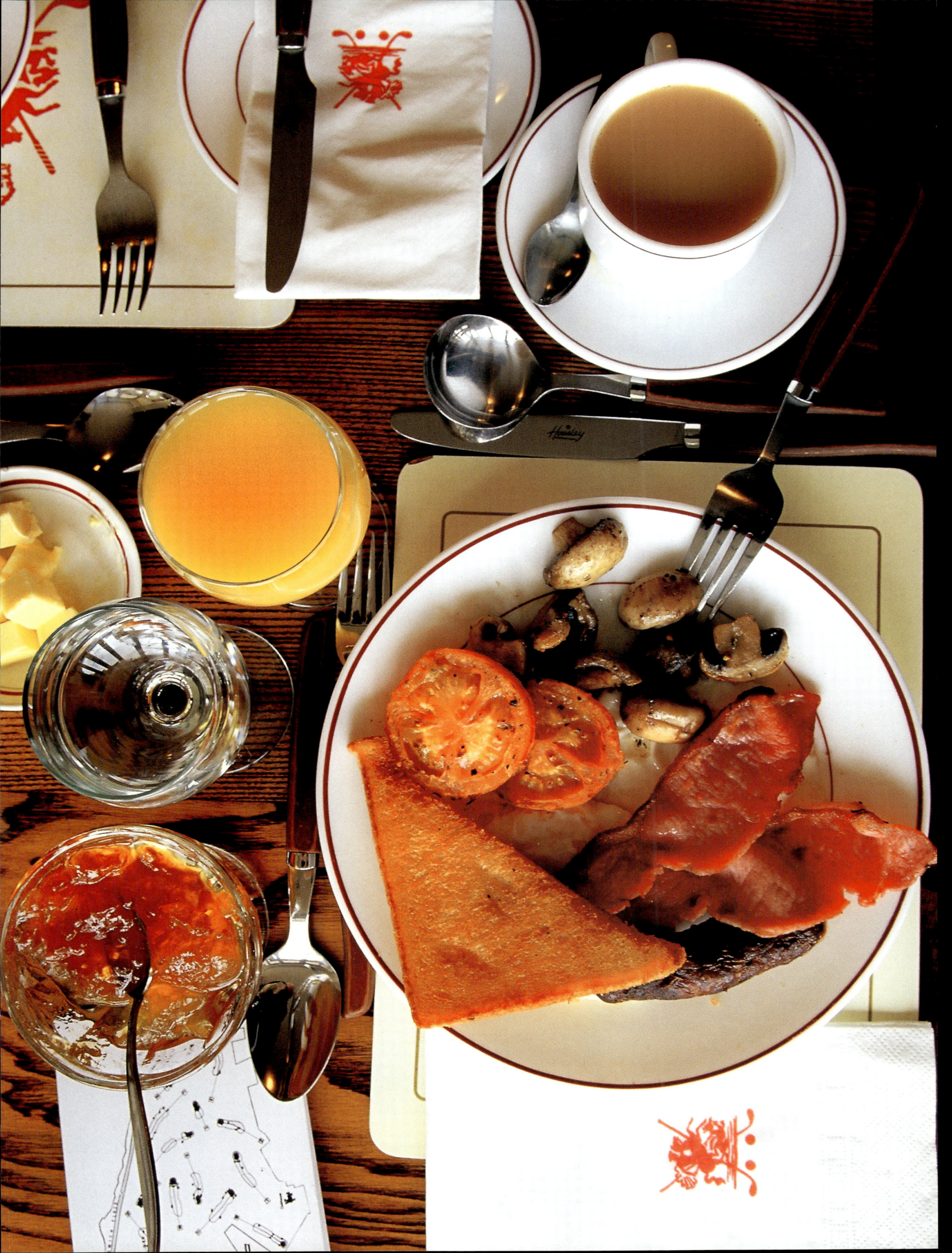

120.

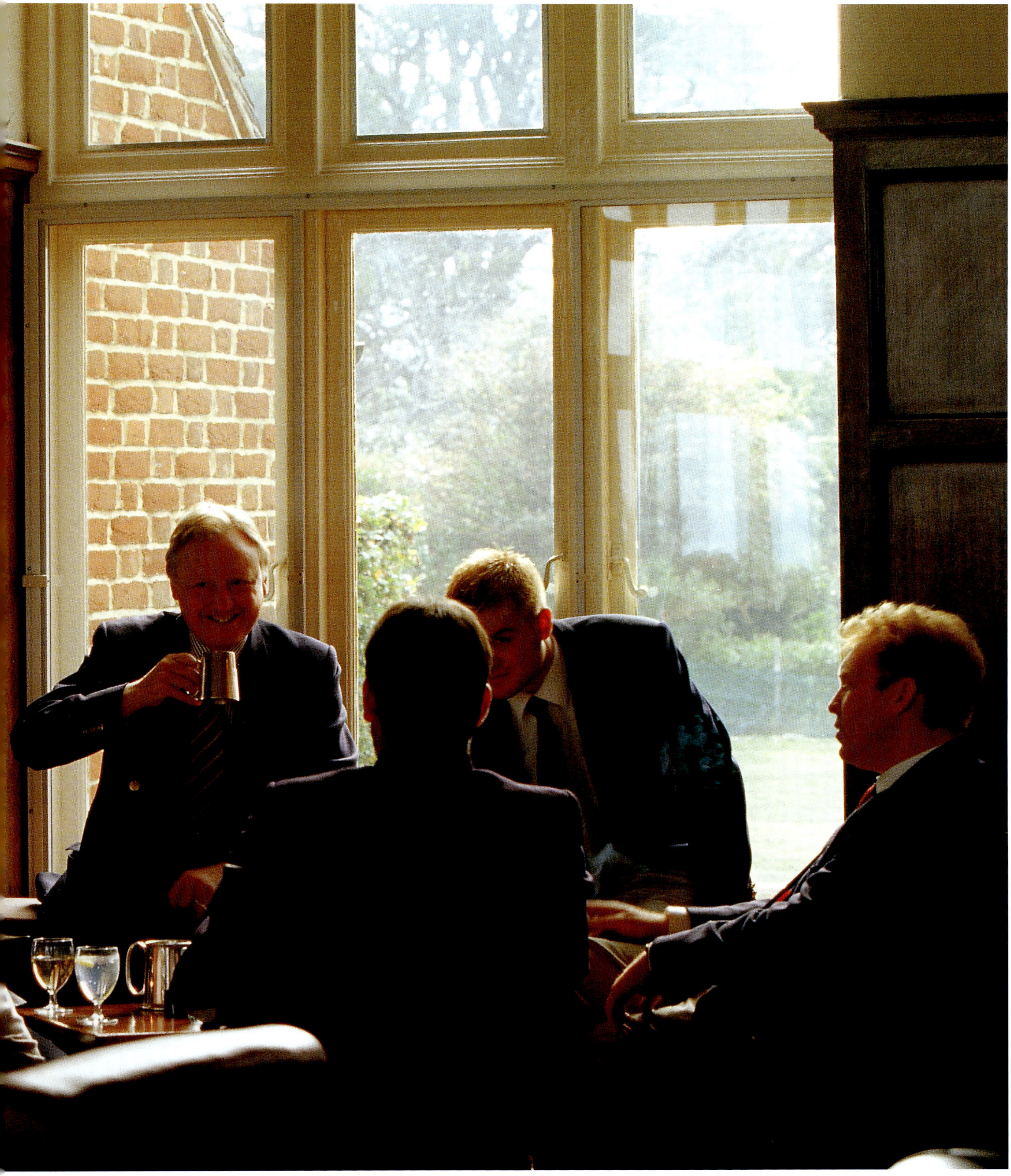

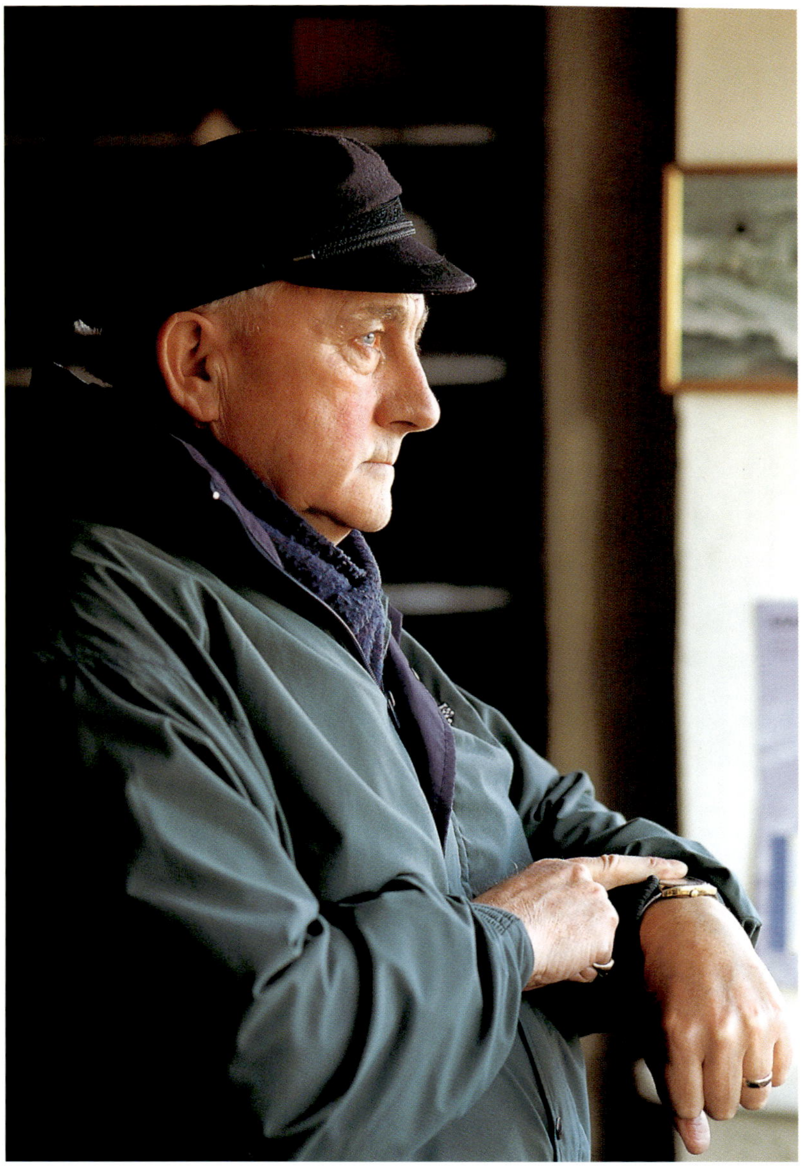

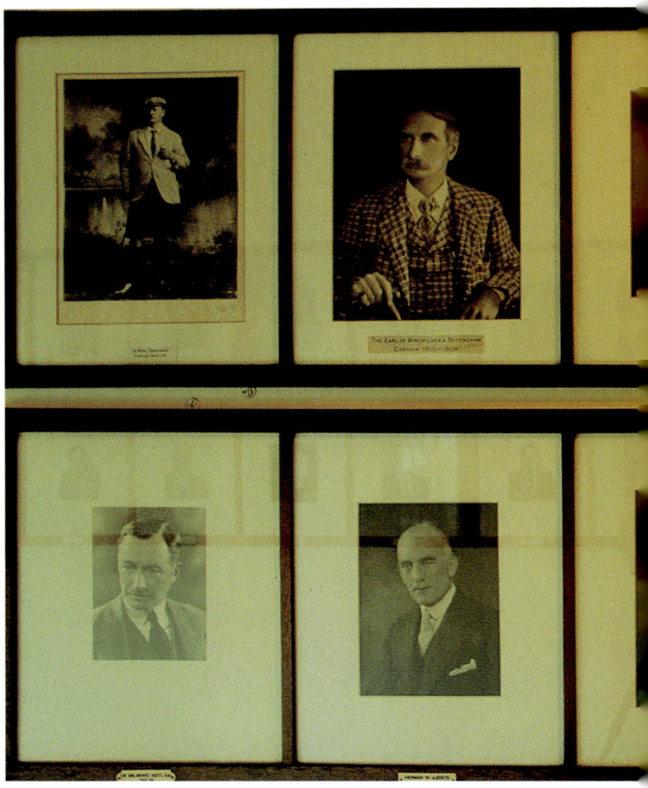

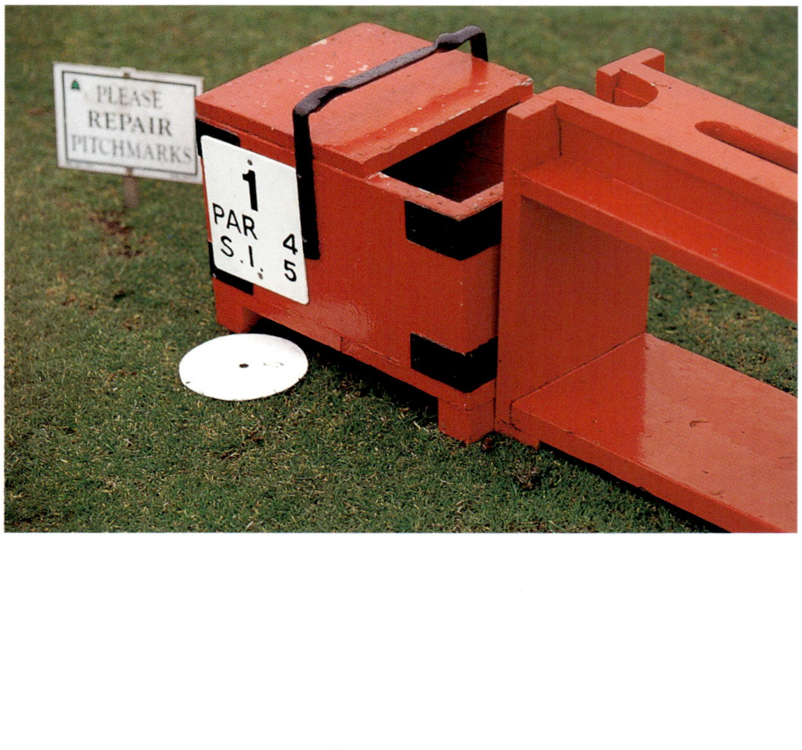
PLEASE
REPAIR
PITCHMARKS
1
PAR 4
S.I. 5

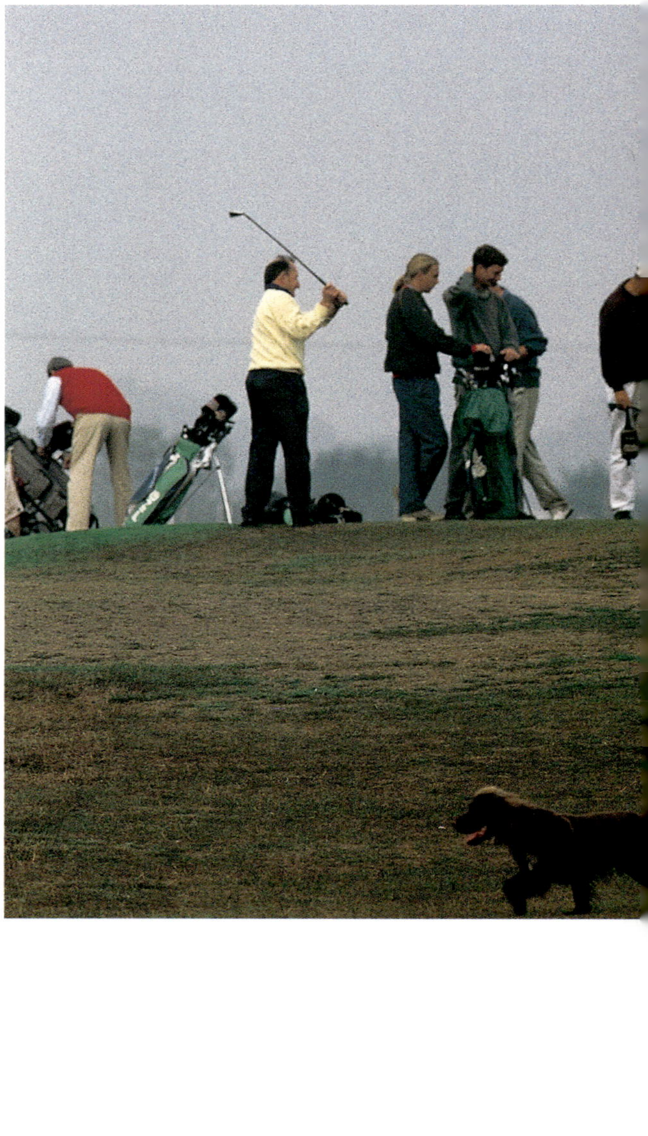

Gegenüber, oben links: *Caddiemeister Keith Atkinson*
Gegenüber, unten links: *Tee-Box*
Oben links: *Porträt-Galerie der Captains*
Links: *Eine Runde beginnt*
Ganz oben: *Clubstewart Mr. Anderson*
Oben: *Mrs. Anderson (rechts) mit dem Speiseraum-Team.*

Folgende Seiten: Mitglieder und Gäste bei der Runden-Vorbereitung. Bevorstehende Bunker, vom Abschlag des vierten Lochs aus gesehen.

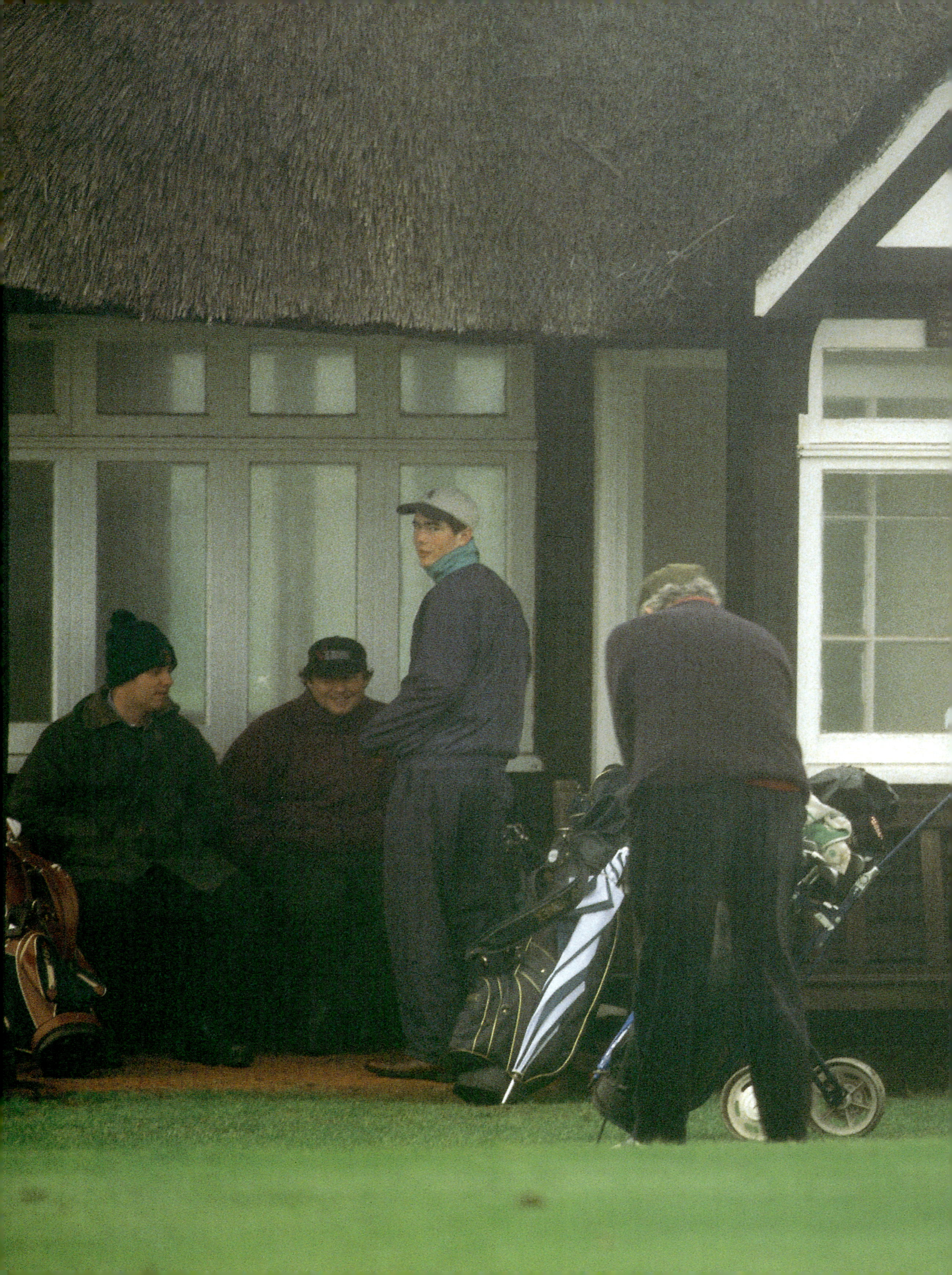

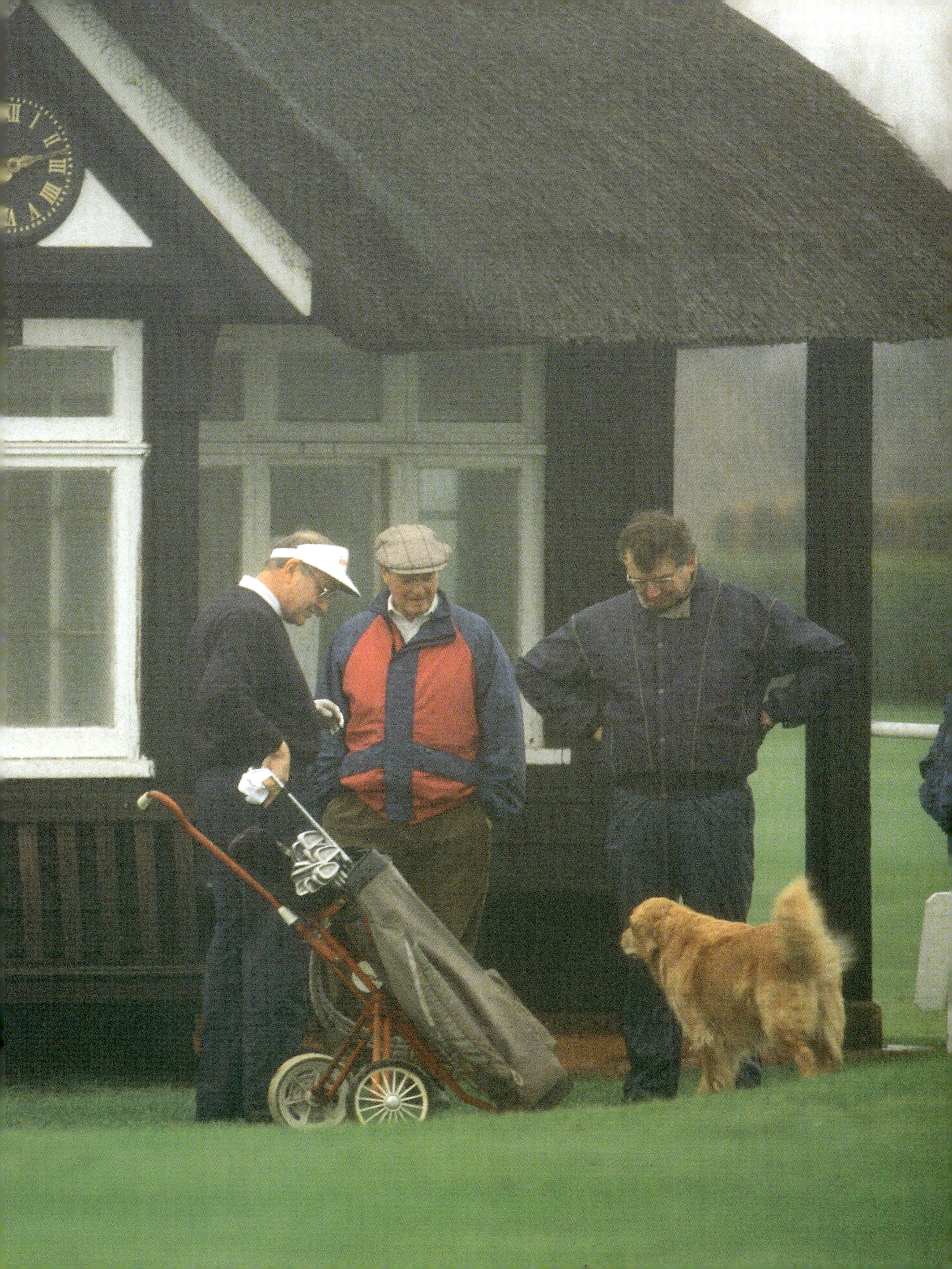

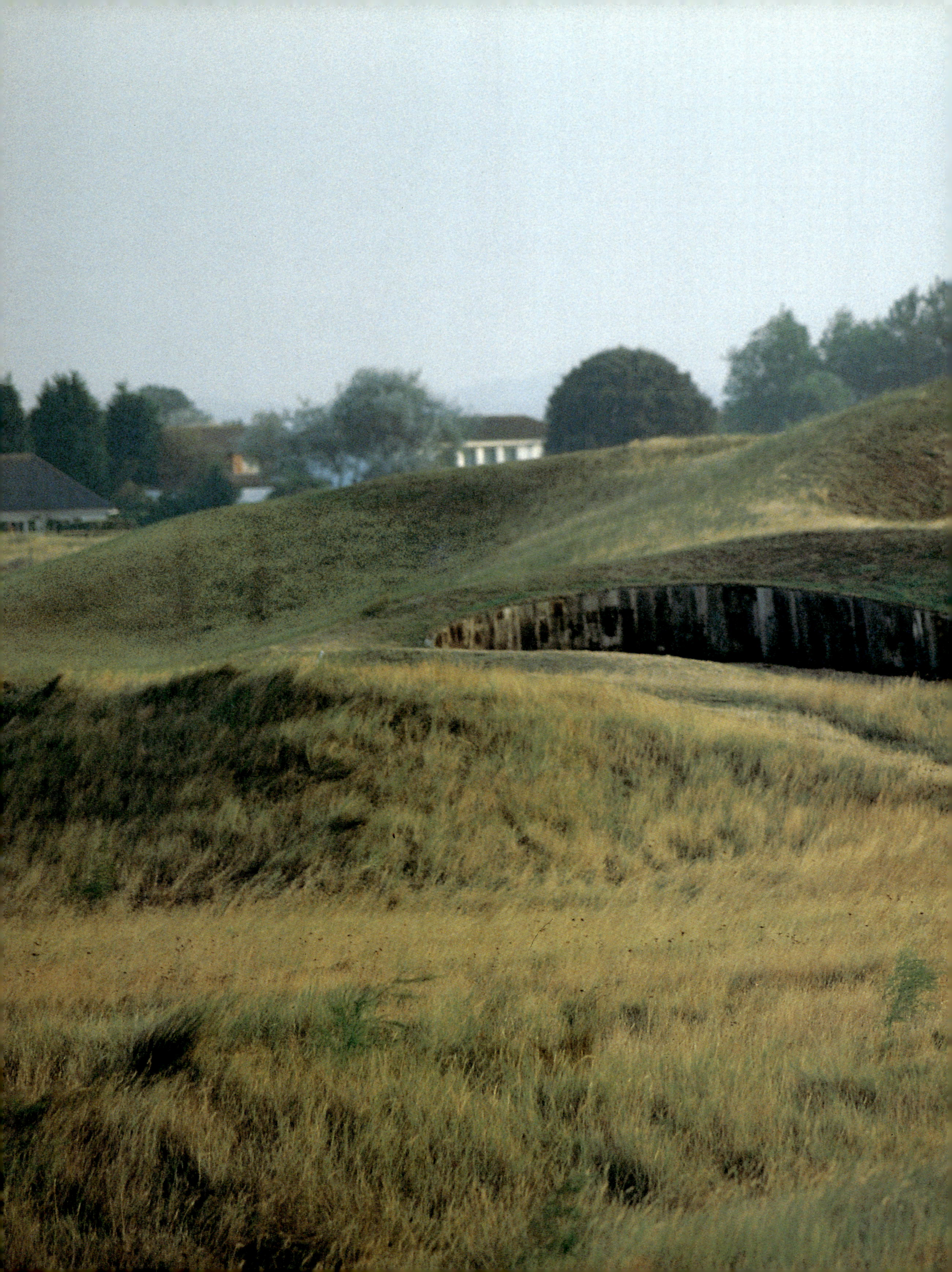

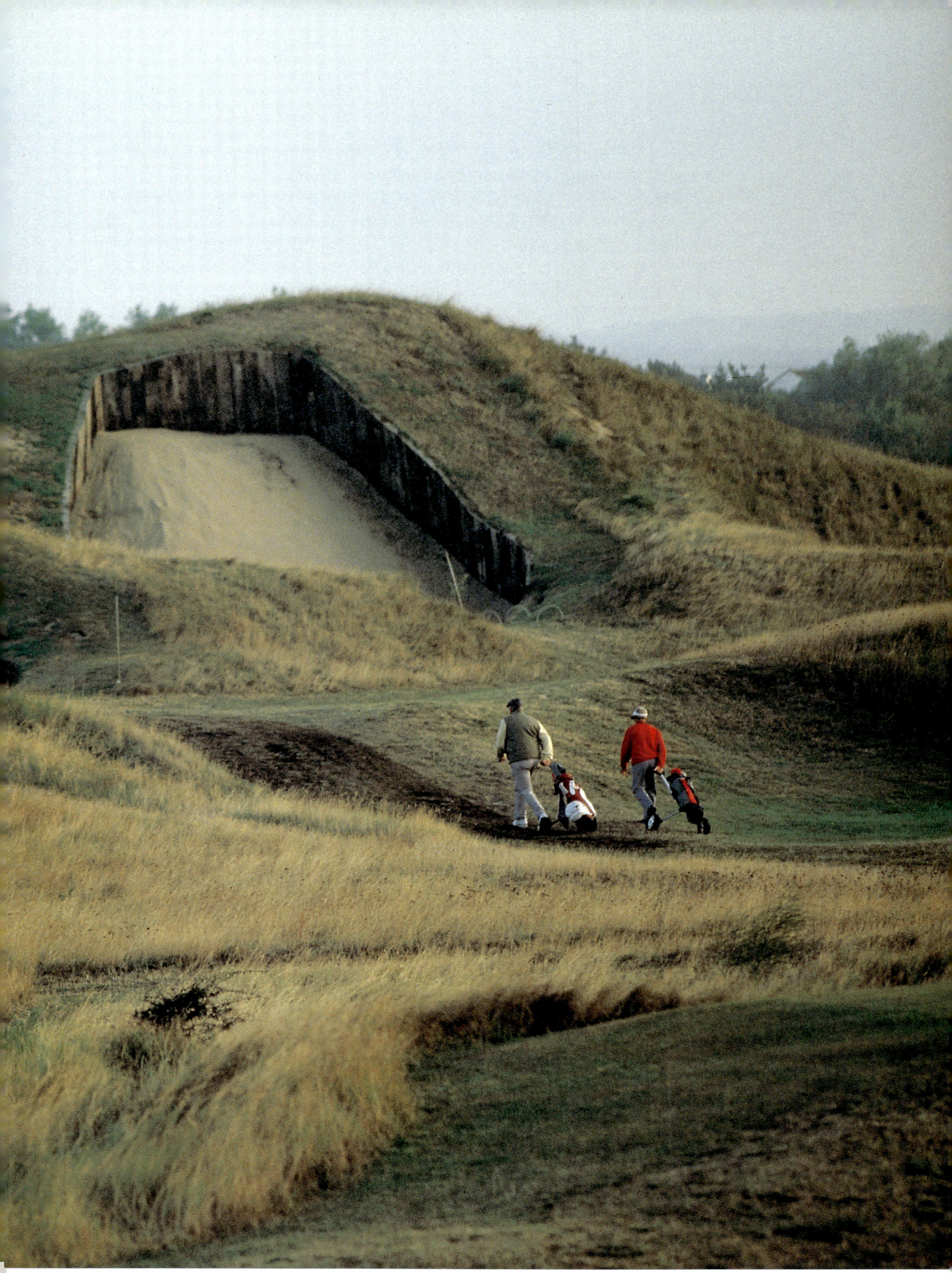

Club Grub

In traditionellen Golfclubs – das dürfte nicht überraschen – wird traditionelle Küche serviert. Vielfalt und Anspruch allerdings variieren. Alle in diesem Buch beschriebenen Clubs sorgen mit einfachen und reichlichen Lebensmitteln dafür, dass der Hunger des Golfers gestillt wird. In einigen Clubs jedoch steckt man viel Leidenschaft und Anstrengung in die Gerichte, sodass so mancher Michelin-Tester bereit ist, einen unvermuteten Stopp einzulegen. Zwei Clubs – Sunningdale und Royal St. George's – sind besonders herausragend. Dies, obwohl in Prestwick ein ausgezeichnetes Samstags-Lunch serviert wird und Swinley Forest sich fortwährend selbst übertrifft. Sämtliche Clubs – auch das sei gesagt – haben sich dem Druck des modernen Alltags gebeugt. Suppen, Snacks und Sandwichs ersetzen längst die formelleren Mittagessen vergangener Zeiten. Und schließlich gibt es den wachsenden Trend vor allem bei jüngeren Mitgliedern, bei denen Frau und Kinder zuhause warten, nach der Runde einen Drink einzunehmen und das Essen ganz ausfallen zu lassen.

Die beste Methode, diesem Trend entgegen zu wirken, ist

ein Blick in die Speiseräume von Sunningdale oder Royal St. George's kurz vor dem Mittagessen am Samstag oder Sonntag. Sogar ohne Essen ist der Speiseraum in Sunningdale ein fantastischer Ort: Ein durch die vielen Fenster lichterfüllter Raum mit sogenannten französischen Türen, die sich zum Putting-Grün und den Blumenbeeten hin öffnen. Ein Raum mit glänzendem Holzfußboden, weißen Tischtüchern und glänzenden Gläsern und Bestecken. Etwa um 11.30 Uhr wird die Szenerie um ein riesiges und üppiges Buffet erweitert, das die gesamte Länge des Raums einnimmt. Lachs, Garnelen, Muscheln, Lamm-, Schweine- und Rindfleisch, eine Käseauswahl sowie zehn verschiedene Nachtische erwarten die Zuwendung der Gäste – alles aus den Händen von Küchenchef Chris Osborne, der seit 26 Jahren für den Club arbeitet. Und überall prangt das Clubwappen, jene symbolisierte Eiche – sogar auf den Eierbechern und den Butterschälchen.

In Sandwich ist das Festessen schlechthin das sonntägliche Lunch, zu dem die Mitglieder häufig ihre Familien mitbringen. Auch hier ist der Speiseraum weitläufig und hell. Über dem Kamin hängt ein imposantes Porträt von Clubgründer Laidlaw Purves. Die Speisen aufzuzählen gleicht einer Litanei. Als Vorspeisen gibt es eine hausgemachte Pilzsuppe, Muscheln, Tomatensalat, eingelegten Fisch, Krabbenfleisch, Garnelen, Lachs und Knoblauch-Pastete. Vier weiß uniformierte Kellner bringen Schnitzel, Steaks und Schweinelenden, in Honig gebackenen Hammel, drei Varianten von Lamm (als Koteletts, als Carrée mit Kräuterkruste oder eingelegt in Senf, Knoblauch und Honig), außerdem Ente, Putenbrust und Seezunge auf Dover-Art. Beim Gemüse stehen gebratene und neue Kartoffeln, Blumenkohl als Gratin, Brokkoli, Karotten, Zuckerschoten in Sahne, gelbe und grüne Zucchini sowie für all jene, die alten Schulzeiten nachtrauern, Spinat auf dem Programm.

Als reichte dies alles noch nicht aus, tischt Küchenchefin Moira Anderson selbstgemachte Puddings auf zuckersüßen Böden auf (man möchte dafür sterben), Himbeer-Rouladen, dickflüssigen Weizen-Pudding, serviert mit goldfarbenem Sirup und Vanillecreme, Schokoladenkuchen, Buttercreme und Früchtebrot, Zitronen-Meringue, Crème brûlée sowie einen göttlichen Sommerpudding mit Beeren. Eine Auswahl englischer und europäischer Käse rundet alles ab. Weißer Burgunder aus Karaffen ist der bevorzugte Begleiter zu all diesen Schlemmereien, gefolgt von einem Port oder einem Kummel, um all dies abzurunden.

Gegenüber, oben:
Messer und Stilton
Gegenüber, unten links:
Profiteroles
Gegenüber, oben rechts:
Erdbeer-Gelee
Oben links: *Orangen-Torte*
Oben rechts:
Gebäck mit Vanillecreme
Unten links: *Sirup-Torte*
Unten rechts: *Trüffel*

Ah, Rye!

RYE GOLF CLUB
PRIVATE
MEMBERS ONLY

RYE GOLF CLUB
PLAYERS MUST
ENSURE 9' HOLE
IS CLEAR BEFORE
STARTING FROM
THIS TEE

3 & 4 BALL MATCHES
HAVE NO STANDING
NO TROLLEYS
ON TEES

Rye Golf Club

Wind heult über die Links, in Böen mit bis zu 40 Meilen pro Stunde. Regenwolken bauen sich drohend über dem überfluteten Marschland auf – dort wo sonst Schwäne dahin gleiten und Schafe grasen, um es einmal poetisch auszudrücken. Es ist ein kalter Tag Anfang Januar, ein Tag, an dem man eigentlich zu Hause bleiben sollte. Dennoch – diese Möglichkeit wird von den unzähligen Golfern und Zuschauern tief unten an der südenglischen Küste nicht im Geringsten in Betracht gezogen. Sie laufen weit verstreut über das Gelände, kämpfen gegen Ball, Gegner und das Wetter auf dem trockenen, fast frühlingshaften Golfplatz. Denn an diesem Tag beginnt das wichtigste Ereignis, das der jährliche Turnierkalender des Golf Clubs Rye aufweist. Ein Tag, an dem Wettbewerb groß geschrieben wird, an dem man sich mit Freunden misst, ein Tag des ernst zu nehmenden Spaßes. Der President's Putter, „eines der geheiligten Festivals des Golfsports", wie Bernard Darwin es ausdrückte, ist im vollen Gange.

Nur Briten sind in der Lage, sich ein viertägiges Golfturnier mitten im Winter auszudenken. Und genau dies taten die Golfing Societies von Oxford und Cambridge – Letztere feierte 1998 ihren 100. Geburtstag und ist damit eine der ältesten überhaupt: Im Jahr 1920 baten beide den Golf Club Rye um Erlaubnis, den Platz für diesen Zweck nutzen zu dürfen. Nur Krieg (1939 – 1946) und Schnee (1979) hielten und halten die früheren und derzeitigen Golfer der Universitäten davon ab, jeden Januar in Massen nach Rye zu reisen, um vier Tage lang Golf zu spielen und ihr einzigartiges Treffen auf den Links, im Clubhaus und in der Stadt zu feiern.

Es ist jedenfalls kein Schauwettbewerb. 158 Spieler wetteifern um den Putter, von denen bereits drei in den Vitrinen des Clubhauses hängen, die jeweils mit den Siegerbällen voran gegangener Gewinner überfrachtet sind. Jugend ist längst kein Garant für den Erfolg: Vor einigen Jahren waren acht der letzten 16 Spieler dieses anstrengenden und fordernden Match-Plays 60 Jahre und älter. Peter Gracey feierte in diesem Jahr gar seine 50. ununterbrochene Teilnahme am President's Putter. Für Alex Boatman, der einzigen Frau im Turnier, war es eine Premiere; nicht so für Ted Dexter, ehemaliger englischer Cricket-Captain und früherer Turniersieger; oder Neil Pabari, Oxford University Captain, der sich im packenden Finale gegen den dreimaligen Finalisten und sogenannten „Cambridge Blue" durchsetzte (ein Oxford oder Cambridge Blue ist Student einer der beiden Universitäten und trat bereits in einer Mannschaft gegen die jeweils andere an).

Rye und „The Society", wie die Oxford & Cambridge Golfing Society von ihren Mitgliedern genannt wird, sind sozusagen Blutsbrüder. Die symbolische Blutsübertragung war für beide Parteien im Laufe von über 80 Jahren eine stetige Nährquelle. Der Club verdankt den Universitäts-Golfern nicht nur einen erstklassigen Golfwettbewerb, sondern auch hervorragende Amateurspieler (einschließlich Roger Wethered und Cyril Tolley) sowie einige der anerkanntesten Golfautoren (Bernard Darwin und Henry Longhurst). Nicht zuletzt sorgte das Turnier für einen wohltuenden Zufluss an neuen Mitgliedern, die, nachdem sie in den Genuss des Platzes und der Gastfreundschaft des Clubs gekommen waren, nur noch beitreten mussten. Im Golf Club Rye fand die Society nicht nur loyale Unterstützung für ihre Aktivitäten, sondern zudem ein geistiges wie physisches Zuhause, das sie so gar nicht kannten. Im „Society Corner" der Men's Bar sind die Putter zu sehen sowie etliche Bilder und Erinnerungstafeln für jene Mitglieder, die im zweiten Weltkrieg fielen.

Der Putter hat seine eigenen Legenden: E. W. E. Holderness gewann nicht nur bei der Premiere im Jahr 1920, sondern verteidigte auch in den folgenden drei Jahren seinen Titel, um ihn schließlich auch 1929 zu gewinnen. Insgesamt ein Rekord von fünf Siegen, mit dem nur Roger Wethered gleichziehen konnte. Wohl einmalig in der Geschichte des Matchplay-Golfs war der Erfolg Roger Wethereds aus Anlass des Putters des Jahrgangs 1924. Im Finale spielte er gegen E. F. Storey – bis zum 24. Loch dauerte der Kampf an, als die Dunkelheit sie übermannte und beide zu Siegern erklärt wurden. Viermaliger Sieger wurde übrigens Leonard Crawley, der zeitweise im Haus der Küstenwache ganz am Ende des Platzes wohnte.

Der President's Putter widerstand sowohl der Zeit als auch den Unbilden des englischen Klimas. Alle Jahre wieder tauchen die Getreuen auf. In dem Maße, in dem alte Mitglieder verschwinden, rekrutieren Oxford und Cambridge neue Studenten, die sich dem Kampf mit den Elementen auf dem Platz stellen und sich im Clubhaus unter die Alten mischen. Die Berichterstattung in den Medien wirbt für das Ereignis und unterstützt es, vielleicht auch nur aus dem Grund, weil es Mitte Januar wenig über Golfturniere zu berichten gibt. Und sollten Sie einmal die Gelegenheit haben, während des Turniers in Rye im Clubhaus vorbei zu schauen, werden Sie weniger dem Geist von Bernard Darwin begegnen – obwohl sein Sessel in der Bar steht –, als vielmehr einigen seiner geistigen Erben, die versuchen, die Dramen in Worte zu fassen und in ihre Laptops zu hämmern, die sich auf den Links draußen abspielen.

Bernard Darwin hatte überhaupt die Angewohnheit, sein Augenmerk auf viele Bunker der großen britischen Links-Courses zu richten. Aber sowohl die Society als auch der Golf Club Rye genossen seine besondere Zuneigung, schrieb er doch über beide in beziehungsreichen Artikeln. So als 1924 Holderness' Siegesserie endete und er in einem ironischen Artikel für die Times unter Pseudonym über den Sieg so begeistert berichtete, als ob es sein eigener wäre. Er bekleidete die höchsten Ämter des Clubs – 14 Jahre als Captain und weitere 14 Jahre als Präsident. Captain in Rye war er gar zwei Mal, das erste Mal im Jahr 1906 und erneut nach der gewaltigen Zeitspanne von einem halben Jahrhundert im Jahr 1956, was eine Menge über seine Beziehung zum Club aussagt. In seinen letzten Jahren schrieb Darwin: „Der Einsatz für Rye und die zunehmende Begeisterung für den President's Putter ist für mich eine Erfahrung, die sich von allem anderen unterscheidet, was Golf zu bieten hat." Von seinem alten Lehnsessel in der Men's Bar einmal abgesehen, wird die Erinnerung an Darwin in Rye mit der Bernard-Darwin-Jugend-Trophäe aufrecht erhalten, ein relativ neuer nationaler Wettbewerb für Jugendliche unter 21, den der Club auf den Links ausrichtet. Die Trophäe in Form eines Tabletts ist ein in Silber gefertigtes fantastisches Einzelstück, das die Times Darwin in Anerkennung für seine Leistung als Golf-Korrespondent für die Zeitung überreichte.

Rye selbst ist eine jener gut erhaltenen und hübschen Seestädte (Cinque Ports) aus dem 14. Jahrhundert, die durch ihre Lage auf einem Hügel Meer und Marschland überblicken. Die Anfänge des

Vorhergehende Seiten: *Mitglieder auf dem Weg zum 10. Abschlag.* Gegenüber: *Die Clubflagge des GC Rye.*

Folgende Seiten: *Putten auf dem 15. Grün.*

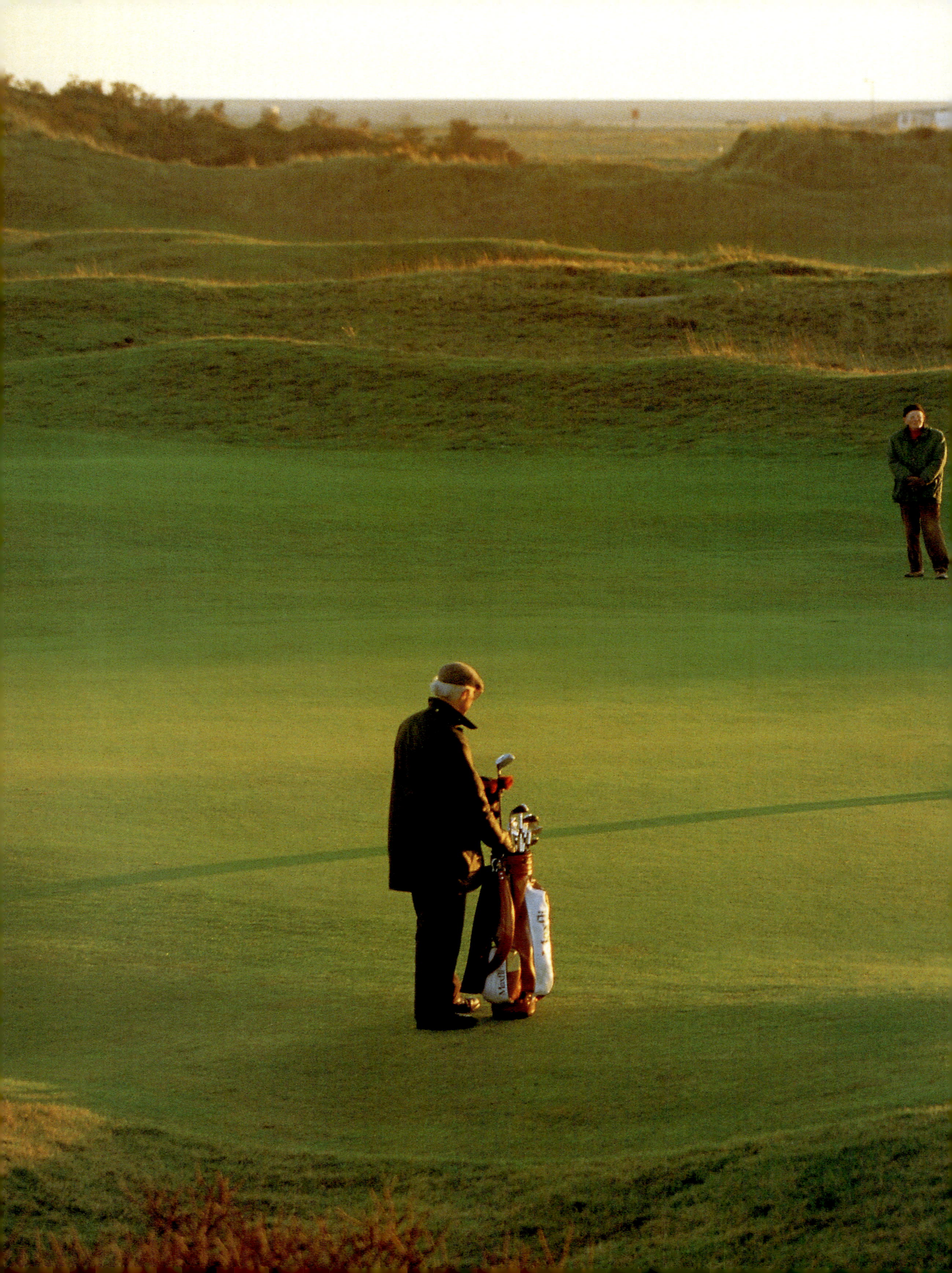

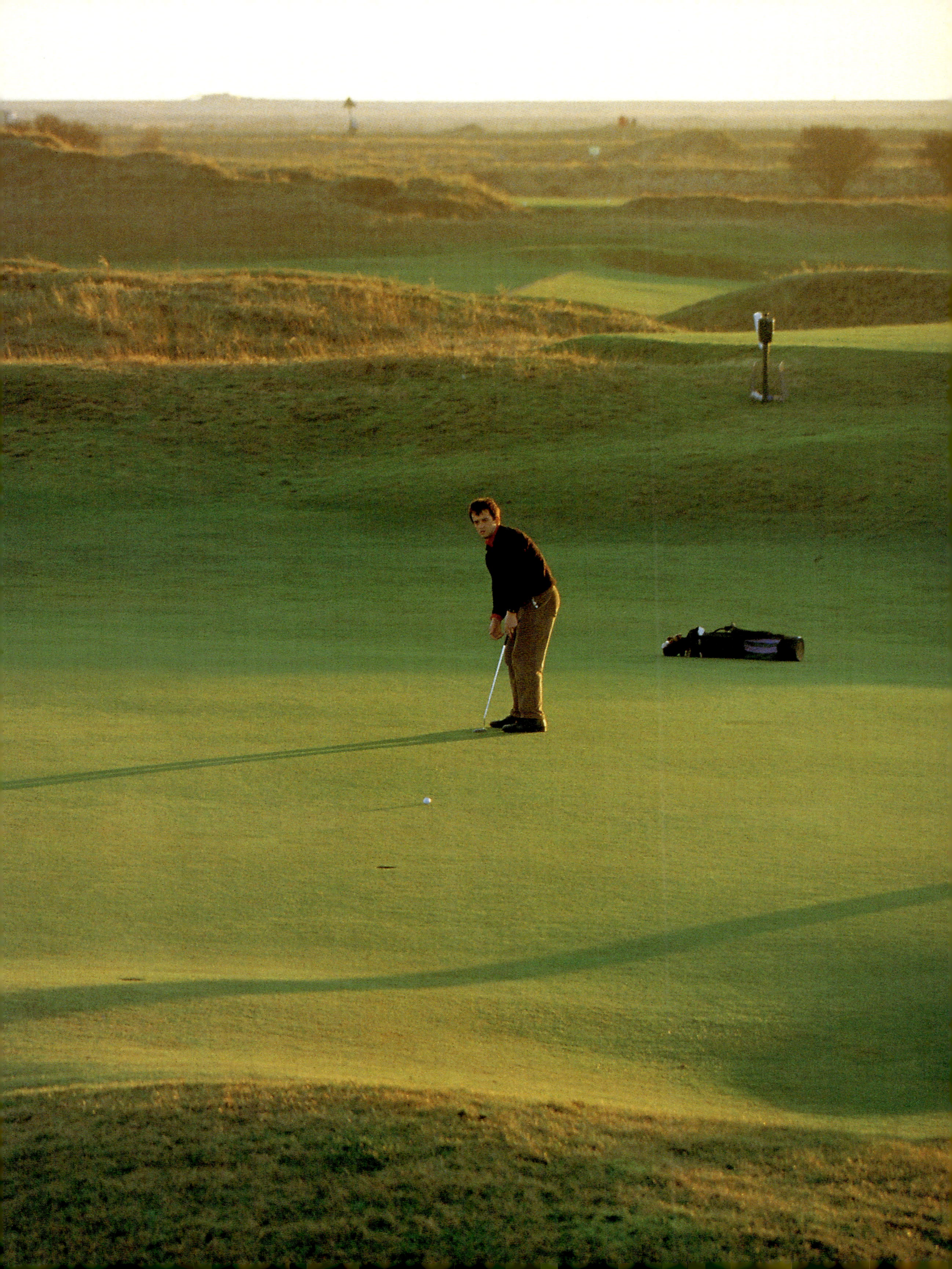

Golf Clubs Rye sind derart ortsgebunden, dass ein Hauch jener Gründungstage immer noch zu spüren ist. Hier war es beileibe kein wandernder Schotte, der vor lauter Heimweh die Küste entlang reiste, um irgendwann einen normannischen Kirchturm zu besteigen. Alles begann an einem Novemberabend des Jahres 1893, als sich die Crème lokaler Honoratioren im besten aller örtlichen Hotels, dem George Hotel, zusammenfand. Dabei waren der Gemeindepastor, sein Sohn (ebenfalls Pastor), zwei Ärzte aus Rye, ein Bankdirektor und ein pensionierter Major. Außenseiter waren lediglich die Männer aus Sussex, drei Rechtsanwälte aus dem nahegelegenen Hastings. Einstimmig beschloss die Versammlung die Gründung und den Bau eines Golfplatzes auf den Camber Sand Hills, etwa ein bis zwei Meilen östlich der Stadt, gleich gegenüber dem Hafen von Rye und der Mündung des Flusses Rother.

Wie bei vielen anderen ehrenwerten Golfclubs ließ man nicht viel Zeit verstreichen – zwischen Entwurf und erstem Turnier lagen nur zweieinhalb Monate, vor allem dank der Hilfe der angeheuerten schottischen Golf-Veteranen, die dann auch als Golflehrer und Greenkeeper angestellt wurden. Der Club versicherte sich für das Platz-Design der Dienste von Harry Colt, übrigens dem erstem Sekretär und Captain des Clubs. Es war das erste Design in seiner illustren Karriere als Golfplatz-Architekt.

Zahlreiche Golfexperten halten Rye für den besten Winter-Parcours der britischen Inseln. In der Tat nutzt eine ganze Reihe von Mitgliedern den Platz fast ausschließlich im Winter, um im Sommer nur ganz selten hier zu spielen. Wenn man die 64 Club-Turniere betrachtet, sind Foursomes die überwiegende Spielform, wobei regelmäßig auch Einzel-Wettbewerbe ausgetragen werden. Üblicherweise wird am Morgen gespielt, um sich dann an der Bar mit weitem Blick über den Platz der Geselligkeit zu widmen und schließlich im schmucklosen Speiseraum jenseits der Haupthalle ein herzhaftes Lunch einzunehmen. Jeder, der einmal das Glück hatte, in Rye Gast sein zu dürfen, wird sich sofort in der Gegenwart dieser anspruchslosen Männer aus Rye mit ihrer Gastfreundschaft wohl fühlen.

Darwin beschrieb Rye einmal als den Platz des „Windes und der Stellung". Tatsächlich ist der Wind immer gegen einen und man steht niemals auf gerader Ebene. „Der Wind vermag aus allen Richtungen zu pfeifen", meint Peter Marsh, von 1962 bis 1995 Golflehrer des Clubs. „Die Hauptwindrichtung ist Süd-West, aber es kann genausogut Süd-Ost, Nord-West oder Nord-Ost sein. Es gab Tage, da habe ich am 11. Loch bei Rückenwind mit einem 3-er Holz aufs Grün geschlagen. Doch bei Gegenwind habe ich den Driver, ein Holz 2 und ein Eisen 4 benötigt, um dorthin zu kommen. Ohne Wind ist der Platz ein Streichelkätzchen, mit ihm ein Tiger. Er richtet sich auf und beißt zu."

Patrick Dickinson schrieb einmal über die unebenen Lagen: „Wer unter Gleichgewichtsstörungen leidet, für den ist dieser Platz ungeeignet. Die Fairways sind fast überall gewellt. Mitunter muss man einen vollen Schwung in Hanglage spielen, wobei der Ball kaum 30 Zentimeter unterhalb Gesichtshöhe liegt. Wenn man von Rye schließlich auf flacheres Terrain wechselt, ist es, als ob man nach einer Reise wieder an Land geht – der Boden scheint unter den Füßen immer noch zu schwanken."

Eine weitere Herausforderung in Rye sind seine ausgezeichneten, berühmt-berüchtigten Grüns. In ihrer fairen, ehrlichen und schnellen Art gleichen sie denen in Worlington, ebenfalls ein großartiger Winter-Parcours. Die Grüns in Rye verdanken ihre Qualität einerseits dem ursprünglichen Design, dem ausgezeichneten Boden, der Drainage aus Strandkies sowie andererseits der liebevollen Pflege durch die Greenkeeper, die sich ihnen unermüdlich widmen. Wie zum Beispiel Frank Arnold (1929 bis 1973) und sein Nachfolger und derzeitiger Greenkeeper Trevor Ockenden.

Ein weiterer interessanter Aspekt dieses Links-Platzes ist die Tatsache, dass die Dünen diagonal zum Platz verlaufen, wobei sich auf der zentralen Düne nicht nur vier Abschläge befinden (des 4., 5., 9. und 15. Lochs), sondern man von hier aus auch fantastische Ausblicke auf den Platz hat: „Die Dünen wur-

Ganz oben links: *Lady Captain Sarah Jempson*
Ganz oben rechts: *P. F. (Peter) Gardiner-Hill, Präsident des Clubs und früherer R & A-Captain, im Society Corner.*
Oben links: *Diskussionen in der Men's Bar.*
Oben rechts: *R. C. (Rupert) Ross, früherer Präsident des Clubs.*

Folgende Seiten: *President's Putter-Teilnehmer*

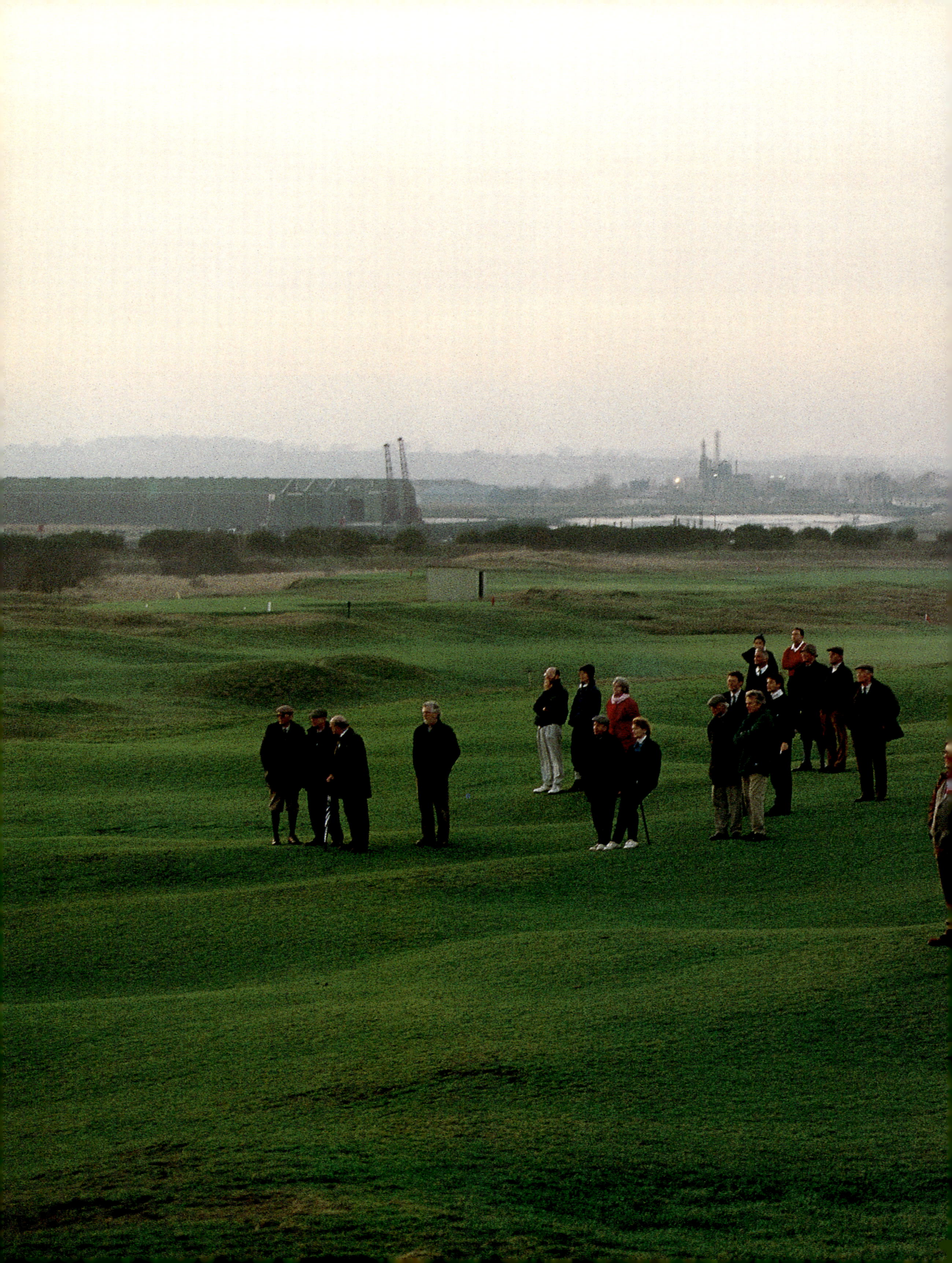

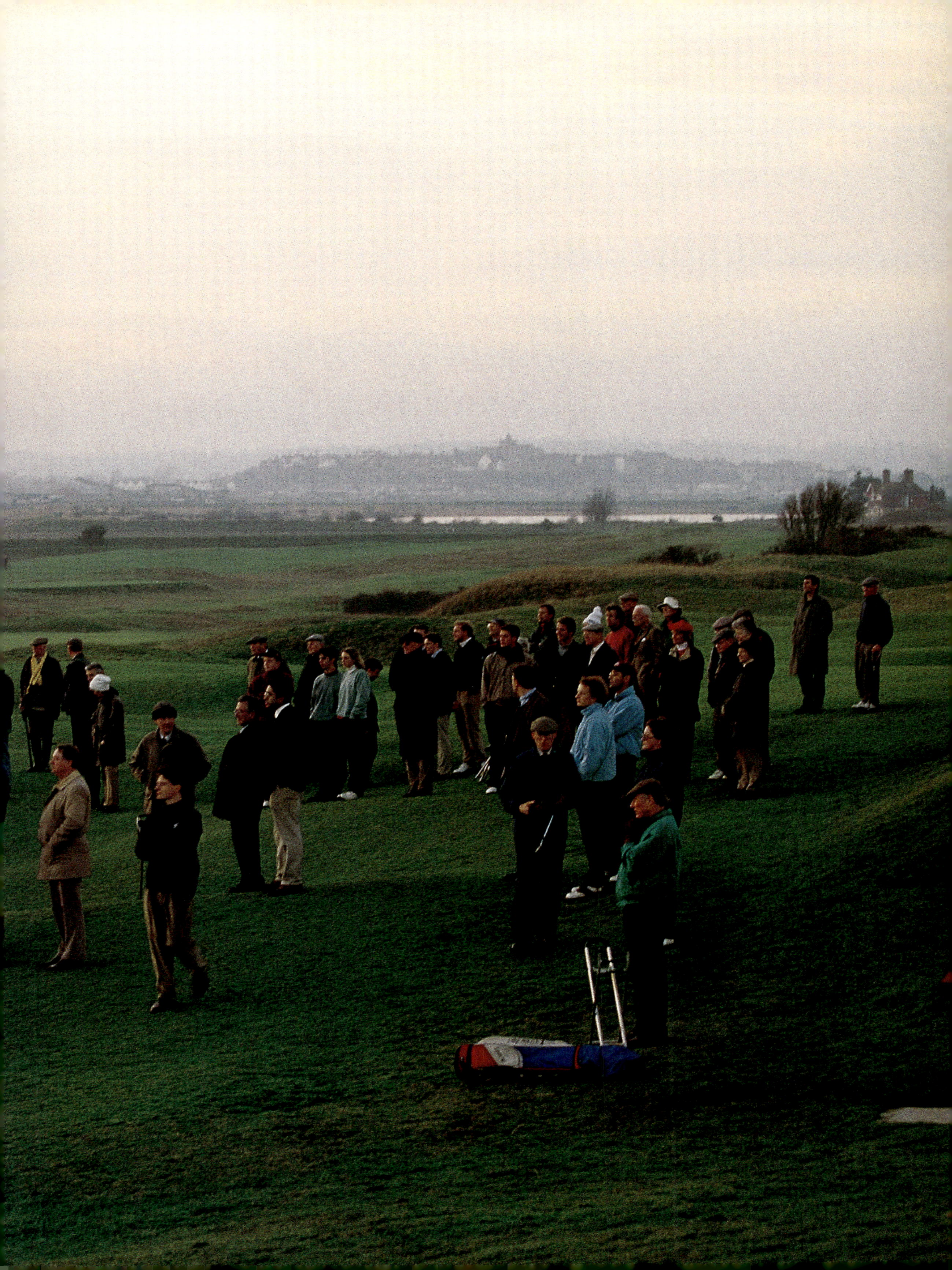

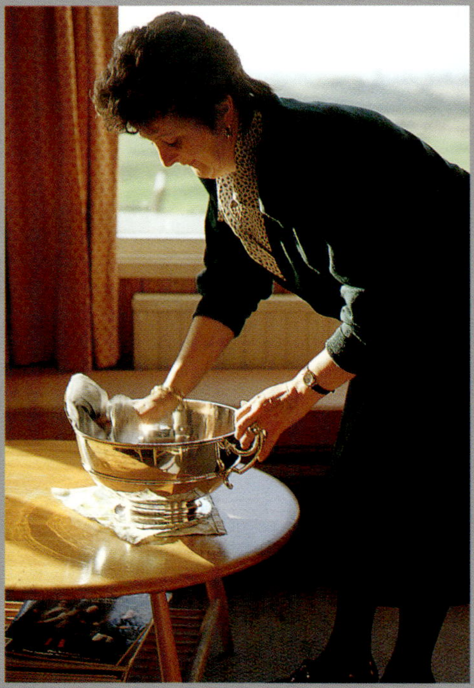

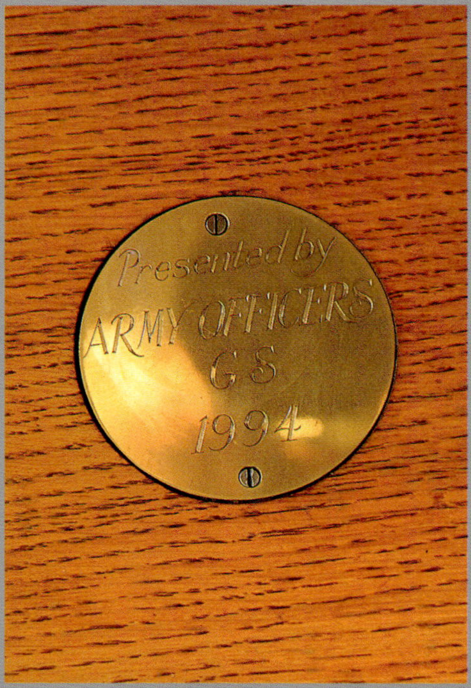
Presented by
ARMY OFFICERS
G.S.
1994

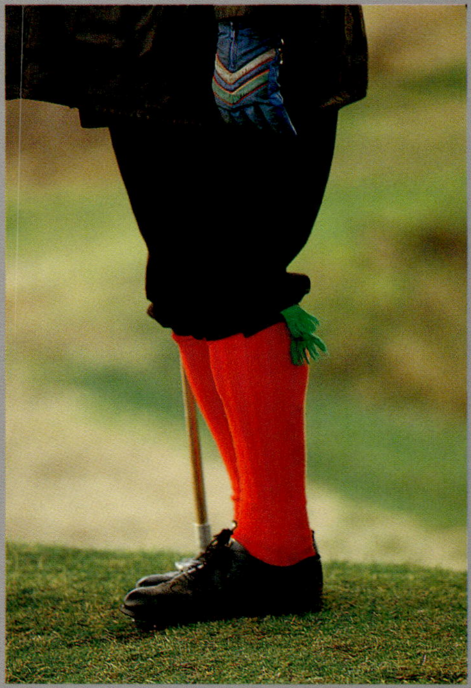

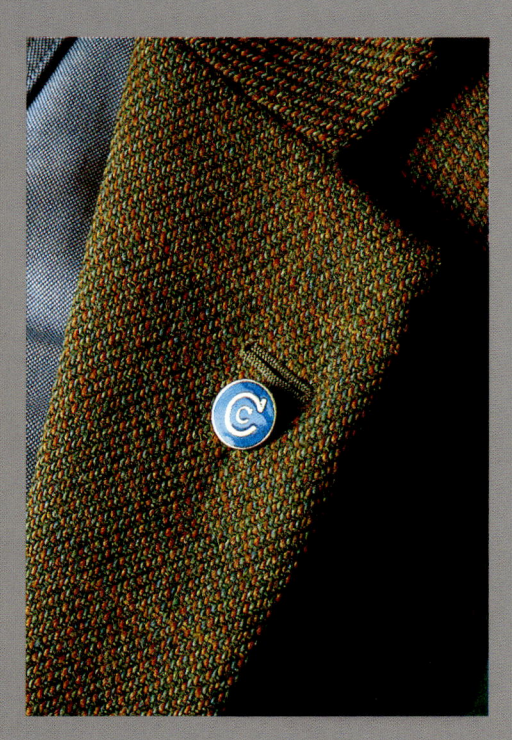

Gegenüber links: *Denise mit dem Club -Silber.*
Gegenüber Mitte: *Inschriften im Jubiläums-Präsent zum 100. Clubgeburtstag.*
Gegenüber rechts: *Knickerbocker*
Oben links: *Historische Karikaturen der Society*
Oben Mitte: *Club-Anstecknadel*
Oben rechts: *Lieblingsspeise der Mitglieder: Rührei mit Schinken.*

Folgende Seiten: *Das 18. Grün und das Clubhaus im Januar 1998.*

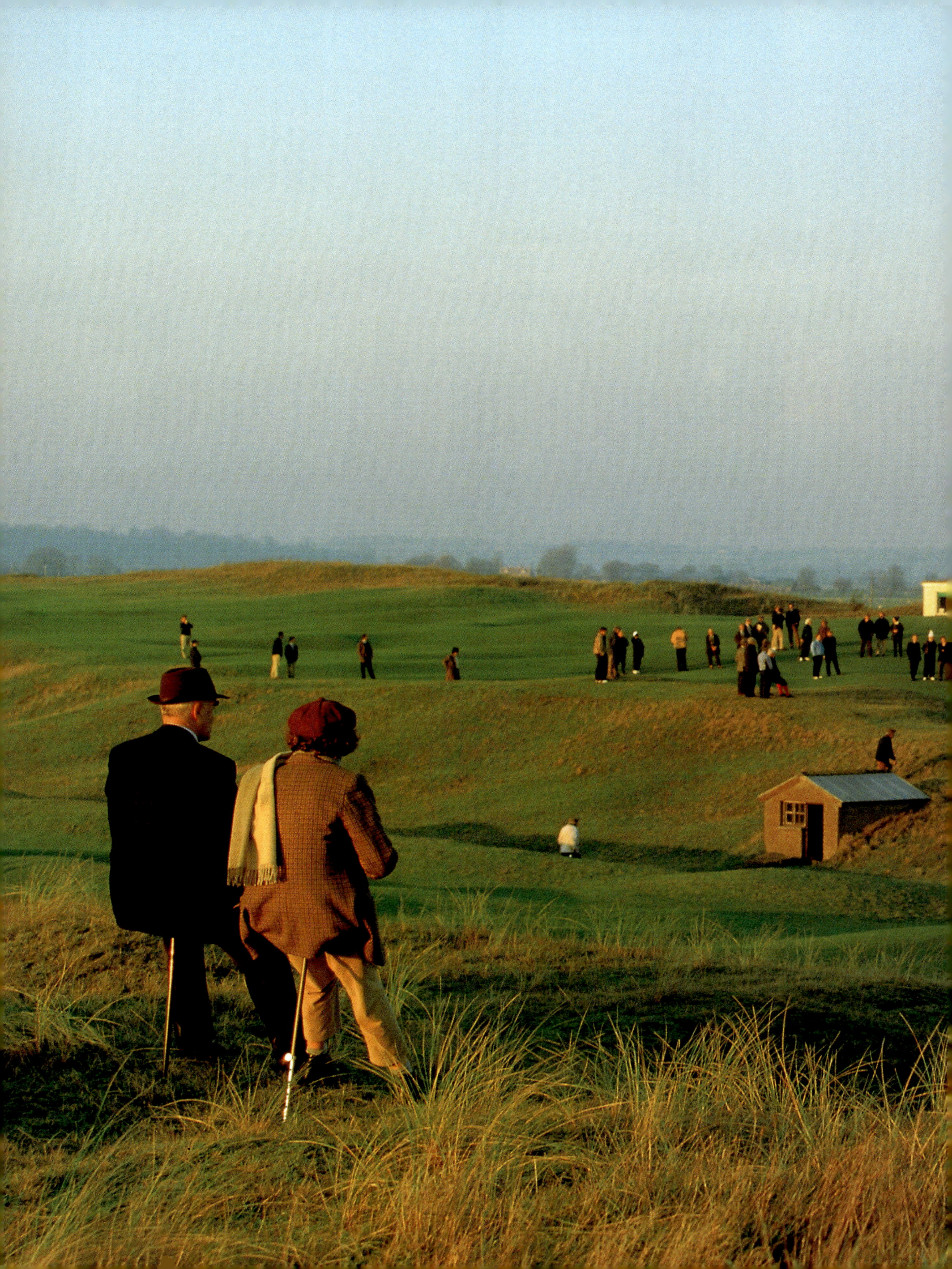

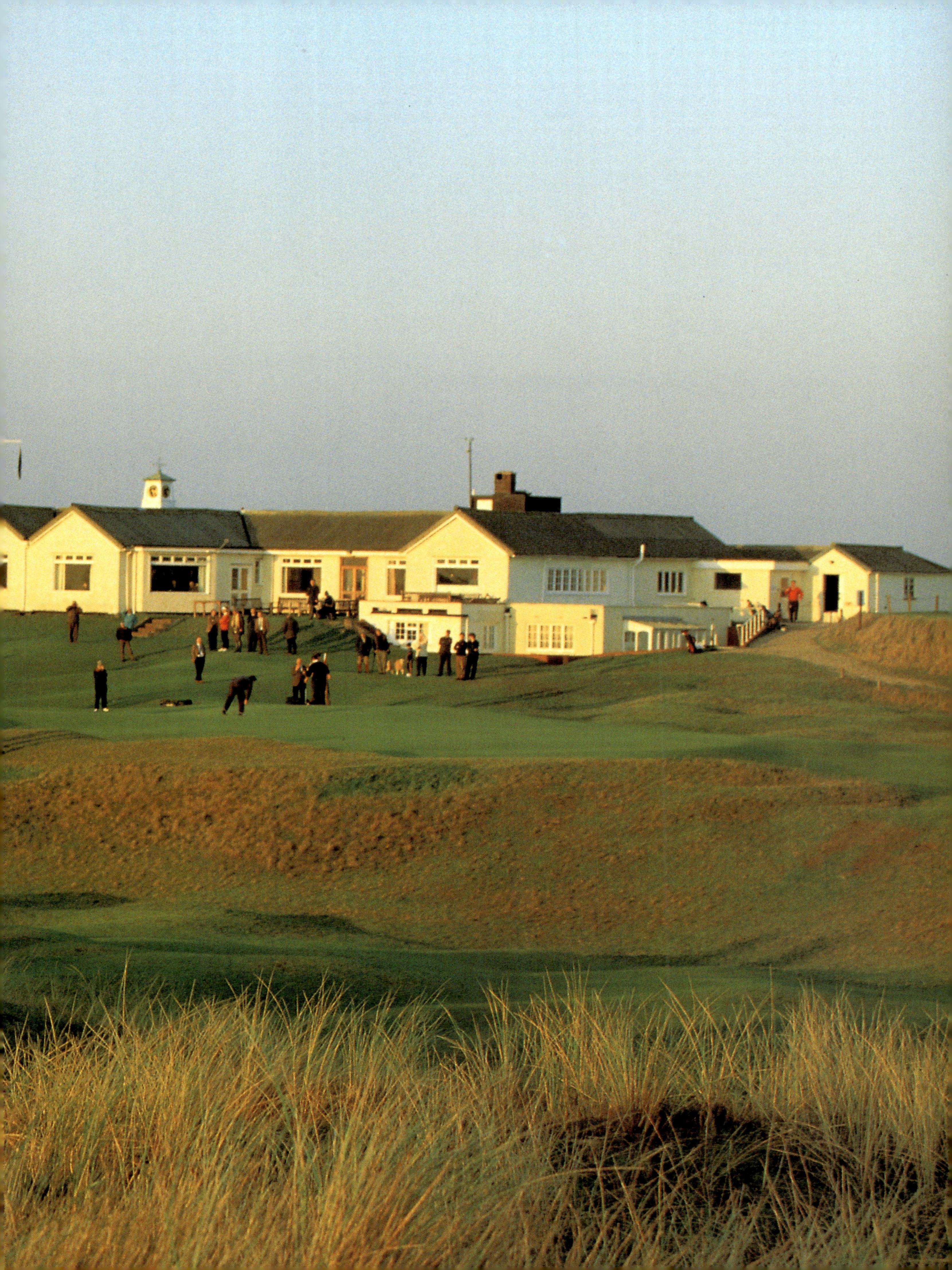

den im Laufe der Jahre von den Platzarchitekten brillant integriert", meint Peter Gardiner-Hill, im 100. Jahr des Clubs Captain und derzeitiger Präsident in Rye.

„Wer auf dem Platz bestehen will, muss auf den kurzen Par-3-Löchern seinen Ball so platzieren, dass er für den zweiten Schlag an der richtigen Stelle liegt. Vier von diesen Löchern gehören zu den besten der Welt (das 2., das 5., das 7. und das 14.). Dasselbe gilt für die dritten Schläge auf den Par-4-Löchern. Wer diese Punkte oder die Grüns verfehlt, ist hin."

Rye ist in der glücklichen Lage, dass das Meer als Landversorger fungiert und nicht, wie das bei vielen Küstenplätzen der Fall ist, Fläche wegerodiert und auslöscht. Dadurch war es möglich, auf diesem neu hinzu gewonnenen Land einen weiteren 9-Löcher-Platz zu bauen – den 1976 eröffneten und von Frank Pennink entworfenen Jubilee-Course. Dieser Parcours unterscheidet sich in seinem Charakter vom Old Course: Er ist flacher, mitunter bleibt Wasser stehen und man hat weniger eindrucksvolle Ausblicke. Trotzdem ist es ein gutes Design und könnte unter der Voraussetzung auf 18 Löcher erweitert werden, dass sich die See weiterhin freizügig gibt.

Außerdem hat der Club das Glück, nicht nur die Links zu besitzen, sondern zudem Landflächen, auf denen sich Kiesgruben befinden, die ihrerseits die Haupteinnahmequelle des Clubs sind. Diese Einkünfte erwiesen sich in so mancher Phase als entscheidender Faktor, war dadurch der Club doch in der Lage, sein in den letzten Kriegstagen durch eine Fliegerbombe zerstörtes Clubhaus wieder aufzubauen. Auch konnten der Platz verbessert und ein Wasser-Reservoir gebaut werden. Niemals wurden die Mitglieder zu Extrazahlungen herangezogen, und selbst der Aufnahme- bzw. Jahresbeitrag blieb verhältnismäßig gering. Eine weitere Folge dieser finanziellen Sicherheit ist – anders als in zahlreichen traditionellen Clubs –, dass man nicht auf Gäste-Greenfees angewiesen ist, um sich über Wasser zu halten. Entsprechend eingeführte Besucher dürfen den Platz spielen. Doch dies sind nur Wenige, was den Mitgliedern und ihren Gästen sehr entgegen kommt.

Für einen Club, der als lokales Unternehmen begann, hat Rye einen verhältnismäßig großen Anteil an „Country Members" (etwa die Hälfte der vollberechtigen männlichen Mitglieder). Dies sind Mitglieder, die über 80 Kilometer vom Club entfernt leben und die weniger Jahresbeitrag zahlen. Diese hauptsächlich in London lebenden „Country Members" spielen zu moderaten Preisen auf einem erstklassigen Links-Course, kaum eineinhalb Autostunden von der Stadt entfernt. Dennoch hat sich Rye diesen lokalen Touch bewahrt, und Mitglieder aus London legen ihre städtischen Lebensweisen an der Tür ab.

Wie schwer ist es, Mitglied in Rye zu werden? „Die Warteliste erfordert drei bis vier Jahre Geduld", so Rupert Ross, der vornehme, über 80-jährige Ex-Präsident. „Wir wollen nicht, dass die Mitgliedschaft wächst, weil die Kapazitäten des Platzes begrenzt sind. Wir sind nicht stur, aber mit 400 aktiven Mitgliedern haben wir wirklich genug."

Da die Menschen immer älter werden und immer länger Golf spielen, hat Rye seine Erfahrungen mit einer alternden Mitgliedschaft. Immerhin gibt es eine 130 Mann starke Jugendabteilung, und eine der populärsten Wettbewerbe im Oktober ist der Vater-Sohn-Foursome. Außerdem hat auch die Golfing Society einen entscheidenden Einfluss auf die Jugend. Angegliedert ist schließlich der Artisans' Club, eine Vereinigung der örtlichen Händler, die zu bestimmten Zeiten auf dem Platz spielen dürfen. Und zu guter Letzt die Ladies Section mit 135 Mitgliedern, von denen 50 bis 60 Spielerinnen regelmäßig golfen.

Lady Captain Sarah Jempson ist wie viele ihrer Clubgenossinnen die Ehefrau eines Mitglieds in Rye: „Bevor ich 1980 Mitglied im Club wurde, hörte ich, dass Frauen Bürger zweiter Klasse seien. Vielleicht lag es daran, dass ich zu den Jüngeren gehörte, Tatsache ist, dass die Männer sofort sehr freundlich waren." Nur die Men's Bar blieb in der Regel tabu. Als Fiona McDonald vor ungefähr zehn Jahren als „Cambridge Blue" am President's Putter teilnahm, durfte sie die Men's Bar als „Ehren-Mann" betreten.

Der Captain, ganz Ohr.
Folgende Seiten: *Das 7. Grün*

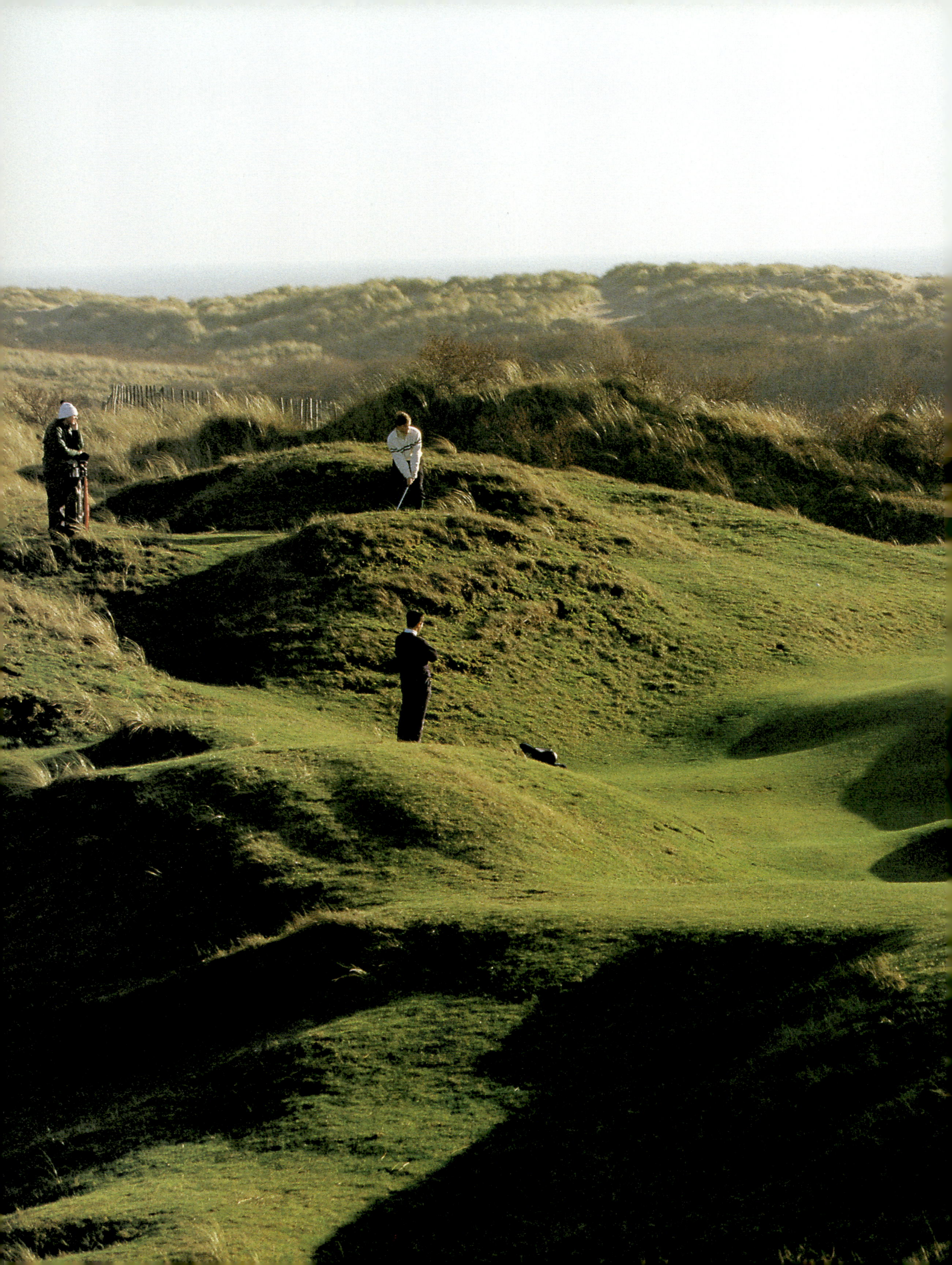

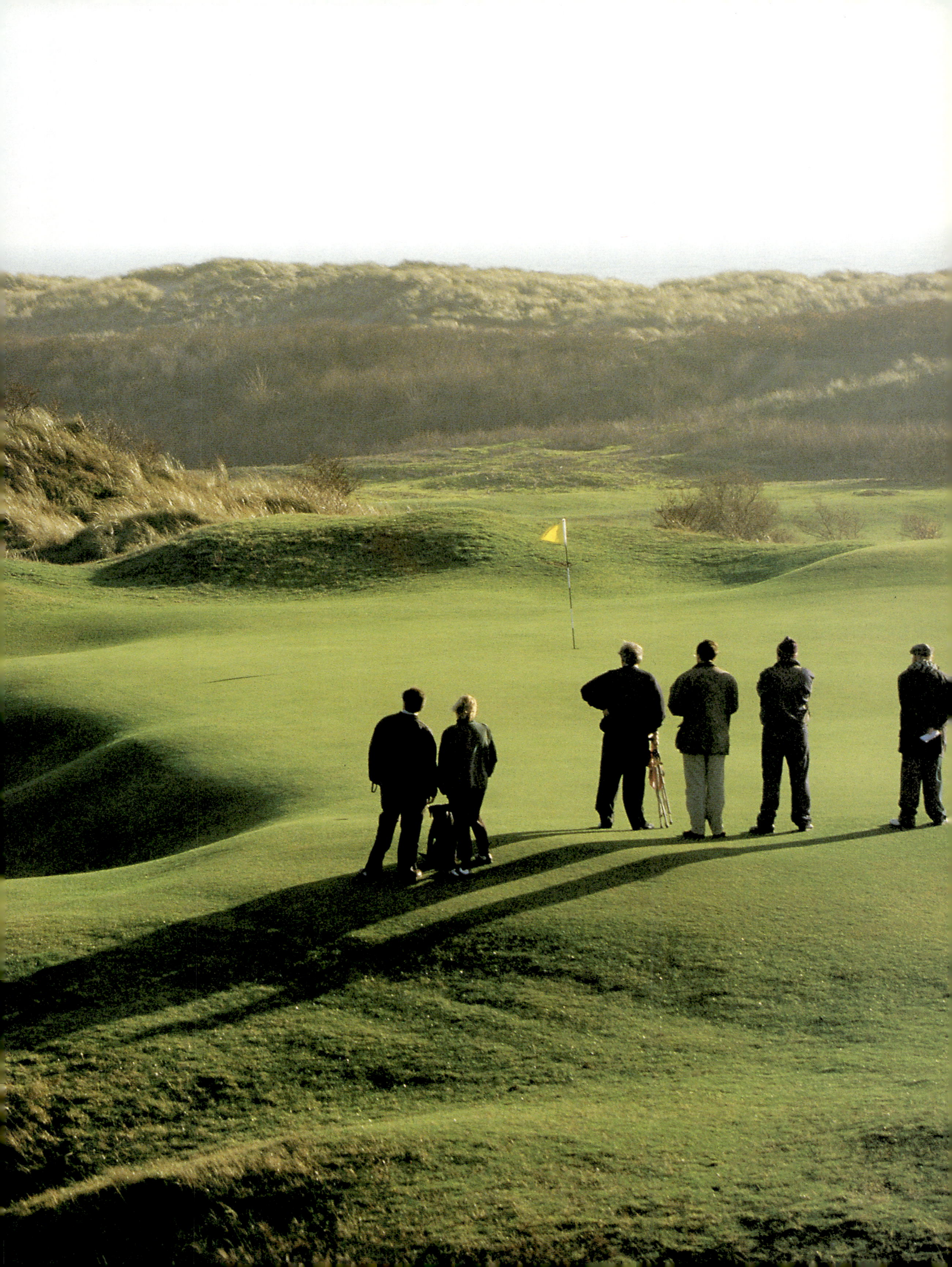

Ein weiteres weibliches Mitglied, ebenfalls gute Golferin ihrer Zeit, kam die Treppen zum Clubhaus hinauf und wollte in die Men's Bar. „Man gab ihr höflich zu verstehen, dass sie bitte die Bar verlassen solle. Sie weigerte sich mit der Begründung, dass sich bereits eine Frau in der Bar befinde. Schließlich ging sie dann doch."

Irgendwie ist heute doch alles ein wenig anders. Wenn während des President's Putters zum Beispiel die Society das Clubhaus frequentiert, dann genießen auch die weiblichen Spielerinnen den freien Zutritt zur Men's Bar. Und die Ladies' Section darf drei Mal im Jahr ausschließlich für sich die Bar nutzen – zum Frühlings-, Herbst- und zum Einladungsturnier. Sarah Jempson: „Ich glaube nicht, dass irgend eine Frau etwas gegen diese Trennung hat, geschweige denn etwas ändern würde. Die Damenabteilung ist autonom, und es gibt keinerlei Ressentiments."

Rye wäre nicht Rye, ohne diese Vielfalt unter einem Dach. Es gibt viele verschiedene offizielle und inoffizielle Gruppierungen und Societies, die in Rye spielen. Doch der Kern des Clubs ist die gute Mischung zwischen örtlichen und weiter entfernt lebenden Mitgliedern, darunter Rechtsanwälte, Bauern, Militärs sowie zahlreiche andere Personen mit anderen Berufen und Geschäftsleute.

Schließlich gibt es mit dem „Craft Club" noch eine sehr spezielle Abteilung, die am 1. April 1991 gegründet wurde, als ein paar ältere Mitglieder während einer Runde von Gleichaltrigen aufgehalten wurden. Der Sprecher der Übeltäter entschuldigte sich später mit den Worten: „Es tut mir entsetzlich leid, alter Junge, aber heute kann ich mich verdammt noch mal an nichts erinnern." Dies brachte Tom McMillan und Jim Marsham auf die Idee, den Craft Club zu gründen, dessen Logo die Verballhornung dieses Satzes war. Fünf Pfund war damals die Aufnahmegebühr für diesen Club. Seitdem wurden vom Craft Club, der inzwischen 17.000 Mitglieder in der ganzen Welt zählt, rund 90.000 Pfund für drei wohltätige Zwecke eingespielt. Als Clubabzeichen dient ein Elefant mit jeweils einem Knoten in seinem Rüssel und seinem Schwanz.

Vom President's Putter einmal abgesehen, finden in Rye nicht viele Meisterschaften statt, was auch an der recht kurzen Saison liegen mag. Trotzdem zog der Platz immer wieder hervorragende Golfer an, die es in anderen Lebensbereichen zu Prominenz gebracht hatten. Dazu gehörten eine ganze Reihe von Golfing Societies sowie etliche „Charaktere": Der konservative Premierminister A. J. Balfour zum Beispiel gehörte zu den frühen Mitgliedern in Rye. Im Jahr der Clubgründung war er Captain des R & A und als ehrgeiziger Golfer auch Captain in Rye. Ebenso sein für die Kolonien zuständiger Minister, der ehrenwerte Alfred Lyttelton, der als großartiger Athlet England als Cricket- und Football-Spieler vertrat. Auch zwei künftige Könige – Edward VIII. und Georg VI. – gehörten zu den Ehrenmitgliedern. Und schließlich der amerikanische Schriftsteller Henry James, der Rye zu seiner englischen Heimat erklärte und der als Ehrenmitglied aufgenommen wurde. Über seine golferischen Fähigkeiten – wenn es denn welche gab – gibt es keine Aufzeichnungen. Es heißt, er kam lediglich zum Nachmittags-Tee ins Clubhaus, den er sehr genossen haben soll.

„Rye ist die Heimat der Societies", meint Peter Gardiner-Hill. „Für manche ist es das Zuhause, für andere nur der Platz, an dem das jährliche Turnier ausgetragen wird." In der Tat sind es um die 30 Vereinigungen, die Rye regelmäßig anlaufen. Es sind auch die Societies, die die Verbindung zu etwaigen früheren Mitgliedschaften halten: Sowohl die Parlaments Golfing Society als auch die Bar Golfing Society haben eine lange Tradition, wie auch die Golfing Societies der führenden britischen Privatschulen, zum Beispiel Charterhouse, Rugby, Sherborne, Wellington und Winchester, die unter anderem Turniere gegen den Club spielen.

Wie andere Traditions-Golfclubs gab es auch in Rye unumschränkt herrschende Sekretäre. Männer, die dank ihrer Persönlichkeit und nicht zuletzt wegen der Zurückhaltung und des Laissez-faire der ehrenamtlichen Funktionäre bzw. der Mitglieder das Regiment führten. Der wohl Exzentrischste und Autoritärste war Brigadier Rupert Scott, dessen Herrschaft von 1948 bis zu seinem Tod im Jahr 1961 andauerte. Er war nicht nur, er sah auch aus wie ein Offizier vom alten Schlag – mit kurzem, mittig gescheiteltem Haar, militärischem Schnurrbart und einem Monokel. Eines der Mitglieder, die ein Abendessen in seinem Junggesellenhaushalt überlebten, wo Sherry und Port in Biergläsern vor und nach dem Essen serviert wurde, schrieb: „Er war 1,95 Meter groß und man hatte ihn 1917 im Alter von 16 Jahren schon tot geglaubt. Aber er überlebte. Er war einfach stärker als Leben und Tod. Auf dem Kaminsims in seiner Wohnung stand ein menschlicher Totenschädel mit einem Datum, das mit Kugelschreiber auf die Schädeldecke geschrieben wurde. Ein japanischer Heckenschütze hatte zwei seiner besten Leute umgebracht. Also zog der Brigadier los, schlug ihn nieder, brachte ihn um und köpfte ihn."

Der Brigadier glaubte an die Wahrung alter Werte, und nach jeder Abweichung musste der Übeltäter einen fürchterlichen Wutanfall über sich ergehen lassen. Besonders in Wallung brachte ihn langsames Spiel, und er nahm die Golfer mit seinem Monokel vom Büro aus, das das 18. Grün überblickte, ins Visier. An einem Sommerabend ließen sich das oben erwähnte Mitglied und ein Freund ungeschickter Weise zu einem Putt-Wettbewerb hinreißen, als sie eine gewaltige Explosion vernahmen: „Eine Kugel schlug nur Zentimeter links neben uns ein, prallte ab und eierte plötzlich davon. Aus dem Zimmer des Sekretärs kam lautes Gebrüll. Da stand er, aschfahl, bullköpfig, mit seinem goldgerandeten Monokel im Gesicht und schüttelte sich vor Lachen – mit dem Revolver in der Hand. Gewiss, der Brigadier war zweifellos ein guter Schütze. Wie gut, wollten wir gar nicht wissen, weil er erneut zielte."

Auch der aktuelle Sekretär, Lt. Colonel Chris Gilbert, ist ein Offizier, der jedoch weder ein Monokel trägt noch einen Revolver auf seinem Schreibtisch hat. Seine Bestimmung sei, sagt er, alles so zu belassen, wie es war: „Wenn ein Mitglied nur alle vier Jahre hierher kommt, müssen Herzlichkeit und Atmosphäre im Club genauso sein, wie zu der Zeit, als er ihn verlassen hat: Zeitung und Bücher müssen am gewohnten Platz liegen. Die Angestellten kennen ihre Namen – und ihre Maroten. Es ist sehr altmodisch hier, und wir begehen unsere Fehler nur sehr langsam." Auf die Frage, wie denn der Club in 20 Jahren aussehen werde, meint er: „Ziemlich genau wie jetzt. Wir haben das Karma erreicht, warum sollten wir also etwas ändern?"

Rye ist zweifellos ein merkwürdiger Ort. Ein Club, in dem Exzentrik und Konvention sich nicht ausschließen, ebensowenig wie Konservatismus und Anpassungsfähigkeit oder Elitedenken und Freundlichkeit. Die Mitglieder nennen sich nach wie vor beim Vornamen – als hätten sie die Schule nie verlassen: „Manche kommen für ein Wochenende und benehmen sich, als wären sie wieder in der Schule", meint ein Rye-Veteran. So schlug an jenem Eröffnungstag des President's Putter, als der beißende Wind mit 40 Meilen pro Stunde über denn Platz fegte, einer nur in kurzer Hose und kurzärmeligem Hemd ab. Ein Zuschauer meinte nur, er sei ein wenig überhitzt. Der kulinarische Höhepunkt in Rye ist nichts weiter als Rührei mit kaltem Schinken. Und während ältere Clubs wahre Geschichtsbücher erstellen, um ihren 100. Geburtstag zu feiern, konnte man in Rye damit nicht warten und brachte ein edles Buch mit dem Titel „Rye Golf Club: Die ersten 90 Jahre" (von Denis Vidler) heraus. Und obwohl die Mitgliedschaft eine ebenso strenge wie hermetisch geschlossene Welt ist, können Besucher – ganz gleich, wer sie sind und woher sie kommen – damit rechnen, spontan und von ganzem Herzen im komfortablen, wenn auch schlichten Clubhaus empfangen zu werden. In Rye gibt es keine Alternative – der Club ist, wie er ist.

Chris Gilbert schildert die Reaktionen, die er erlebt, wenn er bei Golf-Dinners eingeladen ist und er sich vorstellen muss: „Entweder sagen die Leute ‚gutes, altes Rye' oder schlicht ‚Aha, Rye'. Und wenn sie Mitglieder fragen, was sie von ihrem Club halten, werden sie vermutlich beginnen mit ‚Äh, Rye'..." Es ist wirklich wahr – es ist der Anfang und das Ende: „Äh, Rye", das sagt irgendwie alles.

Club der Golfer

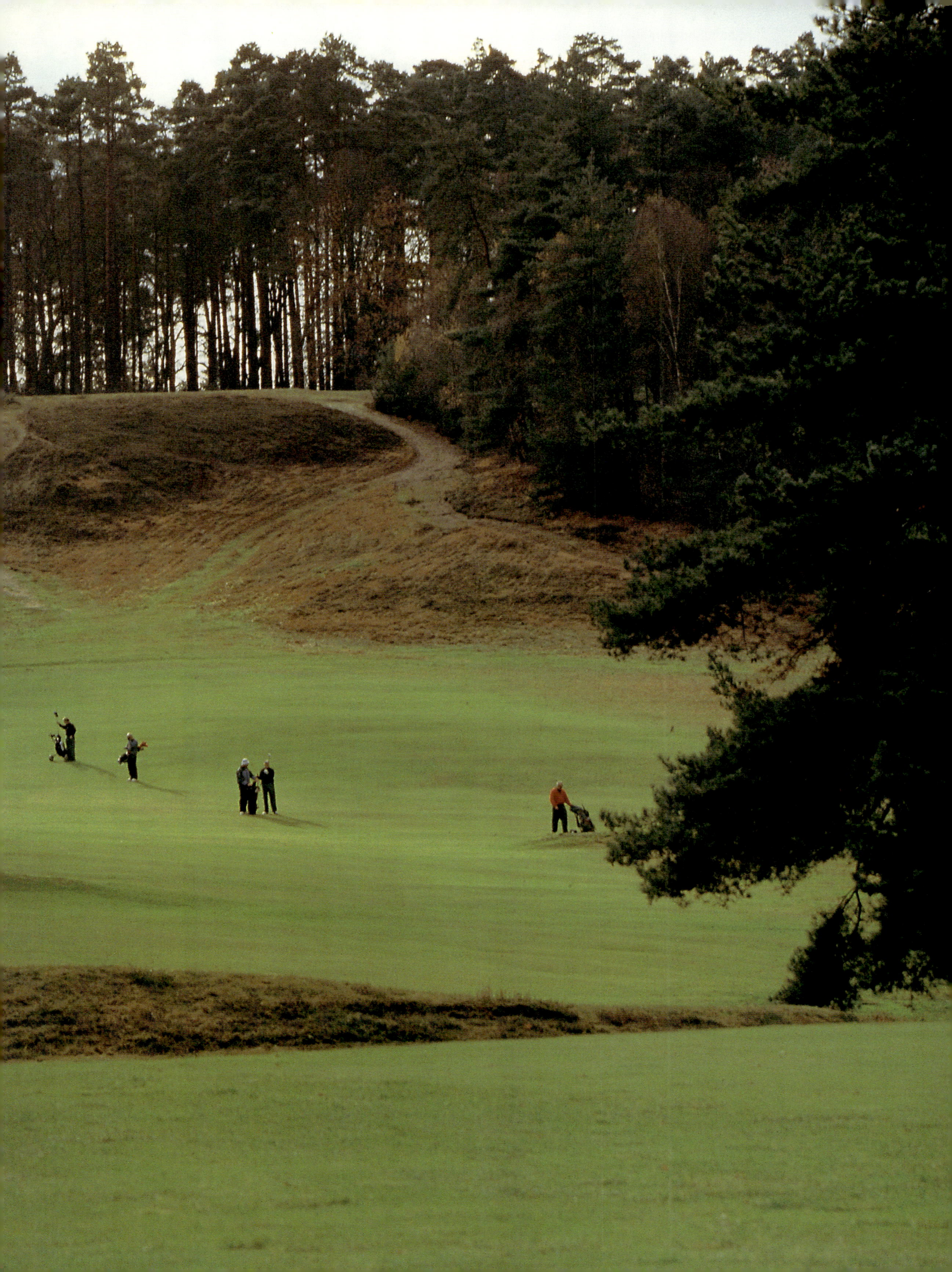

Sunningdale Golf Club

Es ist ein wunderbarer Sommertag im Golf Club Sunningdale. Die Gärten rund ums Clubhaus stehen in voller Blüte, und die berühmte Eiche, klassisches Emblem des englischsten aller englischen Clubs, schlägt wieder aus, nachdem sie im Winter stark beschnitten wurde. Einige Mitglieder sitzen in bequemen Sesseln auf der Veranda, trinken einen Pimm's, reden und lachen, während die Kellner mit ihren blau mit gold abgesetzten Westen ihnen zu Diensten stehen. Ein eleganter Collie, dessen Fell sich in der lauen Sommerluft kräuselt, harrt geduldig am Rand des Übungsgrüns.

Es ist – wie an jedem Wochenende – ein geschäftiger Tag in Sunningdale. Über 100 Mitglieder und deren Gäste befinden sich draußen auf den beiden Plätzen. Ein Wettkampf zwischen Sunningdale und dem Match Club ist im vollen Gange. Eine Vorstandssitzung hält die clubeigenen Diener und Barmixer im Walker Cup-Zimmer oben auf Trab. Genagelte Schuhe knirschen bedeutungsvoll auf dem Kies rund ums Clubhaus. Caddies mit Golftaschen auf den Schultern hetzen hin und her. Noch ein Bentley, gefolgt von einem Aston Martin und einem Ferrari rollen auf den Parkplatz. Und oben in der Luft knickt eine Concorde der British Airways – vielleicht sogar in Anerkennung – ihre edle Nase kurz vor der Landung in Heathrow Airport.

Draußen auf dem ersten Abschlag stehen ein paar rüstige Endfünfziger oder beginnende Sechziger und diskutieren ihr Match bzw. ihre Wette, während sie sich auf die Runde vorbereiten. Als erster ist Tony Biggins dran, der amtierende Captain in Sunningdale. Ganz in schwarz gekleidet, mit silbernem, nach hinten gekämmten Haar und einer dünnen Zigarre in der Hand sieht er aus wie ein Held aus einem Wildwest-Film. Noch ein letzter Zug, dann schmeißt er sie weg, teet auf und feuert einen langen und kontrollierten Drive das Fairway hinab.

Sunningdale ist das glatte Gegenteil zu kleinen traditionellen Clubs wie Swinley Forest, Brancaster oder Worlington. Hier spielen mehr Mitglieder an einem Tag als in den anderen in zwei Wochen. Sunningdale brummt, während Clubs wie Swinley vor sich hin dösen. Es ist ein riesiger Club mit einer aktiven Mitgliedschaft, die großen Wert auf Wettbewerb legt. Ein Club mit talentierten und kampflustigen Spielern, ein Club, der freiwillig und stolz seine Plätze der internationalen Welt des Turniergolfs öffnet.

Aufgrund der Tatsache, dass Sunningdale auf demselben magischen Sandrücken liegt wie Swinley, Wentworth und Berkshire, ist der Club stolzer Besitzer zwei der weltweit besten Plätze, die je auf

Heideland angelegt wurden. Der Old Course wurde im Jahr 1900 von Willie Park Jr. entworfen, dem Jahr, als der Club gegründet wurde. Den New Course baute H. S. Colt im Jahr 1922. Viele teilen die Meinung, dass dies das wohl beste Golfplatz-Paar überhaupt sei. In der Tat ist Heideland als Golfplatz-Terrain nicht nur in anderen Ländern selten, sondern auch in England.

Der Old Course hat für viele ein besonderes Merkmal: „Er wirkt sehr vertraut", meint Tony Biggins. „Und er sieht einfach aus, ist es aber nicht. Er ist fair, es gibt keine wirklich gemeinen Löcher. Gutes Spiel wird hier sehr belohnt. Schlechtes Spiel dagegen wird extrem bestraft, vor allem, seitdem wir das Rough haben höher wachsen lassen. Ich kenne eine ganze Reihe von Nichtmitgliedern, die auf die Aufforderung, einen Platz für den Rest ihres Lebens aussuchen zu müssen, den Old Course in Sunningdale nennen würden."

Doch der New Course kann gut dagegen halten. Tony Biggins: „Der Platz ist ein wenig offener, die Grüns sind etwas kleiner. Wer sie verfehlt, wird noch mehr bestraft als auf dem Old Course. Es ist schon merkwürdig – sehr gute Spieler scoren auf dem New Course besser als auf dem Old Course. Normale Handicapper hingegen empfinden den New Course in der Regel als viel schwieriger. Der New Course hat fünf Par-3-Löcher, von denen eines besser ist als das andere!"

Obwohl Berkshire, Sunningdale und Swinley dank des Sandbodens äußerlich ähnlich sind, unterscheiden sie sich auf anderem Gebiet. Ein Mitglied beider Clubs bringt es auf den Punkt: „Alle Mitglieder in Berkshire sind Gentlemen und lieben das Golfspiel; alle Mitglieder in Sunningdale lieben das Golfspiel, sind aber nicht alles Gentlemen; und in Swinley sind sie fast alle Gentlemen, aber es ist ihnen völlig egal, ob sie Golf spielen oder nicht."

Die treibenden Kräfte bei der Clubgründung in Sunningdale waren T. A. Roberts und sein Bruder G. A. Roberts, die mit dem St. John's College in Cambridge, das nach wie vor Besitzer des Landes ist, einen Pachtvertrag abschloss. Die beiden Brüder bauten ein üppiges edwardianisches Clubhaus mit dem schlauen Hintergedanken, falls der Club scheitern würde, dass einer von beiden es zu seinem Zuhause macht. In den ersten 20 Jahren seiner Existenz war H. S. Colt die einflussreichste Person des Clubs, war er doch nacheinander Sekretär, Captain und schließlich Architekt des New Course. Königliche Schirmherrschaft ließ ebenfalls nicht lange auf sich warten, als der Herzog von Connaught im Jahr 1904 Präsident wurde und bis 1914 blieb, dies, obwohl die Clubregeln diesen Posten gar nicht vorsahen.

Die Blütezeit des Amateursports erlebte der Club in den 20-er und 30-er Jahren, als er in die großen Turniere und Veranstaltungen seiner Zeit eingebunden war. Zu den leuchtenden Beispielen gehörten Leonard Crawley, Cyril Tolley und Diana Critchley, die im frühreifen Alter von 19 Jahren die Ladies Open Championship gewann. Ihre golferische Kühnheit hatte zur unerwarteten Folge, dass einer der Clubräume – die Mixed Lounge – nach ihr benannt wurde. In dieser Zeit amtierten der Prince of Wales (später Edward VIII.) und sein Bruder, der Duke of York (später Georg VI.), als Club-Captains. Im Jahr 1926 legte Bobby Jones auf dem Old Course seine legendäre Runde für die Qualifikation zur Open hin, die er später gewinnen sollte. Er spielte eine 66 auf dem Old Course, die sich aus 33 Schlägen für die ersten neun und 33 für die zweiten neun Löcher zusammensetzte, wobei er 33 Schläge vom Abschlag zum Grün sowie 33 Putts benötigte. Bernard Darwin beschrieb dies später als „unglaublich, ja unanständig".

In den letzten Jahren gastierten in Sunningdale die Colgate Ladies European Championship (1970), der Walker Cup (1987) und die Weetabix Women's British Open (1997).

Die European Open fand insgesamt acht mal zwischen 1982 und 1992 statt – mit so bekannten Siegern wie Faldo, Norman, Langer, Woosnam, Aoki, Brand, Senior und Periero. Im Jahr 2000 feierte der Club seinen 100. Geburtstag mit der Ausrichtung des Solheim Cups, dem weiblichen Pendant zum

Vorhergehende Seiten: Das 10. Loch, von der Schutzhütte am 9. Grün aus gesehen.
Gegenüber: Messing-Detail an der Clubhaustür.

Folgende Seiten: Die Sunningdale-Eiche am 18. Grün.

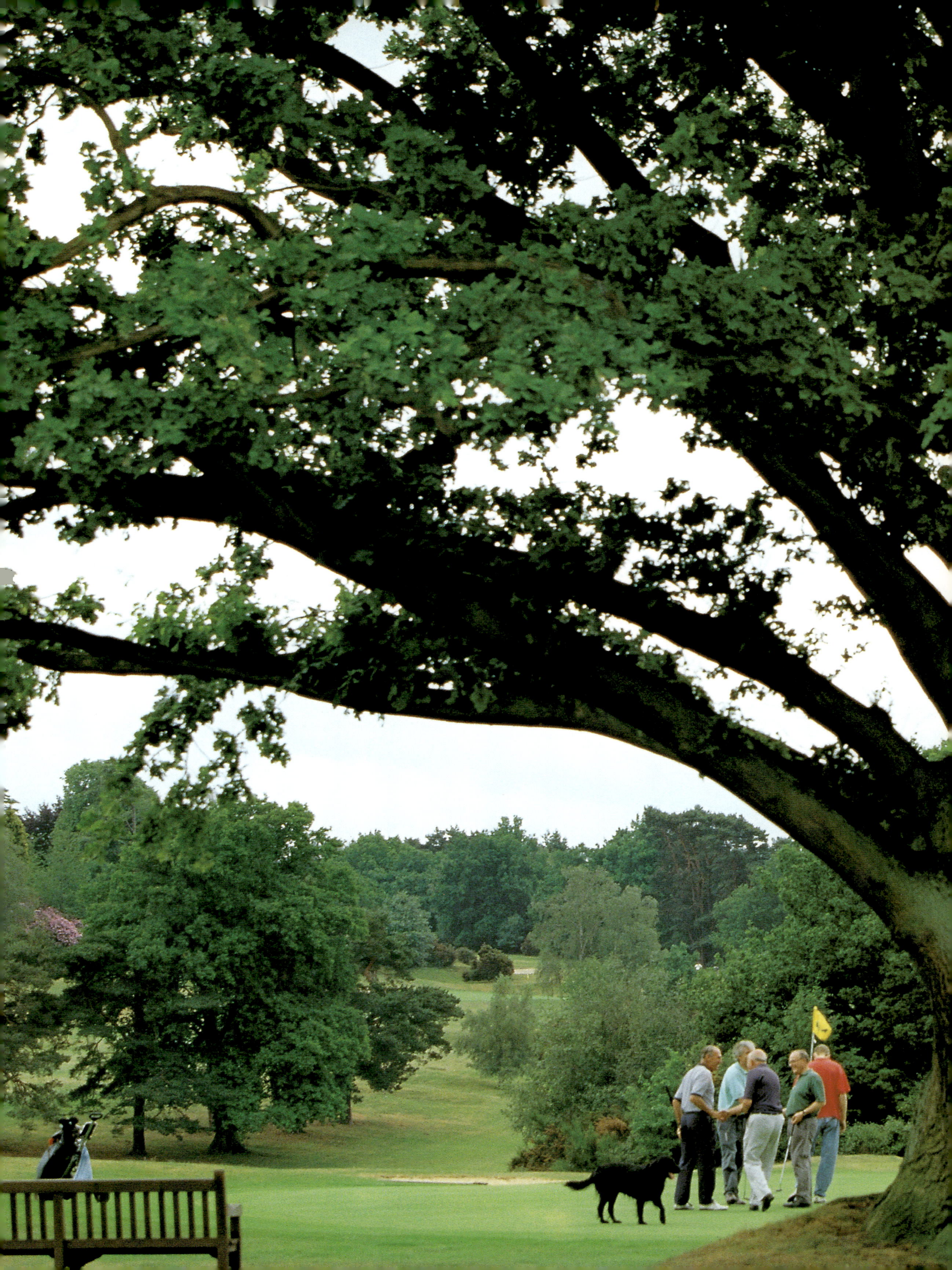

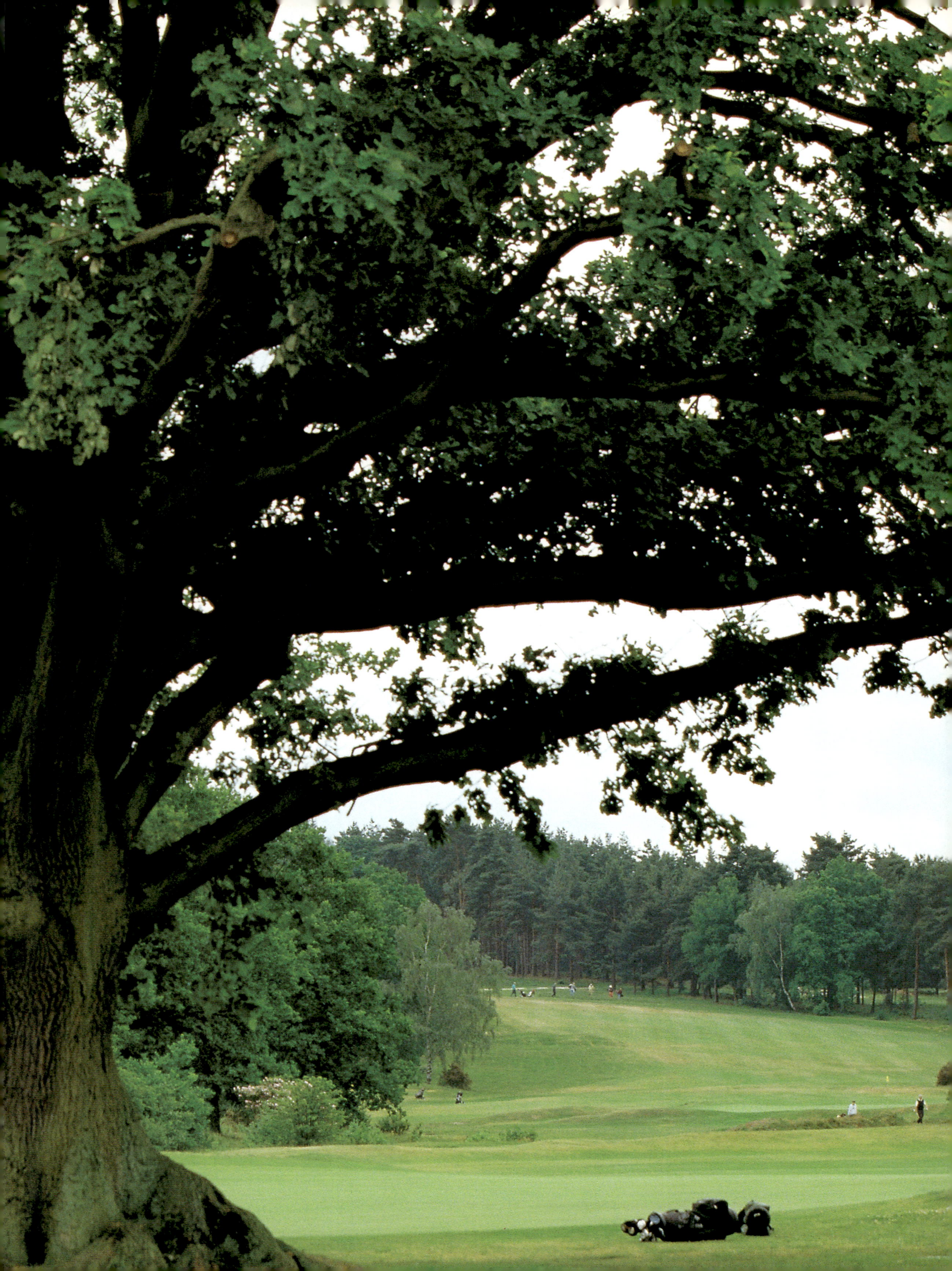

Ryder Cup. Im Laufe der Jahre waren 20 Mitglieder im Walker Cup Team. 90 Mitglieder sind zugleich Mitglied im R & A.

Eine der herausragenden jährlichen Veranstaltungen ist der Sunningdale Foursome, der seit 1934 ausgetragen wird. Gespielt wird er zu Beginn des Frühjahrs, wenn die Winde heftig und die Plätze lang sind. Das Matchplay nach K.O.-System ist eine harte Prüfung der spielerischen Fähigkeiten wie des Selbstvertrauens. Mehr oder weniger aufstrebende Amateure wetteifern mit Profispielern – mit manchmal überraschenden Ergebnissen. Jedes Match wird über 18 Löcher ausgetragen, wobei als Handicap bei den Professionals ein Schlag hinzu addiert wird. Männliche Amateure gehen scratch an den Start, während die Proetten zwei Schläge und die Amateurgolferinnen vier Schläge Vorgabe erhalten. Alle spielen sie vom selben Tee. Derzeit umfasst das Feld 128 Paarungen aus ganz England bzw. einigen Startern aus Übersee. Sowohl für die Spieler als auch für die Zuschauer ist es eine ausgezeichnete Golfwoche, denn die Götter des Golfsports scheinen für diese wichtige Matchplay-Gelegenheit stets eine Menge besonderer Begebenheiten bereit zu halten.

Sunningdale hatte in seiner Geschichte einen beachtlichen Anteil an großartigen Spielern, Gönnern und Charakteren. Der Mann, der in den Nachkriegsjahren den größten Einfluss hatte, war Gerald Micklem. Er lebte in einem hübschen Haus am Rande des Platzes und trug wesentlich dazu bei, den Club durch die schwierigen Zeiten zu führen, die viele Traditionsclubs in den späten 40-ern, 50-ern und frühen 60-ern mitmachten. Sunningdale-Veteran John Whitfield, Autor der Chronik zum 100. Geburtstag des Clubs, erzählt, dass Micklem erst nach langer Überredung und kurz bevor er starb den Posten als Clubpräsident annahm. „Die Bedingungen für seine Zustimmung waren einfach. ‚Ich akzeptiere‘, sagte er, ‚unter der Voraussetzung, dass ich nichts tun muss.'" Nach Micklems Tod hatte der Club nie wieder einen Präsidenten.

Auch der von Micklem protegierte und in den Club gebrachte Michael King, selbst Walker- und Ryder-Cup-Spieler, erinnert sich genau an ihn: „Er war der Doyen von Sunningdale. Seine Art war es, dass jeder laut meckern konnte, aber er dann nichts unternahm. Er sorgte nur dafür, dass bestimmte Dinge – nämlich die falschen – nicht geschahen." Und während Michael King auf die Blumenpracht rund ums Putting-Grün zeigt, sagt er: „Er sponsorte die Gärten. Und seine Asche ist hier verstreut – zwischen den Rhododendron."

Auch bezüglich Caddiemeister und Golflehrer hatte Sunningdale in den Nachkriegsjahren eine glückliche Hand. Der Schotte James Sheridan diente seit 1911 als Caddiemeister und arbeitete bis 1967. Den Horror der französischen Grabenkämpfe im ersten Weltkrieg hatte er überlebt, aber im zweiten Weltkrieg wurde er fast vor der Haustür getötet...

Eine deutsche Bombe fiel just in dem Moment rechts vom 18. Grün des Old Course, als Sheridan gerade spielen wollte. Er rettete sich mit einem Hechter in den Bunker auf der linken Seite. Bei dem Bombenkrater wurde die Not zur Tugend erklärt und ein zusätzlicher Bunker angelegt. Diese Improvisation, der die meisten Mitglieder zustimmten, verbesserte nicht nur gewaltig das Loch, sondern

Gegenüber: *Parkplatz-Details*

Folgende Seiten: *Sturmwolken über dem 5. Grün des New Course.*
Drei ehemalige Captains in der Members Bar.
Detail im Speiseraum.
Schlag in Richtung des 17. Lochs des Old Course.

159.

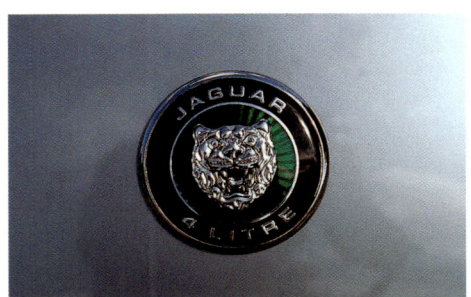

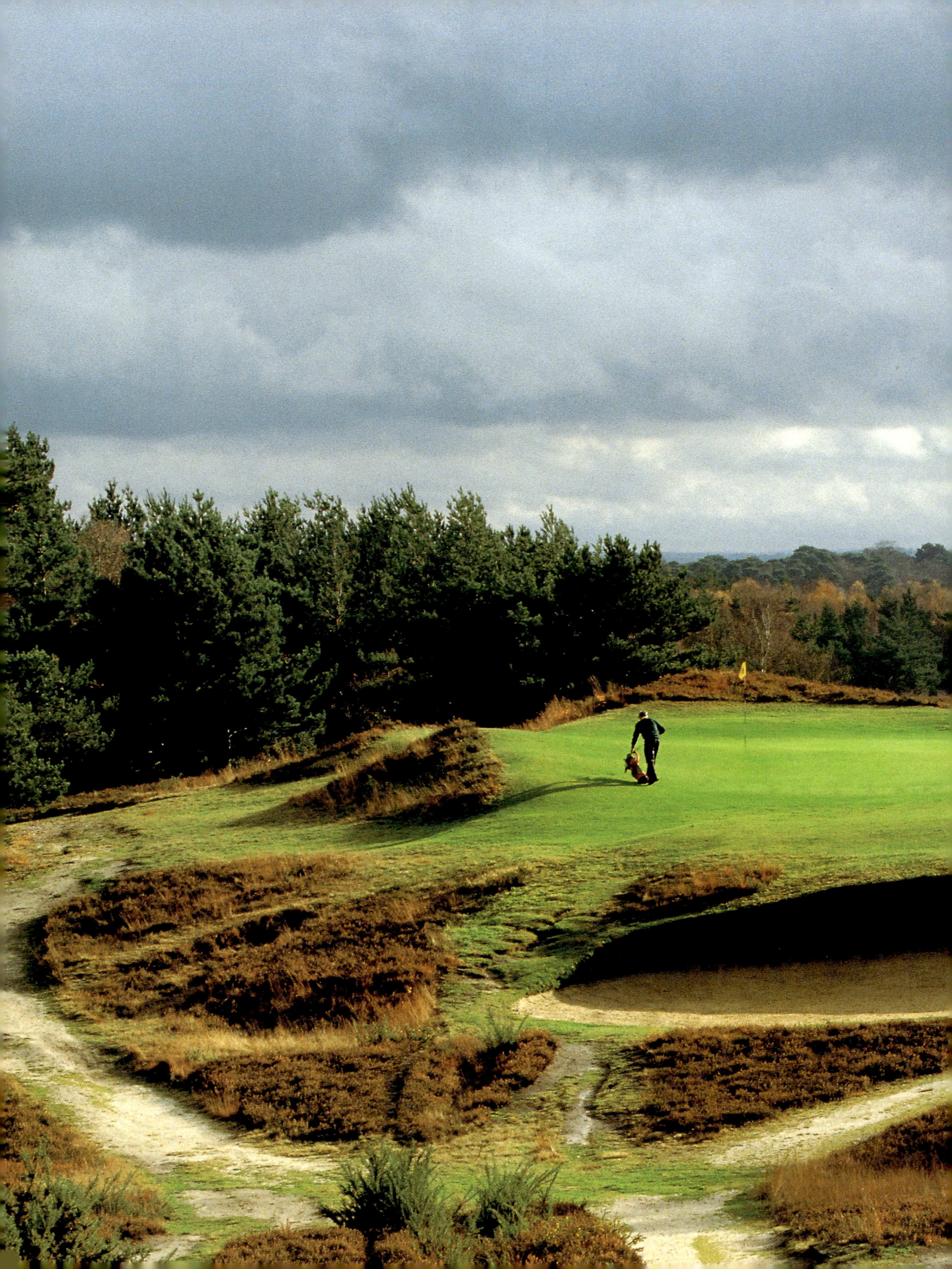

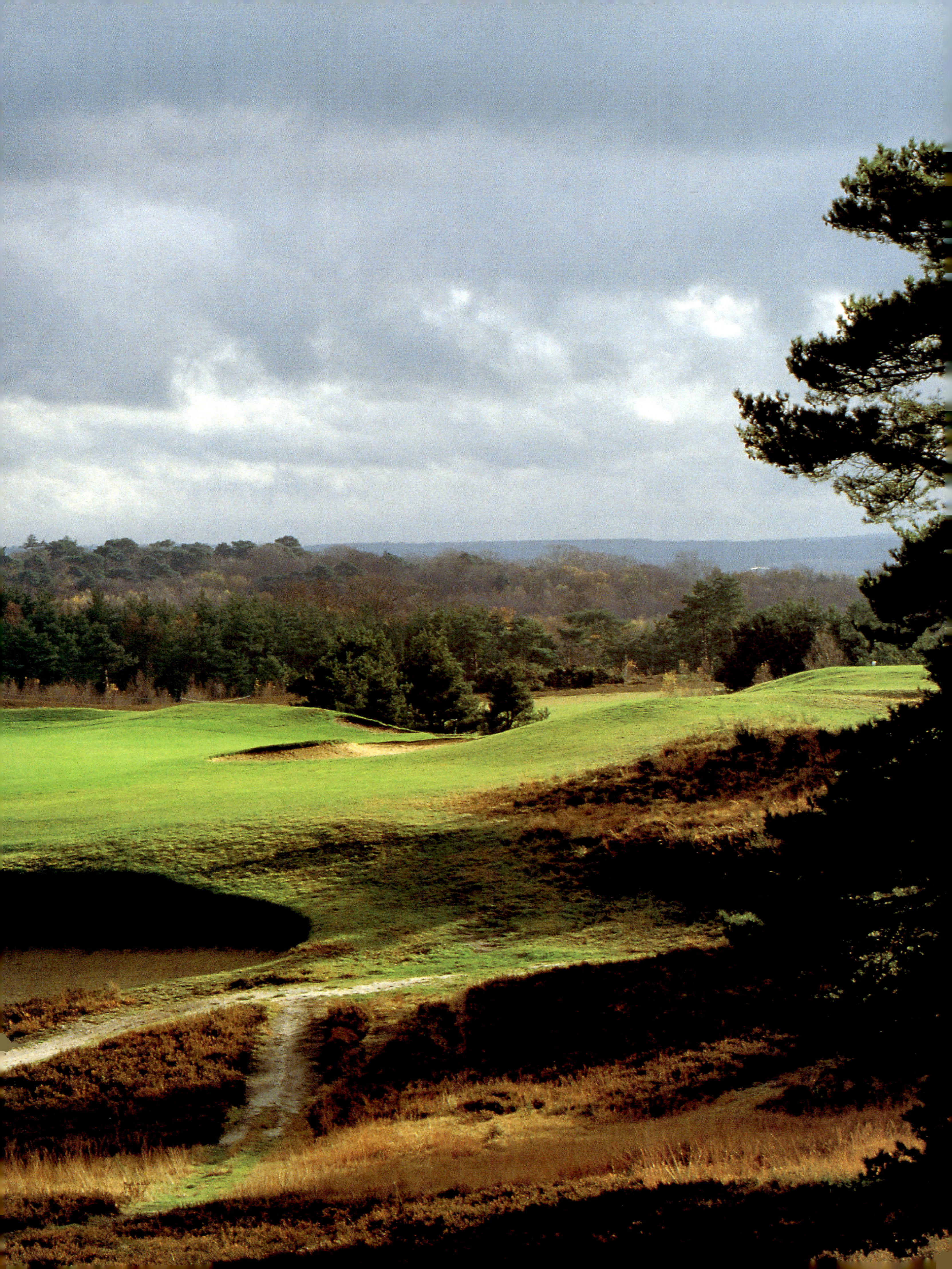

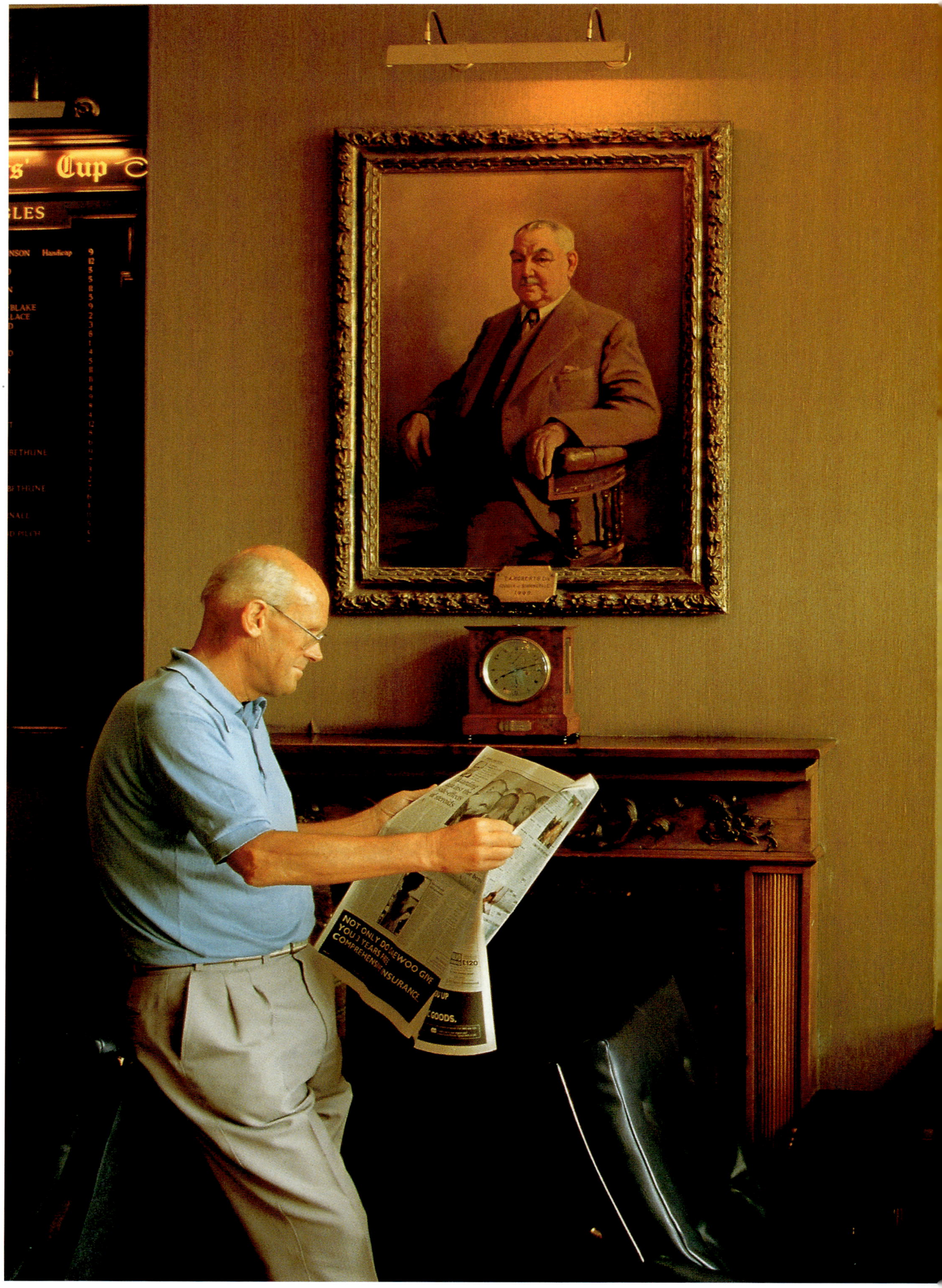
Cup

Captains.

1901	H. H. LONGMAN.
1902	H. H. LONGMAN.
1903	The EARL of ELDON.
1904	HENLEY CARLOS CLARKE.
1905	The LORD STANLEY.
1906	WILLIAM TROTTER.
1907	W. G. RIGDEN.
1908	Sir EDGAR VINCENT. K.C.M.G.
1909	C. M. WOODBRIDGE.
1910	H.H. PRINCE ALBERT of Schleswig Holstein.
1911	T. A. ROBERTS.
1912	H. A. TROTTER.
1913	P. J. de PARAVICINI.
1914	N. F. HUNTER.
1915	N. F. HUNTER.
1916	N. F. HUNTER.
1919	F. HEYWOOD.
1920	ANGUS V. HAMBRO. M.P.
1921	LORD DUNEDIN. P.C., K.C.V.O.
1922	LORD DUNEDIN. P.C., K.C.V.O.
1923	LORD DUNEDIN. P.C., G.C.V.O.
1924	H. S. COLT.
1925	Sir GORDON CAMPBELL. K.B.E.
1926	VISCOUNT DUNEDIN. P.C., G.C.V.O.
1927	J. M. OLDHAM.
1927	T. A. ROBERTS.
1928	C. J. BURNUP.
1929	A. H. READ.
1930	H.R.H. The PRINCE of WALES. K.G.
1931	Sir JOSEPH SKEVINGTON. K.C.V.O., F.R.C.S.
1932	H.R.H. The DUKE of YORK. K.G.
1933	J. S. F. MORRISON. D.F.C.
1934	A. T. TURQUAND-YOUNG.
1935	R. H. ANKETELL.
1936	D. H. KYLE.
1937	Sir ROBERT McLEAN.
1938	Sir FERGUS MORTON.
1939	W. E. BAYLEY.
1940	G. D. FOX. M.C.
1946	JAMES MO...
1947	JAMES MO...
1948	T. E. CUNNI...
1949	G. L. d'ABO...
1950	T. E. CUNNI...
1951	C. G. DONAL...
1952	A. A. McNA...
1953	J. B. P. WILL...
1954	Sir FREDER...
1955	G. E. BEH...
1956	J. D. A...
1957	A. C...
1958	
1959	R...
1960	
1961	

Captains.

1962	P. J. P. DONALD.
1963	Captain F. B. LLOYD. O.B.E., R.N.
1964	L. W. NEEDHAM. M.C.
1965	E. P. SHAW.
1966	J. K. PEPPERCORN.
1967	J. C. WOLFF. M.B.E.
1968	G. R. ROUGIER. C.B.E., Q.C.
1969	Sir KENNETH HAGUE.
1970	P. S. CLARK.
1971	JOHN WHITFIELD. J.P.
1972	JOSEPH DEEKS. M.B.E.
1973	NICHOLAS ROYDS.
1974	T. U. HARTWRIGHT.
1975	Major-General P. R. LEUCHARS. C.B.E.
1976	J. R. BOARDMAN.
1977	T. E. D. HARKER.
1978	G. S. STONE.
1979	D. H. R. HOLLAND.
1980	JEFFREY AGATE.
1981	A. HANBURY.
1982	C. R. BURN.
1983	G. B. YOUNG.
1984	V. M. SHAW.
1985	J. K. TULLIS.
1986	D. A. O. DAVIES.
1987	J. C. MATHEW. Q.C.
1988	R. H. THOMPSON.
1989	J. M. C. PUCKRIDGE.
1990	K. C. KNOCKER.
1991	RICHARD L. M. MORRIS.
1992	MICHAEL HUGHESDON.
1993	D. S. YOUNG.
1994	H. U. S. McMICHEN.
1995	R. J. G. SHAW.
1996	B. G. STREATHER.
1997	ANTHONY BIGGINS.

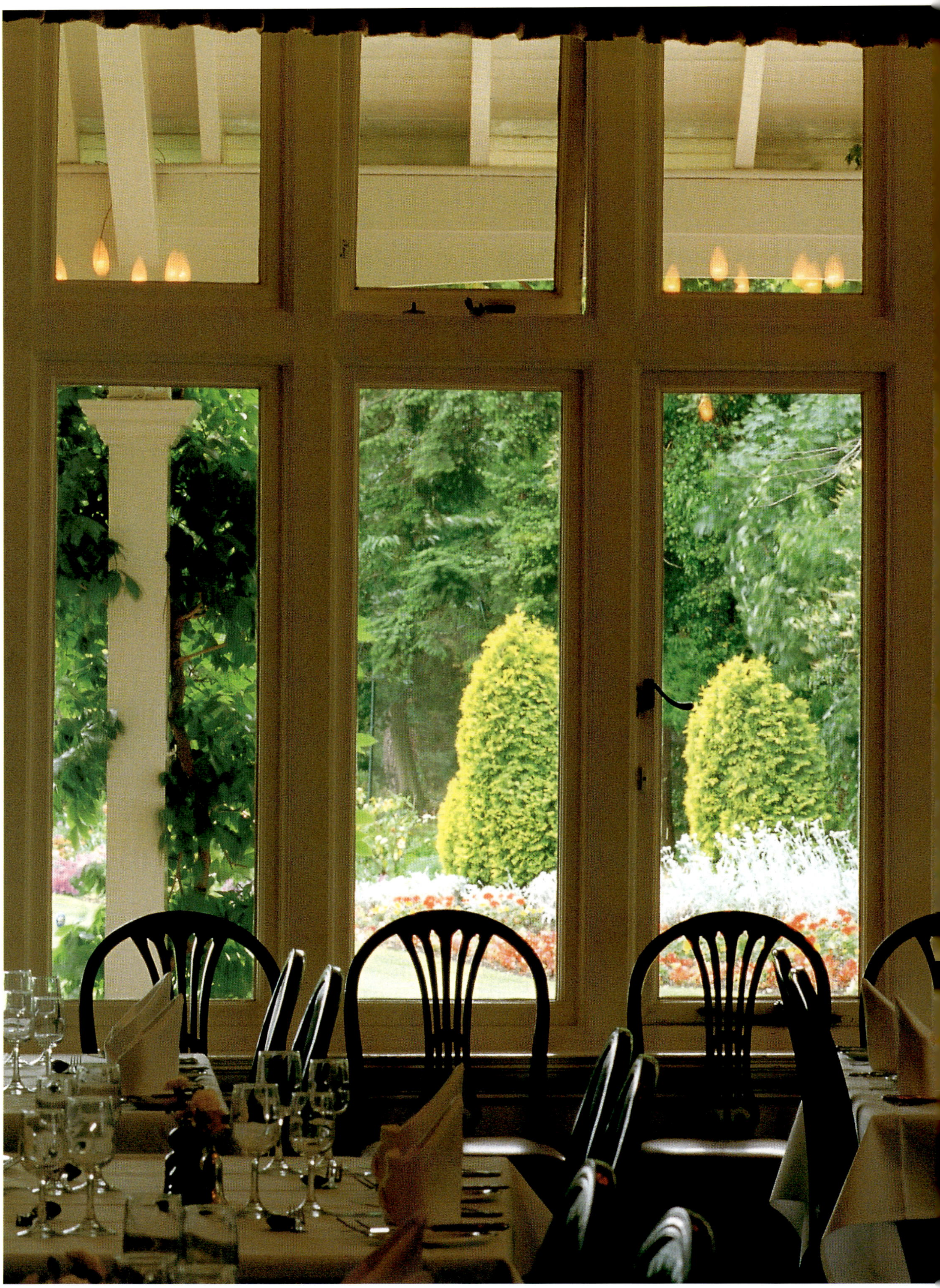

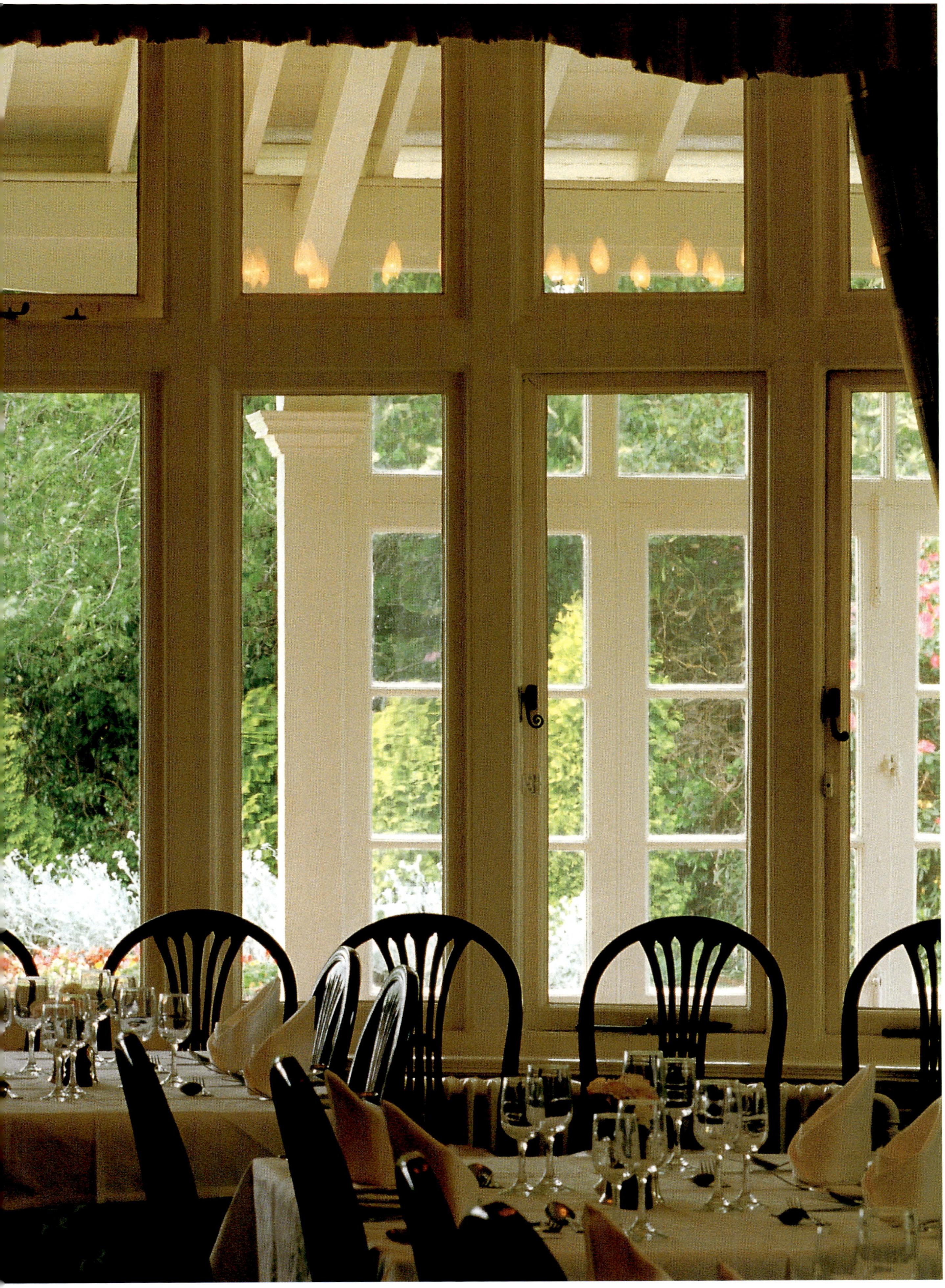

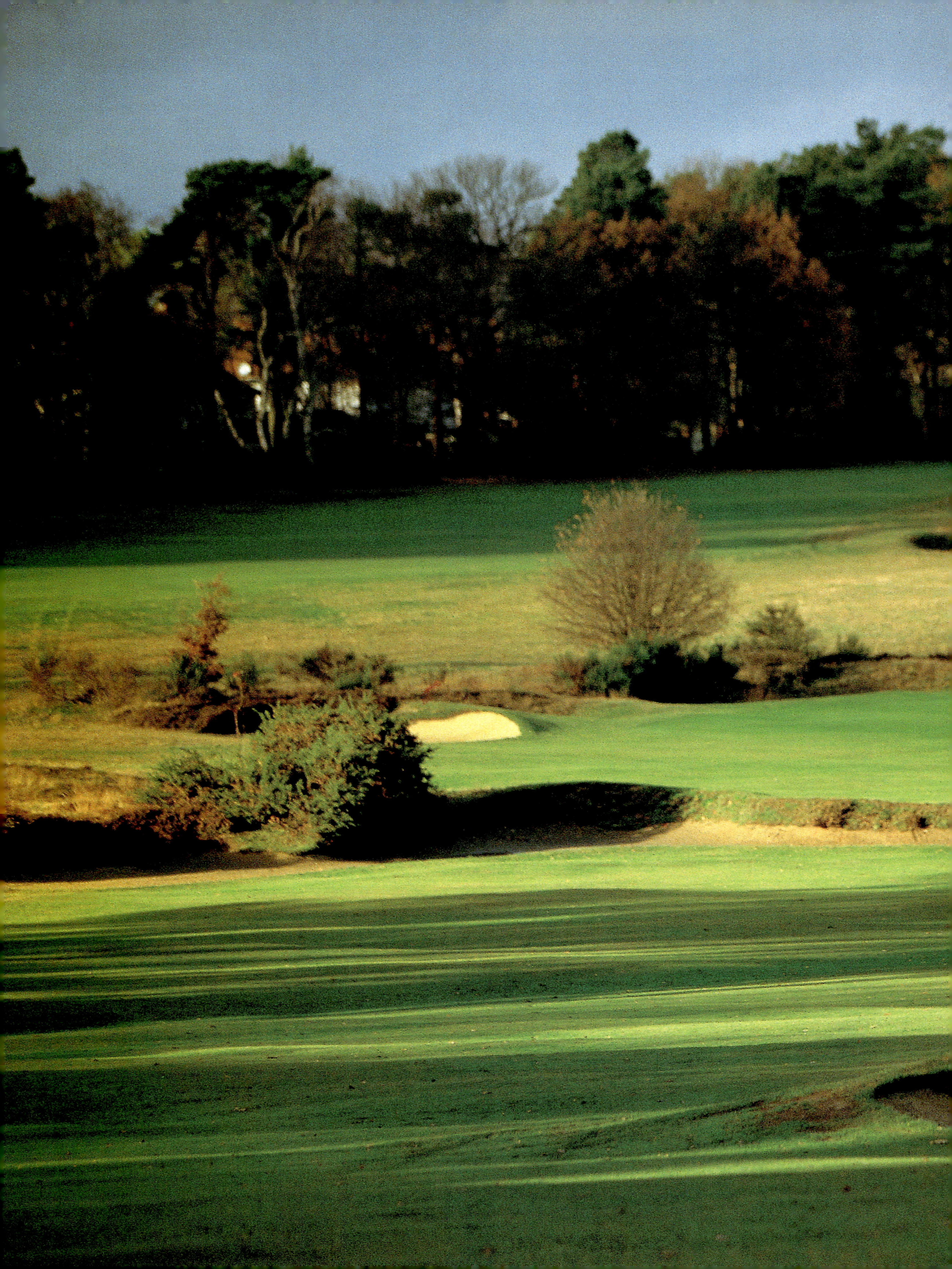

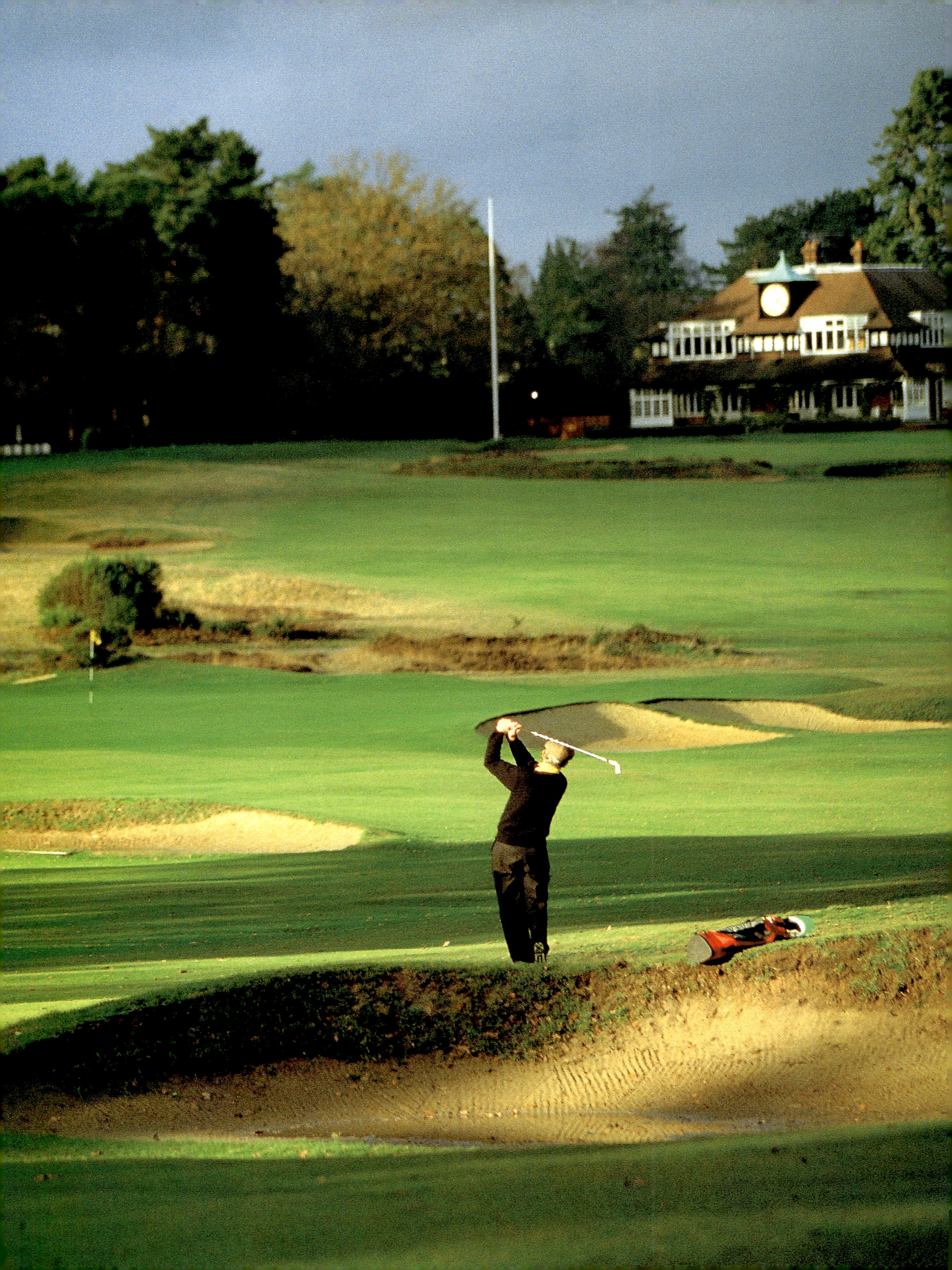

wurde auch als eine Art deutscher Reparationsleistung dafür angesehen, dass sie den Krieg auf ihrem Platz ausgetragen hatten.

Der frühere Captain und Schatzmeister des Clubs, Derek Davies, erinnert an die Verdienste des Caddiemeisters um Sunningdale: „Wenn man mal zum Platz kam, ohne seine Runde organisiert zu haben, dann war es Jim Sheridan, der einem sagte: ‚Mr. Davies, sie spielen mit Mr. Brown', wohlwissend, dass auch Mr. Brown gerne spielen und einverstanden sein würde. Niemals wäre man auf die Idee gekommen, Jim Sheridan zu erwidern, ‚Nein, es tut mir leid', sondern es war immer ‚okay, in Ordnung'."

„Sheridan war einer von diesen großartigen Menschen, der sich auch im Winter um seine Caddies kümmerte, wenn nicht gespielt wurde", so Ex-Captain und Schatzmeister John Boardman. „Er stellte sicher, dass, egal was passierte, sie ein bisschen Geld bekamen."

Arthur Lees, ein Mann aus Yorkshire und Ryder-Cup-Spieler, begann 1949 als Golflehrer und blieb bis 1976. Er hinterließ seine Spuren als talentierter Lehrer, als liebenswerter Mensch und als perfekter Lehrmeister für die anspruchsvollen Wettkampf-Spieler mit niedrigem Handicap. Wie Sheridan wurde er zum Ehrenmitglied ernannt und sein Porträt hängt in der Members' Bar. Auch an Lees erinnert sich John Boardman gerne: „Er war ein ausgezeichneter Lehrer, fast ein Arzt. Man ging zu ihm, weil irgendetwas mit dem Spiel nicht stimmte, und fünf Minuten später hatte er es in Ordnung gebracht. Außerdem war er ein leidenschaftlicher Zocker. Wenn man ihn in der Bar nach der Runde fragte, meinte er nur: ‚Ich sage Ihnen was. Ich muss nur eine 62 spielen, um zu gewinnen. Und ich habe geraaade gewonnen.' Beim ihm war immer alles ‚geraaade gewonnen'. Zocken mit ihm machte Spaß, und die Leute, die mit ihm wetteten, konnten nicht genug davon kriegen. Nie erfuhr man, um wieviel es eigentlich ging, weil immer in Einheiten gespielt wurde." Auch Michael King hatte eine hohe Meinung von ihm: „Arthur Lees war ein großartiger Golfer und Spieler. Er liebte die Frauen, er war ein guter Kerl – ein echter Bursche aus Sunningdale."

Eine der schillerndsten Persönlichkeiten in jüngster Zeit war ein alter Eton-Absolvent namens Julian Earl. Eines Tages befand er sich in der Bar, als ein anderes Mitglied vom Platz kam und sich dabei ein Taschentuch übers Gesicht hielt, um offensichtlich Nasenbluten zu stoppen.

„Um Himmels willen", schrie Julian Earl, „was ist denn mit ihnen passiert?"

„Der Typ, mit dem ich gespielt habe, hat mir eins auf die Nase gegeben."

„Das ist ja fürchterlich. Haben sie zurückgeschlagen?"

„Natürlich nicht", sagte der Golfer betrübt und tupfte seine Nase ab.

„Oh", erwiderte Julian Earl gedehnt. „wenn ich das gewusst hätte, hätte ich ihnen schon vor Jahren eine verpasst."

Glanz und Gloria des golfenden Sunningdale sind die Heiligtümer in Form von Meisterschaften, Medaillen, Ehrentafeln und Silbertrophäen. Der sportliche Charakter Sunningdales wird in dem Moment offensichtlich, wenn man die Türschwelle überschreitet und in die Vorhalle tritt. Das Schwarze Brett wird von der Handicap-Liste beherrscht, auf dem man den Namen jedes Mitglieds und seines aktuellen Handicaps gleich daneben ablesen kann. Auf einen Blick kennt man die golferische Hierarchie dieses Clubs. Die Message ist jedenfalls deutlich: In Sunningdale geht es ums Spiel.

Im Inneren empfängt einen die großzügige Halle sowie ein breite Treppe. Auf der Rechten befindet sich die holzverkleidete Members' Bar mit den Ölporträts berühmter Mitglieder sowie in überladenen Vitrinen das Clubsilber mit Bechern, Medaillen und anderen Trophäen.

Dahinter befinden sich die Umkleideräume, ein moderner, gut ausgestatteter Komplex, auf den überraschender Weise mit dem amerikanischen Terminus „Locker Room" hingewiesen wird. Auf der linken Seite der Halle befindet sich der Critchley Room. Hier können sowohl männliche als auch weibli-

Gegenüber: *James Sheridan, Caddiemeister und Ehrenmitglied*

JAMES SHERIDAN
Caddiemaster 1911–1967
Honorary Member 1956

che Gäste einen Drink einnehmen und weitere Ehrentafeln bewundern, einschließlich eines Porträts von Bobby Jones anlässlich seines Platzrekords und Open-Sieges. Von hier hat man auch einen ausgezeichneten Blick aufs Übungsgrün, auf die Sunningdale-Eiche, die Gärten und den ersten Abschlag. Das Ende der Halle geht in den Dining Room über, ein ebenso lichtdurchfluteter und luftiger Raum mit einem ähnlichen Ausblick und spektakulärem Essen.

Im ersten Stock befindet sich der Walker Cup Room mit einer Bar, mit Fernsehen und der Club-Bibliothek. An den Wänden hängen Mitglieder-Porträts von Walker-Cup-Teilnehmern. Danach folgt das Kartenzimmer, in dem ältere Mitglieder mit den clubeigenen Karten mit einem Wappen auf Blau und Gold Bridge spielen. Die jüngeren Mitglieder spielen Backgammon. Und schließlich ist da noch das Secretary's Office, von dem man, bedingt durch seine erhabene Lage, einen noch besseren Blick aufs Übungsgrün, die Gärten und das erste Fairway bis hin zu den Rhododendron-Büschen hat. An diesem Tisch sitzt Stewart Zuill, jener schottische Sekretär mit der sanften Stimme, der über den Platz wie ein Kapitän über den Bug seines Ozeanriesen gen Horizont blickt.

„Es hat manchmal schon etwas Stählernes", sagt er mit einem Lächeln. „Die übliche Spielvariante ist Vierball, obwohl es hier eine ganze Menge Einzelspieler gibt. Es ist ein großer Vorteil, über zwei Plätze zu verfügen. So können wir einen Parcours Einzelspielern und Mitgliedern offenhalten, die hierher kommen, in drei Stunden ihre Runde spielen, um dann wieder zur Arbeit oder nach Hause zu fahren."

Auch in Sunningdale sind Golfing Societies sehr populär. So sehr, dass man im Laufe der Woche manchmal das Gefühl hat, man befinde sich irgendwie im Mercury-Management, bei Marks & Spencer oder bei irgendeiner Wohltätigkeits-Organisation gleich welchen Namens. „Für Societies und Firmen sind der Dienstag, der Mittwoch und der Donnerstag reserviert", erläutert Stewart Zuill. „Am Montag können Besucher auf Anfrage kommen. Freitag, Samstag und Sonntag sind ausschließlich für Mitglieder und deren Gäste reserviert. Wir glauben, dass die Einnahme-Mischung aus Greenfees und Jahresbeiträgen sehr fair ist."

„Wir können auch keine Mitglieder an Besuchertagen unterbringen, wenn sie zwischen 14.30 und 15.00 Uhr kommen. Sie müssen sich mit den Societies abwechseln. Das ist gewiss ein Schwachpunkt, mit dem die meisten Golfclubs klarkommen müssen, weil immer mehr ältere Mitglieder auch in der Woche spielen wollen."

Man kann sich nur schwerlich vorstellen, dass es in Sunningdale auch harte Zeiten gab. Aber wie viele britische und andere ehrwürdige Clubs litt auch Sunningdale unter dem zweiten Weltkrieg. Derek Davies erinnert sich an 1952, als er Mitglied wurde: „Ich hatte eine Runde Golf in einem Turnier mit dem Namen ‚Lucifer Trophy' gespielt und stand danach in der Bar und sagte, was für ein wunderbarer Platz der Old Course sei. Neben mir befand sich ein schmächtiger Mann und sagte, oh, Sie mögen ihn, wollen sie nicht Mitglied werden?' Einfach so. Er bat mich zu warten und verschwand für einen Moment. Als er zurückkam, hielt er ein kleines Stück Papier in Händen und sagte ‚Tragen sie hier Ihren Namen und Ihren Rang ein!' Als nächstes wurde ich um sechs Guineas gebeten, und schon war ich Mitglied im Golf Club Sunningdale." Derek Davies lacht: „Heute geht es doch ein bisschen anders zu."

Das gängige Klischee von Sunningdale lautet, dass es ein sehr alter, sehr verstaubter, sehr exklusiver Golfclub ist, in dem es vor Reichen nur so wimmelt. Protzige Oberklassen-Fatzkes, die mit ihren edlen Autos aufkreuzen, zocken, trinken und spielen – und das in ungefähr dieser Reihenfolge –, um dann wieder in ihren Londoner Stadtsitzen oder Landhäusern zu verschwinden. Eine differenziertere Ansicht formulierte Henry Longhurst, der englische Golf-Journalist und Radioreporter in den 30-er Jahren, der auch die zweifelsohne vorhandenen Verdienste Sunningdales um den Golfsport würdigte.

Ganz oben: *A. D. H. (Tony) Biggins, früherer Captain.*
Oben links: *John Putt (links) und Nicholas Burn.* Oben rechts: *Bruce Critchley.*

Folgende Seiten: *Sunningdale Club Silber.*

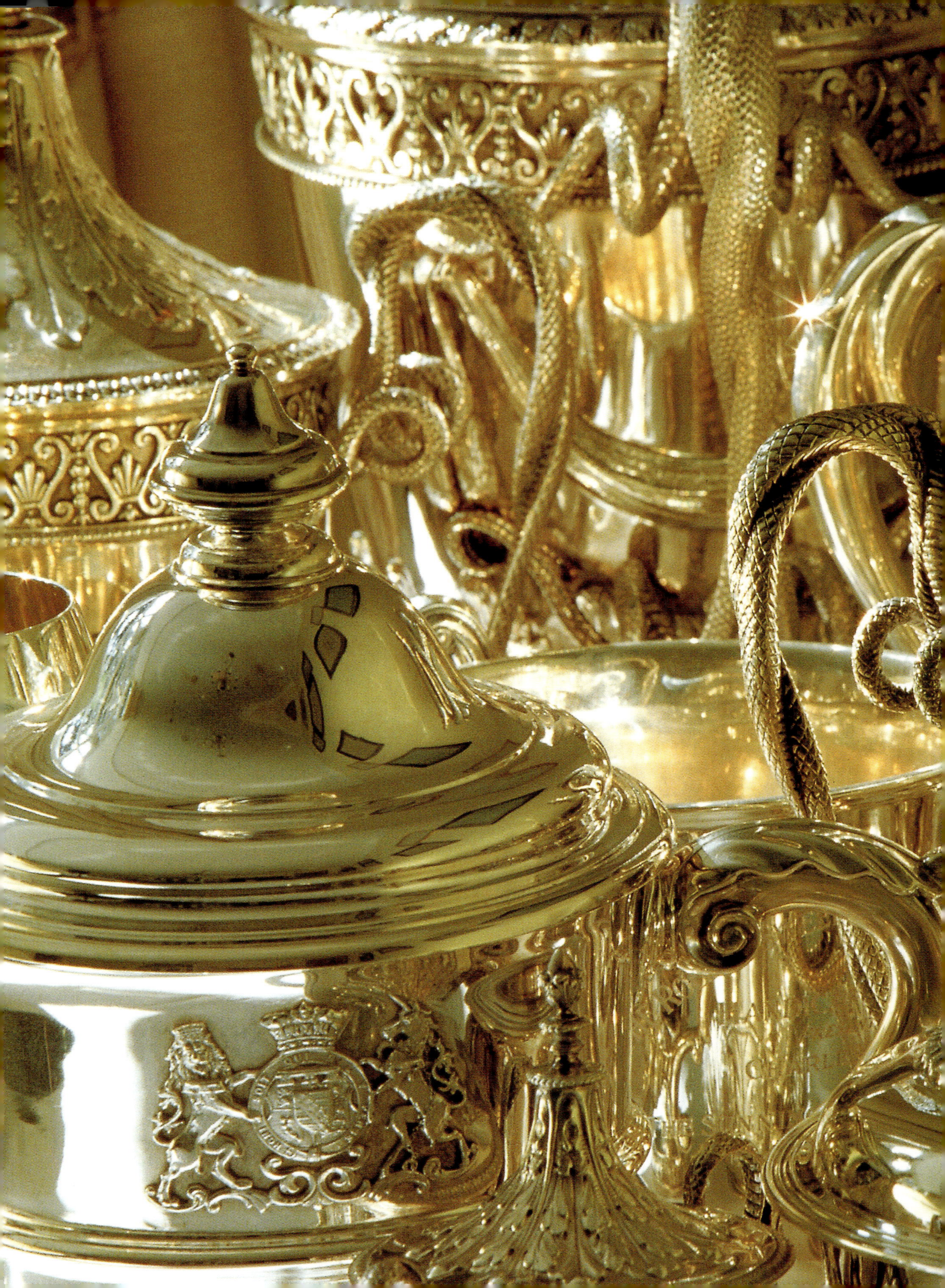

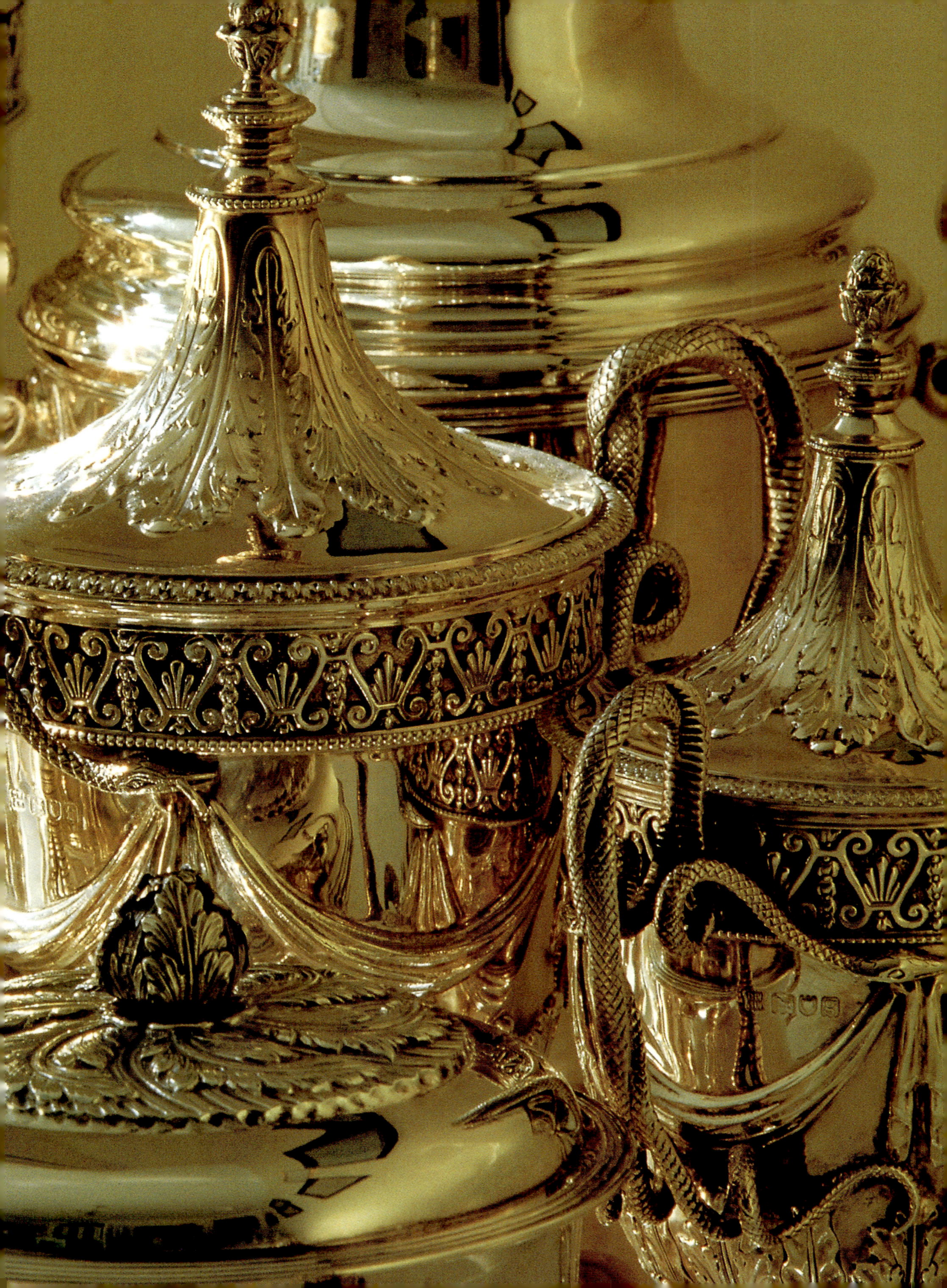

Anlass war die Einführung der Clubkrawatte mit den dezenten blauen und braunen Streifen. Longhurst war davon überzeugt, dass diese Farben genau die Mitgliedschaft in Sunningdale charakterisierte: „Die eine Hälfte sind Blaublütler, die andere Hälfte einfach Schei..."

Die Wirklichkeit sieht sicher anders aus als das Image, obwohl Elemente beider Thesen den Kern der Sache treffen dürften. Sunningdale ist zwar sicher alt, aber ganz bestimmt nicht muffig. Im alltäglichen Gedränge, in der Hitze des Gefechts, angesichts wöchentlicher Invasionen von Golfing Societies, abgesehen von uniformierten Kellnern und Kellnerinnen, von goldgerahmten Ehrentafeln, überladenen Trophäenvitrinen, davon abgesehen, gibt es sehr wohl eine Ansammlung von freundlichen und bodenständigen Golfern. Natürlich verfügt der Club über Mitglieder eines bestimmten städtischen Typus, einschließlich Bankiers, Versicherungsmaklern, Investoren usw., aber es finden sich auch Sportler, Schauspieler, Lehrer, Radioreporter, Autoren sowie Menschen aus vielen anderen Bereichen des Lebens – Ted Dexter zum Beispiel, Ex-Captain der englischen Cricket-Mannschaft, Jackie Stewart, Formel-1-Rennfahrer, und dessen Kollege, der inzwischen verstorbene James Hunt. Oder der Schauspieler Michael Medwin. Der britische Football-Star Gary Lineker gar wurde von Michael King vorgeschlagen: „Ich glaube, er würde bei uns keine rote Karte kriegen." Und während in Royal St. George's Bond-Autor Ian Fleming zu den Prominenten gehörte, reiht sich in Sunningdale 007-Darsteller Sean Connery in die Mitgliederliste.

„Vor 40 Jahren hatte Sunningdale eine wesentlich klarer definierte Identität", meint Eton-Absolvent Bruce Critchley, englischer National- und Walker-Cup-Spieler sowie Sohn von Diana. „Vor und nach dem Krieg waren es nur Leute von den Privatschulen in Oxbridge sowie die besten Namen des britischen Golfsports. Heute muss man nur und hauptsächlich ein guter Golfer sein, um 'rein zu kommen, denn ausgezeichnetes Golf wird hier immer noch gespielt." Und weiter meint er: „In Sunningdale gibt es keine Wichtigtuer. Die Mitglieder hier zeichnet großes Selbstbewusstsein und innere Ruhe aus. Man kann tun und lassen, was man will. Niemand setzt einen unter Druck. Prominente wie Jackie Stewart und Sean Connery können ganz locker und sie selbst sein."

Allerdings sei verziehen, wenn man nach einem Rundblick auf dem Parkplatz an einem Samstagmorgen glaubt, Sunningdale sei ein Club der Superreichen. Rolls-Royce, Bentleys, Aston Martins, knallrote Ferraris, nicht zu vergessen all die Mercedes, Porsches, Jaguars und BMW – Millionen von Pfund stehen da rum.

„Es stimmt schon, dass wir eine ganze Reihe von extrem reichen Mitgliedern haben", meint ein Golfer, „aber – wie soll ich sagen – es gibt genauso Leute, die weniger gut situiert sind. Großartig ist in Sunningdale die Tatsache, dass sie in dem Moment, in dem sie durch die Eingangstür ins Clubhaus treten, alle gleich sind, und jeder weiß das. Es sind auch nicht immer dieselben Leute, die miteinander spielen. Man muss weder eine Runde ausmachen, noch gibt es Startzeiten. An jedem Wochentag, auch am Wochenende, kann man einfach herkommen – und niemand muss im Clubhaus zurückbleiben, wenn er Golf spielen will. Darauf sind wir stolz."

Die Mitgliedschaft ist auf 950 limitiert, von denen etwa 500 voll berechtigte Mitglieder und auch der aktive Kern des Clubs sind. Der Rest setzt sich aus 75 Frauen, 70 Jungen zwischen 12 und 18 Jahren sowie etlichen Mitgliedern aus Übersee, aus Fern- und passiven Mitgliedern zusammen. „Die Warteliste ist lang", meint Stewart Zuill. „Man kommt nicht rein, wenn das Handicap über 14 liegen sollte, aber wenn man starke Unterstützung hat und einige der Clubmitglieder kennt, könnte es ein potenzieller Kandidat in ein paar Jahren schaffen." Die Jungen werden, vor allem, wenn sie gute Golfer sind, Auswärtigen vorgezogen. Tony Biggins: „Diese Kadetten können mit 18 eine vollwertige Mitgliedschaft beantragen. Wir brüten unseren Nachwuchs selbst, wenn man so will."

Ein solcher Nachwuchs ist zum Beispiel Nicholas Burn, der jetzt um die 30 ist und aus der Jungen-Abteilung hochkam. Sein Vater war früher Captain und sein Bruder ist ebenfalls hier Clubmitglied. Alle drei sind zudem Mitglied des R & A, wohin sie zum Herbst-Meeting als Familie reisen. Bevor Nicholas Burn Karriere als Versicherungsmakler machte, dann heiratete und seine junge Familie die Zeit für den Golfsport einschränkte, spielte er für die Surrey Juniors sowie bei zahlreichen anderen Golfturnieren. Vor kurzem erst wurde er in den Vorstand gewählt, wo er erstmals mit der Administration eines Clubs in Berührung kam. Seine Philosophie gleicht der von Gerald Micklem: „So wenig Änderungen wie nur möglich."

Als Nutznießer der beiden wohl besten Heideland-Golfplätze der Welt, fühlte sich der Club stets verpflichtet, dies mit Außenstehenden zu teilen – sei es als Austragungsort für Meisterschaften, mit Golfing Societies, Firmen und dem Golfpublikum im Allgemeinen. Nicholas Burn: „Ich finde es sehr wichtig, dass die Menschen nach Sunningdale kommen und spielen können. Der Platz sollte vielen offen stehen und nicht nur einigen priviligierten Golfern vorbehalten sein."

Lange Zeit hatte Sunningdale einen Ruf als Zocker-Club. Gerade in der Ära Arthur Lees' wechselten Tausende von Pfund den Besitzer. Und es gibt immer noch einen kleinen Kreis, bei dem dies so ist. Bei der Mehrzahl der Mitglieder wird jedoch nur um ein paar Pfund gewettet oder vielleicht um ein oder zwei Golfbälle. Fakt ist, dass am Ende eines Tages nicht viel Geld von einer Hand in die andere geht. „Sunningdale ist fürs Gambling bekannt", meint Michael King. „Alle sagen zwar, dies stimme nicht, aber hier wird die ganze Zeit gezockt. Es ist einfach Tradition in Sunningdale. Die Leute mögen das Glücksspiel und können sich dies in der Regel auch leisten. Und wenn nicht, spielt es auch keine Rolle."

„Es gibt nur ungefähr 30 große Zocker im ganzen Club", glaubt ein langjähriges Mitglied. „Dies jedoch sind so übermächtige Charaktere, dass der ganze Club als Zocker-Verein berüchtigt ist. Aber das mögen die hier."

Die Besitzstände haben sich im Laufe der Jahre sicher geändert, aber sportlich gesehen ist Sunningdale noch ganz ursprünglich. Es ist nach wie vor ein Londoner Club, da über die Hälfte der Mitglieder dort auch lebt und arbeitet. Dank moderner Transportmöglichkeiten ist der Club nur 40 Minuten per Zug von der Hauptstadt entfernt, an guten Tagen dauert es auch mit dem Auto nicht länger. 15 Minuten sind es bis zum Flughafen Heathrow. In jenen großen Tagen, als Amateurgolf ein Zeitvertreib war und die guten Golfer von ihrem privaten Vermögen lebten, war Sunningdale ein wahres Mekka. Diese Zeiten sind vorbei. Dennoch ist Sunningdale für ehrgeizige und talentierte Golfer, die hart arbeiten müssen oder Leistungsträger in London sind, nach wie vor ein Anziehungspunkt.

Die soziale Markierung in Sunningdale ist jedenfalls nicht das, was die derzeit bestehende Mitgliedschaft scheinbar fordert oder was neue Mitglieder anzieht. Dank seiner langen Geschichte, seiner golferischen Leistungen, seinem unstillbaren Wettkampfgeist, seiner äußeren Schönheit und seinem professionellen Auftritt ist es wenig wahrscheinlich, dass der Club sich verändert. Derek Davies teilt in diesem Zusammenhang die Meinung vieler und hat keine Zweifel daran, dass der Club immer das bleibt, was er war: „Ein Club für Golfer".

Himmel für Herrengolfer

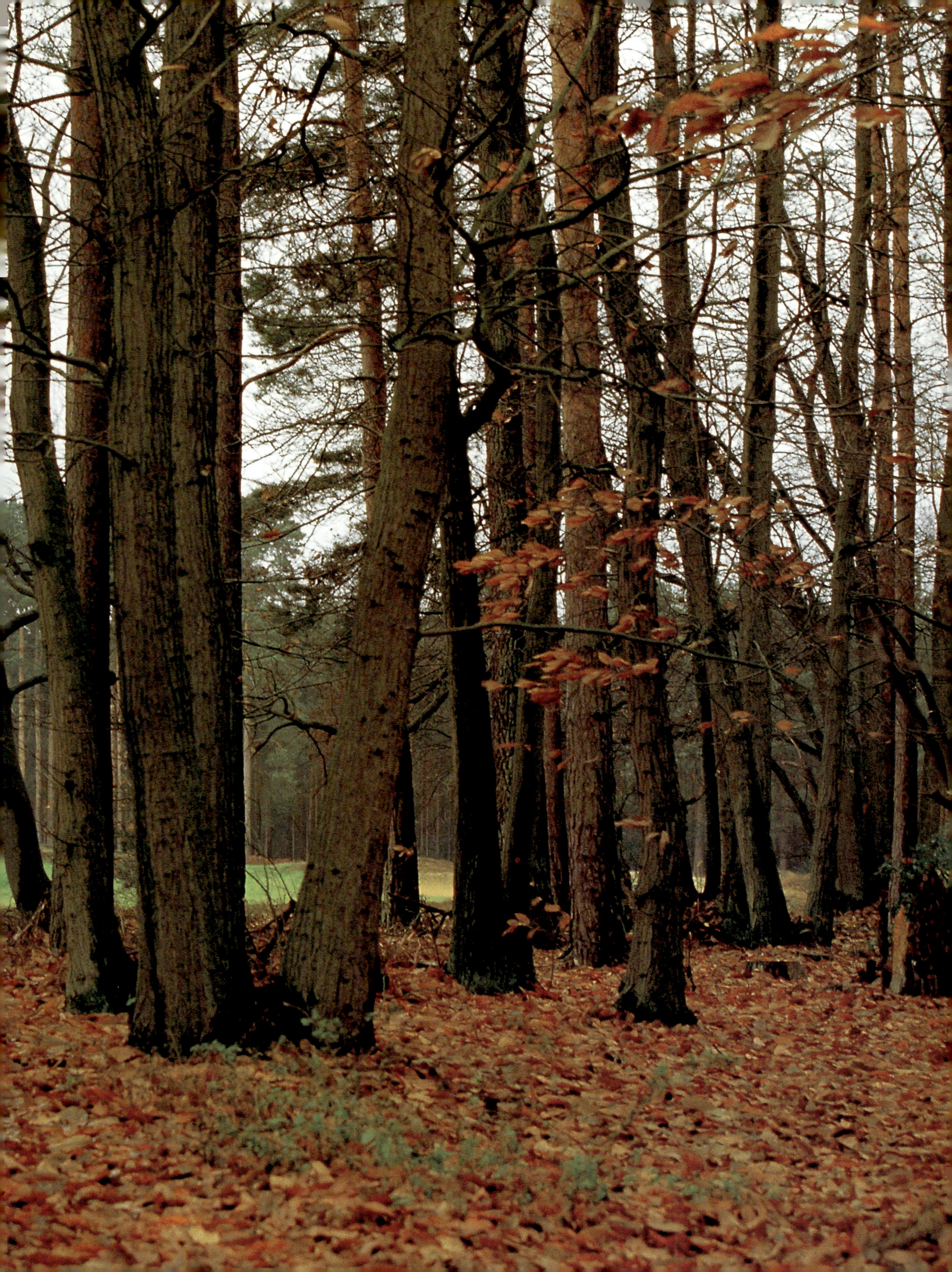

Swinley Forest Golf Club

Man könnte der Meinung sein, der Golf Club Swinley Forest existiere nur deshalb, um endlich beweisen zu können, die Engländer seien ein exzentrisches Volk. In der Tat definiert sich der Club mehr durch Mangel denn durch seine Attribute. Seit nunmehr fast 100 Jahren gibt es den Club, aber er hat keinen Captain, keine Handicaps, keinen Monatsbecher, keine Clubkrawatte, kein Club-Logo und auch kein sichtbares Clubsilber – von zwei Löffeln einmal abgesehen; er hat auch kein Vorschlagsbuch, nicht einmal eine Clubchronik. Der Golflehrer ist ein Amateur und – bis vor kurzem – gab es weder Scorekarte noch Par. Und wenn man gegenüber einem Mitglied aus Swinley das Fehlen dieser Ikonen eines traditionellen Golfclubs erwähnt, erntet man nur tolerantes Achselzucken und Worte wie „well, that's Swinley".

Um den wahren Geist von Swinley Forest zu verstehen, gibt es keinen besseren Ort als die gut gepolsterten Lehnsessel im Clubraum. Licht durchflutet den Raum und durch die Fensterscheiben hat man einen schönen Ausblick auf den Platz übers Fairway bis hinunter zum Wald. Chintz bezogene Sofas und Stühle, ein großzügiger Kamin mit einer Umrandung aus Eiche, eine Großvateruhr, die die stillen Stunden in hellem Klang anzeigt, ein Porträt des Earl of Derby, der den Club im Jahre 1909 gründete – all dies hinterlässt den Eindruck, man habe sich irrtümlich in ein fremdes Wohnzimmer verlaufen. Dies ist auch nicht überraschend angesichts der soliden äußeren Struktur des Hauses mit seinen wettergegerbten Ziegelsteinen und den großen Kaminen. Errichtet wurde es im Höhepunkt der edwardianischen Ära, also zu einer Zeit, da England im Frieden und Reichtum lebte und jeder seinen Platz kannte.

Typischer Weise ist die Gründung des Golf Clubs Swinley nicht dokumentiert. Immerhin erzählt man, dass Lord Derby – seinerzeit Minister der Krone in der späten Regentschaft von Queen Victoria – eigentlich in Sunningdale Golf spielen wollte, aber durch ein langsames Vierball-Match aufgehalten wurde. Mit dem Ergebnis, dass er zu spät zu einem Treffen mit Königin Victoria in Windsor Castle kam. Als sie seine Geschichte hörte, tadelte sie ihn angeblich mit den Worten: „Sicher, Lord Derby, ein Mann mit ihrer Position sollte seinen eigenen Golfplatz haben."

Gesagt, getan. Der gute Earl kaufte ein ansehnliches Stück erstklassigen Heidelands ganz in der Nähe von Windsor und unweit von Sunningdale. Weiteren Grund mietete er von der Krone an und baute Swinley Forest. Die ersten Mitglieder waren in der Regel seine Freunde und Kumpel. An sie wurden Anteilsscheine ausgegeben, wobei Lord Derby drei für sich selbst behielt. Im Falle des Todes eines Anteilseigners ging dessen Anteil entweder an die Familie oder aber er wurde vom Club erworben.

Die Geschichte Swinleys existiert in den Köpfen und den Erinnerungen seiner Mitgliedschaft. „Es war immer irgendwie ein mystischer Platz", meint Jo Floyd, selbst guter Golfer und Chairman bei Christie's. Er liebt Swinley, genauso wie er seine beiden anderen Clubs, Brancaster und Worlington, liebt. Unausweichlich ist der Eindruck, dass Swinley vor vielen Jahren in eine Art Dornröschenschlaf für Golfclubs verfiel und jahrzehntelang darin verharrte. Die Mitgliedschaft blieb stets klein und überschaubar. Besucher kamen nur selten – und wenn, waren es offensichtlich Freunde von Mitgliedern. Das Clubhaus wurde schäbiger und schäbiger, aber der Platz bewahrte seine Ursprünglichkeit, die einer seiner aristokratischen Verehrer so beschreibt: „Ein sanftmütiger Platz für echte Gentlemen."

Als Murragh O'Brien – übrigens selbst ebenso alt wie Swinley – vor dem Krieg dem Club beitrat, lag der Jahresbeitrag bei fünf Pfund und für Anteilseigner kostete er nichts. Der Nachfahre eines anglo-irischen Adelsgeschlechts wohnt in dem Haus am Rande des Great Windsor Parks, in dem früher der Dichter Percy Bysshe Shelley lebte. Zwar spielt er kein Golf mehr, aber jeden Samstagmorgen fährt er den kurzen Weg zum Club, um das erste Loch abzugehen.

Es ist ein wunderschöner Sommertag Anfang Juni. Der Tau glitzert im Gras und die Rhododendron stehen in voller Blüte. Murragh O'Brien öffnet den Kofferraum seines himmelblauen Rolls-Royce, setzt sich auf die Klappe und tauscht seine Hausschuhe gegen Wanderschuhe aus. Während wir übers Fairway laufen, redet er über vergangene Zeiten. „Sehen sie den kleinen Graben hier", sagt er und zeigt auf einen Wasserlauf, der das Fairway kurz vor dem ersten Abschlag kreuzt. „Der war mal weiter weg. Aber die Frau von Lord Derby, die eine sehr ehrgeizige Golferin war, kam nie darüber hinweg, so dass sie ihren Mann schließlich dazu brachte, den Graben zu verlegen."

„Mein Vater war golfverrückt, und ich habe mein Leben lang gespielt. Glauben sie mir, ich hätte nie einem Club angehören können, auf dessen Gelände ich keinen Hund mitbringen darf. Ich hatte mal einen ausgezeichneten Labrador, der das unheimliche Talent besaß, Golfbälle zu finden, aber Bälle im Spiel unangetastet ließ. Ich habe 20 Jahre lang keinen Ball gekauft."

„Swinley war immer ein sehr freundlicher Club. In den alten Tagen kannten sich die Mitglieder ganz gut. Man kreuzte einfach auf und spielte. Niemand stellte Fragen, wenn man unbedingt erzählen wollte, dass man Handicap 36 hat. Jeder bediente sich eines Caddies. Einer von denen hieß Boyer – ein echter Typ, der immer seine Mütze übers Ohr zog. Einmal sah er Rajmata of Jaipur, wie sie einen entsetzlichen Schlag am 15. Loch machte. Sie verlor ihren Ball und bat Boyer, ihn wieder zu finden. Er schaute sie an und sagte: ‚Wenn Mrs. Gandhi gesehen hätte, wie sie diesen Schlag gespielt haben, würde sie sie wieder ins Gefängnis stecken.'"

„Das 15. erinnert mich an eine andere Geschichte", erzählt er, bleibt dabei stehen und schaut sich auf dem leeren Platz um. „Hier gibt es einen steilen Anstieg hinauf zum Grün. Lord Hardwick nannte ihn den ‚New Members' Hill', weil er der Meinung war, dass die alten Mitglieder hier tot umfallen und damit neuen Platz machen."

Ted Baillieu, der als Soldat in den Krieg gezogen und später eine bemerkenswerte Karriere in London gemacht hatte, war 50 Jahre lang Mitglied in Swinley, sieben davon als Vorsitzender. Mitglied zu werden war in den alten Zeiten ein willkürliches und zudem zufälliges Geschäft. Sein Vater war bereits Mitglied und eines Tages fragte er den Sekretär, ob es möglich sei, dass der junge Ted Mitglied werde. Der Sekretär beriet sich mit dem damaligen Vorsitzenden Sir Edward Peacock und überbrachte ihm die Antwort. Ted Baillieu: „Er hatte Sir Edward mitgeteilt, dass ein Neuer um Mitgliedschaft ersucht. Sir Edward fragte nur, wer ihn vorgeschlagen habe. Nachdem er die Antwort erhalten hatte, gab er sein Einverständnis. Niemals fragte er, wer eigentlich der Aspirant war!"

„Als ich Mitglied wurde", schildert Ted Baillieu, „gab es kaum 250 Mitglieder und keine Bar. Wenn man einen Drink haben wollte, musste man einen Knopf drücken und der Stewart brachte einem, was man woll-

Vorhergehende Seiten:
Herbstlicher Ausblick über das 11. Loch.
Gegenüber:
Das Swinley-Silber

Folgende Seiten:
Winter-Golf auf dem ersten Fairway.

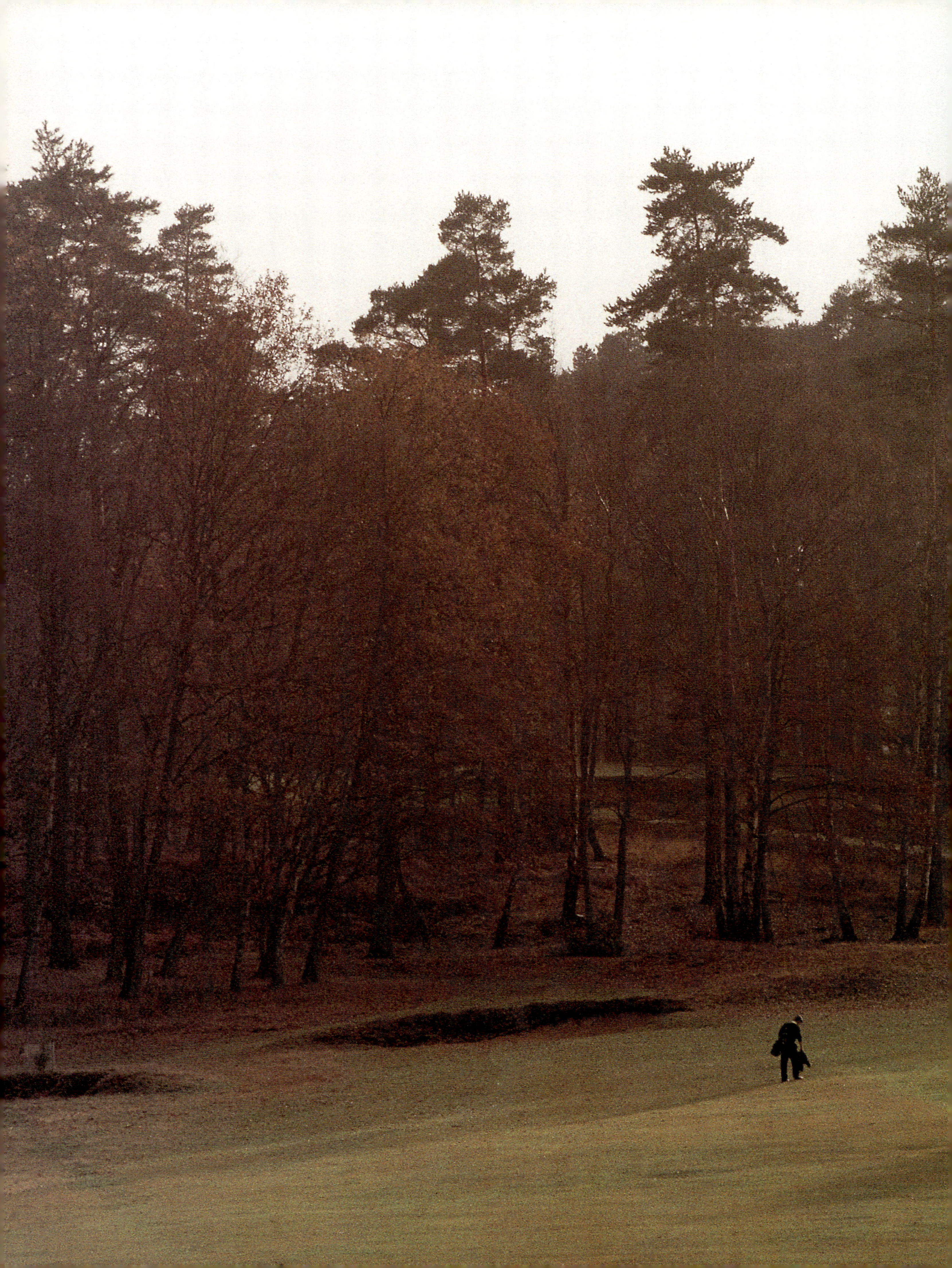

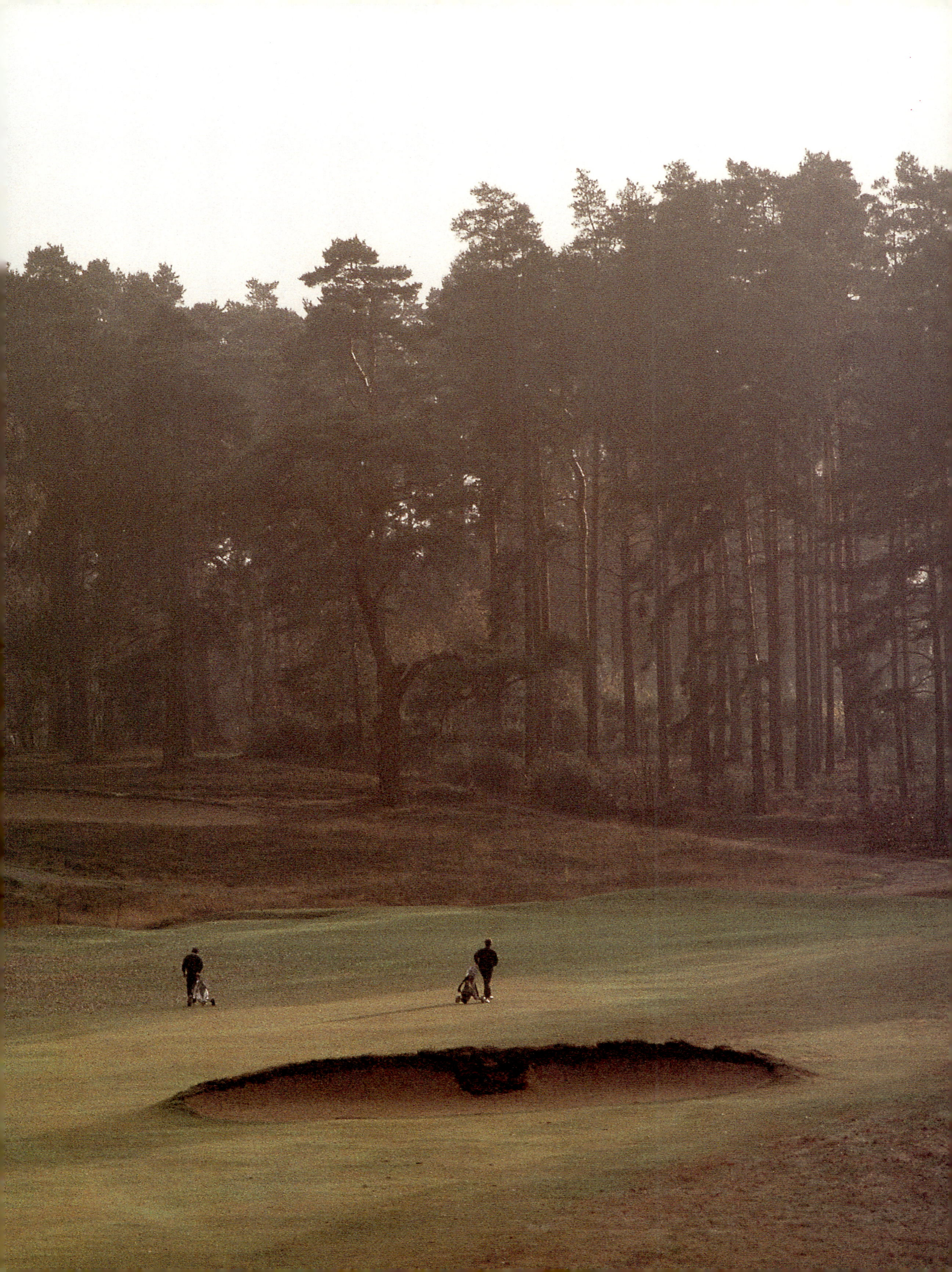

te. Die Umkleideräume waren grauenhaft. Da gibt es eine Story – zugegeben, sie ist von zweifelhafter Herkunft – über zwei Amerikaner, die verschwitzt und nass von der Runde kamen. Sie fragten, wo sie denn duschen könnten? ‚Nirgends, wir haben keine Duschen, Ihre Lordschaften nehmen ihr Bad zu Hause.'"

Clubhaus und Platz haben sich seit der Zeit, als Murragh O'Brien und Ted Baillieu Mitglied wurden, entscheidend verändert. Den größten Wandel erfuhr der Club im letzten Jahrzehnt, genau genommen in den vergangenen drei Jahren, als Ted Baillieu den Vorsitz und Ian Pearce neuer Sekretär wurde. Mochten für die älteren Mitglieder die Veränderungen auch an Revolution grenzen, so waren sie für die jüngeren vollkommen in Ordnung und absolut notwendig.

Zunächst der Golfplatz. Zweifellos ist Swinley nach wie vor ein Platz für Gentlemen, aber kein „sanftmütiger" mehr. Der ursprünglich von dem berühmten Golfplatz-Architekten H. S. Colt entworfene Parcours hatte allein durch die Tatsache, dass er mitten im Wald gebaut wurde, ein absolut parkähnliches Erscheinungsbild. Die magischen Komponenten bestanden aus dem als Bagshot-Sand bekannten Heideboden, eine selbst drainierende Mischung aus schwarzer Erde, grauem Sand, Ton und Kieselsteinen. Dies hat zur Folge, dass es auf dem Parours nie matschig ist oder auf ihm gar Wasser steht. Außerdem sind seine Umrisse immer sehr natürlich und harmonisch – kurz, er besitzt die Vorteile eines Links-Courses ohne die Hindernisse einer habgierigen See oder des austrocknenden Windes. Die zahlreichen guten Golfanlagen der Region, einschließlich Sunningdale, Berkshire und Wentworth, verdanken ihre Existenz diesen glücklichen geologischen Zufällen.

In den letzten Jahren wurde der Platz erschwert, indem man Bunker verlegte und neue Bäume pflanzte. Dies hatte Einfluss auf die Länge des Parcours und machte es an manchen Löchern schwerer, Par zu spielen. Doch nie sollte Swinley ein Meisterschaftsplatz werden, eine Philosophie, die auch durch die Clubregeln gestützt wird. Bester Beweis dafür ist der Anschlag im Clubhaus, dass ganzjährig der Ball besser gelegt werden kann, was nicht zuletzt auch zum Wohle der besuchenden Golf Societies ist. Dazu Platz-Manager Lawson Bingham: „Das Golfspiel wurde hier sehr vereinfacht. Es gibt hier keine roten und gelben Pfosten, die Gräben oder andere Hindernisse markieren. Wenn man an solch einer Stelle landet, hat man die Wahl. Spielen oder aufnehmen und unter Zurechnung eines Strafschlags droppen. Das Gleiche gilt auch für die Fairways." Swinley war immer für seine erstklassigen Grüns bekannt. Doch die Fairways werden niemals, wie etwa bei Meisterschaftsplätzen, runtergeschnitten. Denn: Die Mitglieder mögen's halt ein bisschen aufgeteet.

Es war Clubsekretär Ian Pearce, ein ehemaliger Offizier der Armee, der übrigens bei Militär- und anderen Golfclubs eine erstaunliche Karriere gemacht hatte, der im Jahr 1990, genau 81 Jahre nach der Clubgründung, eine Scorekarte nach Par einführte. Den modernisierten Platz in Swinley beschreibt er als „ernst zu nehmenden Test für die golferischen Fähigkeiten. Um erfolgreich zu spielen, braucht man jeden einzelnen Schläger aus der Tasche. Meine Lieblingslöcher sind das 9. und das 12., zwei sehr schwierige Par 4. Ich werde es einfach nicht leid, diesen Platz zu spielen."

Der Schotte Lawson Bingham, der 21 Jahre in Prestwick und fünf in Sunningdale verbrachte, wurde mit der Aufgabe betraut, den Platz nach einer schwachen Phase wieder auf ein hohes Niveau zu bringen. Als alter Kenner von Links- und Heideland-Plätzen machte er die Beobachtung, dass eine große Portion gesunden Menschenverstands zu den Eigenschaften eines guten Greenkeepers gehören muss: „Ein fähiger Greenkeeper braucht das Gefühl fürs Wetter. Er muss damit arbeiten und damit spielen. Maschinen und Bewässerungsanlagen machen das Leben leichter, aber Diplome können keine Erfahrung ersetzen."

Als Golflehrer und Caddiemeister ist Bob Parker seit nunmehr über 20 Jahren in Swinley. Er trat die Nachfolge eines Mannes an, der ein halbes Jahrhundert lang diesen Job erledigte. An Society-Tagen zau-

Gegenüber oben: *Mit Heide bewachsener Bunker.*
Gegenüber: *Wald-Ausschnitt*

Folgende Seiten: *Ein friedlicher Vierer*

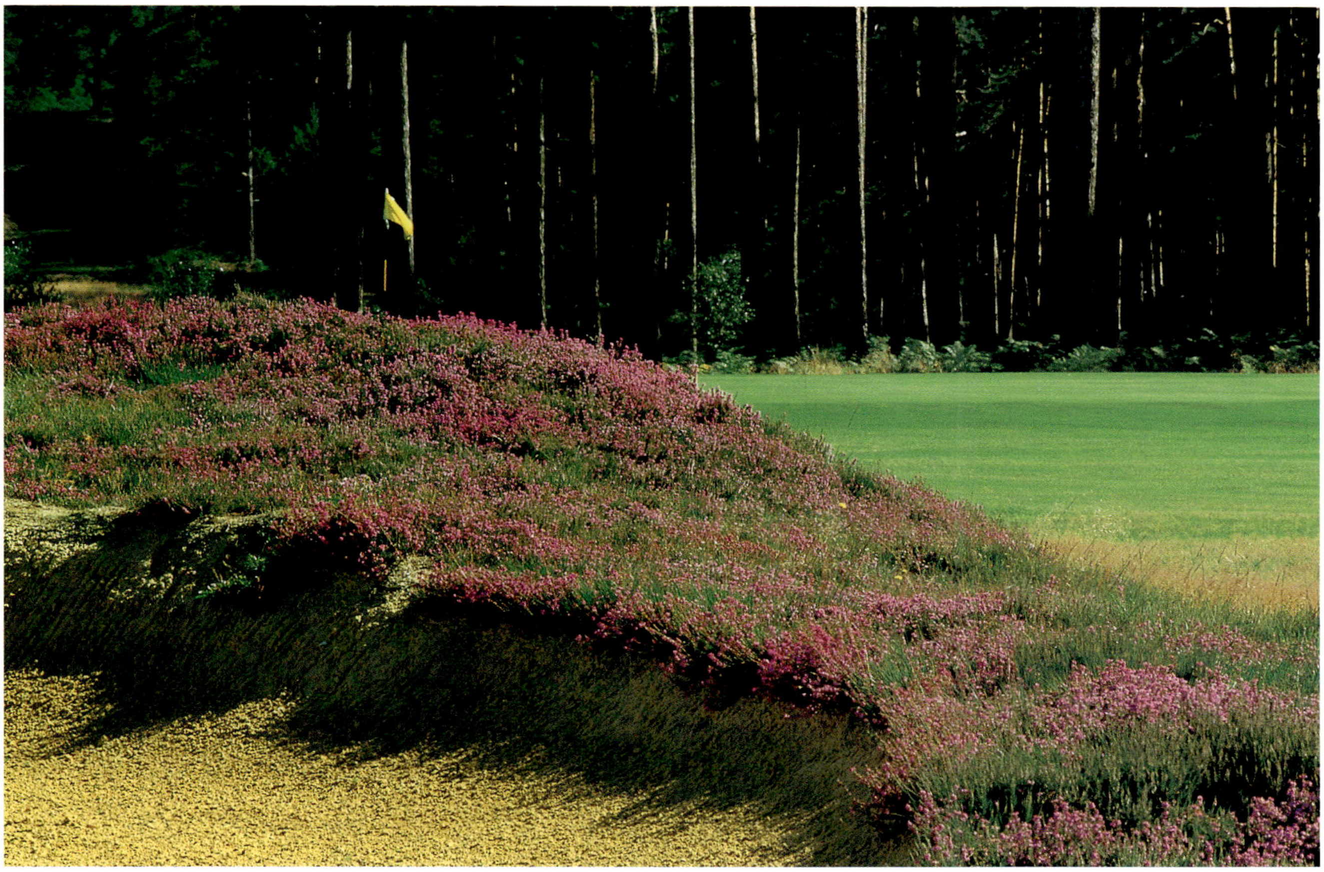

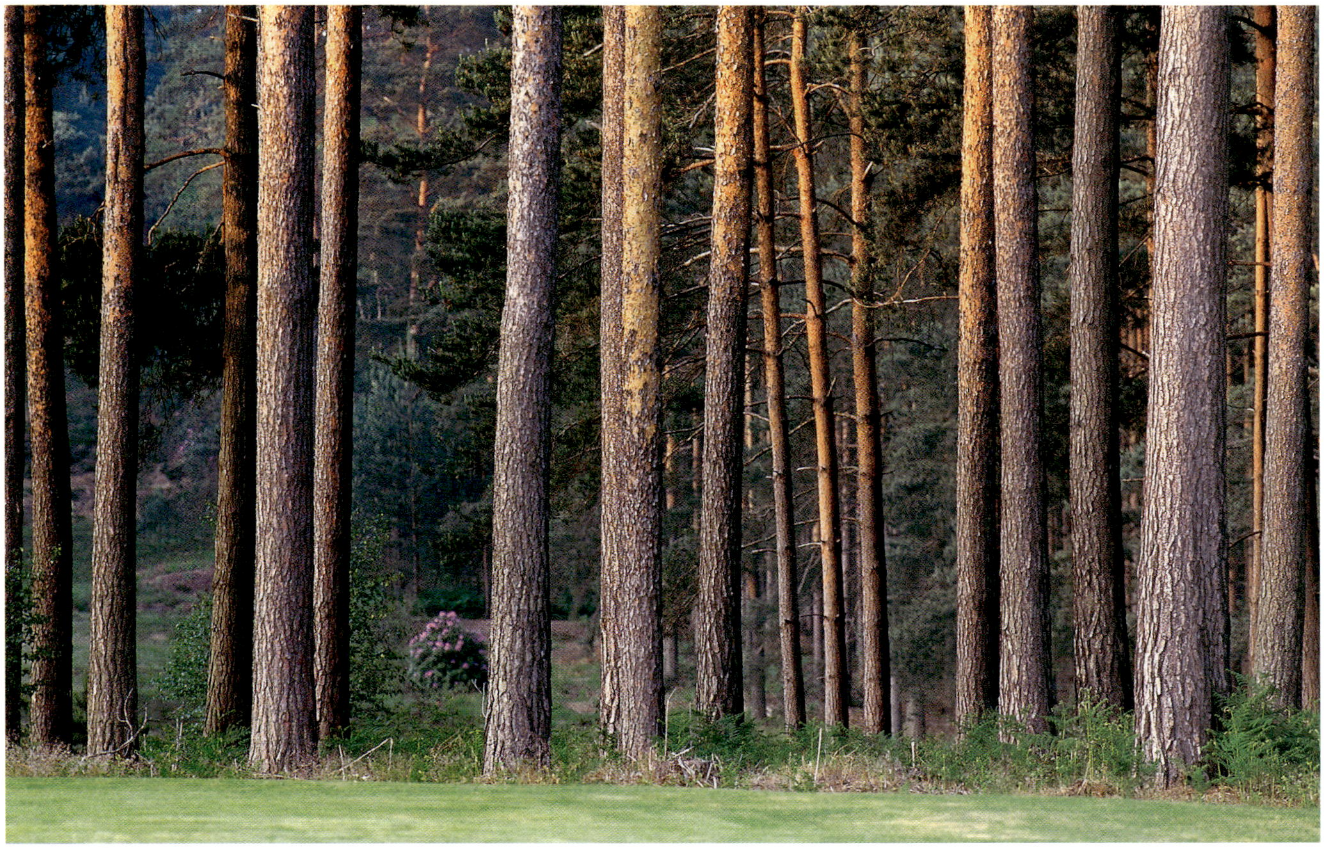

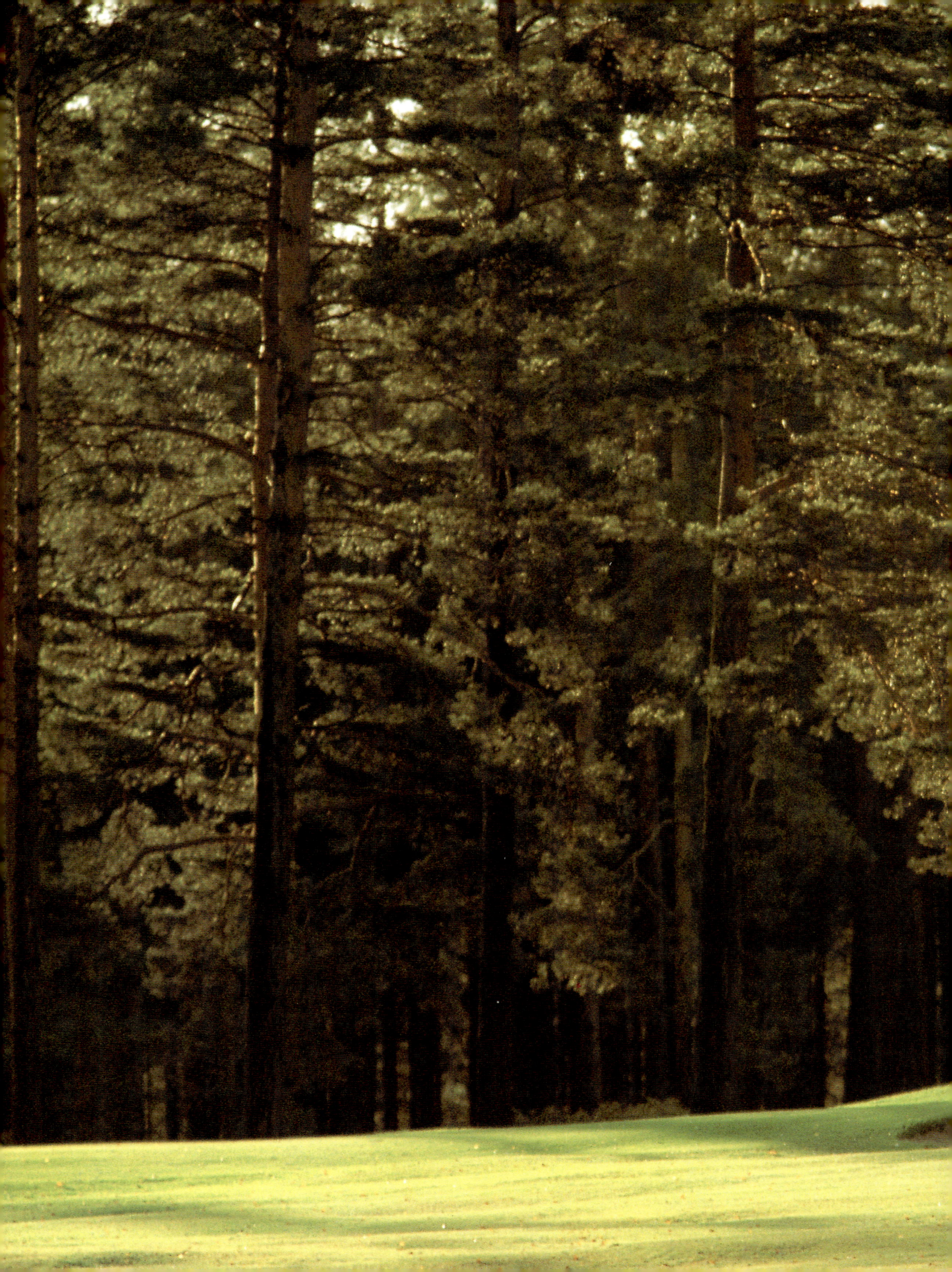

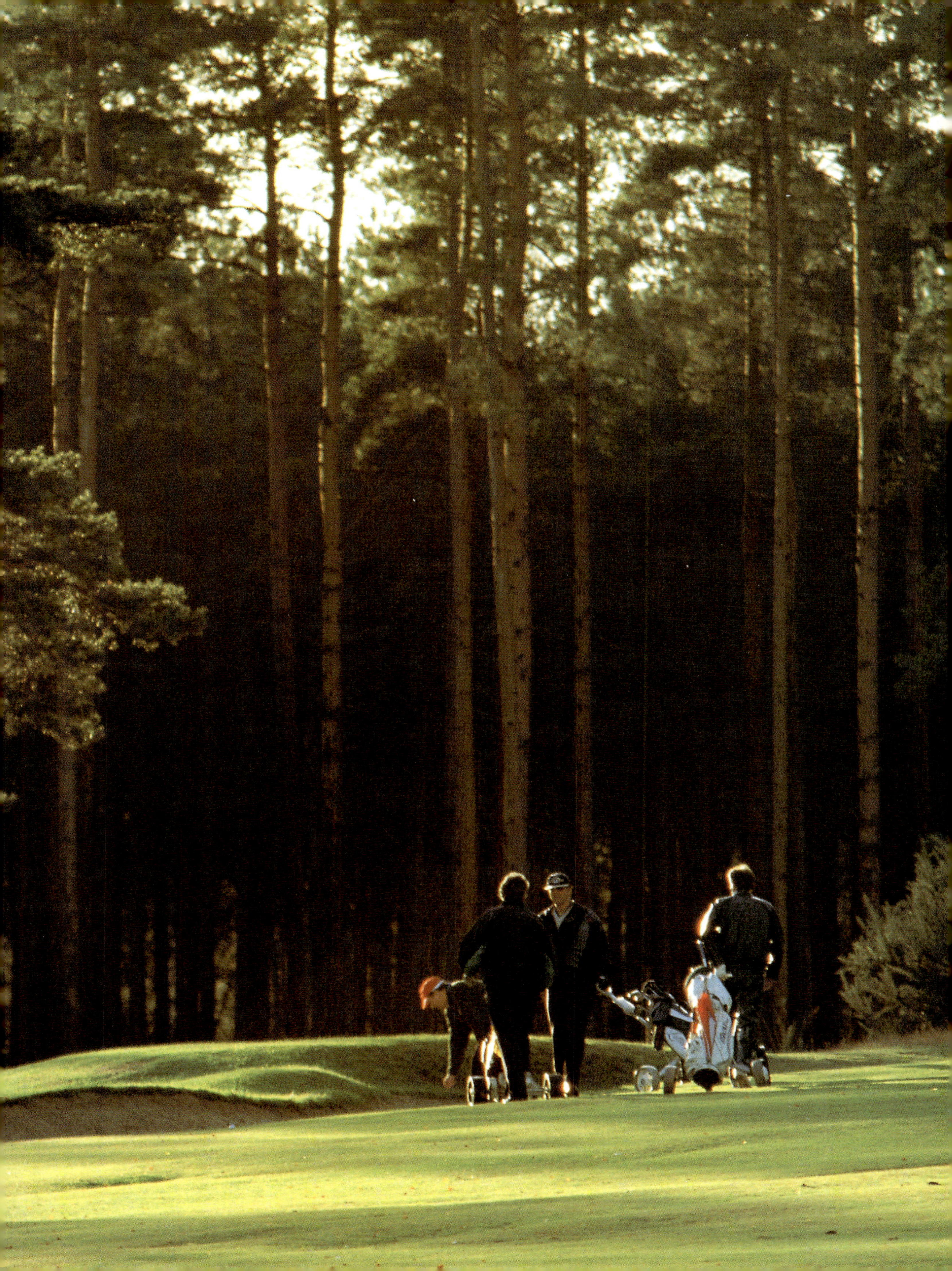

Das Porträt des Clubgründers von Swinley und 17. Earl of Derby im Clubraum.

bert er, wenn es nötig ist, 40 bis 50 Caddies herbei. Auch macht er in seinem Golfshop mit den Besuchern ein recht gutes Geschäft. Mit den Mitgliedern jedoch sind die Aktivitäten im Geschäft bzw. als Golflehrer weitaus geringer. Er erinnert sich, dass ein altes Mitglied zwei Tage lang ein Paar Socken ausprobierte, ehe es sich zwei Paare kaufte. Er zahlte nicht bar und bat um eine Rechnung. Sechs Wochen später kam ein Scheck über vier Pfund. Weitere 14 Jahre später kam das Mitglied in seinen Laden und sagte: „Ich muss sagen, Parker, ich brauche neue Socken. Die alten sind wohl durch."

Auch die Nachfrage nach Golfunterricht ist gering. Bob Parker: „Es ist schon hart, wenn man das Durchschnittsalter unserer Mitglieder betrachtet. Ich erinnere mich an Sir Archibald Forbes, der eines Tages zu mir kam. Er war 84 und wollte ein paar Unterrichtsstunden, weil er die Länge seiner Drives etwas verbessern wollte."

Die Veränderungen im Clubhaus von Swinley sind indes dramatischer. Ein Mitglied erinnert sich: „Holzstücke hingen von der Decke. Es sah aus wie das gesunkene Wrack der Mary Rose von Heinrich VIII. Absolut entsetzlich." Wesentliche Bauarbeiten mussten durchgeführt werden.

Leichtes Lunch nach der Runde

Neue Ziegel, natürlich in dem warmen, edwardianischen Farbton, wurden aus Frankreich importiert. Während die Umkleideräume für Mitglieder und Besucher außer Frage standen, gab es wegen der neuen Bar große Kontroversen. Ein Gentleman, der eigentlich Mitglied werden wollte, zog verärgert seinen Antrag zurück: „Ich weigere mich, in einem Club Mitglied zu werden, der eine Bar hat wie das Hilton."

Zwar ist die Bar durchaus modern, aber vom Hilton-Kitsch Welten entfernt. Doch davon abgesehen, wahrte man die Werte und Atmosphäre der Alten Welt. Die schweren Eichentische und Stühle im Speiseraum im Obergeschoss blieben unangetastet. Die großzügige Treppe wurde zwar strukturell sicherer gemacht, blieb aber unverändert. Und der Clubraum im Erdgeschoss ist nach wie vor eine Oase der Ruhe in einer hektischen Welt.

Andere Veränderungen in Swinley ergaben sich als direkte Folge der Notwendigkeit, den Club zu renovieren und neu auszustatten. Kurz – Geld musste eingetrieben werden. Dazu Ian Pearce: „Die Mitglieder hatten die Wahl – entweder die Jahresbeiträge erheblich anzuheben, neue Mitglieder in den Club zu lassen oder den Platz mehr zu nutzen. Schließlich entschieden sie sich für eine Kombination der drei Möglichkeiten."

Folgende Seiten: *Die Rhododendron am 12. Grün in voller Blüte.*

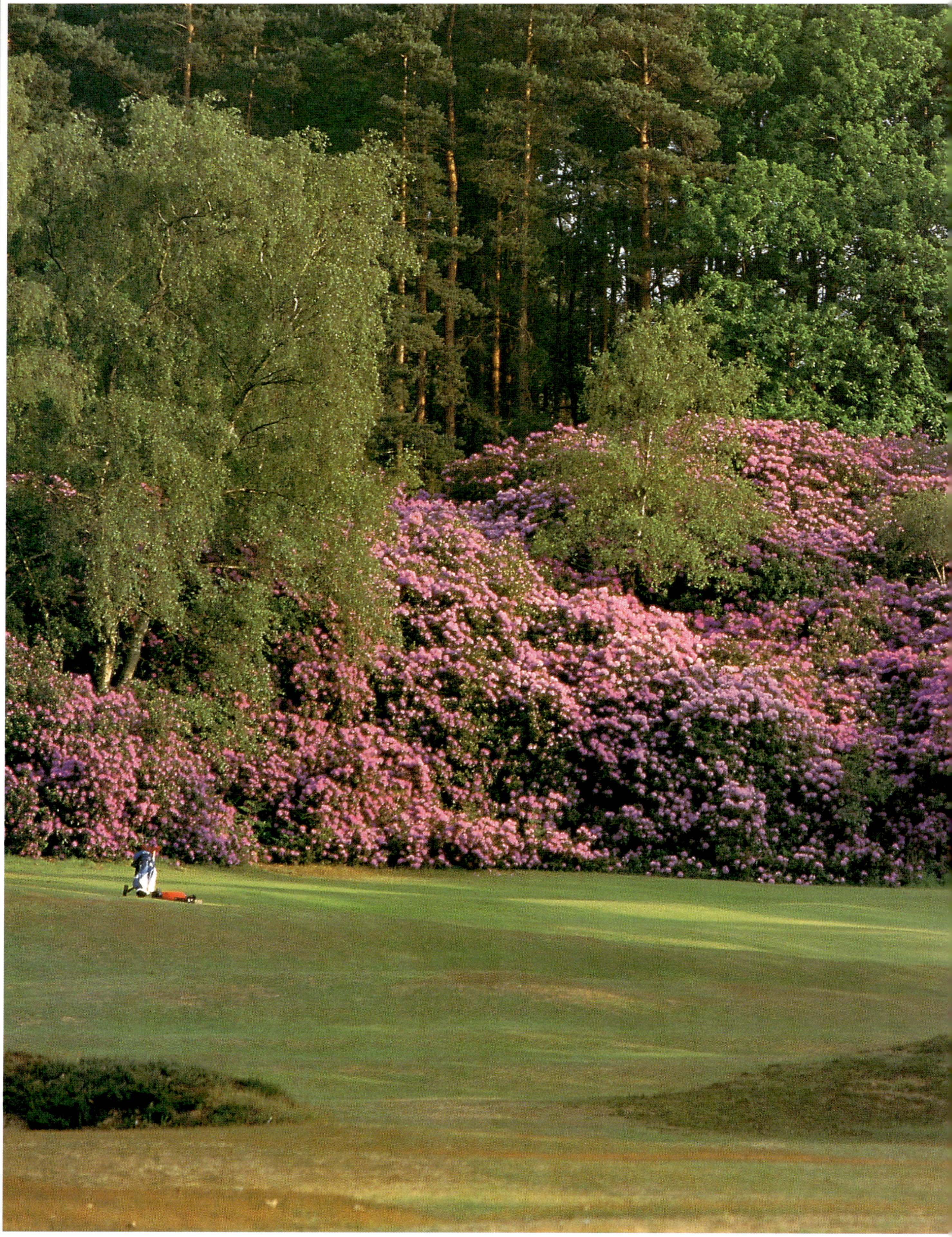

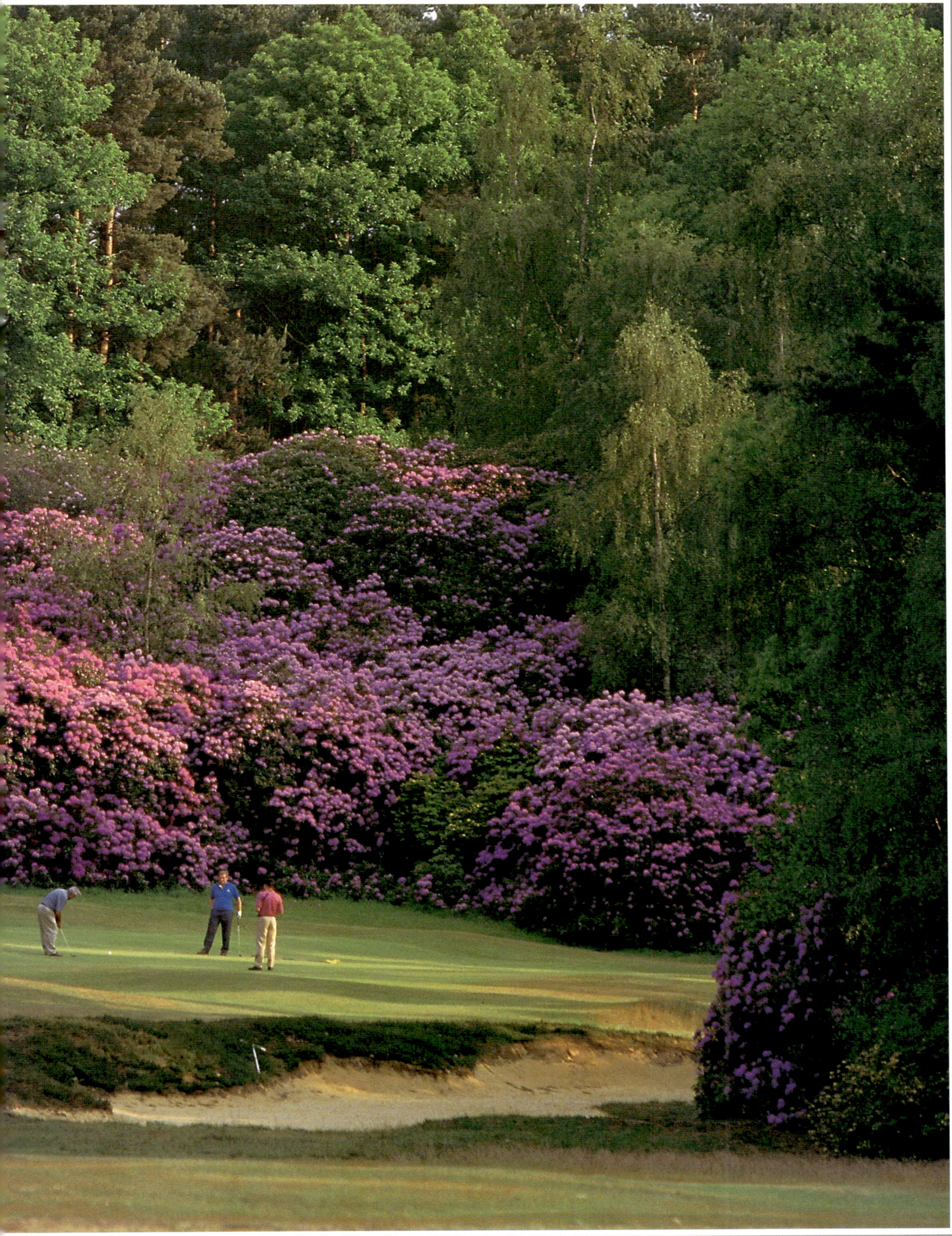

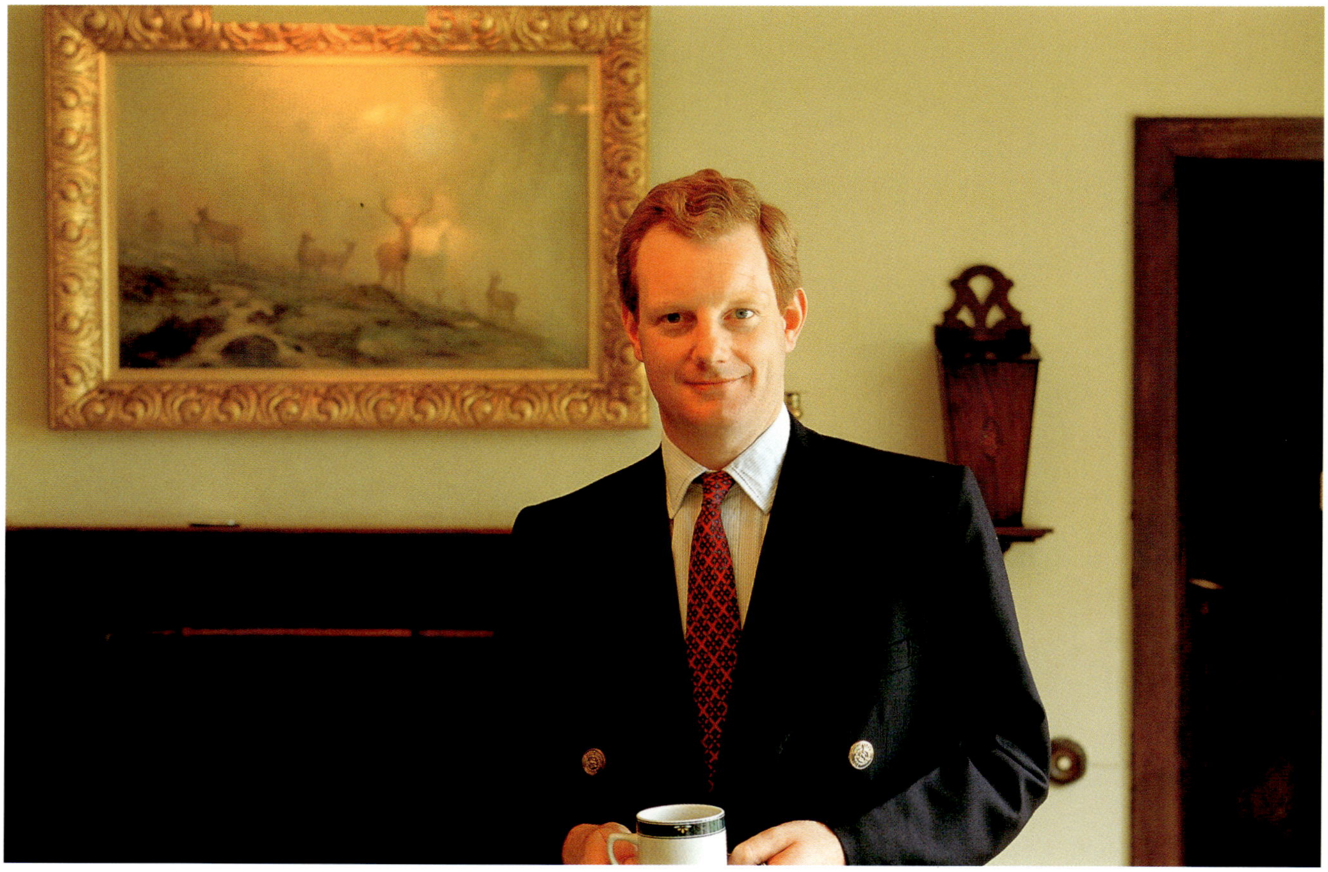

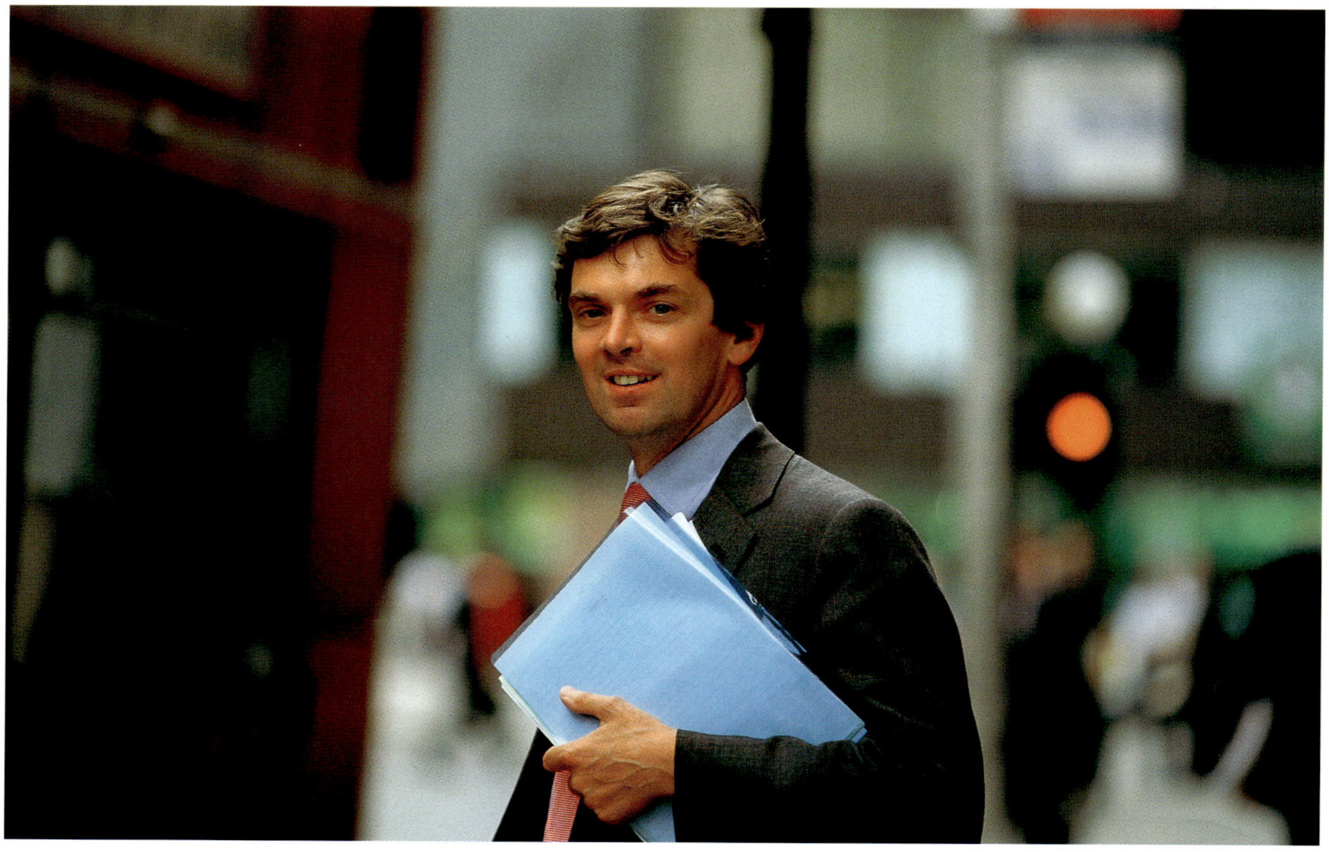

Gegenüber oben: *Der 19. Earl of Derby bei seinem ersten Clubbesuch.*
Gegenüber unten: *Neil Harman, ein junges Swinley-Mitglied, in der Stadt.*
Oben: *Clubvorsitzender Sir John Milne.*

Ergebnis war, dass Aufnahmegebühr und Jahresbeitrag verdoppelt wurden, die Mitgliedschaft von 225 auf 325 angehoben und mehr Besucher eine höhere Greenfee entrichten mussten. Ian Pearce gibt zu, dass es „revolutionär war, die Zahl der Mitglieder innerhalb von zwei Jahren so stark anzuheben. Doch die meisten Clubs haben um die 700 Mitglieder, weshalb unsere Zahlen noch gering sind." Allerdings ist das Bild verfälscht und sagt nichts über die Spielfrequenz in Swinley bzw. vieler in diesem Buch vorgestellten Clubs aus. Üblicher Weise ist man in mehr als einem Club Mitglied und teilt seine Zeit unter ihnen auf.

Inzwischen hat sich der Club finanziell wieder freigeschwommen, freilich ohne sich im offenen Fahrwasser zu befinden. Die Pacht für den Teil des Platzes, der der Krone gehört, wird demnächst erhöht werden. Außerdem stehen weitere Renovierungen im Haus von Lawson Bingham an. Dazu muss man wissen, dass alle Clubangestellten auf oder in der Nähe des Platzes auf Kosten des Clubs untergebracht werden. Wenn alles gut geht wird man die Zahl der Besuchertage – momentan Montag bis Freitag – reduzieren. Viele ältere Mitglieder wollen während der Woche spielen. Der Hauptandrang für Society-Golf oder Firmenveranstaltungen ist am Dienstag und Donnerstag. Am Montag, Mittwoch und Freitag müssen

Folgende Doppelseite: *Bild der Ruhe*

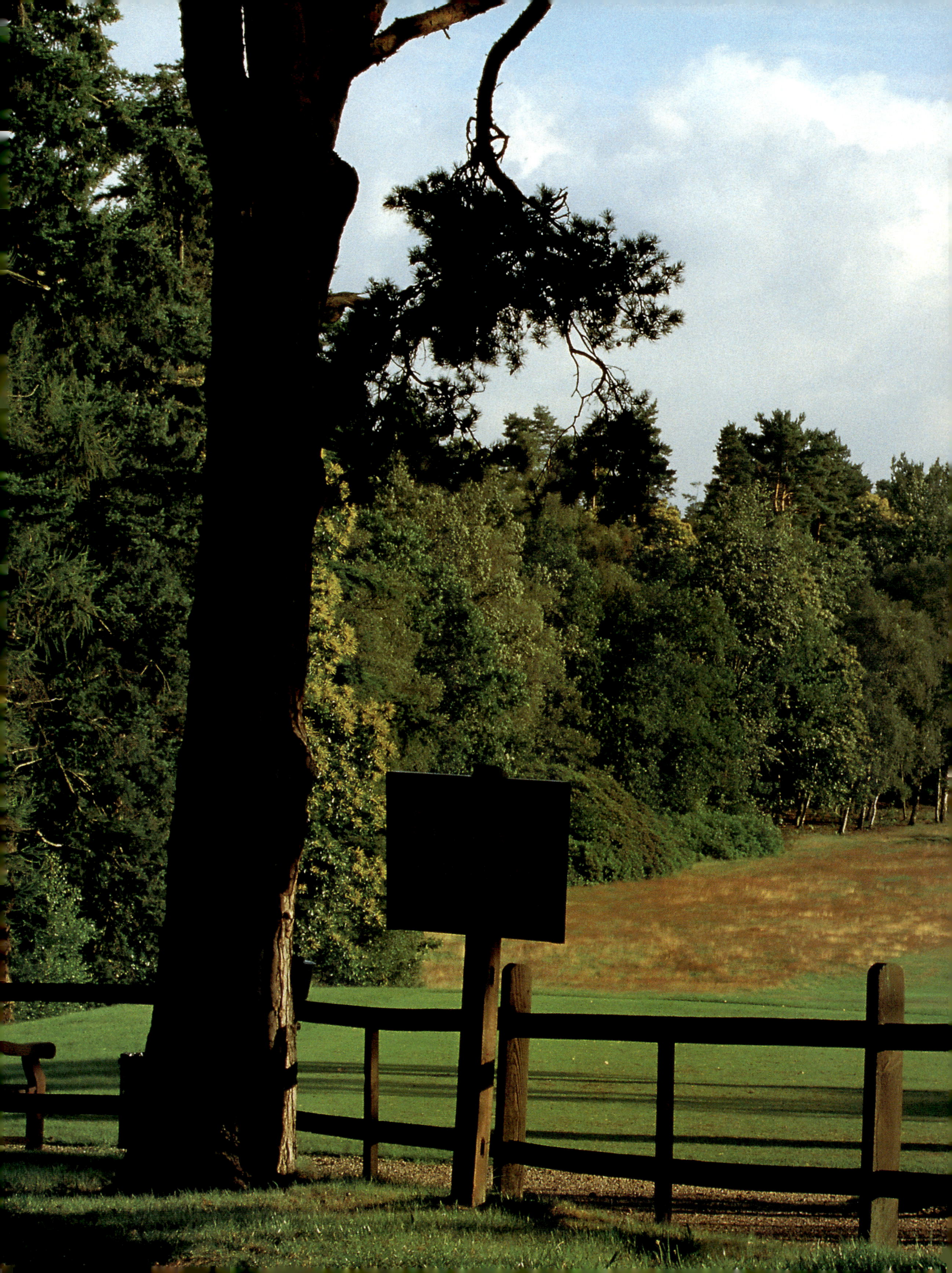

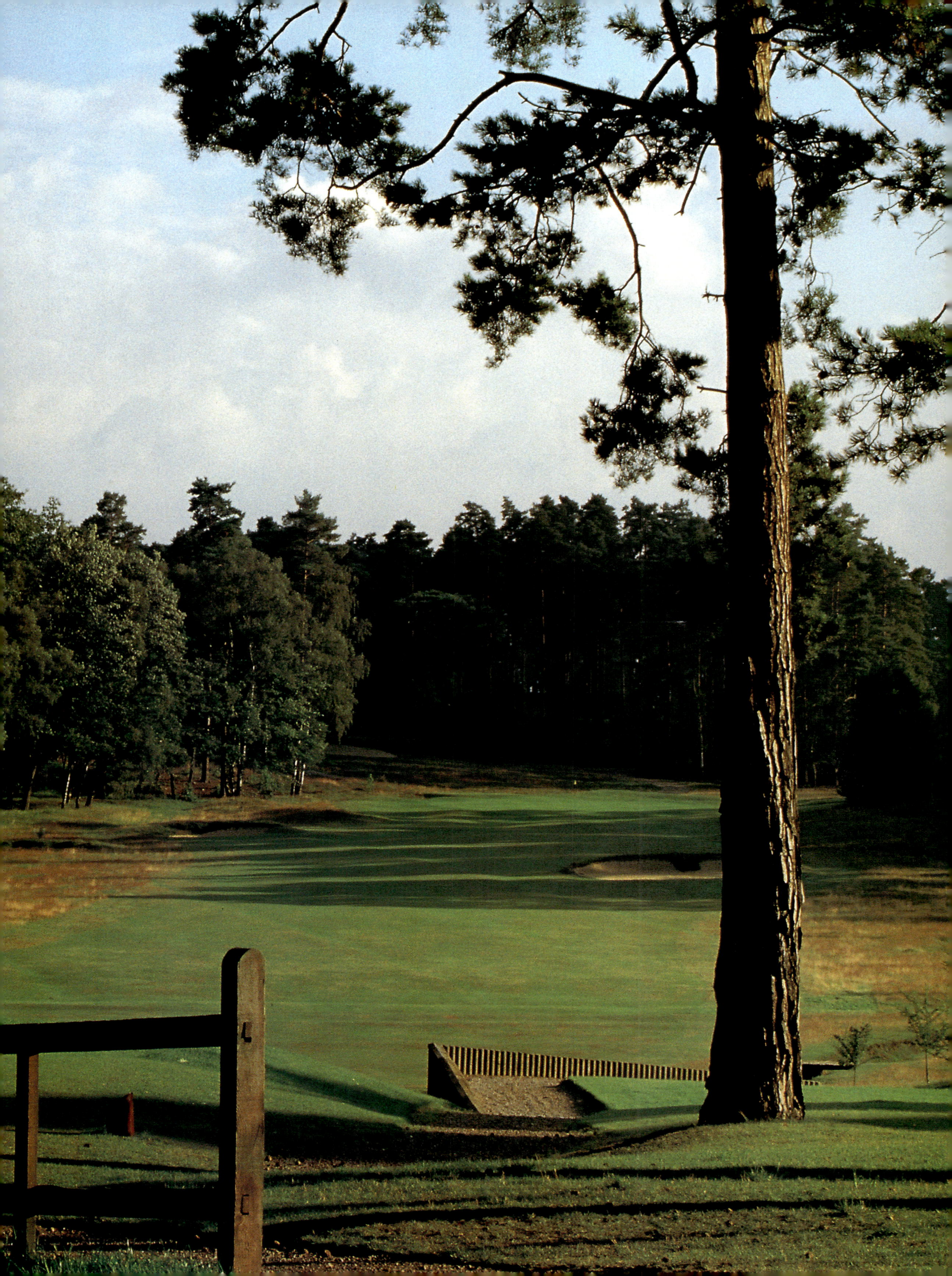

Besucher den ersten Abschlag bis spätestens 9.30 Uhr verlassen haben, damit danach die Mitglieder spielen können. Fast jeder Club geht wohl diesen Balance-Akt zwischen den Ansprüchen der Besucher und der Mitglieder.

Eines der Ergebnisse, die die massive Aufnahme neuer Mitglieder mit sich brachte, war eine Verjüngungskur, wobei in Swinley mit dem Begriff „jünger" vorsichtig umgegangen werden muss. Das Durchschnitsalter in Swinley lag immer um die 70. Durch die Neuaufnahmen sank es auf ein Alter von 54 Jahren. Und so kursiert hier der müde Witz, dass ein jugendliches Mitglied eines sei, das kurz vor der Rente steht.

Dabei gibt es durchaus junge Mitglieder, wie zum Beispiel Neil Harman, der mit seinen Anfang 30 als Versicherungsmakler in London arbeitet. Sowohl sein Vater als auch sein Großvater (Anteilseigner) waren Mitglied in Swinley. Gleichzeitig ist er auch in Royal St. George's Mitglied, wo er Turniergolf spielt: „Swinley ist einfach ganz anders. Erst seit kurzer Zeit gibt es ein jährliches Clubturnier. Es gab dann zwar Gerüchte um eine Ehrentafel für die Gewinner, aber die wurden niedergeschlagen. Begründung eines der Vorstandsmitglieder: ‚Das hat was von Hundezüchter-Verein.' Mein Bruder ist ebenfalls hier Mitglied. Er ist kein sehr ehrgeiziger Golfer, deshalb ist das hier sehr gut für ihn. Es ist ein ruhiger Platz, er ist leicht erreichbar, es gibt keinen Wettbewerb, einfach ein schöner Ort, um mit seinem Hund spazieren zu gehen." Und was die Veränderungen angeht, harmonieren die jungen und die alten Mitglieder in Swinley aufs Beste. „Manche Dinge müssen verändert werden, aber es darf nicht dramatisch sein. Unserer Ansicht nach darf man nichts einführen, was mit Traditionen bricht." Der neue Vorsitzende, Sir John Milne, teilt diese Auffassung: „Wenn ich jetzt einen Sonntags-Barbecue einführen würde, wäre ich meinen Job los."

Um in Swinley auf die Warteliste zu kommen, braucht man nichts weiter als zwei Bürgen aus der Mitgliedschaft. Und golferische Fähigkeiten? „Die spielen dabei keine Rolle", meint Ian Pearce. „Alle würden bei einem Scratch Golfer denken, oh lieber Gott, der will ja eine Menge spielen. Es sind die sozialen Kontakte, die wichtig sind." Es gibt keine Jugendabteilung, so dass man frühestens mit 18 auf die Warteliste kommt. Dort angelangt, muss der Kandidat nur noch abwarten, bis ein älteres Mitglied auf das weite Fairway des Himmels abberufen wird. Im besten Fall kann man mit zehn Jahren, im schlechtesten mit 15 Jahren rechnen."

Eine weitere Umwälzung betrifft die Art und Weise, wie der Club geführt wird. Bislang funktionierte Swinley nach dem stolzen Motto „der selbsterhaltenden Oligarchie". Zur Zeit wird der Club durch einen sechsköpfigen Vorstand geführt, der einen Vorsitzenden hat. Es gab nie einen Captain, noch weniger einen Präsidenten. Wie bei vielen Traditionsclubs wurde die tägliche Administration vom Clubsekretär erledigt, das heißt in den vergangenen zehn Jahren von Ian Pearce. Der Geist eines oligarchischen Führungszirkels funktioniert immer noch, auch wenn der Vorsitzende jetzt in Absprache mit dem Vorstand seinen eigenen Nachfolger auswählt. Dies spiegelt auch die verbleibende Macht der Anteilseigner wider. 55 Stimmen stehen noch aus, und der Club kann ohne Zweidrittel-Mehrheit keine Regel ändern.

Die Golfer in Swinley spielen wie eh und je zu ihrem Vergnügen, und das in aller Ruhe. Die älteren Mitglieder spielen lieber in der Woche, die jüngeren am Wochenende. Gäbe es keine Societies und Firmenveranstaltungen, wäre Swinley nicht ausgelastet. Der nicht unübliche Anblick eines völlig vereinsamten Platzes am Samstag oder Sonntag mag Außenstehende überraschen, bei den Mitgliedern erzeugt er ein wohliges Gefühl der Wärme. Turniergolf bleibt auf die jährliche Begegnung mit dem Fernhill Artisans Golf Club und mit ein paar Societies im Match Club beschränkt. Beim Match gegen Artisans wird um den Peacock Cup gespielt – benannt nach dem berühmt-berüchtigten Vorsitzenden Sir Edward Peacock. Dies ist auch die einzige Silbertrophäe des Clubs, die sich, was wenig überraschend ist, außerhalb des Blickfelds im Safe des Büros befindet. Neu sind zwei weitere Wettbewerbe – einerseits die Sommer-Einzel, die im K.O.-Verfahren ausgespielt werden, und der Winter-Vierer, bei dem die Spieler ohne Handicap-Vorgabe an den Start gehen. Ein jüngeres Vorstandsmitglied, das sich erlaubte, auf die Vorteile des Wettbewerbs und die Tatsache, dass man anlässlich dieser revolutionären Veranstaltung auch die älteren Mitglieder treffen könne, hinzuweisen, wurde mit den Worten eines getreuen Anhängers abgestraft: „Ich trat diesem Club nicht bei, um andere Mitglieder zu treffen."

Ein flüchtiger Blick auf die Mitgliederliste, die in Teak und Gold gerahmt an der Wand des Umkleideraums hängt, offenbart die Nähe zu den Blaublütlern. Unter dem Herzog von Edinburgh und seinem Sohn, dem Herzog von York, findet man den Herzog von Beaufort, den Marquis of Linlithgow, Viscount Dilborne, Viscount Garmoyle, Viscount Head, die Earls of Clarendon, Woolton und Perth, Lord Hambro, ein paar Ritter und niederer Adel sowie, natürlich, der 19. Earl of Derby, der 1994 den Titel erbte und damit die familiären Beziehungen aufrecht erhält, die sein Großonkel initiierte. John Bordman – ein anerkanntes Mitglied in Swinley, Sunningdale und des R & A – wurde einmal gefragt, wie er es geschafft habe, ohne Titel oder Ähnliches Mitglied zu werden. Zur kleinen Damenabteilung – in der Regel nichtspielende Ehefrauen von Mitgliedern – gehört Countess Douglas, Lady Agnew, Lady Milne, Lady Rosemarie Muir und Rajmata of Jaipur, jene zweifelhafte Lady, die am 15. Loch soviel Ärger gemacht hatte.

Der soziale Hintergrund der Mitglieder ist überwiegend der Gleiche: Eton und Harrow, die Guards und die Greenjackets, Oxford und Cambridge. Sie sind auch Mitglied in denselben Londoner Clubs – White's, Boodle's und Brooks. Es sind Bankiers, Aktien-Broker, Firmenchefs und Direktoren, Rechtsanwälte und Landbesitzer. Wenn sie reich sind, dann ist es altes Geld. Wie in allen traditionellen Clubs wird über Vermögen nicht geredet und auch nicht damit angegeben. Es ist sicher leichter, einen Golfbuggy durch die Öse eines Schnürsenkels zu bugsieren, als sich in Swinley Forest einzukaufen.

Parallel zum alten Geld gibt es eine aristokratische Lebensweise. Dazu Geoffrey Holmberg, Clubstewart in Teilzeit und älter als so manches Mitglied: „Die Mehrheit der Mitglieder ist sehr nett, man wird wie ihresgleichen behandelt." Bob Parker indes hat so seine Erfahrungen mit der Minderheit. „Es gibt hier einen, der, wenn er mich tot hinter der Theke des Shops liegen sähe, sagen würde: ‚Parker ist tot, wer kümmert sich um die Caddies?'"

Ein Begebenheit bringt das Wesen der Mitgliedschaft auf den Punkt. Das Mitglied einer Golfing Society unterhält sich mit einem Mitglied aus Swinley: „Ja", sagt der Besucher, „wir haben im Club einen guten Bevölkerungsquerschnitt."

„Oh, wirklich?", antwortet der Mann aus Swinley, „Dieses Problem haben wir hier nicht."

Es gibt in Swinley weder Cocktail-Parties noch Abendveranstaltungen. Und obwohl die Clubregeln Kartenspiele erlauben, kann sich niemand daran erinnern, dass je gespielt wurde. Der soziale Höhepunkt einer jeden Woche ist das Lunch am Samstag und Sonntag. An diesen Tagen wird typisches englisches Essen serviert. „Verpflegung wie bei einer Amme", meint ein Veteran des Clubs, „und es gibt genau das, was die Mitglieder wollen." Stolz ist der Club auf einen ziemlich schrecklichen Soft-Drink mit dem Namen „Swinley Special", ein Gebräu, als hätten Kinder es in jenem Moment zusammengepanscht, als die Aufseherin wegschaute. Es heißt, es sei nach einem heißen Tag auf dem Platz erfrischend, und die Mitglieder geben vor, es zu mögen.

Swinley ist ein traumhafter Platz, um eine schöne Runde Golf zu spielen. Die Mitglieder können einfach aufkreuzen und wissen, dass sie spielen können. Solange dies so bleibt, wissen die Männer in Swinley, dass im Club alles in Ordnung ist.

Prestwick Caddies

Rein, nüchtern und weise: der Caddie

(Definition: „Caddie" oder „Cadie" abgeleitet vom Französischen „Cadet". Heißt Träger oder Mädchen für alles)

Die schlechte Nachricht zuerst: Caddies sind eine aussterbende Spezies. Die gute Nachricht: Die noch übrig geblieben sind, haben davon noch nichts gehört oder tun einfach so, als mache es ihnen nichts aus. Acht der zwölf traditionellen Golfclubs, die in diesem Buch vorgestellt werden, verfügen über ausreichend Caddies zum Wohle sowohl der Mitglieder als auch der Besucher. In den meisten modernen Clubs tragen die Mitglieder ihre Tasche selbst oder bedienen sich eines handgezogenen oder batteriebetriebenen Trolleys. Profis haben normaler Weise ihre festen Caddies. Britische Golfer halten nichts vom Einsatz von Elektrokarts, wie amerikanische Besucher feststellen mussten. Dennoch werden in den größeren Clubs – schön versteckt – einige dieser Wagen für ältere und behinderte Golfer bereit gehalten.

Snowball – er hört auf keinen anderen Namen – ist als Caddie geboren. Das Licht der Welt erblickte er „rechts neben der 7. Bahn". Sein Großvater war Parkplatzwächter in Sunningdale und sein Vater, Blondie, war ebenfalls sein Leben lang Caddie. Snowball dient seit Anfang der 60er Jahre als Caddie im Club und hat mit seinen schulterlangen Haaren, dem Stoppelbart und den beringten Fingern sowie seiner allwissenden Art eine durchaus piratenähnliche Erscheinung. „Ich habe gelernt, mit meinen Augen zu arbeiten. Die jungen Leute gucken aufs Geld." Während er bedeutungsvoll Zeigefinger und Daumen aneinander reibt, sagt er: „Darum bringen immer mehr Golfer ihre eigenen Caddies mit."

Snowball, perfekter Repräsentant seines Berufszweigs, weiß nicht nur alles über die Plätze, auf denen er arbeitet, sondern alles über die Clubeigenheiten. Er zündet eine Zigarette an und erzählt: „König Edward VIII. lebte hier nach seiner Abdankung. Sein Butler knöpfte ihm die Kohle ab, die er dann rechts neben dem 17. Grün vergrub."

Reg Barton, mit über 80 längst im Ruhestand, begann im Jahr 1930 im Golf Club Liverpool, als Bobby Jones seinen Grand Slam gewann: „In den 30-er Jahren standen 50 Männer und Jungs vor dem Clubhaus bereit." Später arbeitete er als Caddie für Ben Crenshaw („Ein super Typ. Der trägt abends einen schottischen Kilt.") und bis zu seiner Pensionierung regelmäßig im Club. Das dramatischste Erlebnis seiner Karriere hatte er nicht etwa bei einer Meisterschaft oder einem internationalen Turnier, sondern als der Club-Captain am 5. Loch tot umfiel. Bei seinem letzten Caddie-Job arbeitete er für Prince Andrew, den Herzog von York. Als er hörte, dass wir

Ganz oben: *Caddies in St. George's* – Oben: *R & A Caddies*.

den Prinzen womöglich in Swinley Forest treffen würden, wurde Reg Barton hellhörig: Oh, wenn sie ihn sehen, bitten sie ihn doch um meinen Stift. Er hat ihn mir nie zurückgegeben."

Brian McGowan – er sieht mit seinem flachsfarbenen Haar und roten Gesicht aus, als habe er Vorfahren bei den Wikingern – hat schon in ganz Schottland gearbeitet, ist jetzt aber fest im Golf Club Prestwick in Ayrshire. Er verbindet seine Kenntnisse über die Furcht einflößenden Links in Prestwick mit einem Fundus an Anekdoten, die er nervösen Besuchern erzählt, damit diese sich entspannen. „Als mich einmal ein Amerikaner spaßeshalber bat, den Regen zu stoppen, erzählte ich ihm, dass es dieses Jahr nur zwei mal geregnet habe. Einmal sechs Monate, einmal vier Monate lang."

Es ist recht unwahrscheinlich, dass die Caddie-Tradition, die so viel Anteil an der Geschichte des Golfsports hat, ganz ausstirbt. Die Nachfrage nach ihnen ist in Clubs wie Sunningdale, Sandwich und Prestwick gleichbleibend stabil. Sicher gibt es auch schwache Caddies, deren Urteil und golferisches Wissen sehr begrenzt ist.

„Wie gut sind ihre Augen?" – dies scheint in diesen Tagen eine übliche Frage zu sein, die man einem Caddie stellt. Viel mehr als „wie nähere ich mich dem 3. Grün?" Und was auch immer im Amateurbereich passiert, es ändert nichts an der Beziehung zu den Golfprofis. Die Caddies bleiben deren rechte Hand, ziehen mit ihnen durch dick und dünn und versorgen sie mit dem traditionellen Futter, das da heißt technischer, psychologischer und – falls erforderlich – auch philosophischer Beistand. Dies alles steuern Caddies zum Spiel bei.

Und sollten die Caddies schließlich doch das Schicksal des Dodo (ausgestorbener, flugunfähiger Vogel) teilen, ist es beruhigend zu wissen, dass all jene, die über den Golfsport schreiben, sich über ihr physisches Ende hinwegsetzen. Die Geschichten der Caddies, ob wahr oder Erfindung, sind bereits Legende und werden – ganz egal, was passiert – sich vervielfältigen. Wenn es schon keinen Raum für ein repräsentatives Beispiel gibt, dann doch für einen Witz: Es geht um einen schlechten und uneinsichtigen Golfer, der nach einer Ausrede für seine eigene Unfähigkeit suchte und sich nach der Runde an seinen geduldigen Caddie wendet: „Sie müssen der schlechteste Caddie der Welt sein", platzt es aus ihm heraus. Worauf der Caddie ganz ruhig antwortet: „Das wäre doch zu viel der Zufälle."

Das 9-Löcher-Wunder

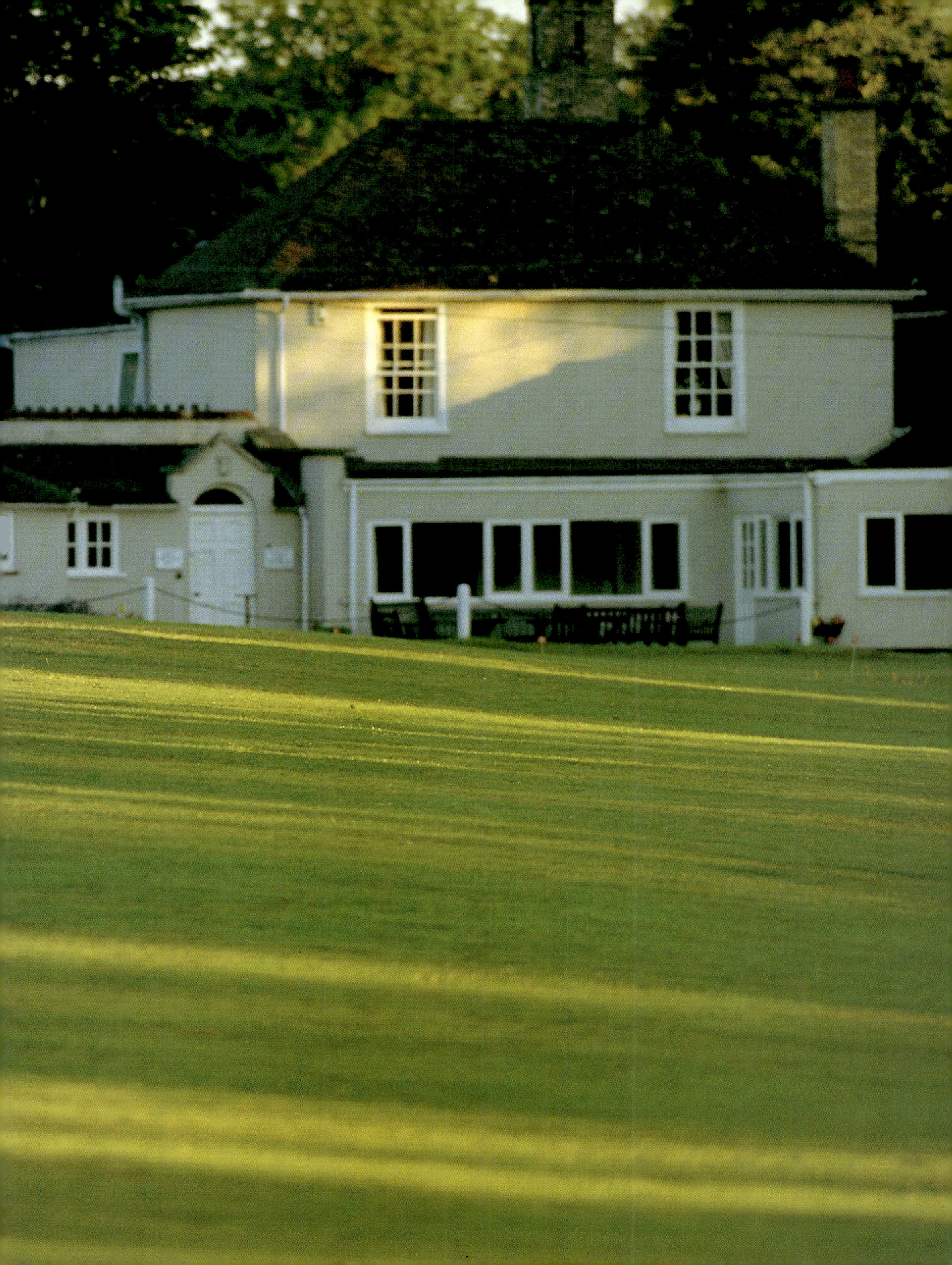

Royal Worlington und Newmarket Golf Club

„Es ist ein kleines, dreieckiges Stück Land in Seenähe. Trocken, sandig und mitten im Herzen des ländlichen Suffolk gelegen, von Stechginster und Fichten bedeckt und gerade mal groß genug für neun Löcher." So schrieb Henry Longhurst in seiner Autobiograhie „My Life and Soft Times". „Wer diesen Platz entworfen hat, weiß ich nicht... entweder war es ein Genie oder aber der Mann hat einen gewaltigen Zufallstreffer gelandet. Denn nach meiner Erfahrung ist dieser Platz nur mit dem Old Course in St. Andrews zu vergleichen." Es mag merkwürdig anmuten, einen 9-Löcher-Platz in derselben Liga – bzw. im selben Buch – einzuordnen wie einen konventionellen 18-Löcher-Platz. Doch der früher im Allgemeinen als Mildenhall und heute unter seinem Kürzel Worlington bekannte Club ist eine Klasse für sich. Bernard Darwin nannte den Platz „die heiligen Neun" – ein Zitat, das auch für die 100-jährige Clubchronik ausgeliehen wurde. Andere Golf-Koriphäen – von Herbert Warren Wind über Pat Ward-Thomas bis hin zu Michael Bonallack – stimmten im Laufe der Zeit dieser Beschreibung mit ganzem Herzen zu.

Man kommt rein, geht über die abgetretenen Bodenfliesen – so wie Sie es vielleicht auch vor einhundert Jahren getan hätten. Plötzlich stehen Sie vor einer Klappe, die wie eh und je 60 mal 70 Zentimeter groß ist und Sie bestellen sich diesen legendären Clubdrink namens „Pink Jug". Serviert wird diese Mischung in einem verzierten viktorianischen Wasserglas, wobei auch die Zutaten dieses erfrischenden, wenn auch hochprozentigen Drinks immer noch die gleichen sind: eine Flasche Champagner sowie in gleichen Anteilen Benedictine, Brandy und Pimm's No. 1, Zitrone und Eis. Beruhigend, dass der Pink Jug das Clublogo trägt, das sich vom Dunkelblau der Clubkrawatte und dem Blau der Clubfahne deutlich abhebt.

Das Gesicht des Stewarts mag anders aussehen, das gesunde, schmackhafte und zudem hausgemachte Essen ist das gleiche geblieben. Wie sich im Clubhaus ohnehin nichts geändert hat, weder die Rollhandtücher, noch die hölzernen Klobrillen, noch die gegerbten Bänke in den Umkleideräumen. Einmal gesehen und für immer fest in Ihrer Vorstellung verankert, jedes noch so kleine Detail. Dennoch – irgendetwas muss sich in den letzten 50 Jahren doch verändert haben? Gut, wenn Sie so kleinlich sein wollen – es gab aus Anlass des 100. Club-Jubiläums 1993 eine neue Uhr. Und eine neue Kordel im Umkleideraum, die zum Anschalten des Lichts benötigt wird und die neuerdings mit einem Golfball beschwert ist. Ja, und schließlich wurde die Bodenfliese vor der Barklappe ausgetauscht. Aber damit hat sich's.

Das 9-Löcher-Wunder wurde 1893 von zwei Männern der lokalen Oberschicht gegründet – von einem Captain (und späteren General) E. W. D. Baird und einem gewissen Harry McCalmot, der nach Eton bei den Scots Guards gedient hatte. Der Grund und Boden einschließlich des kleinen Bauernhauses, das sich perfekt für eine Umwandlung in ein Clubhaus eignete, gehörte einem William Gardner, der auch zu den 20 Gründungsmitgliedern zählte.

Nur zwei Jahre nach seiner Gründung wurde der Club im Jahr 1895 unter königliche Schirmherrschaft gestellt. Doch im Jahr 1901 entschied sich William Gardner, einen Großteil seines Besitzes einschließlich des Platzes und des Clubhauses zu verkaufen. So lernte der Club auch die Niederungen einer Versteigerung in Newmarket kennen. Als „Lot Number 5" sollte der „Royal Worlington and Newmarket Golf Links, bekannt als der beste 9-Löcher-Platz des Landes" unter den Hammer kommen. Zum Glück fand sich kein Käufer und der Club selbst konnte zwei Jahre später den Besitz für 2677 Pfund erwerben und damit sein Schicksal förmlich in die Hände der Mitglieder geben.

Die mysteriöse Identität des Platzarchitekten wurde von Worlingtons Präsident John Gillum gelüftet, der 100 Jahre nach Clubgründung mit seinen Recherchen begann, um Anfang der 90er Jahre eine Clubchronik zu schreiben. Es handelte sich weder um – wie viele dachten – Willie Park, den Designer des Old Course in Sunningdale, noch um Tom Hood, Worlingtons ersten Golflehrer, Stewart und Greenkeeper. Vielmehr war es wohl der englische Profispieler und produktive Platzdesigner Tom Dunn, der, als er das Gelände sah, gesagt haben soll: „Gott hat dieses Land für einen Golfplatz vorbestimmt."

Dieses Zitat ist gewiss nicht immer angebracht, aber zweifelsohne traf Tom Dunn in Worlington den Nagel auf den Kopf. So wie es südwestlich von London eine Zone mit Bagshot-Sand gibt, verläuft quer durch Suffolk eine Sandbank, die der Dichter und Golfer Patric Dickinson „den Golf-Strom" nannte. Dieser Sand versetzte Dunn in die Lage, 80 Kilometer von der Nordsee entfernt einen Platz zu bauen, der wie die Links-Courses ganzjährig bespielbar ist. Der Parcours hat sich – außer einer Verlängerung über 400 Meter – im Laufe der Zeit kaum verändert, von den Umbauten vor etwa 70 Jahren durch den renommierten Architekten H. S. Colt einmal abgesehen. Am meisten betroffen waren die Löcher 4, 8 und 9. Beim letzten Loch, bei dem man die Flaggenspitze vom Abschlag aus nicht sehen konnte, hatten Caddies die Angewohnheit – so berichtet es John Gillum in seiner Clubchronik – „einen guten Schlag in einen noch besseren zu verwandeln, indem sie den Ball ihres Spielers ins Loch kickten." Das Loch wurde verlängert und dabei ein voll einsehbares Grün jenseits der Straße und unmittelbar beim Clubhaus angelegt.

Etwa 60 Jahre nach Colts Umbauten schrieb Herbert Warren Wind 1981 in der Zeitschrift The New Yorker ein langes Loblied auf Worlington. Dazu gehörte auch eine Beschreibung jedes einzelnen Lochs. Und da sich seitdem nichts Entscheidendes geändert hat, nachfolgend ein paar Auszüge, die durchaus ein Schlaglicht auf den Platz werfen: „Das erste ist ein 440 Meter langes Par-5-Loch ... und eher Routine. Das 2., ein 205 Meter langes Par 3, ... ist vor allem deshalb eine Schönheit, weil das Grün aussieht wie ein Bowler-Hut oder eine umgedrehte Untertasse...

... Das dritte Loch ist eines der besten des Platzes... Das 4. ist mit keinem anderen Par 5 zu vergleichen, das ich kenne, ... mit einem winzigen Grün... Das 155 Meter lange fünfte Loch gilt unter Kennern als eines der besten Par-3-Löcher überhaupt. Mit Sicherheit ist es eines der schwierigsten. Es gibt keinen Bunker, der auch überflüssig wäre... das Grün ist sehr schmal und fällt auf beiden Seiten abrupt ab.

Mit 415 Metern ist das 6. Loch das erste von zwei recht langen Par 4... das Grün neigt sich zum Golfer hin, und der entscheidende Bunker ist genau da, wo er hingehört – etwa acht Meter vom linken Rand des Grüns entfernt. Damit sorgt es für ordentlich Arbeit... Zwar ist das 7. Loch mit 150 Metern

Vorangegangene Seiten: Spätsommer-Abend in Worlington. Gegenüber: Der „Pink Jug"

Folgende Seiten: Ein Vierer am ersten Abschlag.

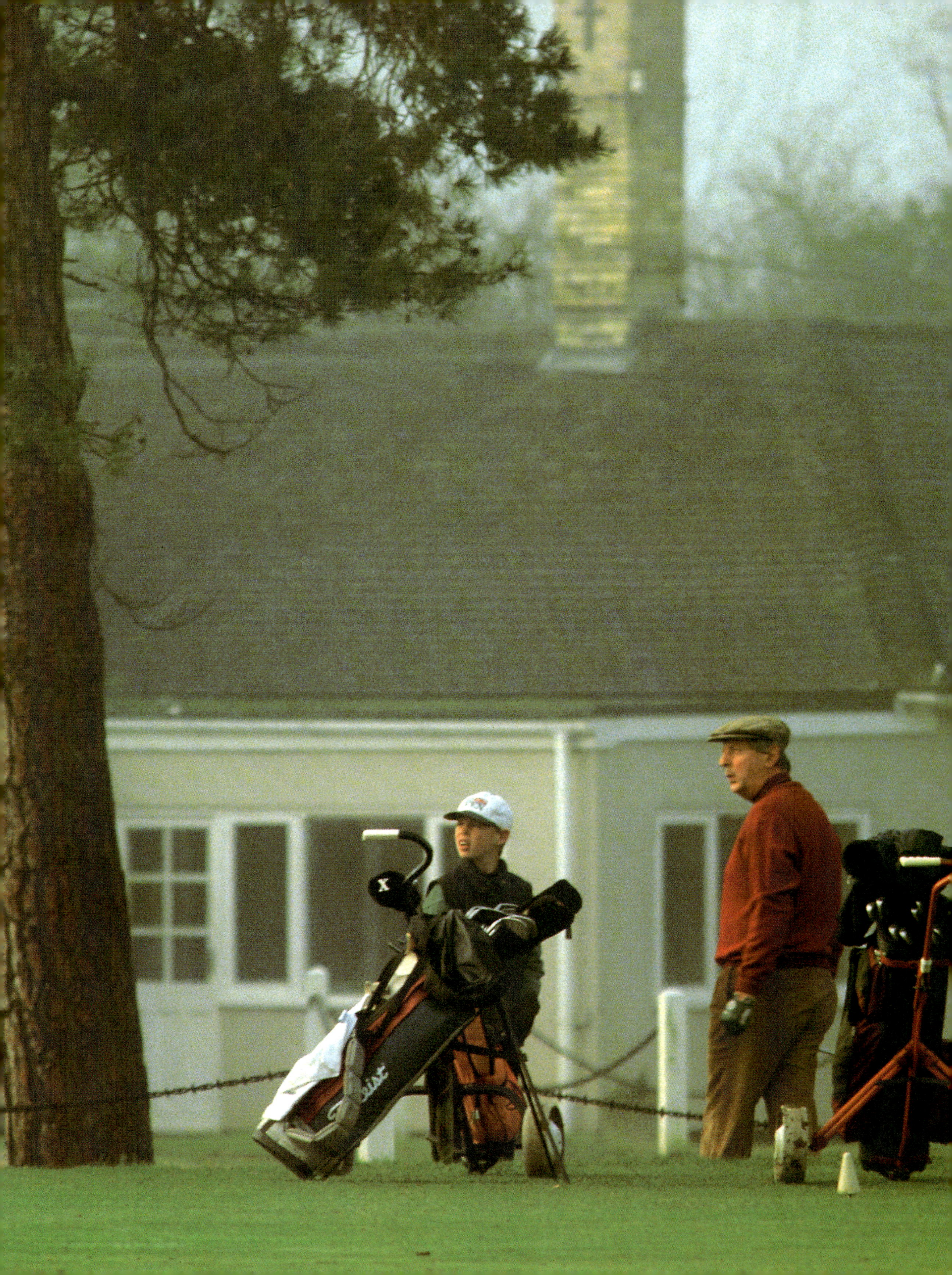

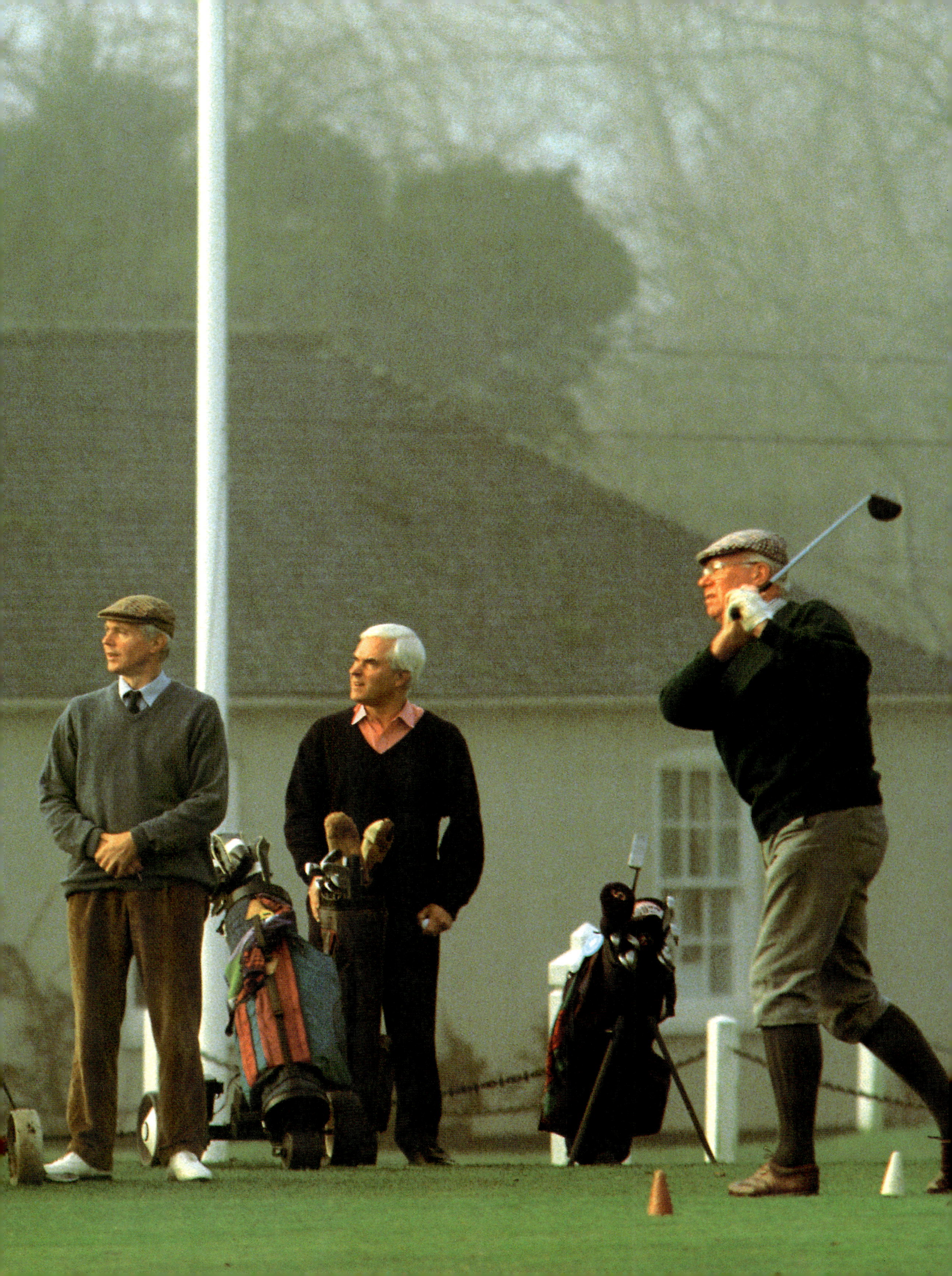

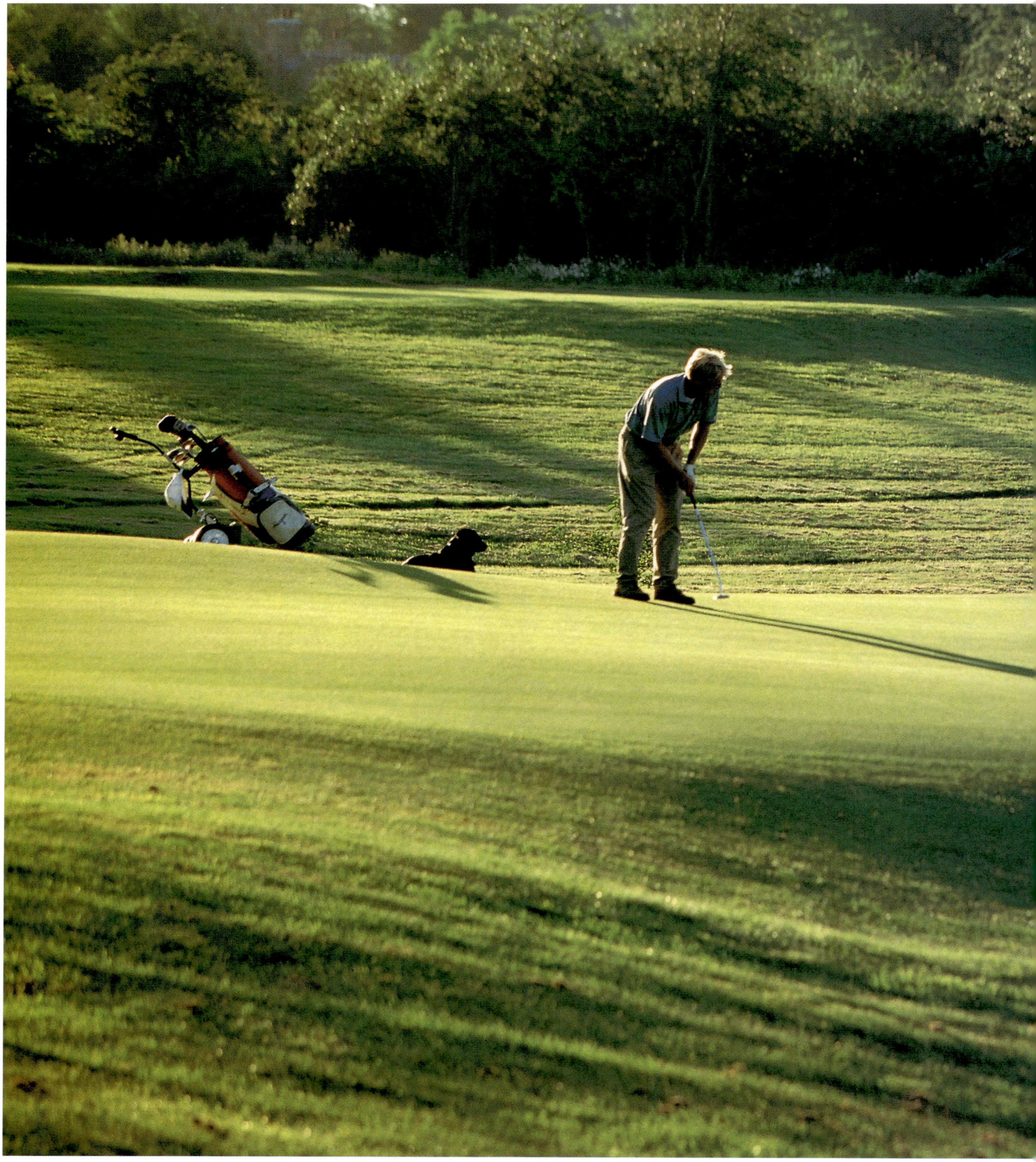

Putten auf dem berühmten 5. Grün.   Sommerblumen

In the reply to this Letter you are requested
to quote the following Number.

WHITEHALL,

B 18668.   3rd July 1895.

Sir,

With reference to your letter of the 8th ultimo applying
for permission to make use of the title "Royal" in the name of
the Worlington and Newmarket Golf Club, I am directed by the
Secretary of State to inform you that he has laid your
application before the Queen and that Her Majesty has been
graciously pleased to accede to your request, and to command
that the Worlington and Newmarket Golf Club shall be called the
"Royal Worlington and Newmarket Golf Club".

In regard to your application for permission to make use
of the Prince of Wales Feathers as the crest, I am to say that
you should address yourself to Sir Francis Knollys,
Marlborough House.

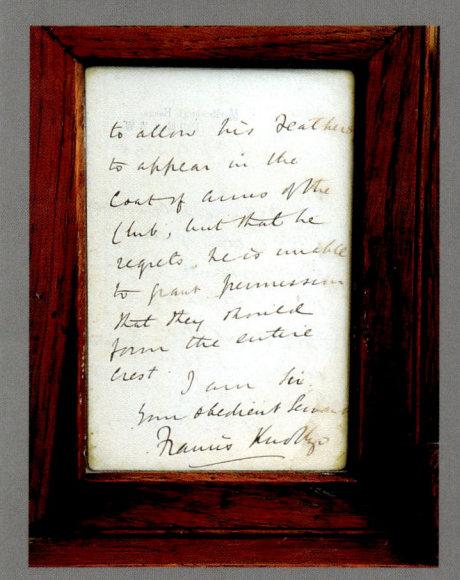

Albert A. Rustin Esq.,
Newmarket.

Auf diesen Seiten:
Club-Erinnerungsstücke

Folgende Seiten:
Ein plötzlicher Regenschauer am 4. bzw. 6. Fairway.

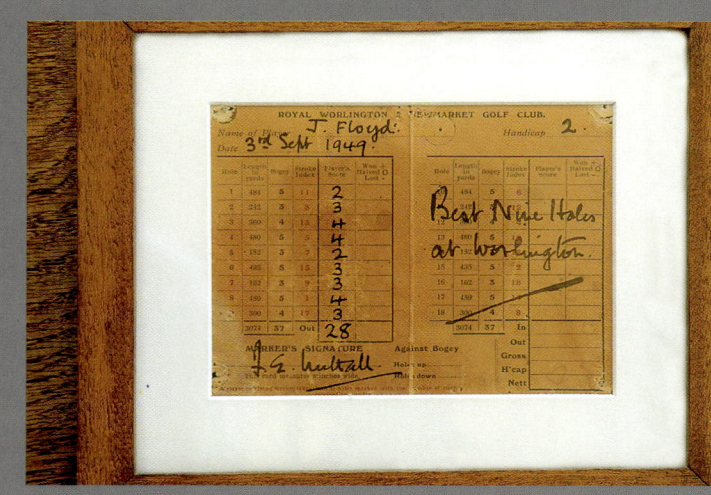

THE QUEEN at work. JULY 17th 1893.

Presented to
The Royal Worlington & Newmarket Golf Club
Centenary 1893-1993
by
The Royal Household Golf Club

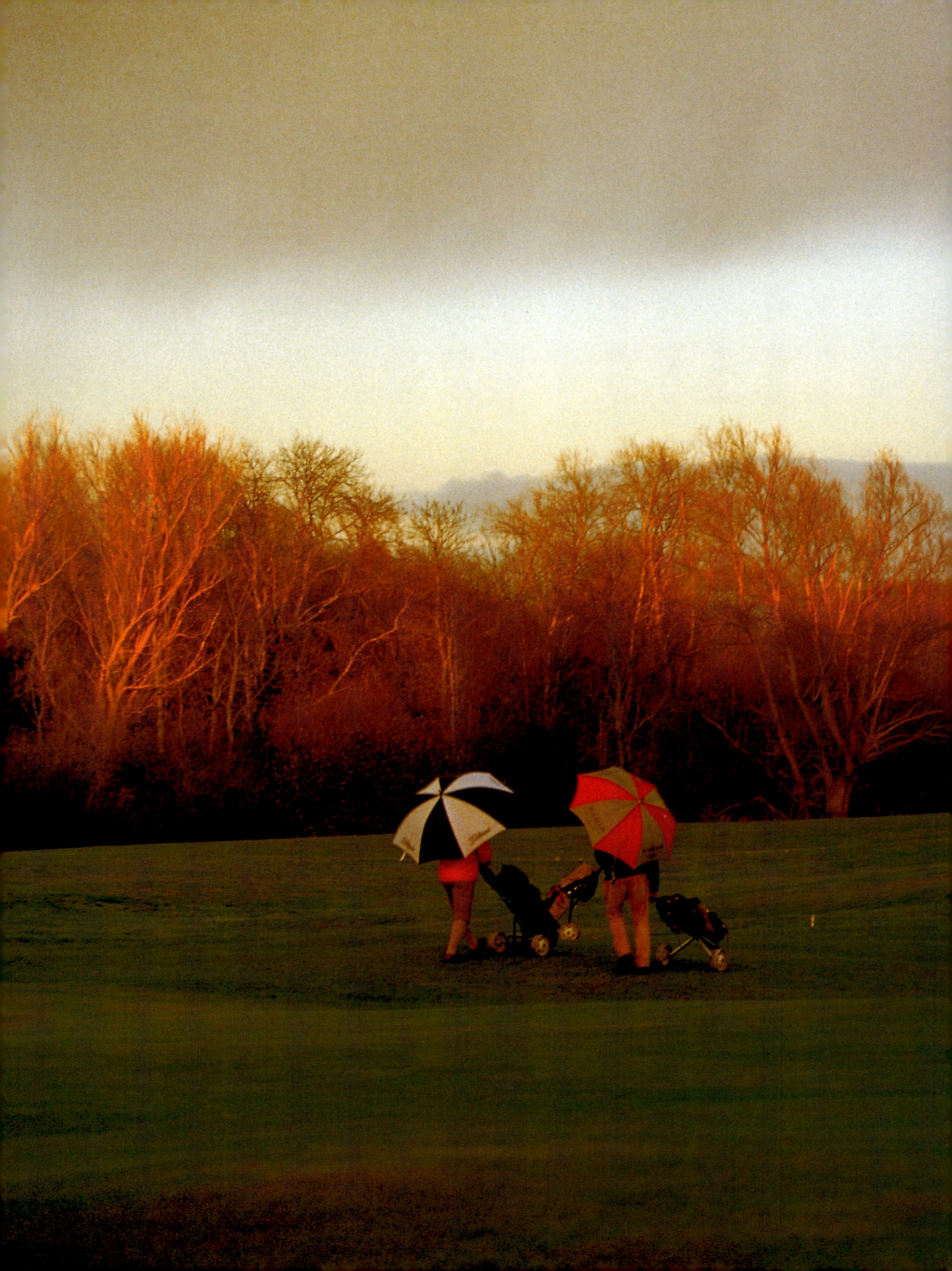

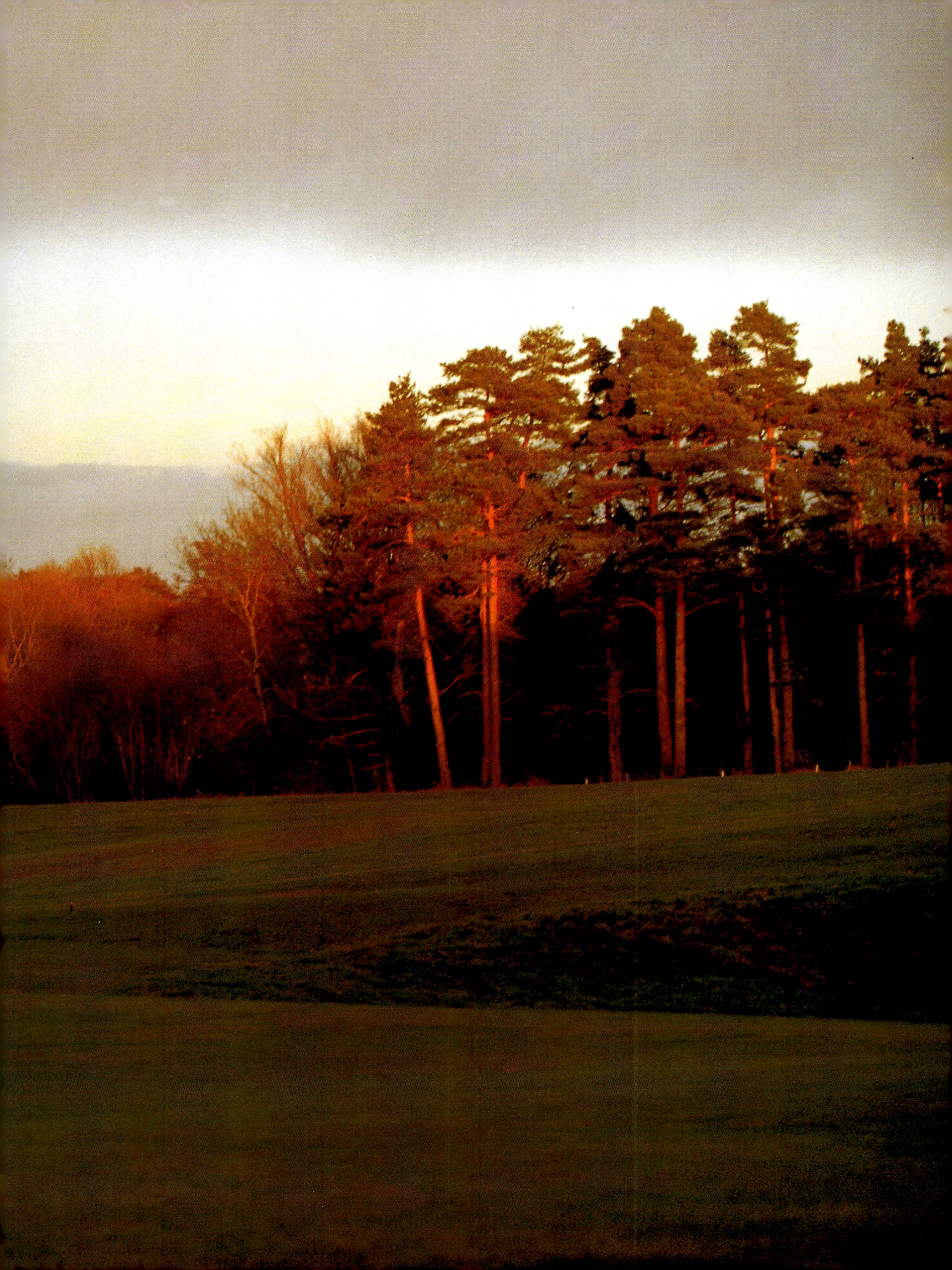

Ehrentafel der Cambridge University Club Captains in Worlington

Länge das schwächste Par 3 in Worlington, aber auf vielen Plätzen wäre es ein herausragendes Loch… Das 8. Loch, mit 424 Metern das zweite enorm lange Par 4, verdankt seinen Charakter dem wenig zurückhaltenden Auftritt eines altehrwürdigen Hindernisses, einem Querbunker, der sich über das Niveau des Fairways erhebt und es etwa 25 Meter vor dem Grün kreuzt. … Das 9. Loch … ein Par-4-Dogleg … mit einem Bächlein, das sich rechts des Fairways entlang schlängelt… Das Grün ist klein und die Krönung von Höhen und Tiefen – ein gerader Putt ist fast unmöglich."

Der Platzrekord wird von Jo Floyd gehalten, dessen Scorekarte mit dem niedrigsten Rundenergebnis über neun Löcher in Worlington gerahmt an einer Clubhauswand hängt. Mit Handicap 2 spielte er am 3. September 1949 die Runde mit erstaunlichen 28 Schlägen. Wie immer machte er sich wenig Gedanken über sein derzeitiges Golf, doch als er am ersten Loch einen Albatros (ein Par 5 in zwei Schlägen) gespielt hatte, dachte er „dies könnte mein Tag sein". Auf den folgenden acht Löchern machte er alles klar – mit einem Eagle, vier Birdies und drei Pars.

Genau wie der echte Seaside-Links-Course Rye zeigt sich auch Worlington im Winter von seiner besten Seite, während man auf den meisten Inlandplätzen im durchweichten Sumpf oder im Matsch versinkt. Die Grüns sind nicht nur außerordentlich schnell, sondern wahre Juwelen, die von Head-Greenkeeper Bob Gee liebevoll gepflegt werden. Geboren ist er im nahen Mildenhall und arbeitet seit nunmehr 40 Jahren für den Club: „Die Grüns sind im Winter am besten. Wir lassen die Leute sogar dann darauf spielen, wenn es ein bisschen Frost gibt. Greenkeeping ist die Wissenschaft des Klimas, nicht des Kalenders. Man kann sich nicht an Regelbücher halten."

Die beiden Cambridge Captains Dr. Omar Malik und Paul Guest in der Universität.

„Die Grüns sind ein wahres Gedicht", schrieb Autor Patric Dickinson. „Sie sind, als schwimme man in einem Bergsee und würde dies mit einem Bad im Meer vergleichen. Die Annäherung muss klar und der Putt gut getroffen sein sowie ein perfektes Timing haben. Dazustehen und zu beobachten, wie ein langer Putt mit geradezu 100-prozentiger Sicherheit ins Ziel findet – dies ist ein fantastisches Gefühl, wie es einem nur Süßwasser bieten kann. Ich kenne keine anderen Grüns, bei denen man so viel bedenken muss. Auf ihnen zu putten, ist ein ästhetisches Vergnügen, bei denen die eigenen Fähigkeiten denen des Greenkeepers gegenüberstehen. Wenn Plato je Golf gespielt hätte, wäre dies der ideale Platz zum Putten gewesen."

Die Verbindung zwischen den Universitäten Cambridge und Worlington ist fast so alt wie der Club selbst (offiziell seit 1901). Die University Golfers können während der Woche im Club trainieren und dort außerdem ihre Turniere austragen. Insgesamt ist die Zahl der Golfer aus Cambridge zwar auf 24 beschränkt, aber jedes der beiden Teams – die Blues und die Stymies – kann gemeinsam mit ein paar Ersatzleuten den Platz nutzen. Nachdem sie Cambridge verlassen haben, können alle Golfing Blues davon ausgehen, zu besonderen Bedingungen als vollwertige Mitglieder aufgenommen zu werden. Zur Zeit müssen sie nur den halben Jahresbeitrag sowie keine Aufnahmegebühr zahlen.

Bei einer guten Tasse Kaffee reden Paul Guest, Cambridge Captain von 1997 bis 1998, sowie sein unmittelbarer Vorgänger Omar Malik (1996 bis 1997) über Worlington. Sie haben sich im gemütlichen Hawks Club niedergelassen, jenen legendären Räumlichkeiten, die nur den Spitzensportlern in Cambridge vorbehalten sind. Worlington gewährleiste, so Guest, eine perfekte Vorbereitung für den Universi-

Oben und gegenüber: Detailaufnahmen in den Umkleideräumen.

täts-Wettkampf, der stets auf Links-Plätzen ausgetragen wird. „Oxford hat diesen Vorteil nicht. Genausowenig, wie sie direkten Kontakt mit ihren unmittelbaren Vorgängern haben. Wir lernen sehr viel von den ehemaligen Golf Blues in Worlington."

Auch Malik ist davon überzeugt, dass die neun Löcher in Worlington dem Cambridge-Team einen besonderen Vorteil bei der Wettkampfvorbereitung verschaffen. Da man die neun Löcher in Worlington zwei mal spielen muss, erfordere dies eine ähnliche mentale Disziplin wie das zweimalige Bespielen derselben 18 Löcher während des Universitäts-Matchs: „Vor allem die Grüns sind speziell. Sie sind sehr schnell, sehr wellig und vor allem schwer zu lesen. In Worlington fordert man die Geister heraus."

Traditionell wird ein älteres Mitglied in Worlington zum offiziellen Verbindungsmann zwischen Universität und Club bestimmt. Natürlich ist dies immer ein ehemaliger Blue und Mitglied der Oxford and Cambridge Golfing Society. Obwohl das Verhältnis zwischen den Golfern aus Cambridge und den Clubmitgliedern immer recht harmonisch war, gab es Anfang der 90er Jahre doch einige Probleme. Omar Malik: „Einige Studenten hatten schlicht vergessen, dass uns das Privileg verliehen wurde, in Royal Worlington zu spielen und nicht etwa nur das Recht. Seitdem ist es üblich, dass der Captain einen neuen Studenten erst einmal in die Clubgepflogenheiten einweist. Man hat wie eine Respektsperson zu erscheinen, und es kann nicht sein, dass man aussieht, als ob man gerade aus dem Bett gefallen ist, nachdem man die Nacht zuvor durchgemacht hat."

„Worlington ist ein eigenartiger Platz", fügt Guest hinzu, „er ist traditionell und zwanglos zugleich."
In alten Zeiten kamen die Cambridge Golfers per Zug zum Platz. Die 1962 geschlossene Mildenhall-

Linie gab dem Club in Universitätskreisen auch seinen populären Namen. Die Schienen verliefen entlang des 5. Abschlags, und bis 1922, als eine Haltestelle in der Nähe des Clubhauses eingerichtet wurde, war es durchaus üblich, dass die Studenten ihre Schläger aus dem Zugfenster warfen, damit sie sie anschließend nicht zum Platz zurück tragen mussten.

Wie stolz der Club auf seine Cambridge- Golfer ist, wird vor allem dann deutlich, wenn das Team im heimatlichen Club spielt. Abzulesen ist dieser Stolz auch an der Ehrentafel im Speiseraum, auf der seit H. S. Colt im Jahre 1889 alle Captains des Cambridge University Golf Clubs aufgeführt sind. Die hochrangige Ahnengalerie umfasst Männer wie Bernard Darwin, Eustace Storey, Leonard Crawley, Eric Martin Smith, Henry Longhurst, Patric Dickinson, Laddie Lucas, John Langley, Donald Steel, Gordon Huddy, Brian Chapman und David Marsh.

Mit Leidenschaft und Prägnanz erinnert sich Laddie Lucas – linkshändiger Walker-Cup-Spieler, erstklassiger Kampfflieger im 2. Weltkrieg, Politiker, Geschäftsmann und Autor – in seinem Golfbuch mit dem Titel „Der Sport für Prinzen" an seine Cambridge-Zeit in Worlington: „Wir spielten immer wieder, eingehüllt von Nostalgie,… mit jedem Loch verband man etwas, gab es einen Vorfall, eine Bemerkung, vielleicht ein paar weise Worte, einen Schlag, an den man sich erinnerte und damit erneut ein Gefühl…"

Worlington hat – genau wie sein Club-Pendant Brancaster in East Anglia – eine kleine, aber sehr aktive Damenabteilung. Überhaupt ist es hier Tradition, mit den Golferinnen sehr gütig umzugehen. Mit 17 Jahren ging Liz Boatman erstmals in Worlington auf den Platz: „Wenn man zum ersten Mal hier spielt, möchte man denken, gut, aber ein bisschen einfach. Doch je öfter man auf die Runde geht, desto schwieriger wird es." Sie

Ganz oben: *Die Barklappe – Mr. Wright steht zu Diensten.*
Oben links: *Mr. und Mrs. Wright vor ihrer Pensionierung.*
Oben rechts: *Greenkeeper Bob Gee*
Gegenüber oben: *Clubversammlung*
Gegenüber, Mitte links: *Daniel Griggs*
Gegenüber, Mitte rechts: *Liz Boatman mit ihrer Tochter Alex.*
Gegenüber, unten links: *J. R. (John) Gillum, Clubpräsident und Chronist*
Gegenüber, unten rechts: *Dr. B. J. (John) Batt (rechts) mit Freunden.*

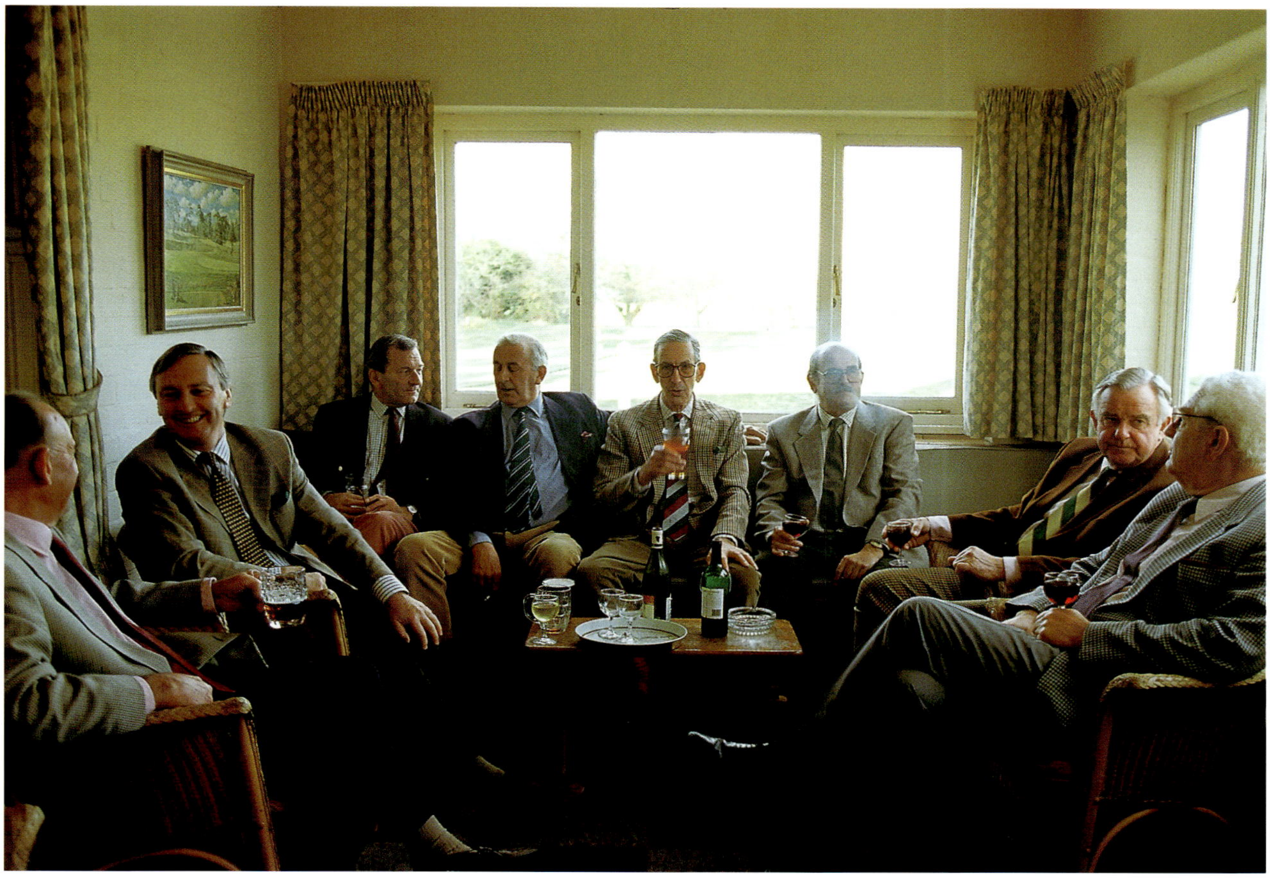
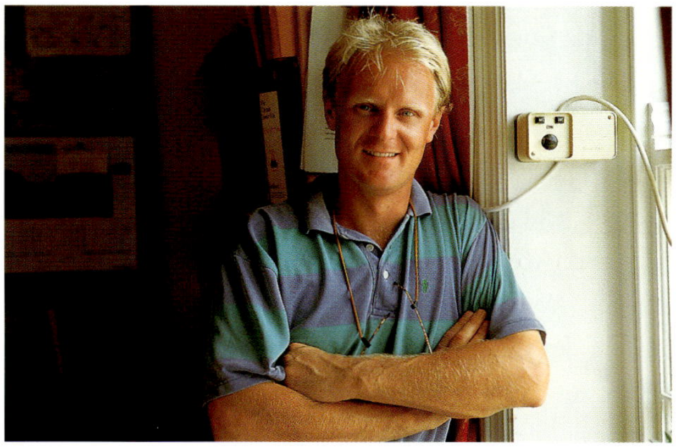
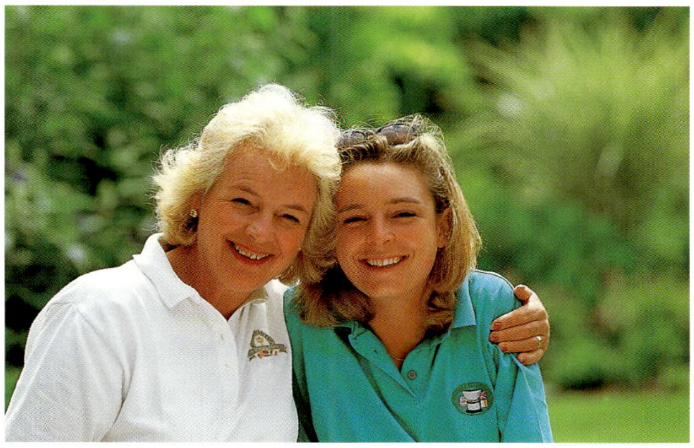
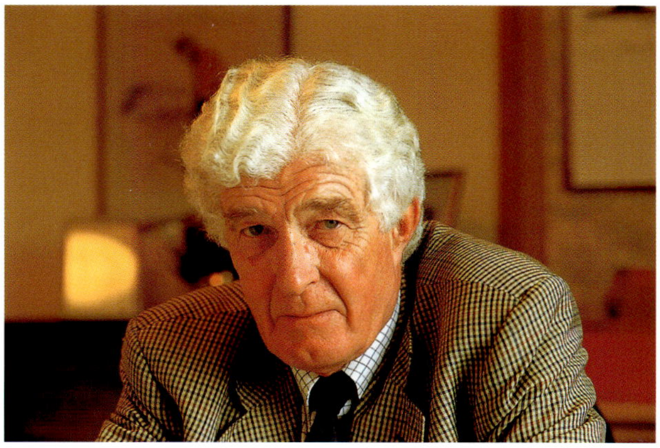
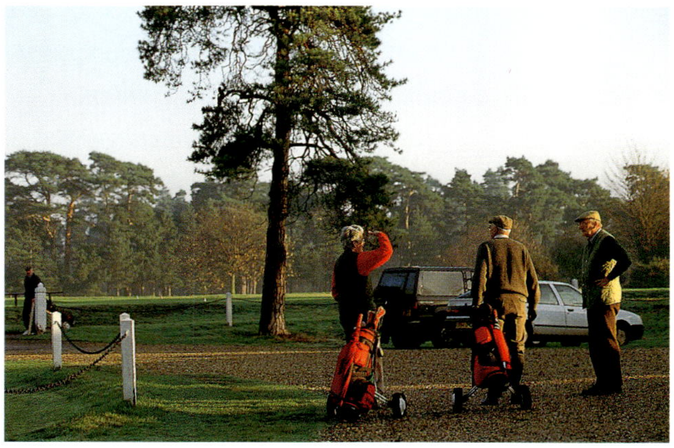

Familien-Angelegenheit

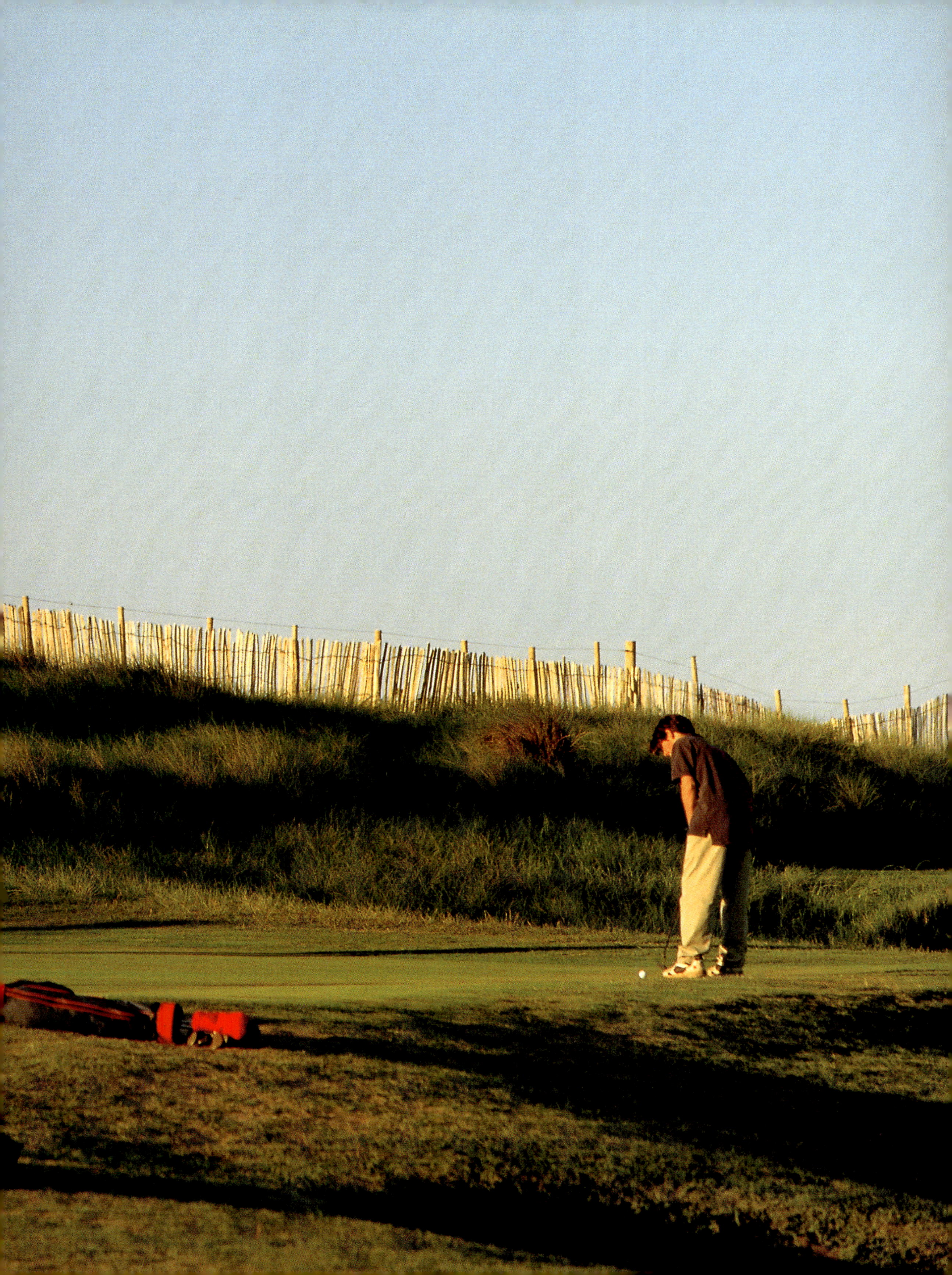

Royal West Norfolk
Golf Club

Den ersten Hinweis darauf, dass uns etwas Ungewöhnliches erwarten würde, erhielten wir in der getäfelten Bar des Lifeboat Inn in Thornham. Als der Journalist und Golfer Adrian Brown hörte, dass wir vorhatten, Royal West Norfolk einen Besuch abzustatten, erhob er seinen Blick über den Rand seines Pints und fragte ernsthaft: „Haben sie auch auf die Tide geachtet?"

Wer die Küstenstraße zum Club nehmen will, muss an Brancasters Gemeindekirche der Jungfrau St. Mary (14. Jahrhundert) abbiegen. Die Straße, die sich zwischen Schilf und Sumpfgras versteckt, führt langsam abwärts – bis sie den Weg zu Dünen und Meer gefunden hat. Die merkwürdige Feuchtigkeit an einem knochentrockenen Tag verrät, dass Gezeiten im Spiel sind. Ablaufendes Wasser hat die Straße zum Platz und zum Club erst nach über einer Stunde freigegeben. Vor einem liegen die Dünen und Links, auf denen die Flaggen im Wind knattern. Und dann steht es unausweichlich vor einem – das Clubhaus. Ein stattliches, bizarres Gebäude, das in dieser Form nur in viktorianischer Zeit gebaut werden konnte. Auf allen Seiten ist es den Elementen ausgesetzt, und trotzig stemmt es sich auf einem Felsen gegen die See zu ihren Füßen.

„Es ist ein erfrischender Platz mit einem großen Sandstrand für die Kinder", schrieb ein Gründungsmitglied 1893. „Es gibt nichts Schöneres, als den Blick vom 9. Loch unter einem blauen Himmel. Allein das ist einen Besuch wert."

Ein Golfer wird den erhöhten 9. Abschlag heute kaum verändert wiederfinden. Vor einem liegt eine grenzenlose, harmonische Landschaft, bei der Meer, Himmel und Land scheinbar nahtlos ineinander übergehen und die durch die von Menschenhand geschaffenen Links und das Hinterland scheinbar noch gewinnt. Der breite, von der See geschliffene Strand erstreckt sich beiderseits über Meilen. Seine riesige Ausdehnung scheint Urlauber, Windsurfer und Spaziergänger mit ihren Hunden förmlich verschwinden zu lassen. Meistens jedoch ist der Strand das, was er immer war: Eine ursprüngliche Küstenlandschaft, bei der es lediglich den endlosen Rhythmus der Gezeiten und am Himmel nur die Vögel zu geben scheint.

Jenseits der Küste lauert Scolt Head, eine Sandbank, die je nach Tide von einer Seite der Küste auf die andere schwappt. Auf der landeinwärts gelegenen Seite verläuft die Wasserverbindung, die den pittoresken Hafen von Brancaster Staithe mit der offenen See verbindet. Wahrscheinlich liegen hier eine Menge Segelboote, während andere im Hafen vor sich hin dümpeln, in dessen Hintergrund rot gedeckte Häuser, Scheunen und Höfe zu sehen sind. Dahinter noch steigt das Land leicht an und zeigt, dass es nicht überall in Norfolk langweilig und flach ist. Im Gegenteil – der Ausblick gibt Weizen- und Gerstenfelder frei, die frisch und grün in der Frühlingssonne erstrahlen, auf vereinzelte Raps-Saaten, auf dunkelgrüne Wälder und Unterholz, wo es reichlich Fasane und Rebhühner gibt.

Es war jene friedliche Ecke Englands, auf die die Brüder Holcombe und Herbert Ingelby zusammen mit einigen Golffreunden im Winter 1891 zufällig stießen. Es dauerte nicht lange, da hatte man den Besitzer des Herrensitzes, W. H. Simms-Reeve, zu einem echten Golf-Fan gemacht, der sich für die Idee, hier einen Golfplatz zu bauen, begeistern ließ, obwohl er nie zuvor einen Golfball gesehen hatte. Die Verhandlungen mit der Gemeinde Brancaster über ihre angestammten Weiderechte wurden schnell und zufriedenstellend abgeschlossen. Der „grosse Horace" Hutchinson entwarf den Platz, und die königliche Schirmherrschaft wurde durch den Prince of Wales (dem späteren König Edward VIII.) gesichert. Für 45 Pfund kaufte man eine eiserne Hütte, die als provisorisches Clubhaus diente und setzte Funktionäre ein. W. H. Simms-Reeve wurde Präsident und Horace Hutchinson der erste Captain des Clubs. Zwischen Entwurf, Geburt und königlicher Patenschaft des Golf Clubs Royal West Norfolk lagen keine zwei Monate.

In Brancaster gab es alles, nur keine Mitglieder. Der Clubvorstand hatte der Gemeinde versprochen, „lediglich Gentlemen im wahrsten Wortsinne, Männer der Integrität und Ehre" zu verpflichten. Dieses Versprechen wurde unter den Landadel Norfolks und in die Londoner Clubszene getragen. Und schon Ende 1892 waren 270 sogenannte Gentleman-Golfers beigetreten. Die ersten 100 wurden ohne Aufnahmebeitrag aufgenommen, weil sie der Aufforderung folgten, eine Jahresgebühr von einem Guinea zu zahlen.

Wer nun waren diese ersten Mitglieder? Genau genommen ist die derzeitige Mitgliedschaft mit der damaligen durchaus vergleichbar. Es waren Geschäftsleute aus London, Rechtsanwälte, Bankiers und Ärzte, dazu Norfolker Oberschicht, einige Militärs (und später Mitglieder der Royal Air Force) sowie Landwirte der Gegend. Der Club besaß durchaus aristokratische Patina, nicht zuletzt dank der Mischung aus Hoch- und Landadel und der offensichtlichen königlichen Verbindungen. Ehemalige Captains waren der Prince of Wales sowie drei Herzöge. Der Duke of Kent, Captain des Jahres 1981, und der Duke of York gehören nach wie vor zur Mitgliedschaft.

Brancaster haftete lange das Image als exklusiver und snobistischer Club an. Das allerdings verneint Nigel Carrington-Smith, ein früherer Offizier der Infanterie und über zehn Jahre lang Sekretär des Clubs: „Wir haben durchaus eine Anzahl von Mitgliedern mit Titeln und auch einige mit Vermögen, aber es handelt sich eher um alten denn neueren Besitz. Aber es gibt keine Ansprüche hier. Eine Generation folgt der nächsten, Söhne folgen auf ihre Väter. Dies hat nichts mit Klassenbewusstsein oder Elitedenken zu tun. Es ist etwas, das sich von selbst ergibt. Unser Captain nennt es schlicht die richtige Infrastruktur. Norfolk ist ein gut verwobenes Geflecht und wir empfinden wie eine Familie. Frauen und Kinder waren hier stets sehr willkommen."

Wenn es jemanden geben sollte, der den Club in irgendeiner Weise personifiziert, dann ist es in erster Linie Tom Harvey. Allein, wenn er auf die Ehrentafel der Captains in Brancaster schaut, zählt er 17 Familienmitglieder, die sich hier im Laufe der Jahre verewigten, einschließlich seines Großvaters, seines Vaters, seines Bruders, seines Sohnes David und natürlich sich selbst. Toms Großeltern gehörten zu den ersten Mitgliedern in Brancaster. Beide waren sie ehrgeizige Golfer, so ehrgeizig, dass sie sogar ihre Flitterwochen im Gästehaus verbrachten.

Tom Harveys Karriere und auch sein Lebensstil sind nicht nur für Brancaster kennzeichnend, sondern beides repräsentiert zugleich das zeitlose England, aus dem der Club die Mehrzahl seiner Mitgliedschaft rekrutiert. Ein bescheidener, gelehrter und weiser Mann, der während des 2. Weltkrieges mit Bedacht bei den Scots Guards und später als Privatsekretär der Königin diente und in die örtliche Aristokratie einheiratete.

Sein eigenes Haus aus dem 18. Jahrhundert ist von einem traumhaften Garten sowie der ursprünglichen Weide- und Waldlandschaft Norfolks umgeben. Er war Captain des R & A und organisierte – als Vorsitzender des Championship Committees – die Open und die Amateurmeisterschaften von 1959 bis 1961.

Vorhergehende Seiten:
Ein Vater mit seinen Söhnen auf dem ersten Grün.

Gegenüber:
Die charakteristische Rolph Trophy

Folgende Seiten:
Ein entfernter Blick aus dem Osten auf das Clubhaus in Brancaster.

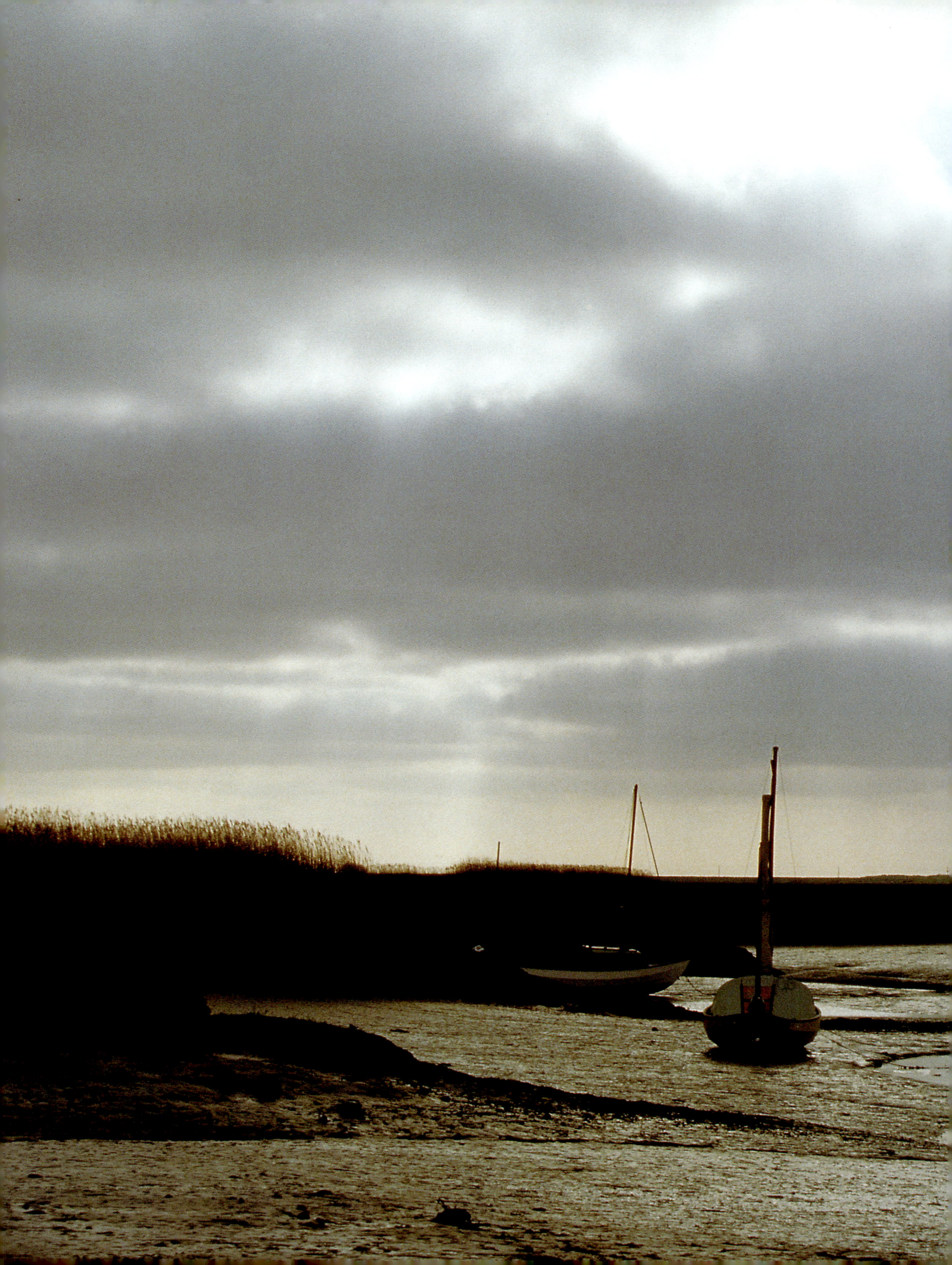

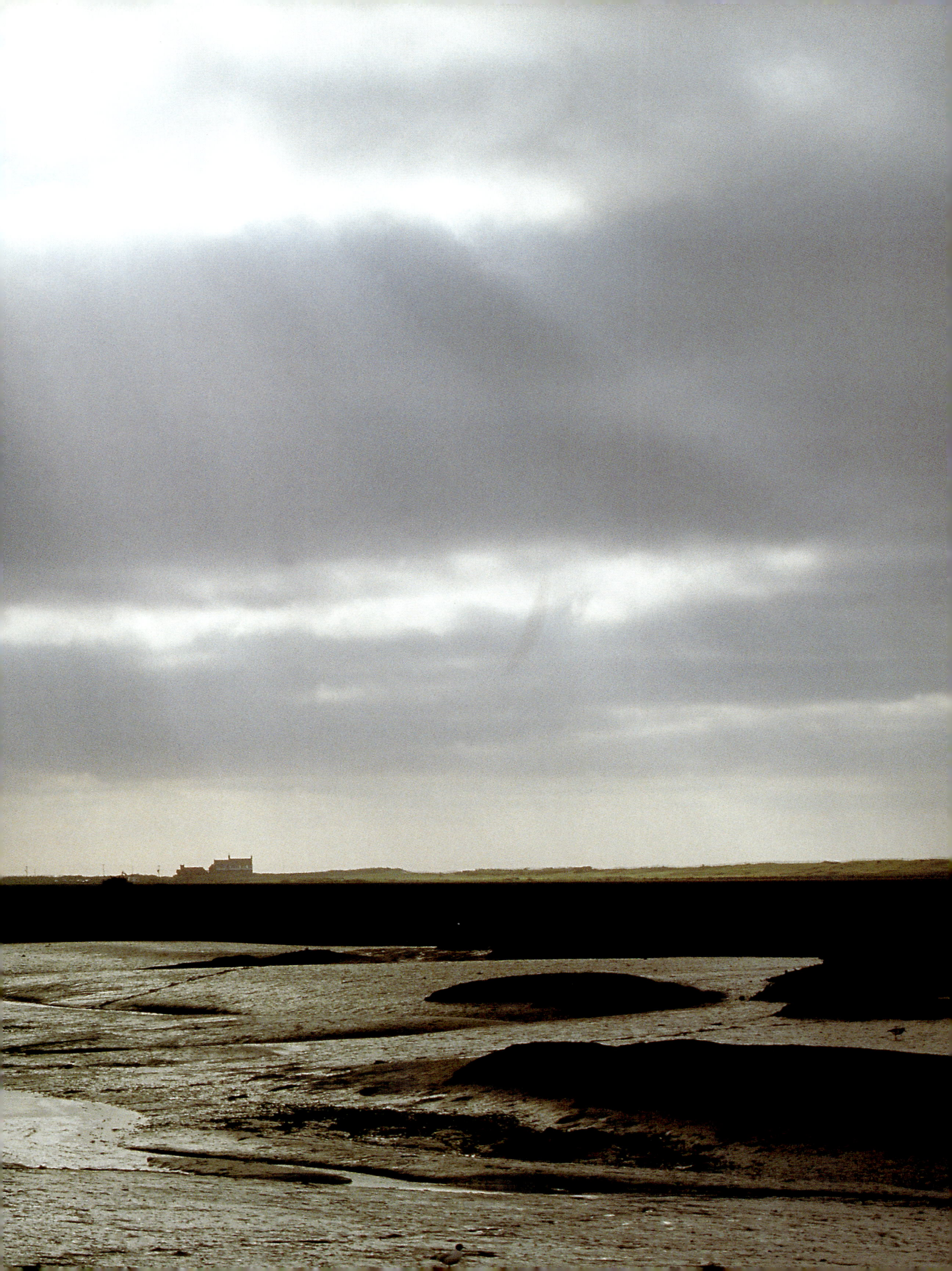

Auch Jo Floyd hat ähnlich tiefe Familienverbindungen zum Club: „Ich bin schon seit 1932 hier, zunächst als Jugendlicher, seit 1938 als vollwertiges Mitglied. Es ist mein liebster Platz und mein geistiges Zuhause. Mein Großvater war hier Mitglied, meine Eltern ebenfalls. Ich habe zwei Töchter, die Mitglied sind, und einige Enkel und Enkelinnen, die darauf hoffen, beitreten zu können. Man kommt immer wieder nach Brancaster zurück, es nimmt einen gefangen. Ich liebe es. Für mich ist es mein Zuhause." Floyd starb am 28. Februar 1998.

Zweifellos sind die Golf-Links, die die Mitglieder so lieben und pflegen, golferisch eine Herausforderung, für Meisterschaften jedoch sind sie zu kurz. Das jedoch scheint niemanden zu stören. Hier geht es um Golf aus reinem Vergnügen, in einer natürlichen Umgebung und unter häufig wilden und stürmischen Bedingungen. Golf in Brancaster ist Golf um der Sache willen. Horace Hutchinson beschrieb den Platz als „ausgesprochen fordernden Ort, zwar nicht unbedingt für Scratch-Spieler, so doch für alle, die danach kommen." Fast 70 Jahre später fasste der ehemalige Captain in Brancaster, Pat Ward-Thomas, das Wesentliche des Platzes zusammen: „Um zu golferischen Höhen aufschließen zu können, braucht es das Element der Abgeschiedenheit. Brancaster hat dieses in weitaus größerem Maße als die meisten Plätze. Der Golfer kann sich der spielerischen Herausforderung in einer Umgebung stellen, die gleichermaßen streng wie schön ist und die von Anfang an allem widerstand, von natürlichen Veränderungen einmal abgesehen."

Und weil Brancaster so offensichtlich unverändert blieb – vom Clubhaus, über den Charakter der Mitgliedschaft bis hin zum Clubhaus –, war es lediglich der Platz, der sich natürlichen Veränderungen unterziehen musste, die in der Regel von Wind und Meer aufgezwungen wurden. Wenn man die Fairways zusammen mit Ray Kimber abläuft, so erhält man nicht nur die Einschätzung des Golflehrers, sondern zugleich seine Ansichten als Naturliebhaber und Amateur-Meteorologe.

„Insgesamt", erzählt er, „ist der Platz noch sehr unverdorben und jedes Grün stellt eine eigene Aufgabe. Die besten Löcher sind das 3., das 8., das 9. und das 14." Das 9. Loch ist besonders außergewöhnlich. Das hoch gelegene Grün wird nicht nur durch einen Bunker geschützt, dessen Wände – charakteristisch für diesen Platz – von Eisenbahnbohlen gehalten werden, sondern zudem durch ein Hindernis, das sich bei Flut mit Wasser füllt.

„Wenn jemand anruft und möchte eine Golfstunde haben", erzählt Ray Kimber, „dann schaue ich zunächst mal auf den Tidenkalender. Die Straße könnte einen bis eineinhalb Meter unter Wasser liegen – immerhin haben wir einen Tidenhub von bis zu acht Metern. Einmal schätzte ein Mitglied die Tide falsch ein, und später sahen wir sein Auto, wie es im Marschgebiet herumtrieb. Auch der Wind kann hier ganz schön kräftig wehen, bis zu 50 Kilometer in der Stunde." Am 9. Loch bleibt Ray Kimber stehen. „Schauen sie nur, was für ein schönes Licht. So viel Himmel. Die Sommernächte sind hier kurz, und einmal spielte ich hier bereits morgens um 4.30 Uhr eine Runde."

Das Verhältnis Brancasters zum Meer ist wie eine komplizierte Liebesaffäre, haben die Links dadurch doch ihren speziellen Reiz, obwohl sie sich zugleich in ständiger Gefahr befinden. In den rund 30 Jahren, in denen Ray Kimber für den Club arbeitet, verschwanden die alte Rettungsboot-Station, einige Gefechtsstellungen aus dem 2. Weltkrieg und der 17. Abschlag – alles in allem rund 35 Meter Gelände, die dem Meer zum Opfer fielen. Sowohl das 1. als auch das 13. Grün sind ernsthaft bedroht, und nicht zuletzt das Clubhaus, das früher ein gutes Stück vom Strand entfernt war, liegt nun in erster Front. 1927 verlor der Club zwei Löcher an die See, und 1942, beim schlimmsten Sturm dieses Jahrhunderts, zahlte Brancaster mit dem Verlust des 11. Loches, das später weiter im Landesinneren wieder aufgebaut wurde, seinen Tribut ans Meer. Die Schutzmaßnahmen erfordern beständige Aufmerksamkeit und belasten zudem permanent die Clubkasse.

Gegenüber: *Golflehrer Ray Kimber*

Folgende Seiten:
Blick eines Golfers vom 3. Grün südwärts auf West Norfolk.
Unter Zeugen: Ein langer Putt am 9. Grün.

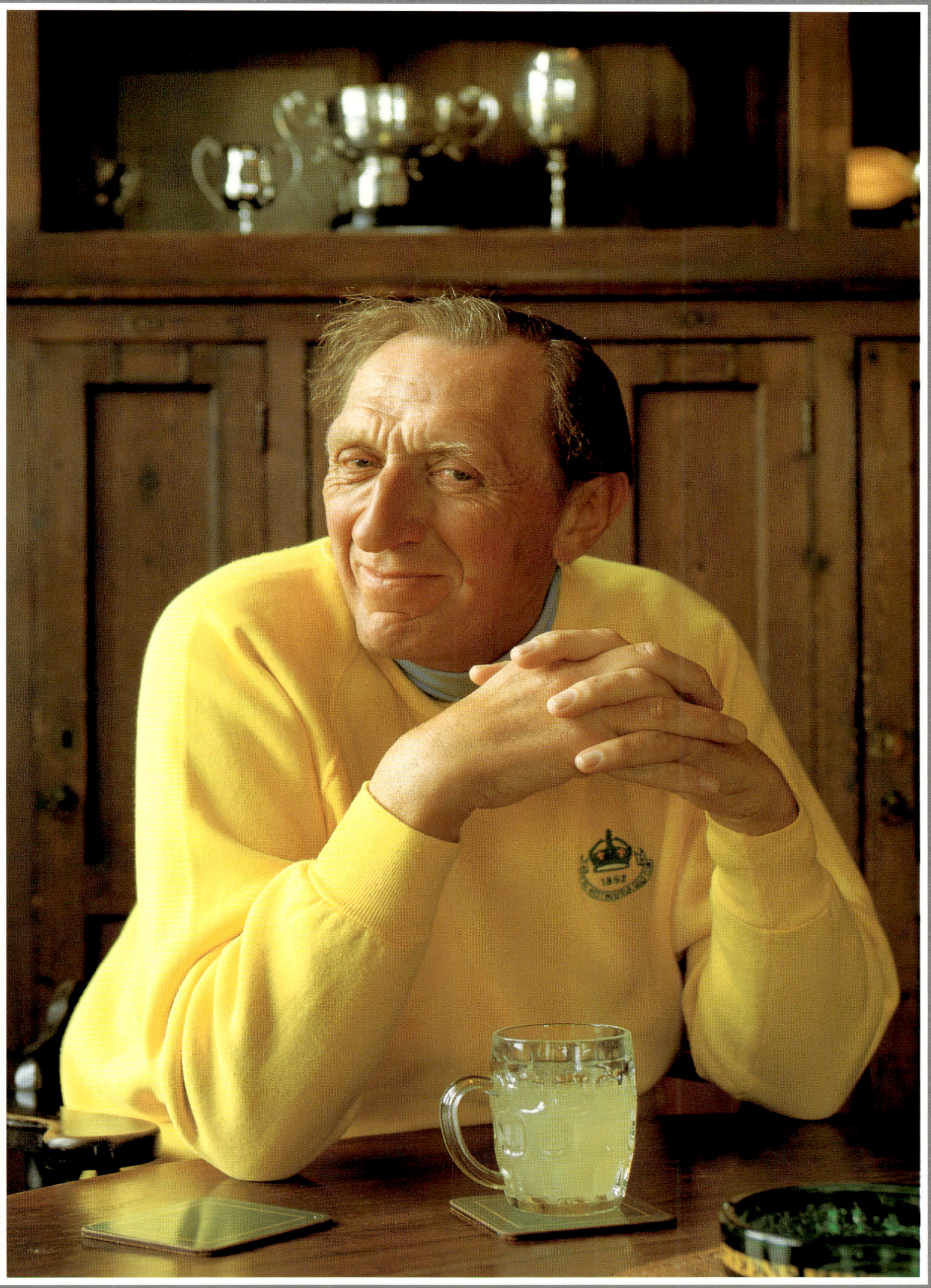
1892

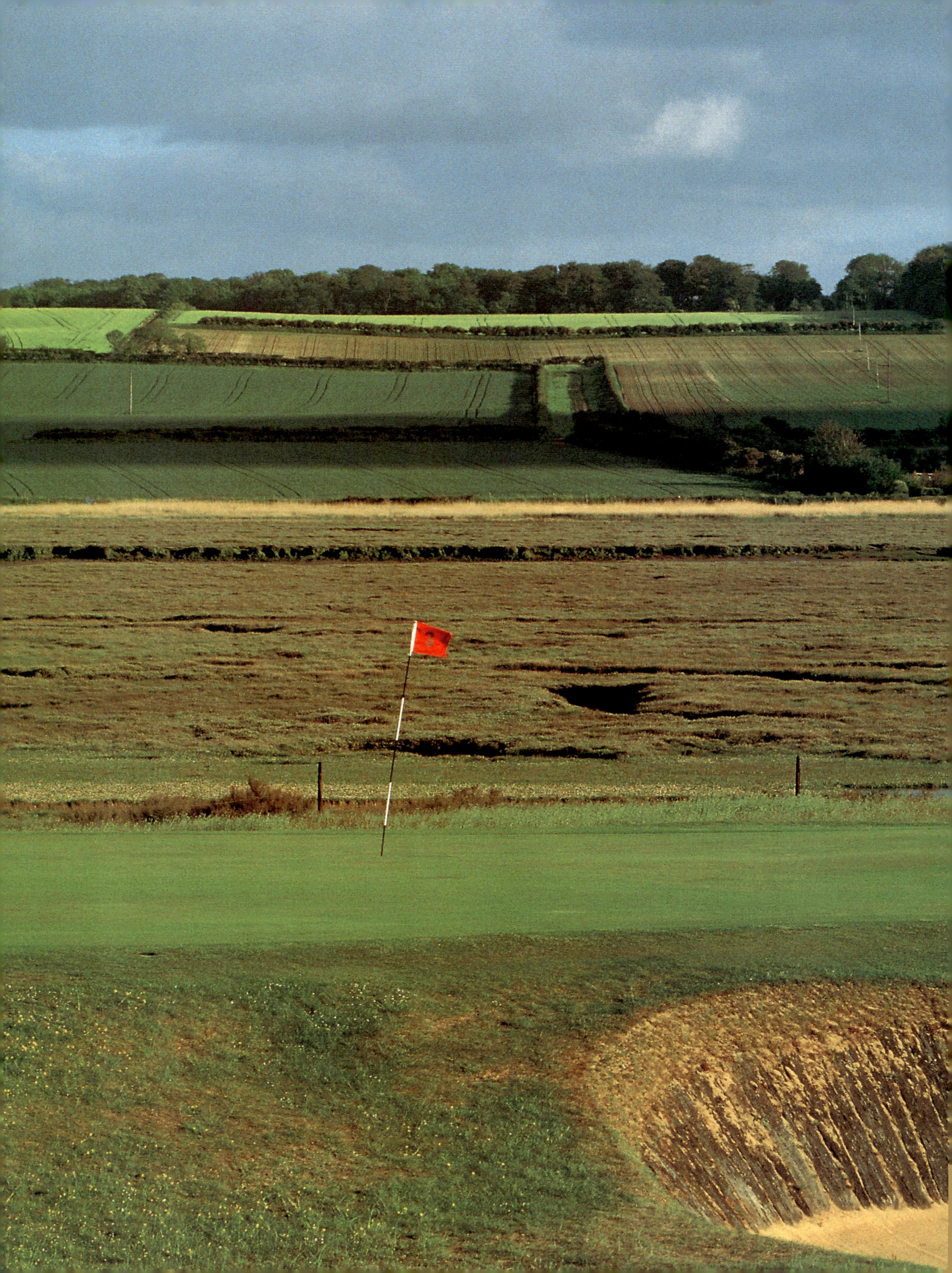

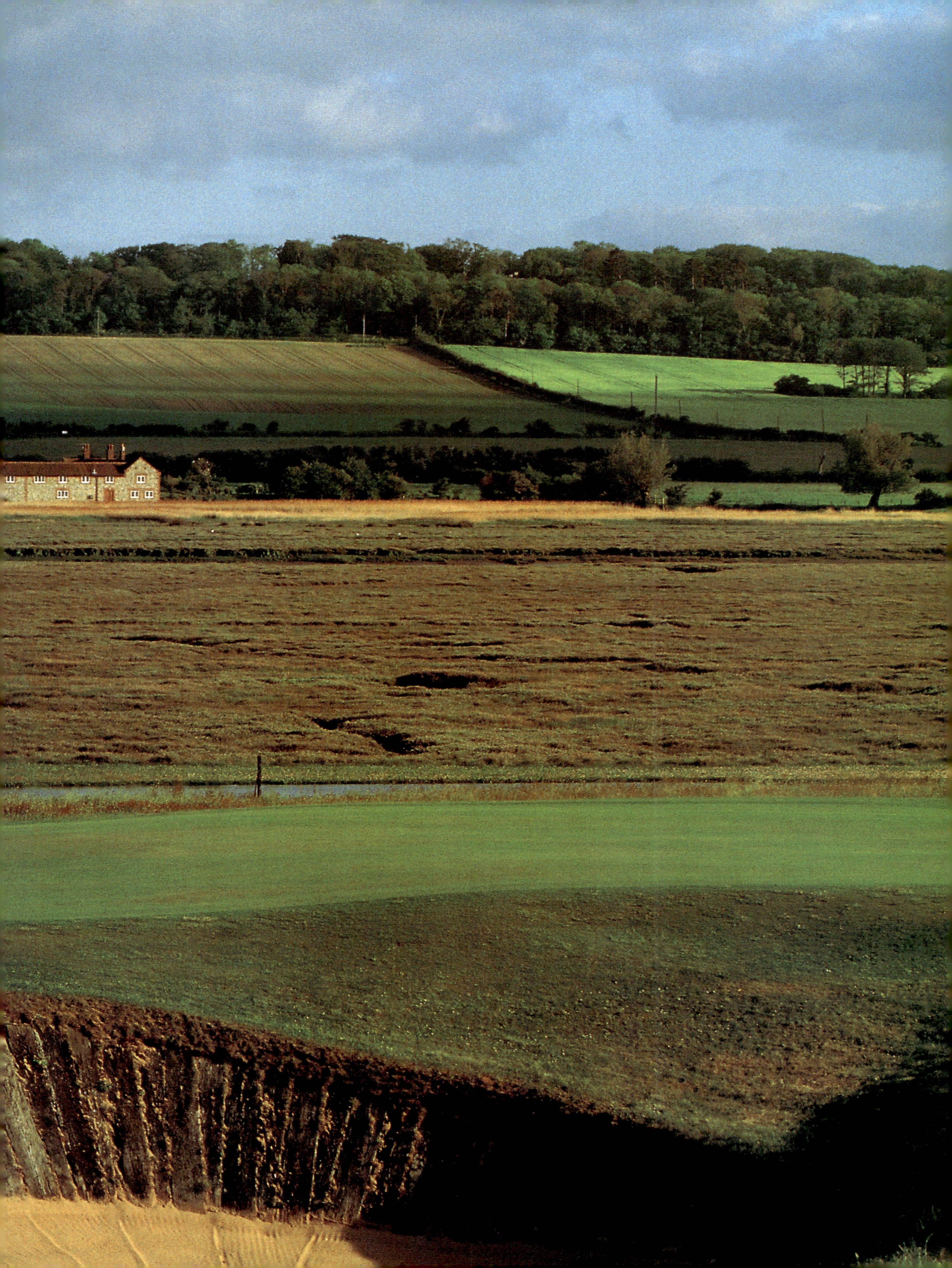

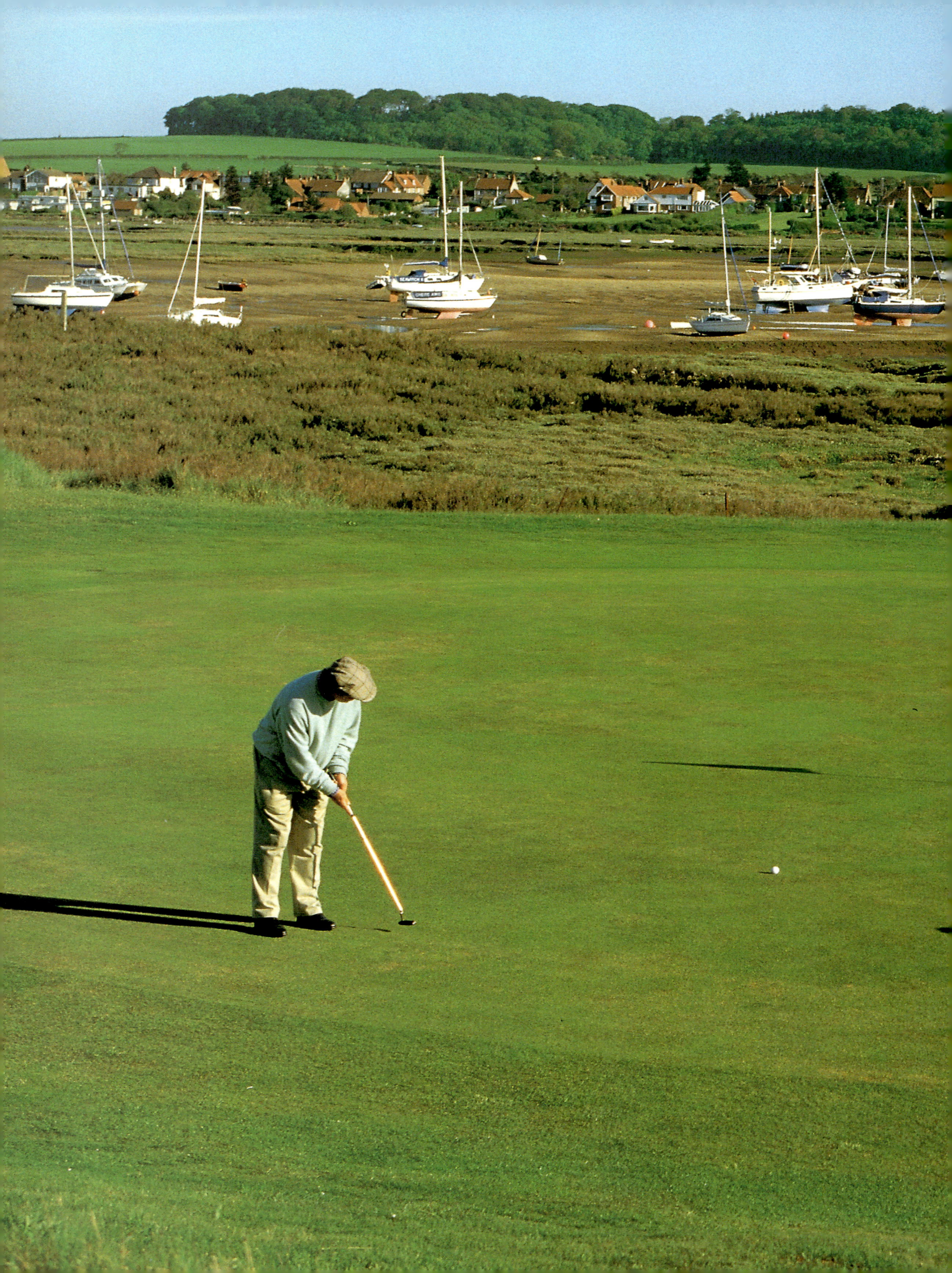

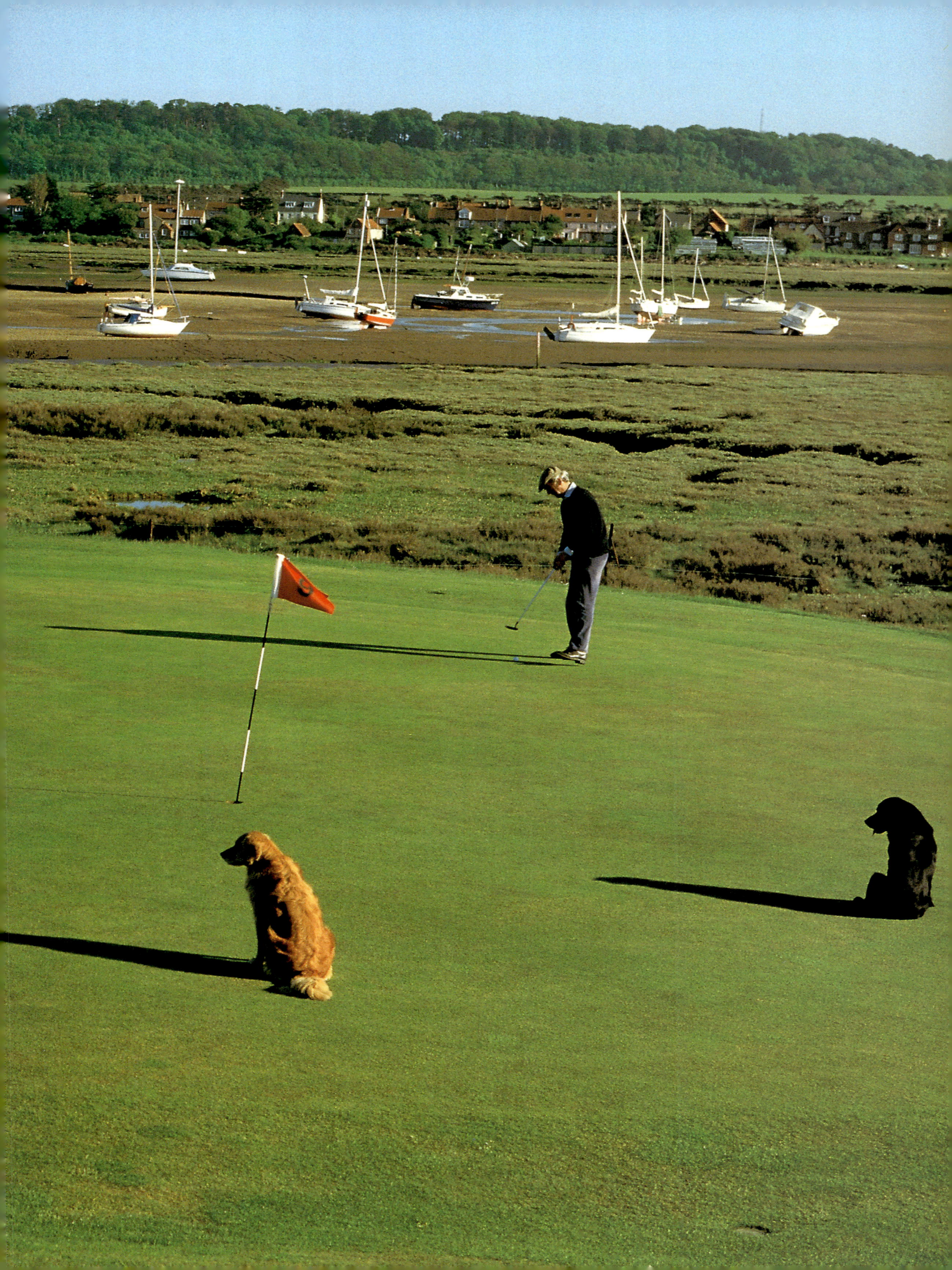

Lunch eines Golfspielers

Der Rauchsalon

Folgende Doppelseite: *Das zehnte Grün*

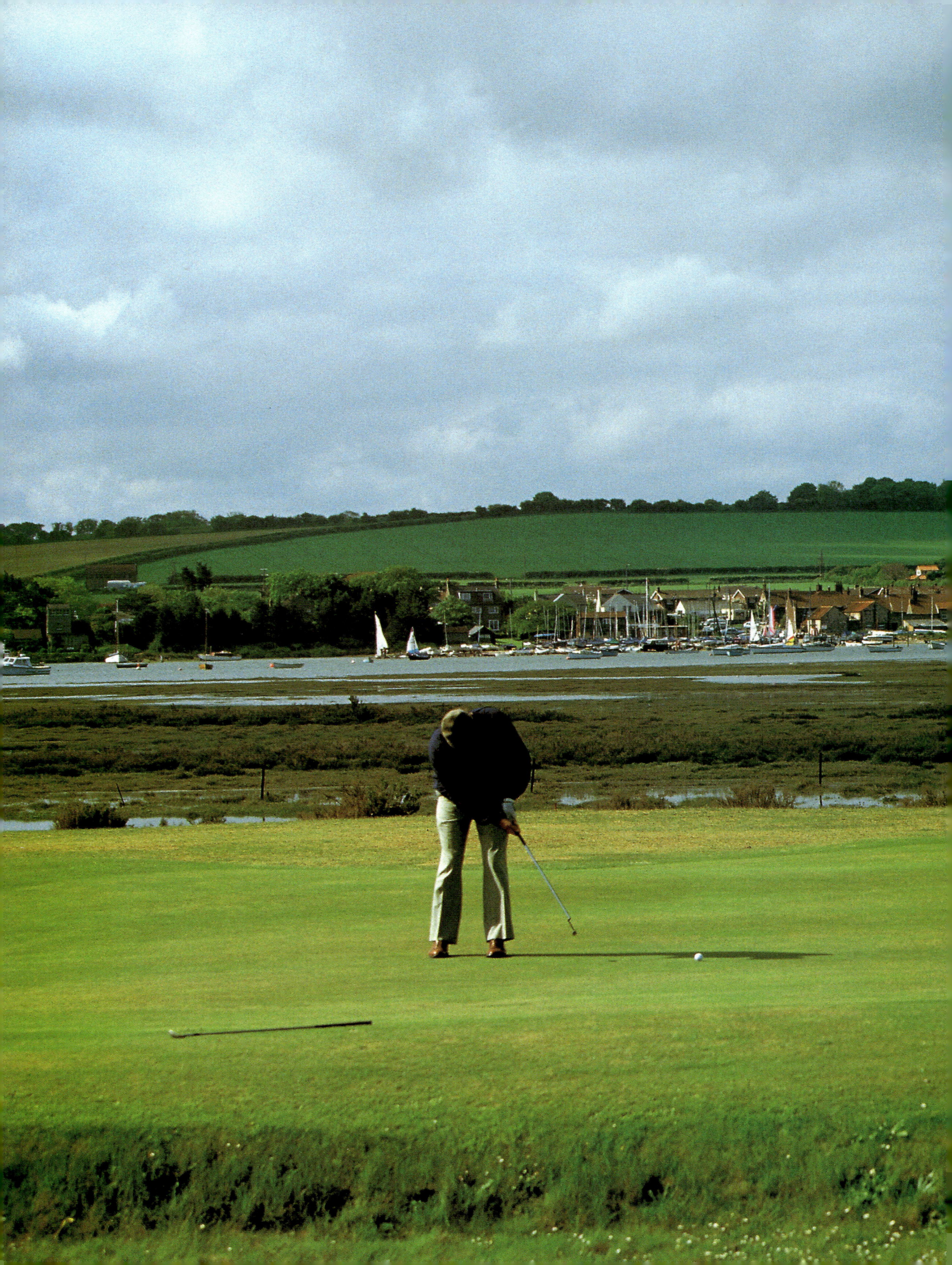

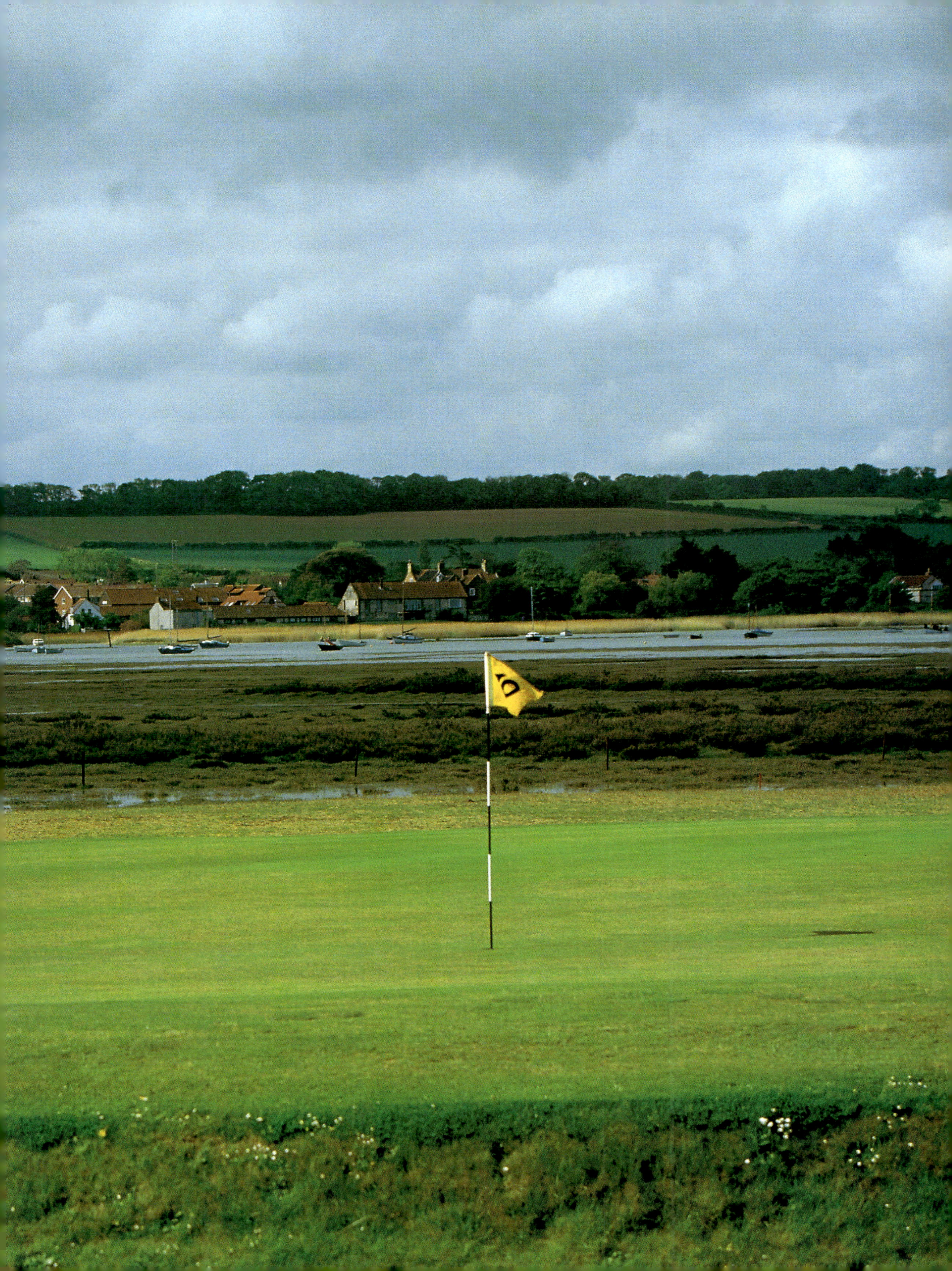

Der ehemalige Captain J. A. (Jo) Floyd

Doch Ausgleich ist in Sicht: Am anderen Ende des Platzes dehnen sich die Dünen derzeit aus. In dem Maße, in dem die Dünen altern, stirbt auch das Dünengras langsam ab. „Man kann es hier auf der rechten Seite des 14. Lochs sehen", erzählt Ray Kimber, „das Rough ist aus diesem natürlichen Grund sehr viel dünner geworden. Ein kräftiger Slice vom Abschlag aus hätte vor 20 Jahren einen Ballverlust bedeutet. Heute wird er verhältnismäßig gering bestraft."

Vor allem im Sommer ist der Platz ein farbenprächtiger, gemaserter und wohlduftender Teppich. Da gibt es verschiedene Schilfarten, hellgrünes Seegras, glockenförmige Lichtnelken, japanische Rosen, Veilchen, gelbes Sumpfläusekraut, Federnelken, violetten See-Lavendel, duftendes Labkraut oder das Portulagewächs, das seinen aromatischen Duft dann verströmt, wenn man es bei der Suche nach einem verirrten Ball mit den Füßen zertritt. Und wenn Sie einen Augenblick die Augen schließen, dann hören Sie die klagenden Schreie der Möwen und die schnatternden Stimmen von gut einem Dutzend verschiedener Vogelarten.

Auch an golferischer Prominenz hatte Brancaster seinen Anteil: Insgesamt drei Walker-Cup-Spieler – Gerald Micklem, P. B. „Laddie" Lucas und Arthur Perowne – sowie eine ganze Reihe von Mitgliedern, die auf nationaler Ebene erfolgreich mitspielten. Dennoch strebt man in Brancaster nicht nach Wettkampf-Golf. Dazu der Clubsekretär: „An einem Turnierwochenende nahmen kürzlich nur 13 Spieler teil."

In der Regel werden in Brancaster Foursomes und Einzel gespielt. Eine Notiz am 1. Tee untersagt Vierball-Matches völlig und gestattet 3-Ball-Spiele nur nach ausdrücklicher Genehmigung durch den Clubsekretär. Dadurch wird einerseits Kameradschaft, andererseits ein höheres Spieltempo gefördert. Und so formuliert es ein Mitglied: „In Brancaster geht es darum, sich zu entspannen, das Spiel in einer traumhaft schönen Umgebung zu genießen – und das nur mit leichtem Golfgepäck."

T. C. (Tom) Harvey, ehemaliger Captain in Brancaster und des R & A,
gemeinsam mit seinem Sohn D. V. (David) Harvey, ebenfalls Ex-Captain des Clubs.

Die gelegentlichen Turniere werden gegen altbekannte Rivalen durchgeführt: Gegen den Brancaster Village Golf Club, mit dem Royal Brancaster sich das Gelände teilt, gegen die Guards, gegen die Oxford and Cambridge Golfing Society sowie gegen andere Norfolker Clubs, darunter so exotische wie die League of Gentlemen, The Ferrets, der 1. Zingari Cricket Club, den Pädagogen, die Old Stoic Golfing Society und die Stompers. Eine der Kuriositäten im Golf Club Royal West Norfolk ist jener Wettbewerb, bei dem der Platz in entgegengesetzter Richtung bespielt wird und der zum „Alice-im-Wunderland-Image" des Clubs beiträgt. Dieses Turnier findet alljährlich im Oktober statt und hat im Gegensatz zur normalen Route Par 72 statt 71.

„Wir haben hier", so ein Mitglied, „nur ein paar Einschränkungen. Es gibt hier weder Startzeiten, noch für den Captain vorbehaltene Spiele, noch reservierte Parkplätze. Erfreulich an diesem Platz ist die Tatsache, dass er oft leer ist und man in 99 Prozent der Fälle spielen kann, ohne warten zu müssen. Damit dies jedoch so bleibt, sind wir gezwungen, die Zahl der Mitglieder zu beschränken."

Insgesamt zählt der Club 730 Mitglieder – davon 410 Männer, 120 Frauen und 75 Jugendliche (fast ausschließlich Söhne und Töchter von Mitgliedern) und, um die Rechnung aufgehen zu lassen, einige Mitglieder in Übersee sowie Ehren- und passive Mitgliedschaften. Der aktive Kern umfasst etwa 200 Mitglieder, wobei sich bei den Ruheständlern alles auf den Dienstag, den Donnerstag und den Samstagmorgen konzentriert. Schließlich gibt es noch die Fraktion der Bauern und der Urlauber, die in der Gegend ihren Zweitwohnsitz haben. Es ist ein sehr homogener Club ohne Cliquenbildung. Dazu Clubsekretär Nigel Carrington-Smith: „Wir versuchen es so einzurichten, dass jeder, der hierher kommt, mit jedem sprechen kann – ganz gleich, ob er nun 78 oder 18 Jahre alt ist, ob nun Landwirt, Arzt oder Rechtsanwalt."

Ganz oben: Ehrenmal am Eingang des Clubs.
Oben links: Das Captains' Board mit den Jahrgängen 1892 bis 1972.
Oben rechts: Ladies Captain Margaret Freeth am 1. Abschlag.
Gegenüber: Stephen Walter mit Familie vor dem Clubhaus.

Folgende Seiten: Das Clubhaus im Sonnenuntergang.

237.

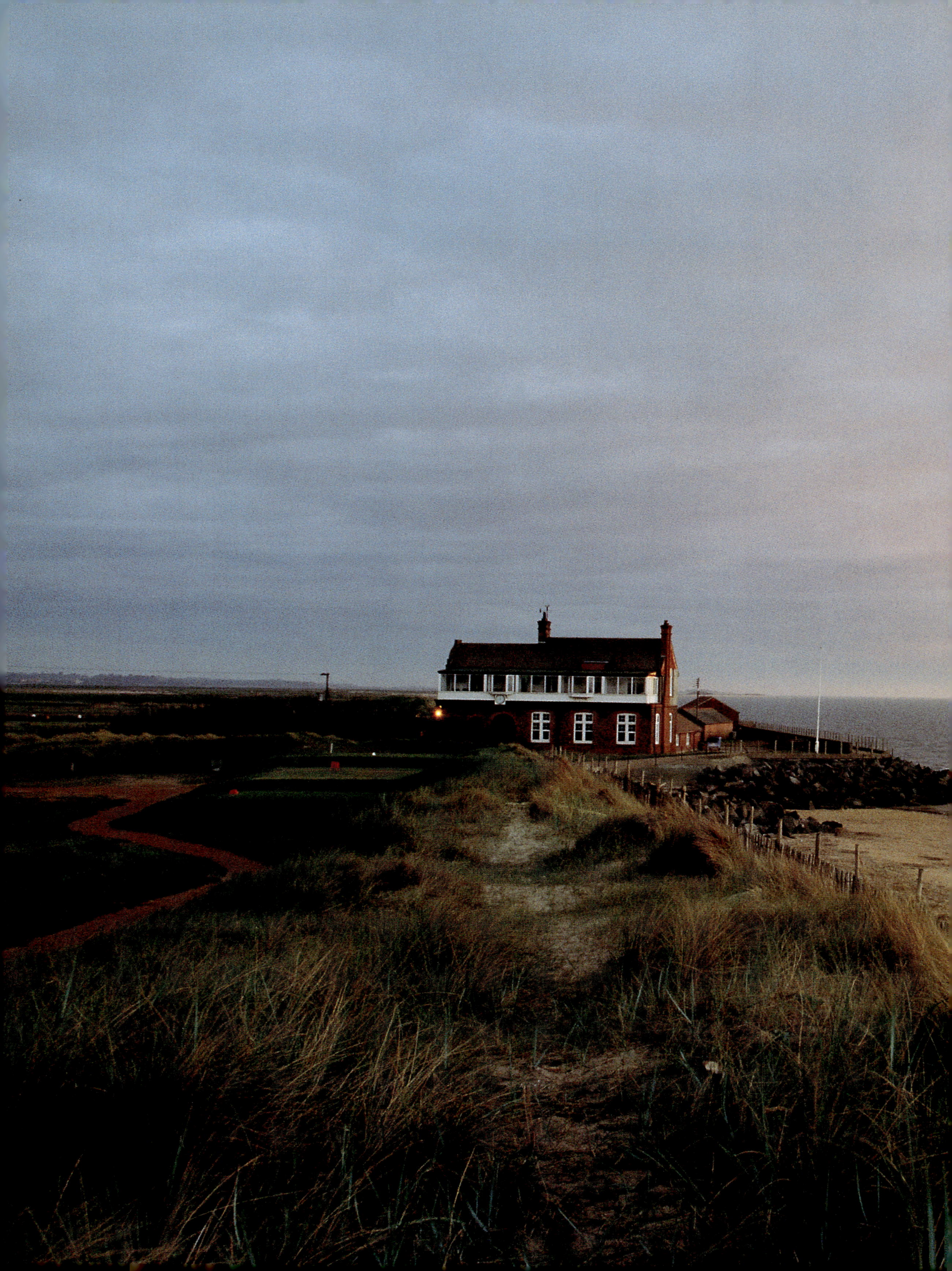

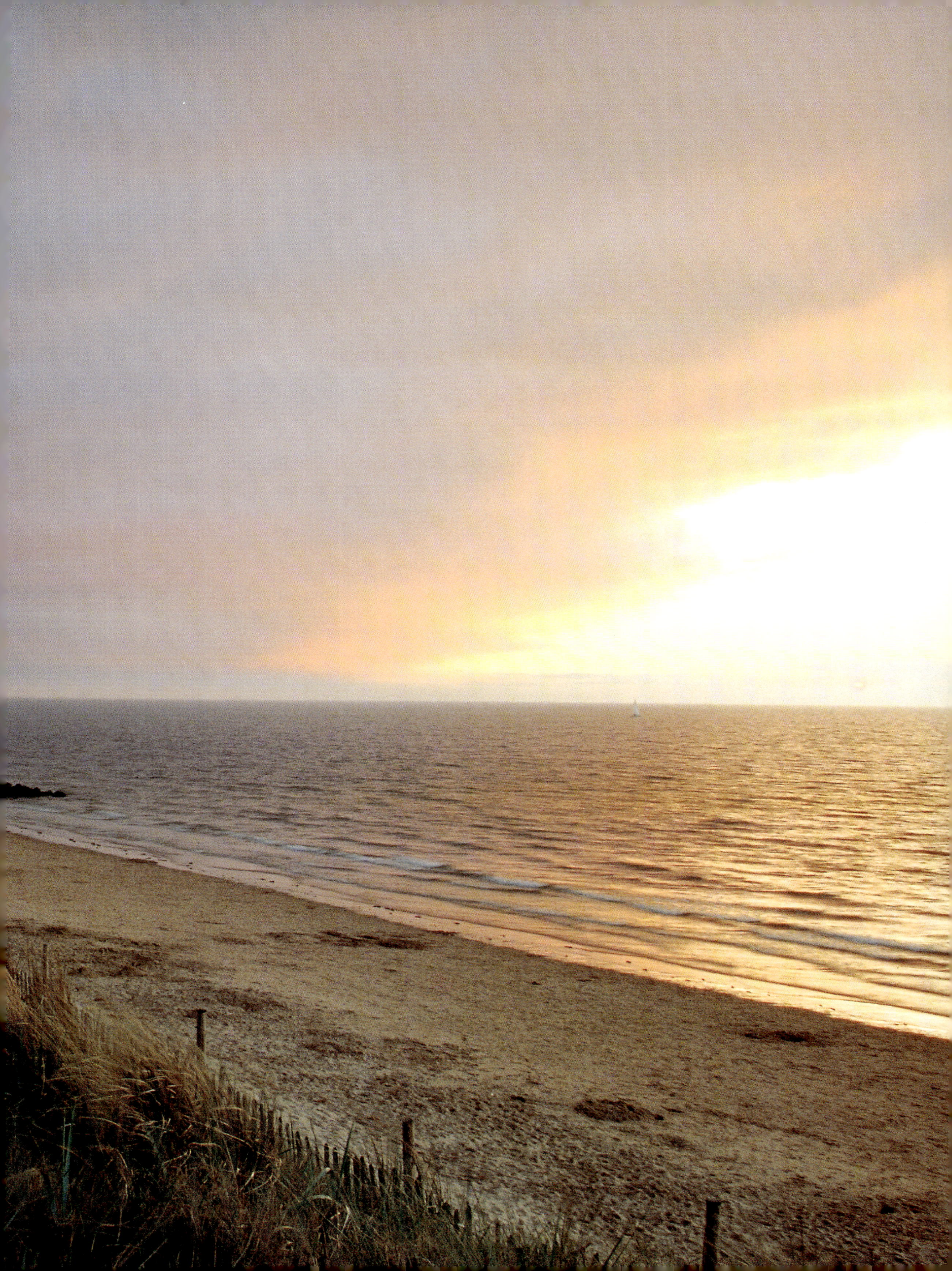

Bis 1988 wurden Mitglieder ohne Wartezeit aufgenommen. Dann folgte der Golfboom, mit dem der Golfplatz nicht zurecht kam, so dass einige Regeln und Richtlinien für die Wochenenden erlassen werden mussten, wobei die traditionellen Matches beibehalten, neue aber abgelehnt wurden. Auch wurde eine Obergrenze für die Mitgliedschaft sowie eine Warteliste eingeführt. Zur Zeit stehen auf ihr etwa 300 Personen, und angesichts der nur 15 frei werdenden Mitgliedschaften pro Jahr, liegt die Wartezeit aus biologischen Gründen bei zehn bis 15 Jahren. Jugendliche, die das Alter von 21 Jahren erreichen, stellen dabei die Hälfte der frei werdenden Plätze. Ihnen wird automatisch die Mitgliedschaft angeboten, so dass nur etwa sechs Außenstehende pro Jahr nachrücken.

In dem einen Jahrhundert seiner Existenz gab es nur vier Golflehrer in Brancaster. Der erste hieß Albert Tingey und war zugleich Head-Greenkeeper. Nachdem er 1898 den Club verließ, empfahl der legendäre Tom Morris aus St. Andrews einen jungen Mann namens Tom King, der in Morris' Laden und Schlägerwerkstatt arbeitete. Drei Jahrzehnte lang regierte Tom Senior mit autoritärem Stil über seine Mannschaft und die Caddies. Doch wenn es um die Rechte seiner Angestellten ging, kannte er keine Skrupel. In der Clubchronik heißt es dazu, dass in dem Falle, dass ein Caddie nicht rechtzeitig bezahlt wurde, er „zu einem der Fenster des Rauch-Zimmers schritt und dort solange und immer wieder an die Scheibe pochte, bis der Spieler herauskam und seine Schulden beglich."

Im Alter von 13 Jahren ging Toms jüngster Sohn, Tom Junior, von der Schule ab und wurde Assistent bei seinem Vater. Zwischen 1925 und 1927 war Tom Junior Profi-Champion in Norfolk, und als sein Vater starb, übernahm er dessen Posten als Golflehrer. Von der Tatsache abgesehen, dass er ein guter Spieler und Lehrer war, machte er sich als begnadeter Hersteller von Golfschlägern einen Namen und war damit einer der letzten seiner Art in England. Sein ganzes Leben verbrachte er im Club, und als auch er 1966 starb, da endete die 67-jährige Regentschaft der Kings, die selbst die Regierungszeit von vier Monarchen überdauerte. Es war Ray Kimber, der in die Fußstapfen der King-Dynastie trat und deren Tradition nicht nur fortsetzte, sondern zudem Liebe und fundiertes Wissen um Flora und Fauna der Norfolk-Küste einbrachte.

Ray Kimber verdankt der Club auch die guten Beziehungen zum Ort Brancaster, wo er viele Kontakte und Interessen pflegt. Das Verhältnis zwischen Club und Ort hatte im Laufe der Jahre gelitten. Auf der Seite des Ortes sorgten immer noch die angestammten Rechte, Pferde, Vieh und Schafe auf dem Gelände weiden zu lassen, für eine Belastung. Außerdem wollte man wie eh und je eine Art wilden Spargel sowie Lavendel sammeln und forderte schließlich Spielmöglichkeiten für die Mitglieder des Brancaster Village Golf Clubs ein. Auf Seiten des Clubs lag das Problem darin, einerseits die lokalen Interessen, andererseits die Privatsphäre unter einen Hut zu bekommen. Das beiderseitige Verhältnis, das sich nach dem 2. Weltkrieg verschlechtert hatte, verbesserte sich mit Ray Kimbers Ankunft und ist heute durch und durch freundschaftlich.

Mitglieder des Village Clubs können am Nachmittag und Abend auf dem Platz spielen. Von freundschaftlichem Geist beseelte Turniere finden nicht nur regelmäßig statt, sondern gelten jedesmal als Höhepunkt im Golfkalender Brancasters. Die grundsätzliche Einigkeit der beiden Clubs wird nirgendwo deutlicher als beim Mahnmal in Form eines Club-Tores. In Stein aus der Grafschaft York wurden die Namen der Mitglieder beider Clubs eingraviert, die in den beiden Weltkriegen fielen – und das ohne Nennung des Clubs oder des sozialen Status. Seite an Seite im gemeinsamen patriotischen Tod.

Anders als in vielen traditionellen Clubs war Damen-Golf in Brancasters Clubleben fest verankert und stand niemals zur Debatte. Schon im Jahr 1895 vermerkte man die Wahl zweier Damen, und 1904 traf man entsprechende Vorkehrungen für insgesamt 30 weibliche Mitglieder. 1973 trat der Club der English Ladies Golf Association bei und mit Lady Walker wurde der erste Lady Captain benannt. Inzwischen gibt es 120 weibliche Mitglieder, von denen allerdings nur 80 ein Handicap haben und bei denen auch nur ein geringer Anteil ernst zu nehmende Golferinnen sind. Die Damen sind für ihren Teil des Clubs selbst verantwortlich und von den Männern unabhängig. Sie haben keine Wahlberechtigung, und über die Aufnahme neuer weiblicher Mitglieder entscheiden die Männer.

Ob die Damen dies ändern wollen? „Ich glaube nicht", meint Lady Captain Margaret Freeth, selbst eine gute und wettkampforientierte Golferin. „Wenn wir ein Teil des gesamten Clubs würden, verlören wir unsere eigene Identität." Auch bei der Aufnahme von weiblichen Jugendlichen gibt es keine Diskriminierung. „Mädchen mit familiären Bindungen zum Club erhalten wie die Jungs automatisch eine vollwertige Mitgliedschaft. Daran sieht man, dass es sich um einen Familien-Club handelt."

Brancaster galt stets als lebendes Museum, aber spätestens wenn man zur Lunch-Zeit ins Clubhaus kommt, wird dieser Eindruck zerstreut. Höchstens das Clubgebäude selbst könnte diesen Eindruck erwecken. Darüber schrieb L. E. Jones, ein Freund des Clubs und der Region, in seinem Buch mit dem Titel „Georgian Afternoons": „Nur ein Schandfleck trübt den liebenswerten und ruhigen Anblick: das Clubhaus. Die Spät-Viktorianer hatten das einmalige Geschick, das Falsche zu tun,... den Bau eines großen, niedrigen, abgehackten, trotzigen und scheußlichen Objekts." Immerhin – einmal sicher im Inneren angelangt, erliegt er dem „angenehmen Mittagessen" und dem „Kaffee auf dem großen Balkon, von dem aus man den ersten Abschlag und das letzte Grün überblickt", ehe er sich dann erneut daran erinnert, dass er dem Gebäude, „das sogar für ganz Surrey eine Schande ist", keinerlei Zuneigung entgegen bringt.

Ein Kohlefeuer glimmt im Kamin des Raucherzimmers und verstrahlt Wärme bis hin zu der alten Schrankwand, die an einer Wandseite verläuft. Die golferische Kameradschaft und auch die familiäre Freundlichkeit, mit der Besucher empfangen werden, scheinen fast greifbar zu sein. Frauen und Kinder, die in anderen Clubs hier nichts zu suchen hätten, gehören hier zum festen Inventar. Eine 80-jährige Lady kommt mit einem Kinderwagen herein; Nigel Carrington-Smith und Tom Harvey nippen an der Bar ihren Pink Gin, dem Lieblingsgetränk im Club; John Coleridge, der Clubchronist und Dichter, ist gerade dabei, einem Neuling zu erklären, dass Wetten nicht zu den üblichen Traditionen in Brancaster gehört. („Um Himmels Willen", meint er, „wenn sie das tun, werden sie rausgeschmissen.") Pfeifen-, Zigarren- und Zigarettenrauch wabern durch den Raum, hinauf zu den Ehrentafeln der Captains zu beiden Seiten des Raums.

Formale Mittagessen und Dinners sind in Brancaster eine Seltenheit, Kartenspiele gibt es nicht und Abendveranstaltungen nur zu seltenen Anlässen. Die Menschen kommen hierher, um Golf zu spielen, Freunde zu treffen und den Club in der Tat als Erweiterung ihres Zuhauses zu nutzen. Nirgends ist diese Ungezwungenheit sichtbarer als in dem offensichtlichen Mangel an Kleiderordnung. Nigel Carrington-Smith erinnert sich, darüber bei seinem ersten Besuch beinahe gestolpert zu sein: „Es gab jede nur denkbare Bekleidung in diesem Raucherzimmer. Von Gummistiefeln über Hüte, Mäntel, Jacken und Shorts. Ich fragte den scheidenden Sekretär, ob es nicht sinnvoll wäre, eine Kleiderordnung zu erlassen. Er schnaubte und fiel fast vom Stuhl. ‚Gütiger Gott, nein – nur wenn jemand Barfuß kommt, sollten sie einen Schlussstrich ziehen.'"

Ein wesentlicher Bestandteil des Lebens im Golf Club Royal West Norfolk ist die Integration von Hunden in die Gemeinschaft. An der Eingangstür zum Clubhaus stehen zwei große Wasserschalen für die Hunde, und es ist fast ungewöhnlich, wenn man auf dem Platz Spieler sieht, die nicht von einem Hund begleitet werden. Ein Captain nahm normalerweise seine fünf Rennhunde mit auf die Runde, und bis vor kurzem waren Hunde sogar im Raucherzimmer erlaubt. Doch dann wurde ein Teppich verlegt, und die Hunde mussten den Rückzug antreten.

Das Schlusswort gebührt dem loyalen Brancaster-Mitglied Pat Ward-Thomas: „Der Club selbst ist Eigentümer des Platzes, so dass Brancaster für immer und ewig ein Ort des Friedens sein kann. Es gibt keinen Anlass, in Übereifer und Fortschrittswahn zu verfallen; hier wird der Golfer allein gelassen"; mit – das sollte man hinzufügen – seiner Familie und seinen Hunden.

Versteckter Edelstein

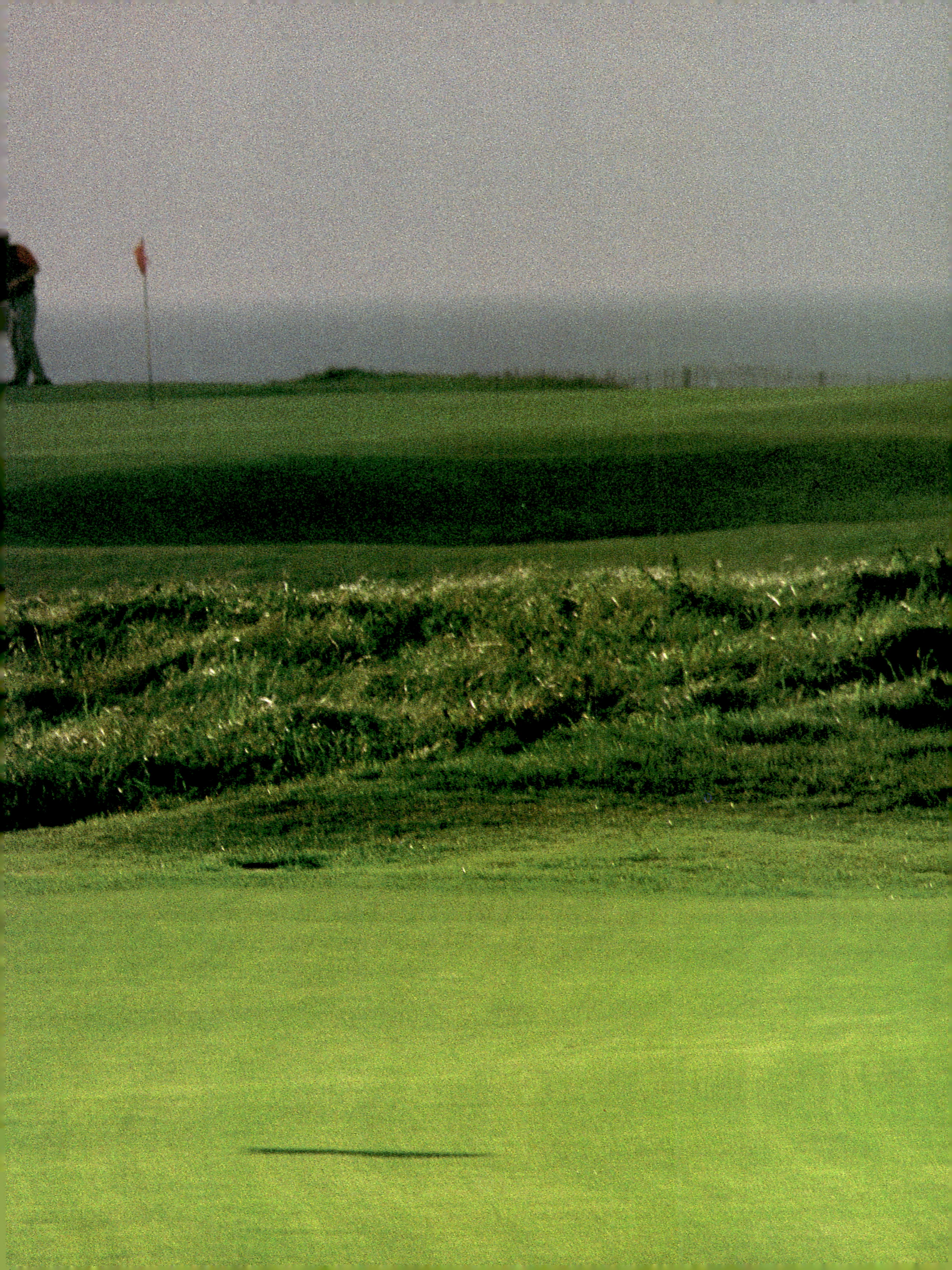

Royal Porthcawl
Golf Club

Von außen sieht es aus wie ein altes Armee-Quartier, das die Regierung lediglich vergaß abzureißen. So sei der Verdacht verziehen, alte Kameraden träfen sich gerade an der Bar. Gläser erklingen, Gelächter erschallt und so mancher walisische Muskel befindet sich in äußerster Anspannung. Etwa die Hälfte der trinkenden Männer in diesem Raum, der vor golferischen Trophäen, Ehrentafeln und dem von Generationen von Golfern und ihren Spikes perforierten Teakboden nur so strotzt, trägt gelb-schwarz-blau gestreifte Krawatten. Das sind die Sparrows, jene eigenartige Golfgruppierung in Porthcawl, die für ihr kollektives Amüsement, ihre Trinkfestigkeit und Tollkühnheit berühmt-berüchtigt ist.

Die andere Hälfte, Mitglieder einer Golf Society, sind längst nicht so farbenprächtig gekleidet und auch weniger ausgelassen. Nach einer angenehmen Golfrunde, bei der es den Sparrows und deren Gegnern offensichtlich weniger ums Ergebnis als um die zügige Durchführung ging, verbringen sie jetzt ein paar nette Stunden miteinander. Diese Veranstaltung wiederholt sich in Porthcawl jeden Mittwoch. Dann treffen sich die Sparrows, um auf dem stürmischen, aber raffinierten Links-Course entweder gegen eine Golfing Society zu spielen oder einen internen Wettkampf auszutragen. Ein festliches Dinner gibt dem Auftritt in der Bar schließlich ein solides Fundament, um danach Kummel und weitere flüssige Erfrischungen sowie – zumindest für den harten Kern – eine spätabendliche Knobelrunde im Kartenzimmer folgen zu lassen. Die Situation auf dem Club-Parkplatz am nächsten Morgen, auf dem nach mehreren Startversuchen verlassene Fahrzeuge kreuz und quer herumstehen, spiegeln mehr die Intensität der abendlichen Unterhaltung wider als tausend Worte.

Porthcawl liegt abseits der golferischen Trampelpfade. Der Platz befindet sich 40 Kilometer westlich von Cardiff und etwa 30 Kilometer östlich von Swansea am Bristol Channel. Es ist einer der ältesten und berühmtesten walisischen Golfclubs. Dank der modernen Brücke über den River Severn und des Baus der Autobahn (M 4) etwa drei Meilen vom Seebad Porthcawl entfernt, ist der Club nicht mehr schwer zu erreichen. Doch da es sich nicht um ein ganzes Paket erstklassiger Links-Courses handelt, wie etwa in Hoylake und Prestwick, zieht der Club auch keine Reisegruppen an. Dennoch – so würde es der Michelin Guide über ein nennenswertes, aber abgelegenes Restaurant formulieren – ist er einen Umweg wert.

Gegründet wurde der Club im Jahr 1891 durch Golfer aus Cardiff, die sich einen Platz in Seenähe wünschten und sich daher in Porthcawl niederließen. Die ursprünglichen neun Löcher entstanden auf Lock's Common unter der Regie von Charles Gibson, dem Golflehrer in Westward Ho! in Devon. 1895 mieteten die Gründungsväter beim Kloster Morgan weiteres Land in Küstennähe an, so dass Architekt Ramsey Hunter einen adäquaten 18-Löcher-Platz anlegen konnte. Im Jahr 1909 erhielt der Club von König Edward VII. seinen königlichen Titel, und sein Enkel, der Prince of Wales und spätere Edward VIII., wurde gar Schutzpatron des Clubs. Das Porträt des Prinzen – ein Gemälde des walisischen Spitzengolfers Hal Ludlow – hängt im Gemeinschaftsraum des Clubhauses. Der einzige andere königliche Golfclub in Wales ist übrigens Royal St. David's in Harlech im Norden des Landes.

Das Clubhaus begann ursprünglich als Arbeiterwohnheim aus Anlass der Londoner Ausstellung im Crystal Palace zum diamantenen Kronjubiläum Queen Victorias. Dort wurde es völlig auseinander genommen und in Porthcawl wieder aufgebaut. Äußerlich hat es nie seinen Charakter als provisorische Baracke abgelegt, doch immerhin hielt es jahrzehntelanger Nutzung und den grimmigen Winden und Stürmen stand, die vom Atlantik in den Bristol Channel auflaufen. Trotz vielfacher Verstärkung und liebevoller Neuverkleidung behielt dieses seltsame Gebilde seinen kuriosen Charme und seine freundliche Atmosphäre und diente damit stets als perfekter Hintergrund für einen wunderschönen Platz.

Genau genommen ist Porthcawl kein echter Links-Course, da der Platz nicht auf Gelände angelegt ist, das dem Meer abgerungen wurde und es ferner keine schützenden Sanddünen gibt. Doch rein äußerlich und gefühlsmäßig handelt es sich um Links-Land. Der Atlantik walzt den Bristol Channel hinauf und verursacht einen Tidenhub von bis zu 13 Metern. Die vorherrschenden Südwestwinde sind überdurchschnittlich stark und das Meer grenzt direkt an mehrere Löcher. Es gibt keine Bäume, und der Sand im Unterboden sorgt für eine ausgezeichnete Drainage. Und noch ein Vorteil, der sich aus dem Fehlen der Dünen ergibt: Von jedem Loch aus kann man das Meer sehen.

Wenn Sie wissen wollen, was hier im Angebot ist, dann sollten Sie einmal tief die salzige Luft einatmen, sich gegen den Wind stemmen und einen forschen Gang zum 6. Abschlag einlegen, der sich einmal quer über den Platz an der Nordgrenze befindet. Nordwestlich liegen die Halbinsel Gower sowie Swansea; westlich, also jenseits des Bristol Channel, erheben sich die Hügel von Exmoor in Nord-Devon; und nordöstlich ist Margam-Mountain zu sehen. Nicht ganz so weit entfernt liegt starr das halb verfallene Sker House, ursprünglich eine von Zisterzienser-Mönchen angelegte mittelalterliche Scheune, in der angeblich der Geist einer jungen Frau herumspukt, die im vergangenen Jahrhundert an gebrochenem Herzen starb. Daneben ein Erholungsheim aus den 50er Jahren des 19. Jahrhunderts, in dem Minenarbeiter untergebracht waren, die an Teerlunge litten. Und – wahrlich kein schöner Anblick – das Port Talbot Stahlwerk. Vergänglicher denn je sieht dagegen das militaristisch anmutende, aber liebenswerte Clubhaus von Porthcawl aus.

Es ist durchaus angebracht, sich nicht von der vermeintlichen Sicherheit täuschen zu lassen, der Platz befinde sich nur am Ufer eines „Channel" und die brutalen Winde würden durch schützendes Land abgehalten. Im Gegenteil – die Küstenlinie ist vollkommen den atlantischen Stürmen ausgesetzt. Der Wind hat gar zerstörerische Wirkung: Bälle fliegen vom Grün, Flaggen fetzen aus ihren Löchern, und in einer denkwürdigen Nacht des Winters 1990 hob der Pro-Shop ab und seine zertrümmerten Überreste wurden am nächsten Morgen über den Parkplatz verteilt wiedergefunden. Die 100-jährige Clubgeschichte Porthcawls, zusammengetragen und herausgegeben von Leo McMahon, ist gewiss das einzige Buch seiner Art, das neben vielen faszinierenden Anhängen auch eine Liste der Schiffswracks dieser Gegend beinhaltet.

Die ersten drei Löcher verlaufen in unmittelbarer Küstennähe. Hier gilt es, den Ball nicht über die mit einem Zaun markierte Ausgrenze auf den Strand zu schlagen, wo die gefräßige See lauert. Dafür kommt man in Porthcawl in den Genuss einer Besonderheit des Wettersystems, nach der Sturm und Regen aus Richtung Devon teilweise nach Cardiff und teilweise nach Swansea abgeleitet werden und man in Porthcawl nicht nur relativ unbehelligt bleibt, sondern für Golfer perfekte Bedingungen vorfindet.

Vorhergehende Seiten:
Eine kräftige Brise vom Bristol Channel. Gegenüber: Die Silver Championship-Trophäe

Folgende Seiten:
Abschlag am 16. Loch mit dem beklemmenden Sker House im Hintergrund. Vergangene und aktuelle Ehrengalerie im Clubhaus. Die Sparrows Golfing Society.

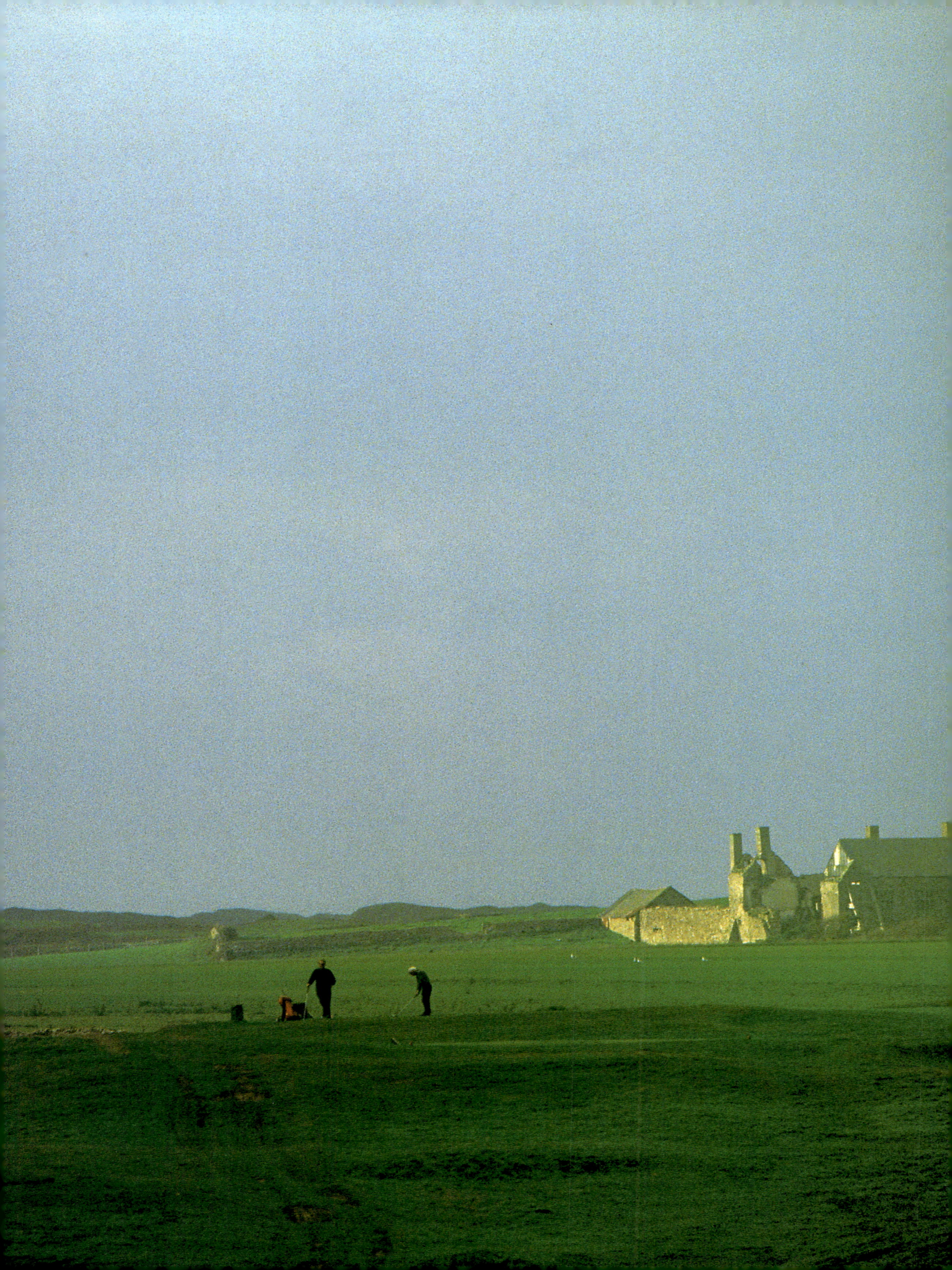

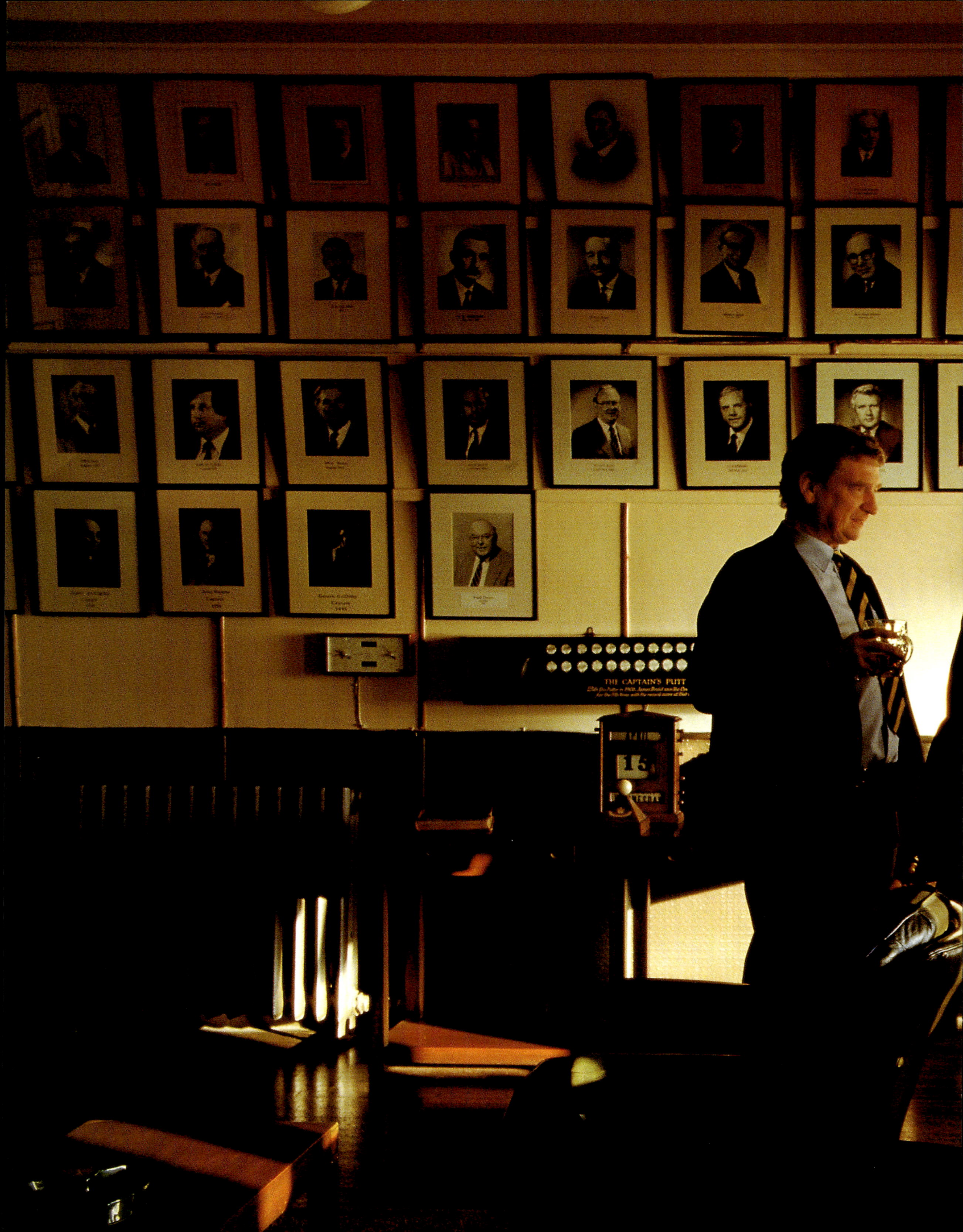
THE CAPTAIN'S PUTT
15

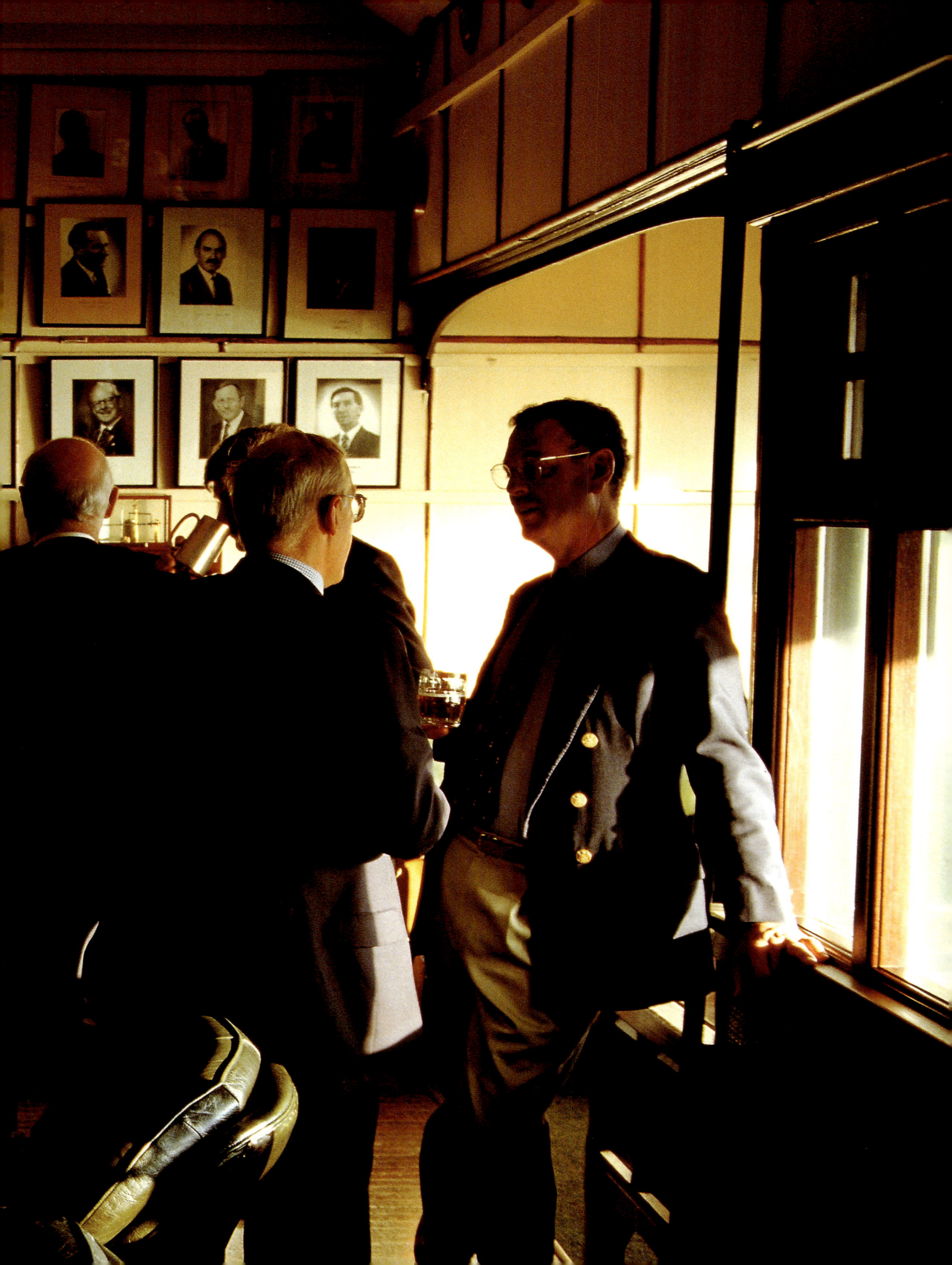

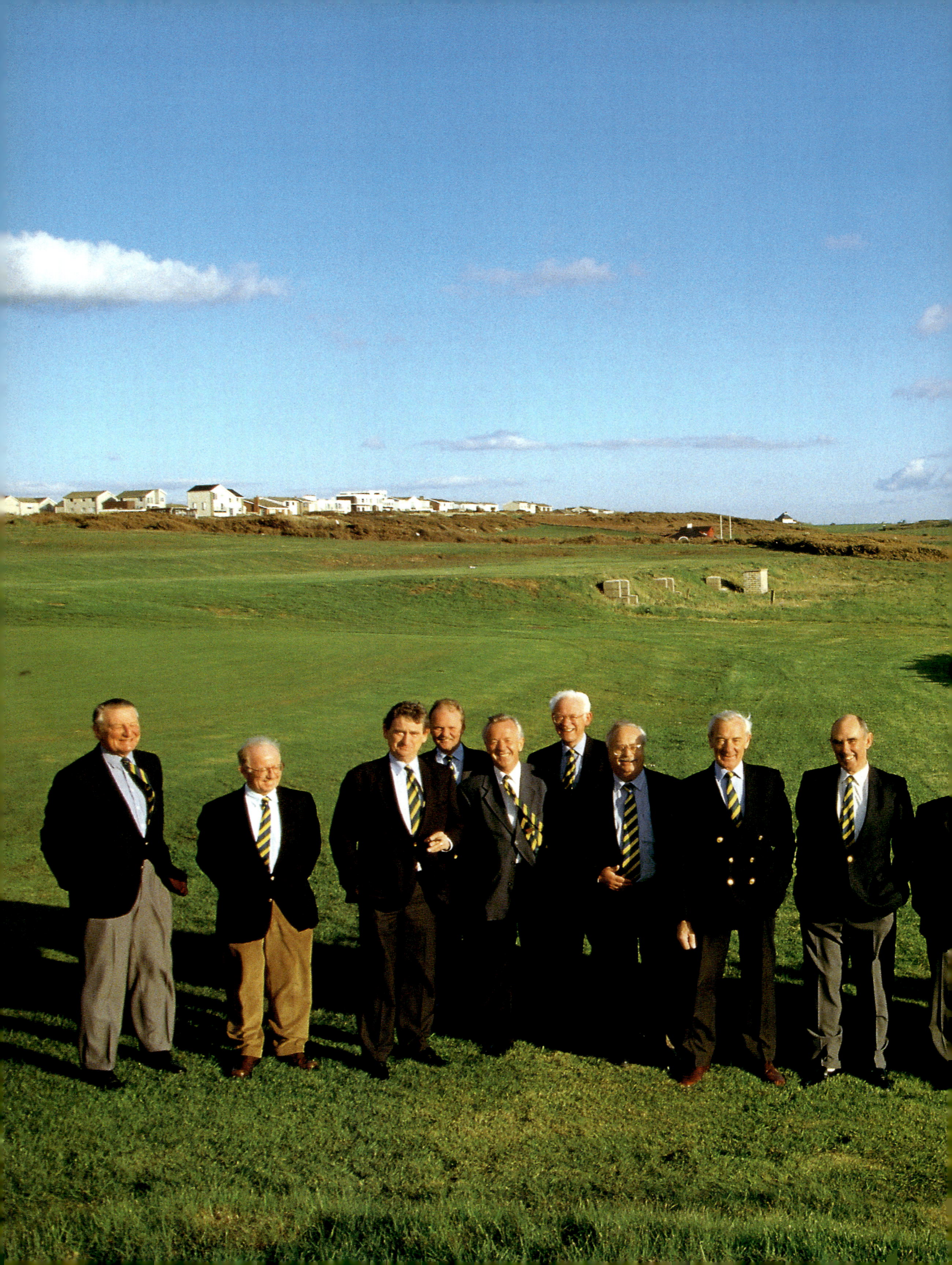

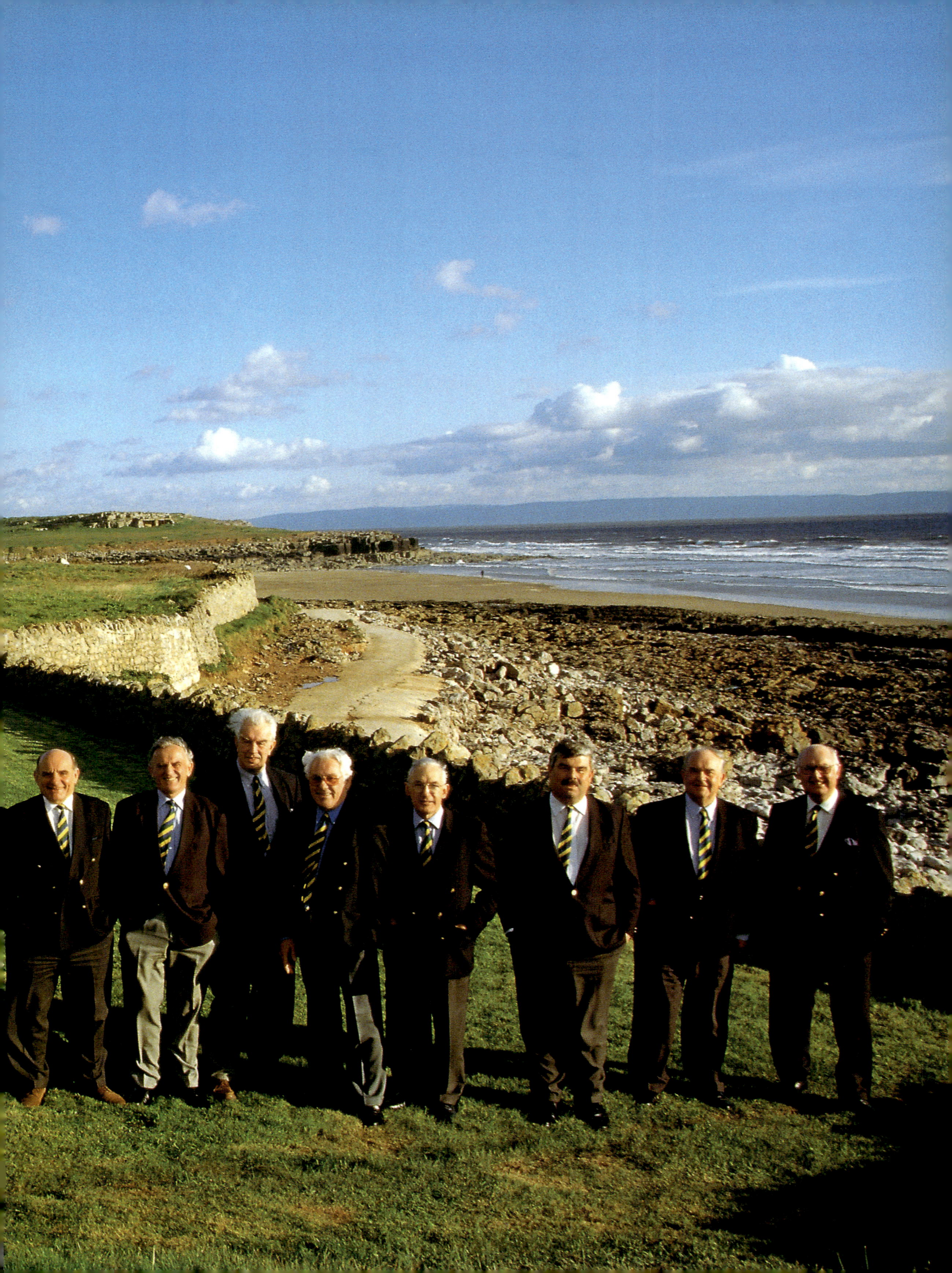

Im Laufe der Jahre wurde der Platz mehrfach modifiziert und verbessert, erstmals von Harry Colt im Jahr 1913, dann 1933 von Tom Simpson, gefolgt von kleineren Veränderungen im Jahr 1950 durch C. K. Potter sowie schließlich 1986 durch Donald Steel. Die jüngste Veränderung wurde zwingend erforderlich, weil das Meer das Grün des 2. Lochs bedroht. Zwar wurde ein Ausweichgrün weiter landeinwärts gebaut, doch wird das Original-Grün noch so lange es überlebt weiterhin für Wettbewerbe genutzt.

Wie in vielen ebenbürtigen Clubs gab es in Porthcawl nur wenige Golflehrer – nur drei in 100 Jahren seiner Existenz. Die ersten 60 Jahre gehen aufs Konto von James „Hutch" Hutchinson, der aus Anlass der Clubgründung aus Schottland kam und der mit seinem Tod 1951 aus dem Berufsalltag gerissen wurde. Unter tragischen Umständen übernahm der derzeitige Golflehrer Peter Evans den Job von seinem Vorgänger Graham Poor, der bei einem Flugzeugunglück ums Leben kam. Mit Mitte 30 hatte Peter Evans bereits als Assistent für den Club gearbeitet. Heute ist er ein redegewandter Führer durch die vielseitigen Facetten, die dieses golferische Juwel in Wales zu bieten hat.

„Je nach Wind und Wetter gibt es hier ganz verschiedene Stimmungen. Der Platz verläuft nicht – wie so viele andere Meisterschaftsplätze – einmal auf und einmal ab. Die ersten drei Löcher gehen entlang der Küstenlinie, wobei man danach umschwenkt, um dann in Schleifen und Windungen in jeder nur denkbaren Ausrichtung und mit Winden aus den unterschiedlichsten Richtungen über die zweiten neun Löcher zurück zu kommen. Wind ist auch die größte spielerische Herausforderung des Platzes, muss man doch mit allen Arten fertig werden – mit Seiten-, Rücken- und Gegenwind."

„Wenn man nur auf die Länge einzelner Löcher schaut, ist dies nicht sehr Besorgnis erregend. Doch sind die Löcher sehr raffiniert angelegt. In Porthcawl geht es nicht in erster Linie um Länge, sondern das große taktische Ziel muss die richtige Lage sein. Meiner Meinung nach sieht so die Verteidigungsstrategie des Platzes gegen die moderne Golf-Technologie aus, nach der man mit den Bällen große Weiten erzielt. Wenn ich mich für ein Loch mit eigener Handschrift entscheiden sollte, dann für das 2., ein Par-4-Loch. Die Küste befindet sich in unmittelbarer Nähe, und selbst mit dem neuen Ausweichgrün muss man die Nerven bewahren und das Grün geschickt anspielen. Der Golf-Radioreporter Bruce Critchley nannte es einmal das beste 2. Loch, das es im Golf gebe – und ich pflichte ihm bei."

„Der Charakter des Kurses verändert sich im Laufe der Runde", meint der ehemalige Captain John Downing. „Wenn man einmal auf dem 5. oder 6. Loch angekommen ist, befindet man sich nicht mehr auf einem Links-Platz und das Gefühl ist ein ganz anderes. Später dann, speziell ab dem 13. Loch, weiß man ganz genau, dass man sich wieder auf einem Links-Course befindet. Die Professionals mögen im Allgemeinen diesen Platz nicht, aber ich glaube, es ist ein fantastischer Platz für Foursomes."

Fünf Mal wurden die Amateurmeisterschaften in Porthcawl abgehalten und auch die ersten walisischen Amateurmeisterschaften des Jahrgangs 1900 sowie seit dieser Zeit viele weitere Male. Der Club war u.a. Gastgeber der Dunlop Masters, als Peter Thomson gewann, ferner der Coral Welsh Classics, mehrerer europäischer Team-Matches, des Walker Cups (1995) sowie 1998 zum insgesamt achten Male der internationalen Meisterschaften (von England, Schottland, Wales und Irland). Die Open steht außer Frage, da es zu schwierig ist, mit den Zuschauermengen und der Infrastruktur fertig zu werden, obwohl der Platz selbst der Herausforderung durchaus gewachsen wäre.

Gegenüber: Hal Ludlows Porträt des Prinzen von Wales, des königlichen Schirmherrn des Clubs, in Golfbekleidung. Als der künftige König Edward VIII. das Gemälde erstmals sah, soll er gesagt haben: „Ein schönes Bild von ein Paar Schuhen."

Folgende Seiten: Partnerwahl der Sparrows bei ihrem wöchentlichen Treffen.

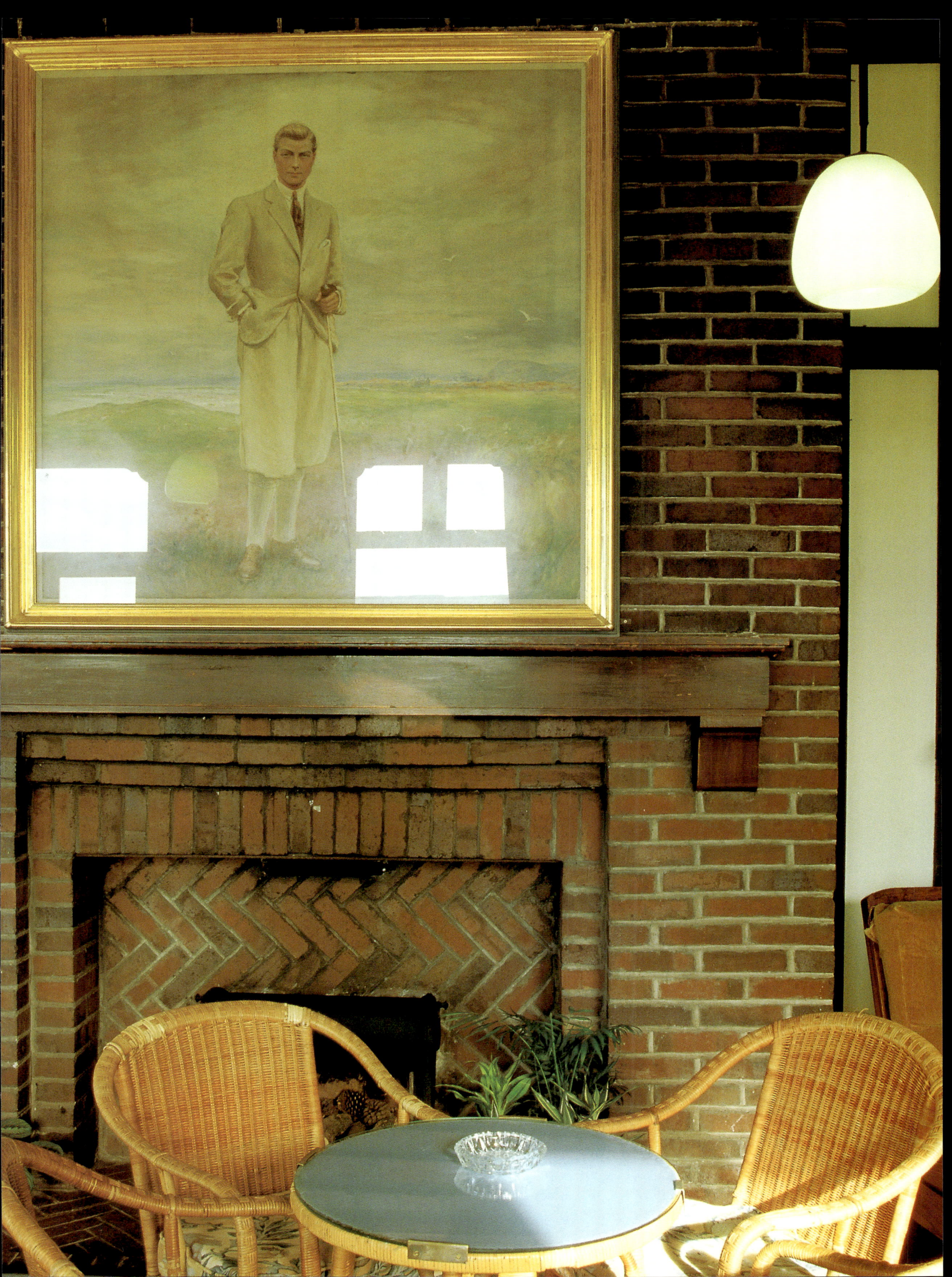

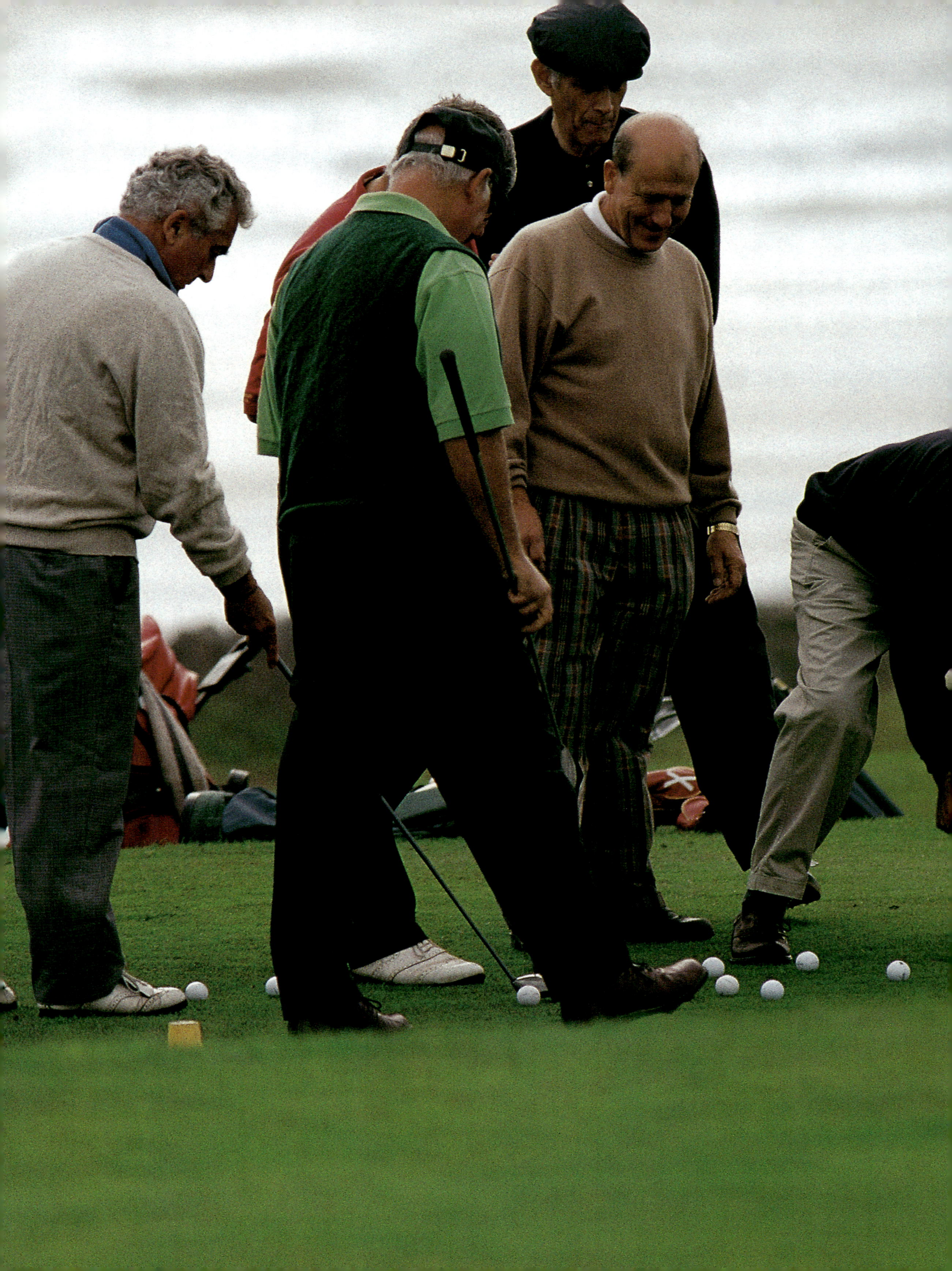

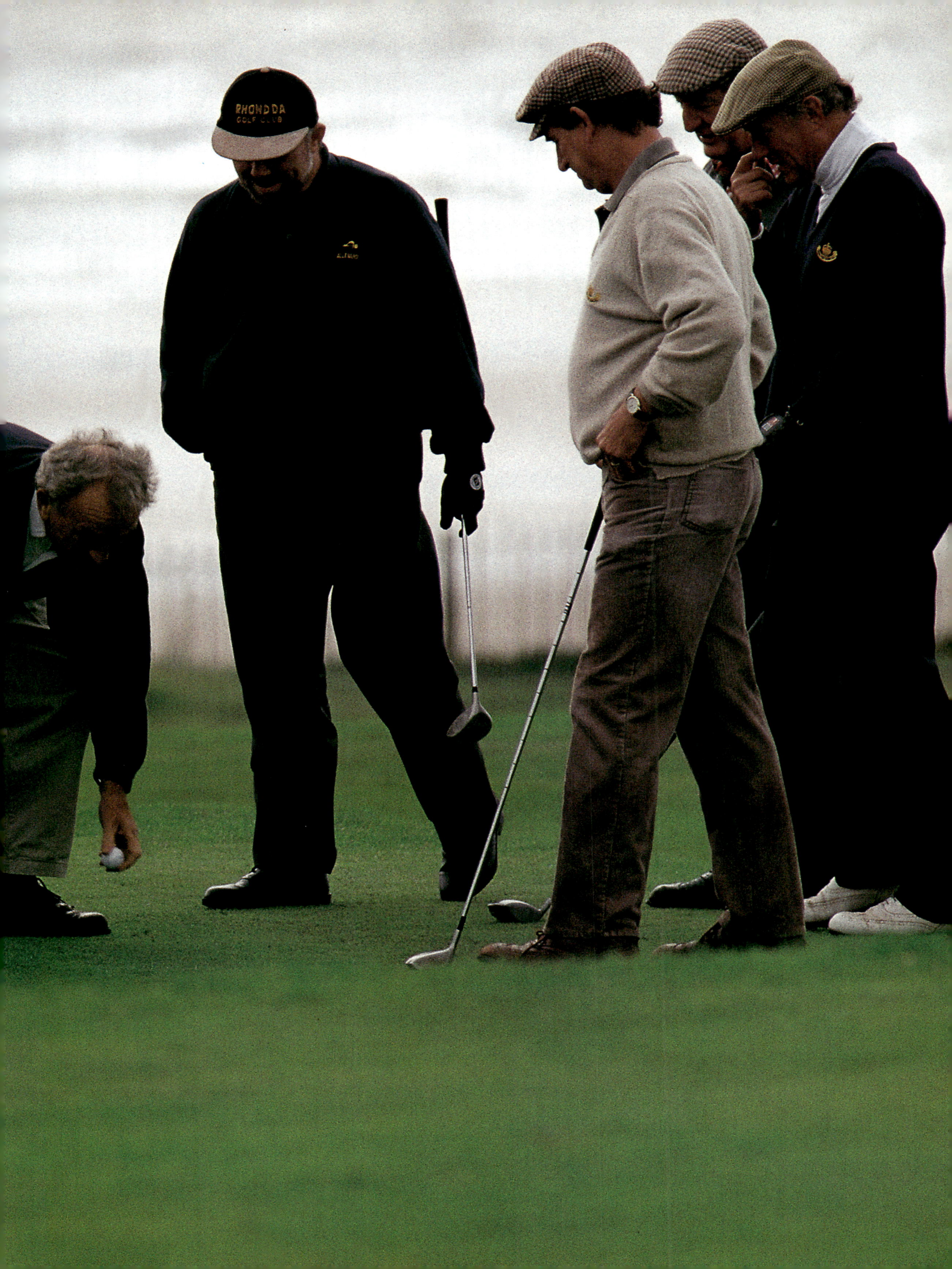
RHONDDA
GOLF CLUB

J. C. R. (John) Downing, ehemaliger Club-Captain und heute Vorsitzender der Sparrows

Das Gros der Mitgliedschaft rekrutierte Porthcawl aus Cardiff und setzte sich überwiegend aus Männern zusammen, die zu Zeiten, da Cardiff führend im Kohle-Export war, mit der Kohle-Industrie in Süd-Wales zu tun hatten. Nach wie vor dominiert Cardiff die Mitgliedschaft, doch gibt es einen größeren Anteil von anderen Regionen in South Wales und darüberhinaus. Zur Zeit zählt der Club um die 800 Mitglieder, davon 320 vollberechtigte Männer und darunter nur 80 wirklich aktive Spieler. Stets gab es eine Damenabteilung, und ihre Anwesenheit im weitläufigen Gesellschaftsraum – von vielen Alten auch Schlangengrube genannt – und in ihrem eigenen Sitting Room, von dem aus man den besten Blick über den Platz besitzt, ist ein wesentlicher Bestandteil der Clubgeschichte. Schließlich gibt es eine kleine Jugendabteilung, doch wie bei vielen traditionellen Golfclubs ist das Durchschnittsalter der Mitgliedschaft nicht nur fortgeschritten, sondern steigt stetig.

Das Bestreben des Clubs ist es, Mitglieder in seinen Reihen zu haben, die nicht ihre Spikes jahrelang in die Ecke stellen. Daher gibt es auch keine Warteliste. Dennoch werden Mitgliedschaften nur streng nach vorheriger Aufforderung vergeben. Neue Mitglieder werden zwar zu gleichbleibenden, ja moderaten Tarifen aufgenommen, doch müssen sie vorher einen strengen Prüfungsprozess durch Mitglieder des

W. E. (Bill) Rhys, Präsident des Clubs, sowie Dr. L. (Leo) McMahon, ehemaliger Captain und Clubchronist

Vorstands über sich ergehen lassen und außerdem den Platz spielen. Zwar gibt es keine zu nehmende Handicap-Hürde, doch einem potenziellen neuen Mitglied, das seine Eignung in jeder Hinsicht außer im Golf bewiesen hat, werden taktvoll ein paar Unterrichtsstunden mit dem Pro empfohlen – die dann auch genommen werden.

Der Stil des Clubs ist sehr entspannt, freundlich und wenig wettkampfbetont. Dazu Bill Rhys, Präsident in Porthcawl: „Wir sind Brancaster sehr ähnlich. Wir liegen versteckt, sind sehr homogen, haben eine einfache Kleiderordnung und sind sehr freundlich." Und Golflehrer Peter Evans meint: „Porthcawl als wettkampforientiert zu bezeichnen, wäre eine maßlose Übertreibung. Die durchschnittliche Teilnehmerzahl bei unserem Monatsturnier liegt bei zehn Personen." Gespielt werden Foursomes sowie für die Medaillen Einzel nach Stableford. Und der Arzt, der einmal Harry Vardon aufsuchte und mit dem „Vardon Grip" einen spielerischen Aspekt prägte, war ein Mitglied aus Porthcawl.

Auch wenn der Club sicher nicht ethnisch geprägt ist, so hat er doch, meint Leo McMahon, etwas typisch Walisisches. „Uns sagt man nach, ein besonders freundlicher Club zu sein, was nicht zuletzt eine walisische Eigenschaft ist." Porthcawl ist stolz auf seine Rolle, die er bei der Entwicklung des Golfsports

Folgende Seiten: *Auf dem Grün des 2. Lochs und bei Flut im Bristol Channel.*

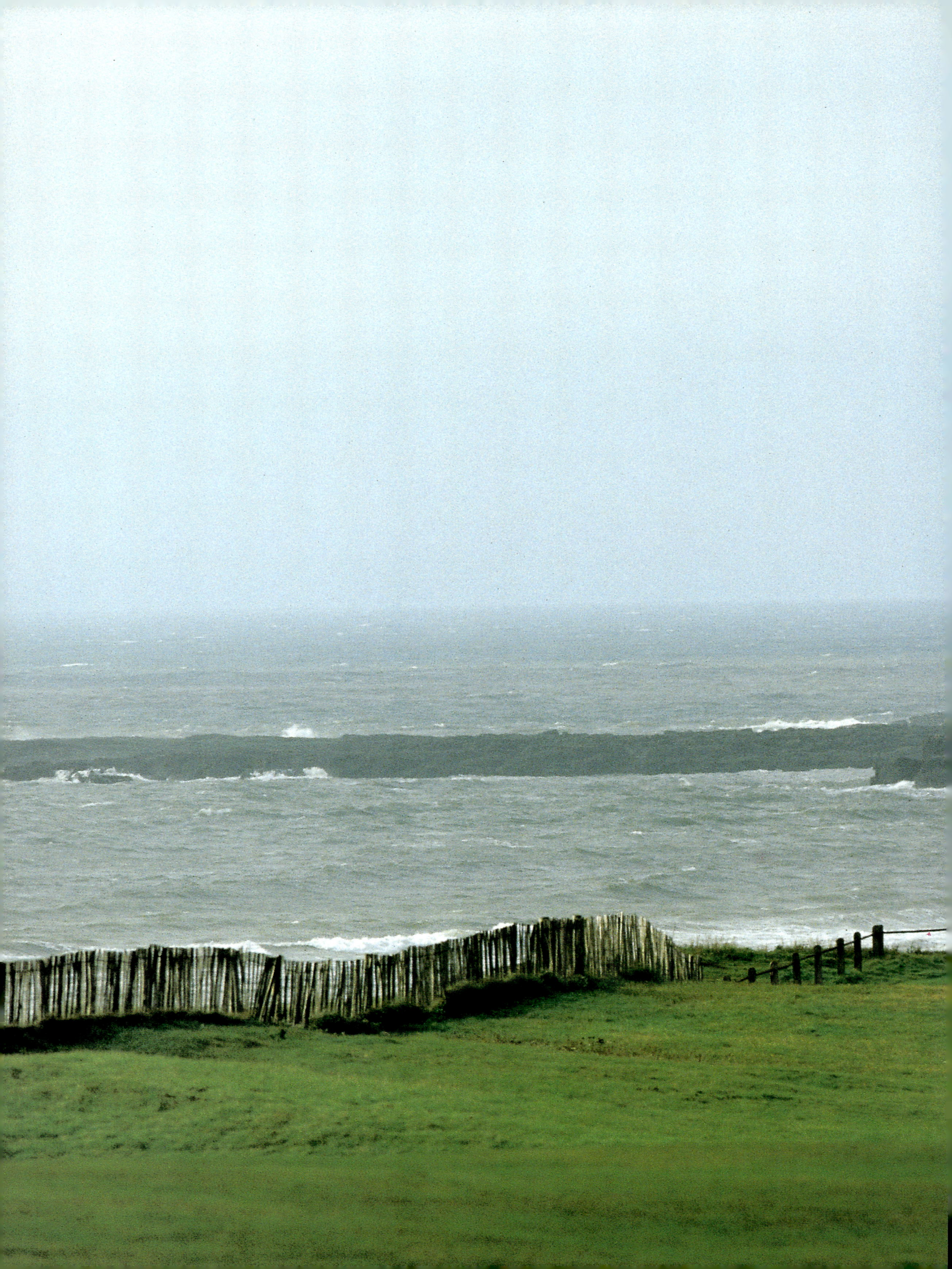

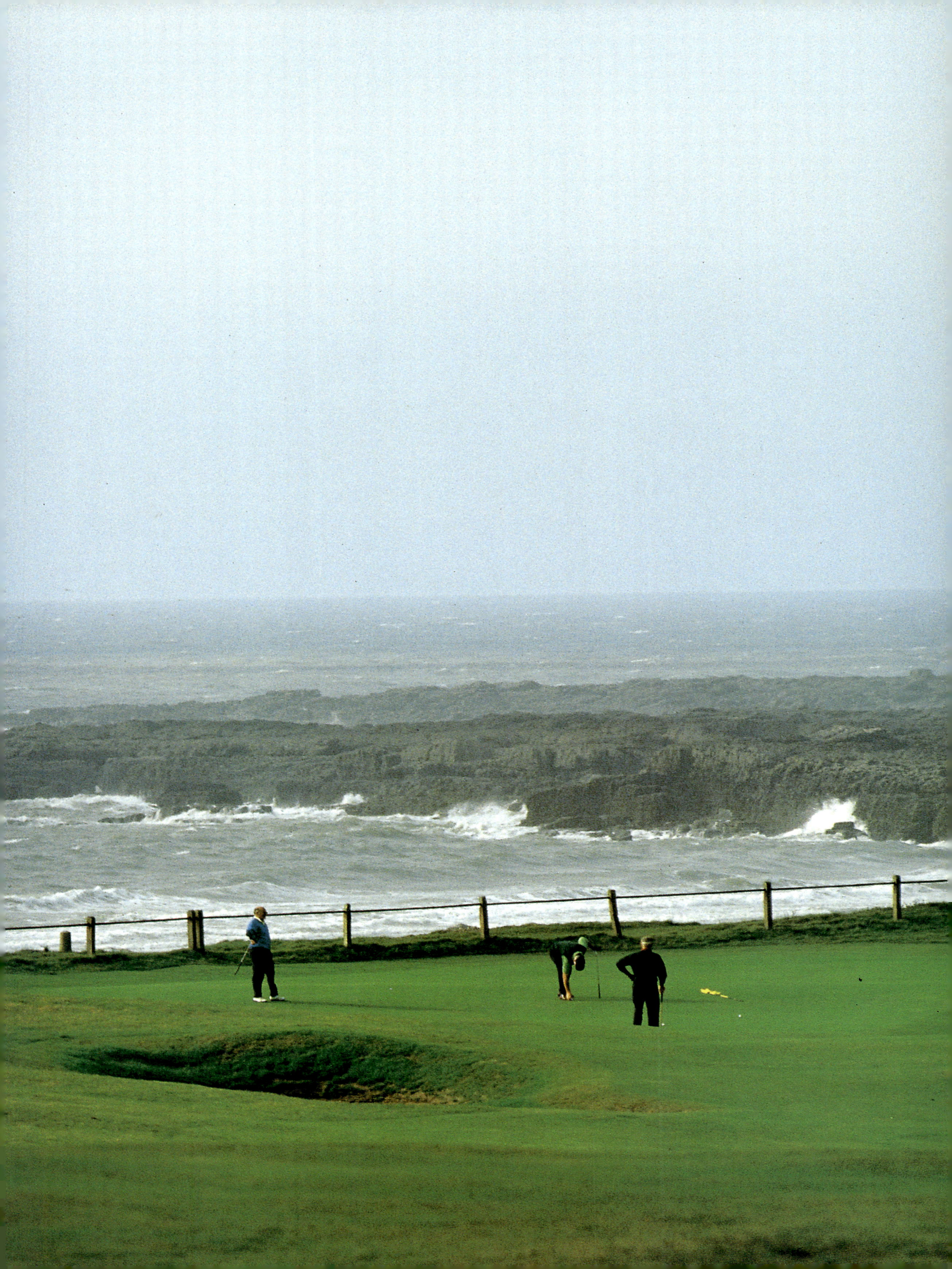

in Wales einnahm. Und es ist ein Club, der Sportler und Journalisten gleichermaßen anspricht, so zum Beispiel den Rugby-Spieler Gareth Edwards, die Golfautoren Tony Lewis (Daily Telegraph), Peter Corrigan (The Observer) und John Hopkins (The Times).

Das Verhältnis zwischen Mitglieder- und Besucherrunden fällt zugunsten der Mitglieder aus: Dazu der ehemalige Clubsekretär Tony Woolcott, der jetzt selbst Mitglied ist: „Über 20.000 Runden werden alljährlich gespielt, von denen ungefähr 75 Prozent auf das Konto der Mitglieder geht."

Trotz großer Investitionen ist die finanzielle Basis des Clubs gesund. So wurde ein neuer Pro-Shop als Ersatz für denjenigen gebaut, der auf dem Parkplatz endete, außerdem ein neues Büro sowie ein Gästehaus mit sechs Einzel- und drei Doppelzimmern, was sich im Nachhinein als Segen für Porthcawl herausstellte. Von den zwölf in diesem Buch vorgestellten Plätzen, verfügen nur Porthcawl und St. Georges über ein Gästehaus.

Porthcawl ist ein Club mit verschiedenen Interessengruppen, aber nicht verschiedenen Abteilungen. Bestes Beispiel dafür sind die etwas überdrehten Sparrows, die zwar mit ihren eigenen Krawatten den Eindruck erwecken, sie seien eine eigene Abteilung, die aber geradezu typisch für die Homogenität und Harmonie in Porthcawl sind. Jeder, der ein Sparrow sein möchte, kann kommen und es geht los. Frei nach dem Motto „wer gewinnt, verliert" (Gewinnen beim Golf- oder beim Würfelspiel bedeutet, dass man für alle Drinks bezahlen muss – in dieser Gesellschaft ein wahrer Pyrrhus-Sieg).

Die Ursprünge der Sparrows, erklärt Gründungsmitglied John Downing, sind außerhalb von Porthcawl zu suchen: „In den 60-er Jahren lebte und arbeitete ich in Cardiff. Meine Golffreunde und ich trafen uns jeden Mittwoch, da wir an diesem Tag früher Schluss machten. Auch wollten wir damit weniger an Mädchen und mehr an Golf denken. Üblicher Weise spielten wir in den Clubs rund um Cardiff und so entwickelte sich eine Tradition. Wir aßen Speck und Eier oder was immer uns der Club anbot, und würfelten bis spät in die Nacht. Es gab noch andere Formen der Unterhaltung, wie etwa das Spiel, das mein Bruder – übrigens Leiter einer Schule – erfand. Man musste zur Bar des Clubhauses gelangen, in dem man sich an der Wand entlang hangelte, ohne den Fußboden zu berühren. Wer runterfiel, wurde sofort disqualifiziert. Eines Nachts fiel einer runter und bevor der Krankenwagen kam, wurde er aufs Putting-Grün gelegt. Er war mehrere Wochen lang arbeitsunfähig."

John Downing, der wie Churchill erzählt und den Pauseneinsatz beherrscht wie ein Shakespeare-Schauspieler, nippt langsam an seinem Kaffee: „Zuerst spielten wir nicht in Porthcawl. War zu teuer. Erst später in diesem Jahrzehnt. Jedenfalls blieb es eine Angelegenheit für den Mittwochnachmittag und den Abend. Irgendwann gab es Matches mit Societies, die uns besuchten. Man fand immer ein gutes Dutzend Leute, die dabei blieben, mitaßen und anschließend würfelten – und das hat sich fortgesetzt. Die Sparrows haben so ziemlich die meisten Clubmitglieder im mittleren Alter auf ihre Seite gezogen, und man empfindet große Sympathien für sie. Wenn die Sparrows verschwinden würden, wäre es nicht so schlimm, doch wenn Porthcawl verschwände, wäre es eine Katastrophe."

Einmal im Jahr gehen die Sparrows auf ihren Ausflug. Neuerdings wechseln die Ziele, doch traditionell war es Llandrindod im mittelwalisischen Radnorshire.

„Llandrindod Wells, das große Kurbad", meint John Downing.

Nach einer Pause folgt die Frage: „War es denn ein schöner Ausflug?"

„Ach, vergiss es doch!"

„Und haben sie Golf gespielt?"

„Mit Schwierigkeiten."

Porthcawl ist ferner mit einer weiteren, ungleich anständigeren Golf Society liiert. Sie heißt Erratics nach ihren unsteten Anfangsjahren und ist ebenfalls im Club beheimatet. Porthcawls Präsident Bill Rhys und Clubchronist Leo McMahon waren beide jeweils Captain des Clubs und Protokollführer der Erratics. Sie glauben, die Society wurde in Süd-Wales von Mitgliedern des bei Cardiff gelegenen Glamorganshire Golf Clubs gegründet, der seinerseits Ende des 19. Jahrhunderts großen Einfluss auf die Gründung in Porthcawl hatte.

„Früher kamen 50 Prozent der Erratics von dort, heute sind 90 Prozent aus Porthcawl", erzählt Bill Rhys. „Häufig treten Leute in Porthcawl bei, nachdem sie woanders Mitglied bei den Erratics wurden. In unserem Stil unterscheiden wir uns sehr von den Sparrows. Jeden Freitag treffen wir uns zum Dinner, plaudern ein bisschen und setzen dann – ähnlich wie der Match Club – unsere Partner oder Mitspieler ab. Es gibt eine Menge ähnlicher Golfing Societies in England: Die Hitties in Royal Liverpool, die Leatherjackets in Somerset, die Wigorns in den Midlands, die Moles und der Match Club in der Londoner Gegend. Wir spielen gegen alle, außer gegen den Match Club. Dann gibt es noch so einen Mob mit dem Namen The Pirates, die aus East Lothian kommen. Und schließlich die Windcheaters aus Nordirland, auch so eine heftige Abteilung."

Eine weitere Gruppierung, die sich jeden Mittwoch zum Mittagessen trifft, besteht aus ein paar älteren Mitgliedern, die bis spätestens 12.30 Uhr abschlagen und etwa drei Stunden später wieder zu Tee und Toast zurück im Clubhaus sind. Tom King Davies und Ralph Evans, beides rüstige und charmante Herren in den 80-ern, nehmen regelmäßig an diesem Treffen teil. Am wichtigsten ist für sie die Tatsache, dass sie zum Club fahren können und ohne Komplikationen, Start- und Wartezeiten direkt auf den Platz gehen können. Tom King Davies: „Das war die ursprüngliche Idee, und wir wollen, dass es so bleibt."

Hinsichtlich der Spielform gleicht Porthcawl vielen anderen Traditionsclubs Englands, da man davon überzeugt ist, Vierer sei die beste Spielform im Golf, wenn es um Geselligkeit, Mischung der Spieler und Schnelligkeit geht. Einzel sind dann angemessen, wenn Turniere oder interne Wettkämpfe ausgetragen werden sollen. Völlig falsch läuft es, wenn für Mitglieder Startzeiten vergeben werden müssen. Und obwohl der Club einem breiteren Golfpublikum geöffnet werden sollte, ist es erforderlich, dass bestimmte Tage der Mitgliedschaft vorbehalten bleiben. Ob jung oder alt – die Mitglieder empfinden es als einen unverzichtbaren Teil ihres Rechts, dass, wann immer sie Lust auf eine Runde Golf mit ihren Freunden haben, sie ohne Mühe abschlagen können – so wie es bereits ihre Väter, Großväter und Ur-Großväter taten. Genau das ist für sie die wahre Bedeutung des Wortes „Tradition".

„Sechs Tage pro Woche verbringe ich hier, und ich muss mich jedesmal, wenn ich über den Platz schaue, zwicken, damit ich auch arbeite", erzählt Peter Evans. „Heute ist es zwar ein bisschen bedeckt und diesig und dennoch von großer Schönheit. Jede Stimmung hat für mich das bestimmte Etwas. Ich habe wirklich Glück, dass ich hier Golfpro sein darf. Porthcawl ist ein verstecktes Juwel."

Sind Sie heute im Hut?

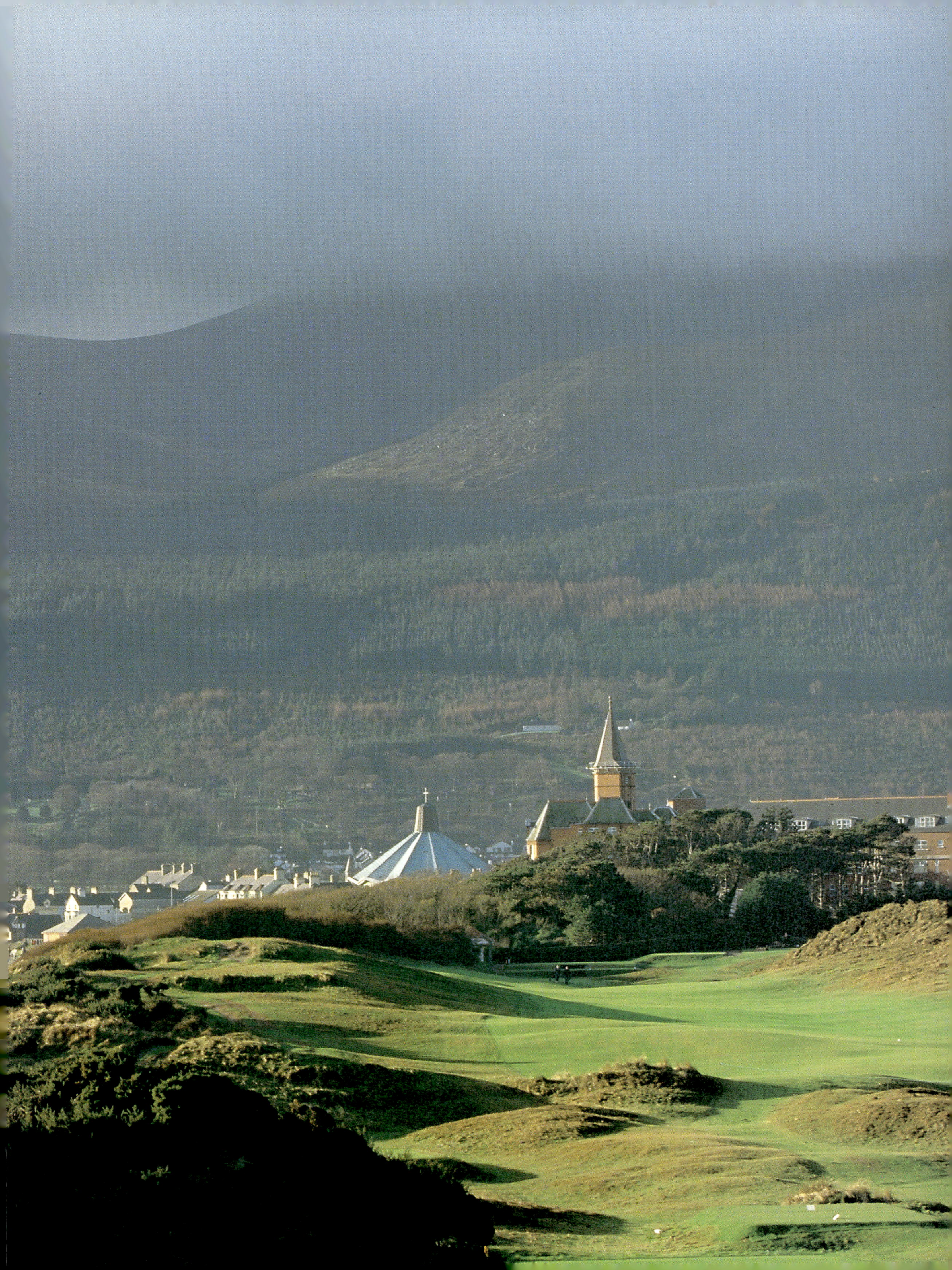

The Royal County Down Golf Club

Blicken wir zurück auf das Jahr des Heils 1909 – auf einen dicht bevölkerten Bahnsteig der Queen's Quay Station in Belfast. Es ist Samstag kurz vor Mittag, als sich eine große Anzahl von Gentlemen versammelt. Ihre Bekleidung ist für den Landausflug gerüstet, sie tragen Tweed, Knickerbocker, Mützen und kräftige Wanderschuhe, die meisten haben – so war es Mode – einen Flachmann dabei und jeder einen Golfschlägersatz. Jene Golfer drängen zum vorderen Wagen, ein besonders elegantes Exemplar, das aus der Zeit, da König Edward VII. und seine Gemahlin damit reisten, noch das königliche Wappen trägt. Die Bahnhofsuhr schlägt Zwölf und der Schaffner bläst in seine Pfeife. Der Zug fährt los und schon bald dampft er durch die grüne Landschaft Ulsters.

Im Inneren dieses wohlmöblierten Wagens lassen sich die Golfer zu einem Bridge-Spiel oder zum Pokern nieder. Überall glimmen Pfeifen, Zigarren und Zigaretten. Ein Mitglied dieser Gruppe sitzt etwas abseits und zieht mit bemerkenswerter Konzentration Namen aus einem alten roten Hut und stellt aus den hier Versammelten Foursome-Matches zusammen.

„Well Mister Hat Man, was haben sie heute für uns im Angebot, Sir?"

„Warten Sie's ab, Billy. Alles wird zur vereinbarten Zeit in der Bar bekannt gegeben. Und für ihre Frechheit, den Hat Man bei seinen höchst anspruchsvollen Überlegungen unterbrochen zu haben, dürfen sie mir einen Drink ausgeben, Sir."

Etwa eine Stunde, nachdem der Zug Belfast verlassen hat, läuft er in den ländlichen Bahnhof von Newcastle im County Down ein. Die Golfer steigen aus und saugen die Seeluft würdigend in sich ein, werfen einen Blick auf das Mourne-Gebirge und den Gipfel des Slieve Donard, der von einem bläulichen Dunstmantel umgeben ist, und begeben sich auf den Fußweg zum nahe gelegenen Clubhaus. Der Caddiemeister und seine Caddies, die auf den Zug gewartet hatten, hetzen umher und laden Golftaschen auf Handkarren, um dann den Golfern in respektvollem Abstand zu folgen. Es herrscht Frieden im Land, das Empire ist intakt, Industrie und Geschäfte brummen – und der „Hat" kann demnach in Aktion treten.

Der „Golfer Express" und die Bahnlinie, die sie Jahrzehnte lang hierher brachte, sind längst Vergangenheit. Doch die Tradition des wöchentlichen „Hats" blieb bestehen – nicht nur als golferisches und gesellschaftliches Ereignis des Golf Clubs Royal County Down, sondern auch als geistige Stütze. Wenn man jemals einen Golfclub auf eine einzige Tradition reduzieren würde, dann ist es diese. Tatsächlich wäre für viele Mitglieder County Down ohne den Hut nicht County Down.

Und so harren wir an einem Samstag, fast ein Jahrhundert nach jener edwardianischen Ära, in der Bar in Erwartung, dass das Hut-Ritual beginne. Hinter der Theke eine Phalanx von bereits mit Gin gefüllten Gläsern, wobei Angostura- und Tonicflaschen sowie Limonenscheiben angemessene Unterstützung versprechen. In der äußersten Ecke sitzt der Hat-Man Alan Cooley, der tief nach vorne gebeugt seine Arbeit verrichtet. Wie ein mittelalterlicher Alchimist, der Kräuter und Arzneien mischt, kombiniert auch der Hat Man so wichtige Dinge wie Handicaps, Form, Persönlichkeit und Häufigkeit des Einsatzes.

Unterdessen füllt sich der große Raum mit Mitgliedern – mit Industriellen, Geschäftsleuten, Richtern, Rechtsanwälten, Ärzten und Angestellten – alle in der Regel aus Belfast. Wie ihre golferischen Vorfahren im Zug strahlen sie dieselbe Zuversicht, dieselbe Lebensfreude aus. Die Gins, nur kurz von einigen Guinness und etlichem Zapfbier unterbrochen, verschwinden in alarmierender Geschwindigkeit. Der singende Ulster-Akzent mischt sich mit südlicheren Mundarten. Gelächter erschallt wie ein Herbststurm. Und die glücklichen Gesichter sagen mehr als viele Worte. Hier, in der Gemeinschaft dieser Männer, die diese wöchentliche Zusammenkunft als altehrwürdiges und liebenswertes Ritual schätzen, schlägt das Herz eines echten Golfclubs.

„In meinem Leben war ich schon Mitglied in über einem Dutzend Golfclubs", erzählt der langjährige Scratch-Spieler Alan Cooley, „aber nur hier hat man jede Woche die Möglichkeit, mit anderen Leuten zu spielen. Man kann ein paar Monate wegbleiben, um dann an einem Samstagmorgen anzurufen und seinen Namen in den Hut zu geben. Man muss sich keine Sorgen machen, einen regelmäßigen Partner zu verprellen. Man kommt und geht wie man will. Es ist eine großartige Einrichtung, die aber nur dann funktioniert, wenn es einen Kern von etwa 40 Spielern gibt. Ein paar mehr oder weniger spielen keine Rolle."

Die Regeln sind einfach. Im Winter muss man bis 11.30 Uhr, im Sommer bis 12 Uhr im Club angerufen haben und seinen Namen in den „Hat" geben – auch wenn es eigentlich keinen Hut mehr gibt, denn dieser verschwand genauso wie der Golf-Express und die Eisenbahn. Dann macht sich der Hat-Man an die Arbeit, und sollte er nicht da sein, hat er einige Assistenten, die ihn vertreten. Schließlich hängt er die Match-Zusammenstellungen am Schwarzen Brett im Clubraum aus. Im Winter wird Vierer, im Sommer Vierball gespielt, wobei hohe und niedrige Handicapper immer gut durchgemischt werden. Wenn die Rechnung nicht ganz aufgeht, bittet der Hat-Man den Golflehrer, einen seiner Assistenten als Teilnehmer zu bestimmen. Dann wird gewettet – je Spiel um ein Pfund, um nicht mehr und nicht weniger.

Werden die Entscheidungen des Hat-Mans jemals angefochten? „Natürlich gibt es wie in jedem Club Menschen, die mit dem einen oder anderen weniger gut auskommen", meint Alan Cooley, „aber es ist ein ungeschriebenes Gesetz, dass der Hat-Man übermächtig ist. Wenn er entscheidet, dass Joe Bloggs und Fred Smith miteinander spielen sollen, die sich sonst nicht mal ansehen, geschweige denn miteinander verkehren, dann akzeptieren sie dies und gehen auf die Runde."

„Wir kommen alle von weither", erzählt Captain David Nicholson, „aber alle, die am Hat beteiligt sind, kennen sich sehr gut. Ich glaube, es war P. G. Wodehouse, der einmal sagte, dass Golf die beste Möglichkeit sei, den Charakter der Menschen herauszufinden und es keine andere Sportart gebe, bei dem sich der Teufelsfuß so schnell zu erkennen gibt."

Ein neuer Hat-Man wird auf Anraten seines Vorgängers sowie aus der Stimmung der Mitgliedschaft heraus bestimmt. Es gibt kein formales Prozedere, und, egal, wer schließlich das Rennen macht, er wird von den Mitgliedern fraglos akzeptiert.

Das Hut-Match zieht im Sommer etwa 50, im Winter zwischen 20 und 30 Spieler an. Club-Ehren-Sekretär Henry Mercer meint: „Ob Regen, Hagel oder Schnee – ein harter Kern ist immer da. Die Teilnehmerzahlen variieren aus unersichtlichem Grund. Am feuchtesten Tag kann es sein, dass die meisten

Vorhergehende Seiten: Die spektakulären Links von Royal County Down werden von der Dundrum Bay, dem Mourne-Gebirge, dem Ort Newcastle sowie dem markanten Turm des Slieve Donard Hotels umrahmt.

Gegenüber: Das aufgestickte Jackett-Wappen von Royal County Down.

Folgende Seiten: Blick in Richtung Norden, während ein Mitglied auf dem 9. Tee abschlägt.

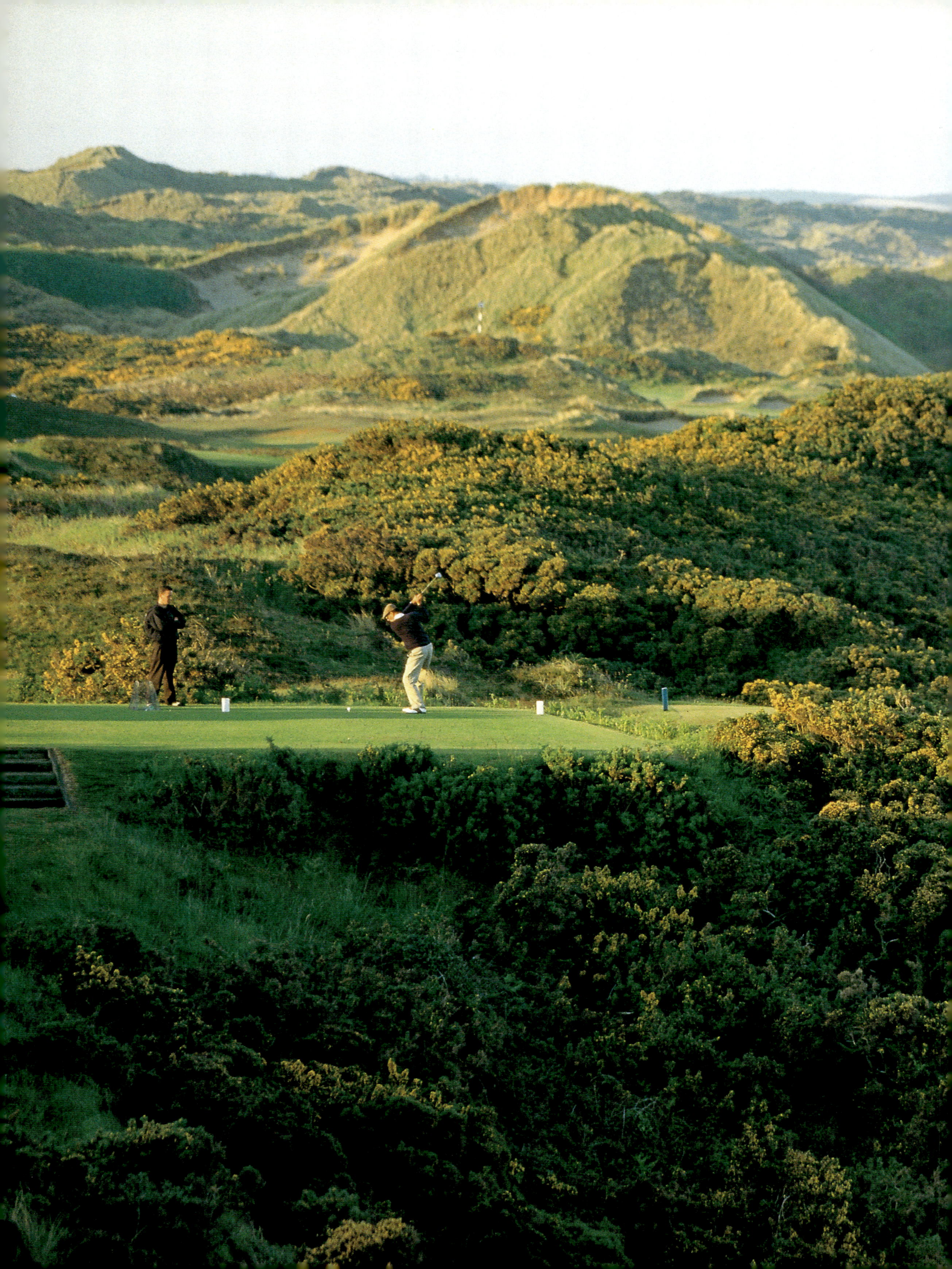

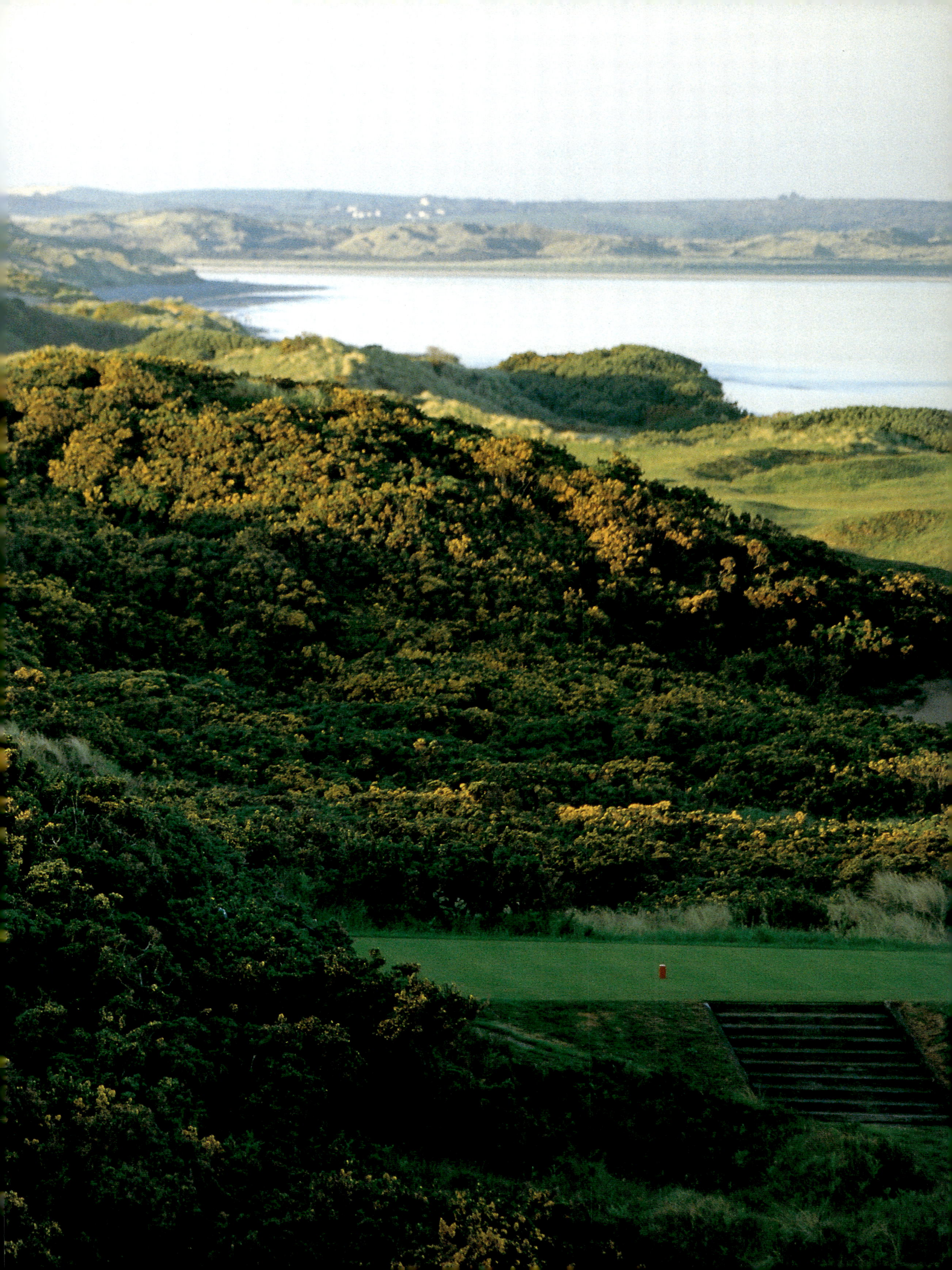

Oben: *I. H. (Harry) McCaw, zweimaliger Club-Captain und ehemaliger Captain des R & A.*
Gegenüber: *Der Hat-Man S. A. G. (Alan) Cooley bei der vergnüglichen Vorbereitung des Samstags-Matches.*

269.

kommen. Auch Alter und Handicaps sind gut gemischt. Die einen sind zwischen 20 und 30, und unser ältester regelmäßiger Teilnehmer weit über 80."

Es ist 12.45 Uhr. Die vom Hat-Man getroffene Auswahl wird fein säuberlich aufgeschrieben und am Schwarzen Brett ausgehängt. Die Bar ist ein einziger Friedhof leerer Gin-Gläser und Bierkrüge. Die Mitglieder nehmen ihr Lunch ein, um dann ab dem ersten und dem 10. Tee abzuschlagen. Es gibt keine offiziellen Startzeiten, alles scheint sich irgendwie von selbst zu regeln, übertriebene Hektik ist nicht angebracht. Insgesamt gibt es drei Hat-Veranstaltungen – zwei am Samstag, jeweils am Morgen und am Nachmittag, und eine am Mittwochnachmittag. Die zweifellos beliebteste – und flüssigste – Veranstaltung ist die des Samstagnachmittags.

Alle Golfplätze dieses Buchs verfügen über ihre eigene natürliche Schönheit. Vergleiche sind nicht nur schwierig, sondern auch unbeliebt. Doch man muss es sagen – Royal County Down ist eine Klasse für sich. Allein die Landschaft ist eine klassische Mischung aus Berg- und Flachland, Wasser und mäßiger menschlicher Besiedlung. Über allem thront das majestätische Mourne-Gebirge, das sich nach den Worten in Percy Frenchs berühmtem Lied „hinab in die See stürzt". Dann ist da das Meer, der blaue Ozean, die Bay of Dundrum, die sich gen Irischer See hin öffnet. Und als nächstes die welligen Links, auf denen im Frühjahr der Stechginster in strahlendem Gelb leuchtet und im Herbst die Heide in sanftem Violett. Zwischen Platz und Bergen liegt die kleine Stadt Newcastle – mit ihren weiß gewaschenen Wänden, den roten Dächern und der grauen Kirchturmspitze, sowie das 1897 gebaute Slieve Donard Hotel mit dem Wahrzeichen in Form eines roten, eckigen, aus Ziegelsteinen gemauerten Turms im viktorianisch-gothischen Stil.

Sind schon die einzelnen Komponenten dieses Bilds schön genug, so möge man nur zurücktreten und – beispielsweise vom 4. Abschlag des Meisterschaftsplatzes – alles zusammen betrachten. Was Sie sehen, ist ein Meisterwerk, eine Landschaft, die die Sinne dank ihrer Proportionen beseelt. Ein Bild der Zuversicht, das in Farbe und Gewichtung den Wechsel zwischen Licht und Schatten, zwischen Regen und Wind reflektiert und dem es gelingt, die Gefühle zu berühren. Es gibt nichts Schöneres, als wenn die Sonne durch den grauen Himmel bricht, die Schatten über die gelbbraunen Hänge des Slieve Donard jagt und Strahlen flüssigen Silbers über den Links-Course ergießt. Sie stehen vor dem, was wohl der schönste Golfplatz der Welt sein muss.

Neben der reinen Schönheit erwartet einen andererseits auch die Realität eines großartigen Golfplatzes. Der Meisterschaftsplatz entwickelte sich mit dem Club und seinem Wachstum. Die jüngsten Veränderungen am 17. und 18. Loch machten den Platz nicht nur schwerer, sondern verbesserten ihn auch in ästhetischer Hinsicht. Von Anfang an ließ der Platz niemals Zweifel an der Tatsache aufkommen, das er ein reinrassiger Links-Course ist – mit seinen welligen und engen Fairways, kleinen Grüns, den in Richtung und Stärke wechselhaften Winden, den riesigen mit Ginster und Heide bedeckten Dünen und der beneidenswerten Drainierung, die das Spielen – von Schnee und Eis einmal abgesehen – ganzjährig ermöglicht. County Down hat seine eigene Handschrift, schon durch die unverwechselbaren, am Rand mit Binsen bewachsenen Bunker. Zu diesen charmanten Aspekten gesellen sich die durchaus kontrovers gehandelten blinden Schläge. Die clubeigene Broschüre beschreibt Letztere als charmant und exzentrisch. Dort heißt es: „Vieles wird darüber gesagt, und die meisten Kommentare sind in der Regel negativ. Da es sich doch jeweils um Abschläge handelt und kein Par 3 dabei ist, sind die Auswirkungen nur sehr begrenzt."

Natürliche Schönheit und natürliche Links bedeuten freilich keine einfache Runde. County Down ist einer der schwierigsten Golfplätze der Welt. Herbert Warren Wind schätzt, nachdem er hier gespielt hatte, das dies die „schwierigste Prüfung im Golf" ist, der er sich je unterziehen musste. Der britische Golfautor

Gegenüber: *Ein winterlicher Golfer beobachtet seinen Annäherungsschlag zum 4. Grün.*

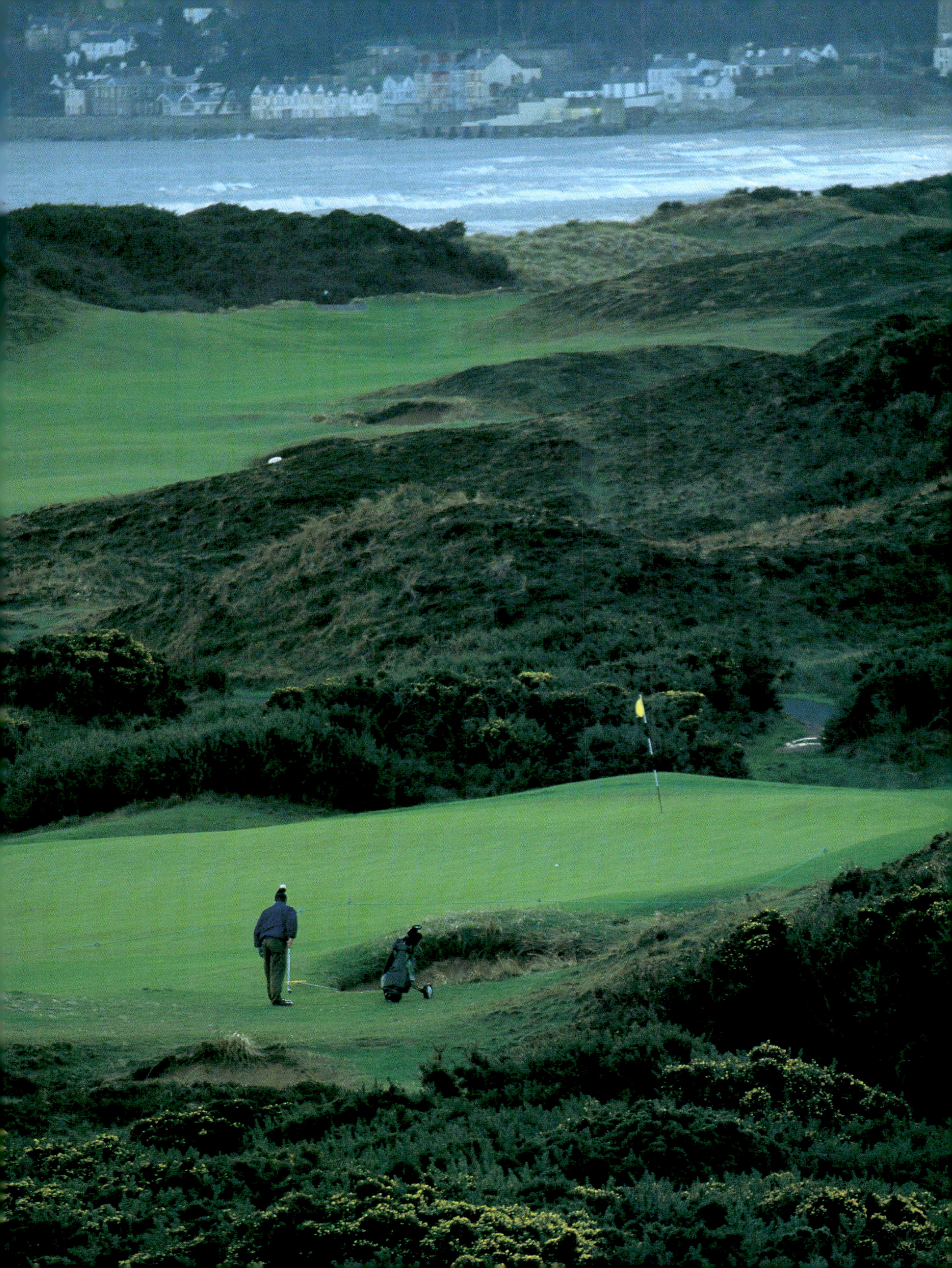

272.

Gegenüber: *J. H. (John) Edwards, früherer Captain und Hat Man, mit einem Guinness vor dem Mittagessen.*
Oben: *Captain D. (David) Nicholson und H. B. (Henry) Mercer, Ehren-Sekretär in Royal County Down, mit ihren Cadddies am ersten Abschlag.*

Peter Dobereiner platzierte Royal County Down in seinen Ranglisten der Plätze in England und Irland grundsätzlich ganz oben.

Während die Championship-Links sich etwa über 6300 Meter (Par 71) erstrecken und als Herausforderung gelten, verlaufen die Annesley-Links, früher nur der zweite Platz, lediglich über 3900 Meter (Par 67) und gelten als etwas einfacher und dennoch anspruchsvoller Test. Kürzlich wurde der Golfplatz-Architekt Donald Steel verpflichtet, letzteren Platz zu renovieren und zu verbessern. Für die Arbeiten gab der Club rund 1,2 Millionen Mark aus.

Die Gründung von County Down im Jahr 1889 ist auf ein paar Golf-Enthusiasten zurückzuführen, die sich um 1880 in Belfast trafen. In dieser Phase wurden neben County Down eine ganze Reihe von Plätzen gegründet. Das Land, auf dem sich heute die Links befinden, gehörte dem örtlichen Adligen Hugh, dem 5. Earl of Annesley, der nur zu gerne sein Land verpachtete und anschließend erster Clubpräsident wurde. Seine ersten auserwählten Besucher begrüßte der Club nur wenige Monate, nachdem er seine Pforten öffnete, unter anderem in Form des schrecklichen Horace Hutchinson. Das Clubhaus wurde im Jahr 1897 errichtet, und die königliche Schirmherrschaft durch König Edward VII. wurde im Jahr 1908 besiegelt.

Der 1. Weltkrieg wirkte wie eine Zäsur in der Mitgliedschaft, unter anderem wegen des Todes von Francis, dem 6. Earl Annesley. Der ausgezeichnete Golfer hatte seinen Vater im Jahr 1909 als Präsident beerbt. Nachdem der Club sich von diesem Schock erholt hatte, florierte er in den 20-er und 30-er Jahren,

Folgende Seiten: *Recovery-Schlag aus dem Rough des 9. Lochs.*

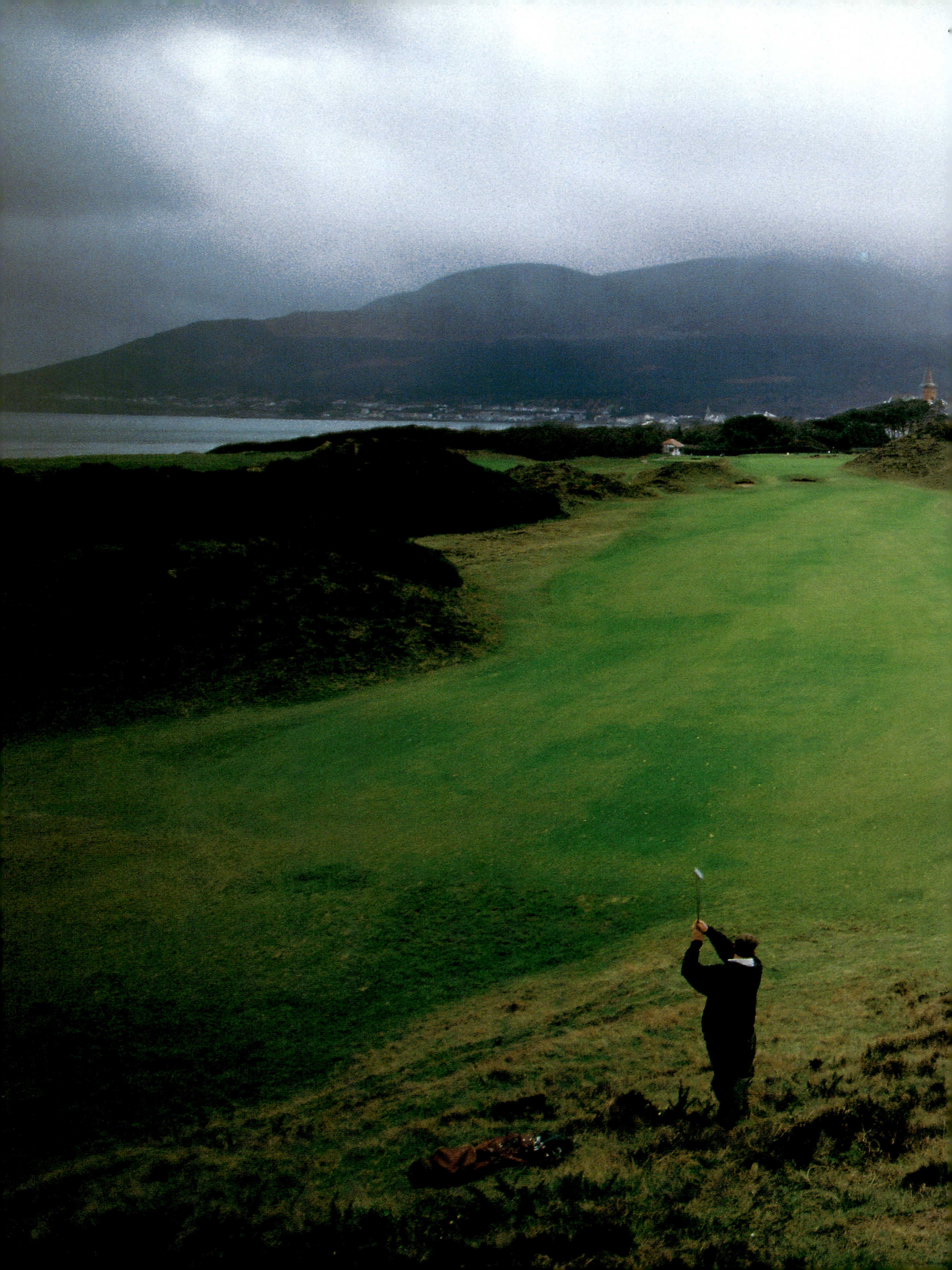

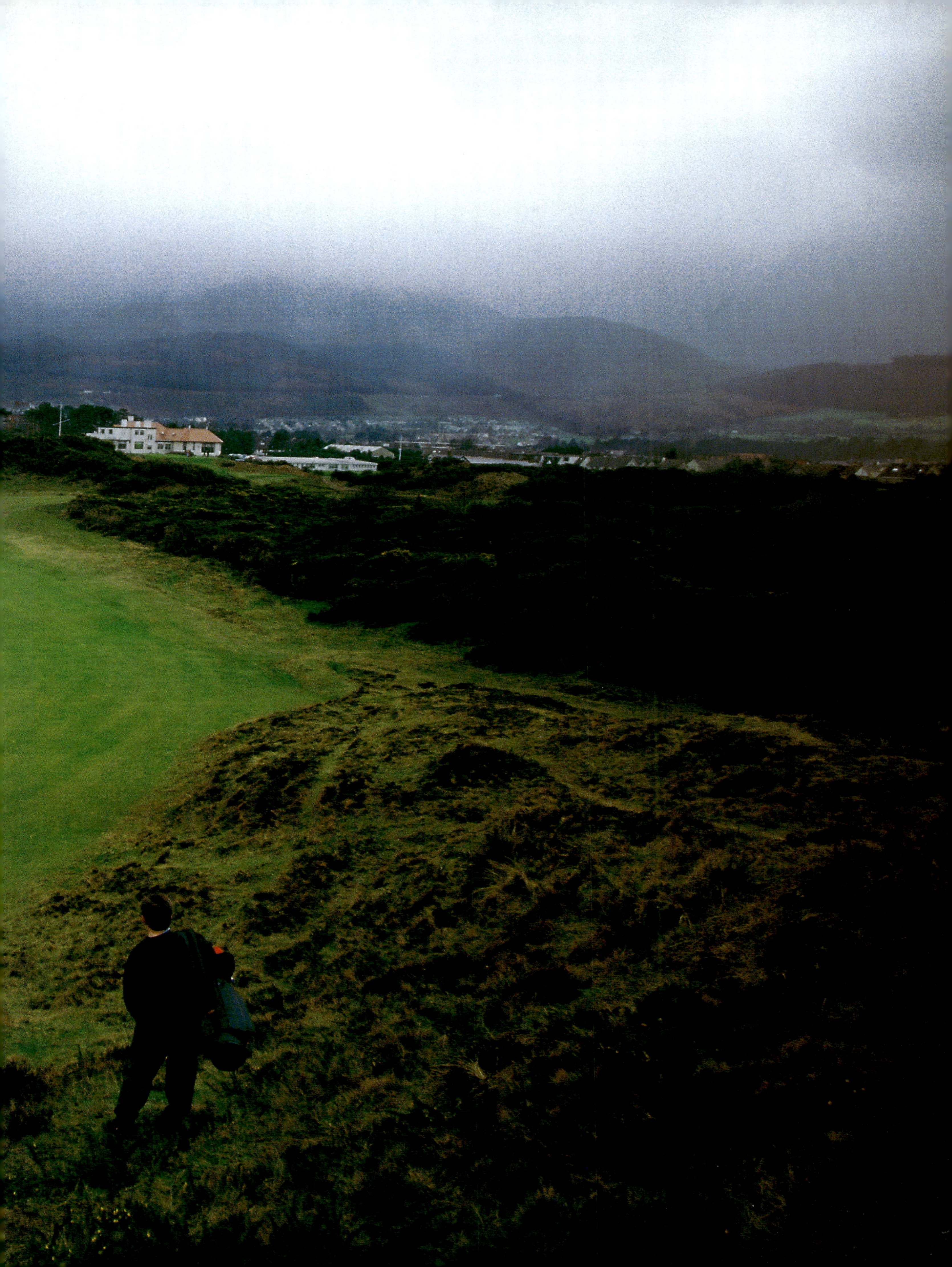

Der Weg vom 7. Grün zum 8. Abschlag auf dem Annesley Links-Course.

Bunker mit dem unverwechselbaren Seegras-Rand.

Oben: *Das Clubwappen auf Marmor und Granit.*
Gegenüber, oben links: *Im originalen Vorschlagsbuch finden sich Verse von Willie Haughton, illustriert von Huw Wallace.*
Gegenüber, oben rechts: *Beim Schuhebinden im Umkleideraum.*
Gegenüber, unten links: *Ein Pint des irischen Elixiers.*
Gegenüber, unten rechts: *Das Club-Silber*

Folgende Seiten: *Annäherung am 9. Loch.*

—4—
From the smoky Town we've hied us
Bent on driving "far and Sure"
Only wrathfully to trample
Eighteen holes of mere manure
To the PLAZA TAURO
LEAVE YOUR RED TIES AT HOME.
SAND
"Coals to Newcastle".
—5—
In a landscape unfamiliar
Caverns yawn on every hand
Mutely crying" Brutal Skipper
Give us back our tons of SAND!
—6—
"On this page (supplied to those who
Think they've something to suggest)
I exhort the Green Committee.
"Give the blooming course a rest"
PLEASE REPLACE THE SAND
SAND
"BLOOD and SAND"

THE ORIGINAL CUP, PRESENTED BY
MABEL WILHELMINA FRANCES, COUNTESS ANNESLEY
TO THE COUNTY DOWN GOLF CLUB IN 1890,
AND WAS HELD BY
L. B. BARKER.
R. H. WALLACE.
CLAUDE BROWNLOW.
1896. C. COMBE.
1897. F. B. NEWETT.
1898. T. C. FIGGIS.
1899. C. COMBE.
THE ANNESLEY CUP II
FRANCIS, 6TH EARL ANNESLEY
DOWN GOLF CLUB IN 1909.
CHALLENGE CUP TO BE PLAYED FOR ANNUALLY
HOLDERS
1919 D. W. SMYTH
1920. W. POLLOCK.

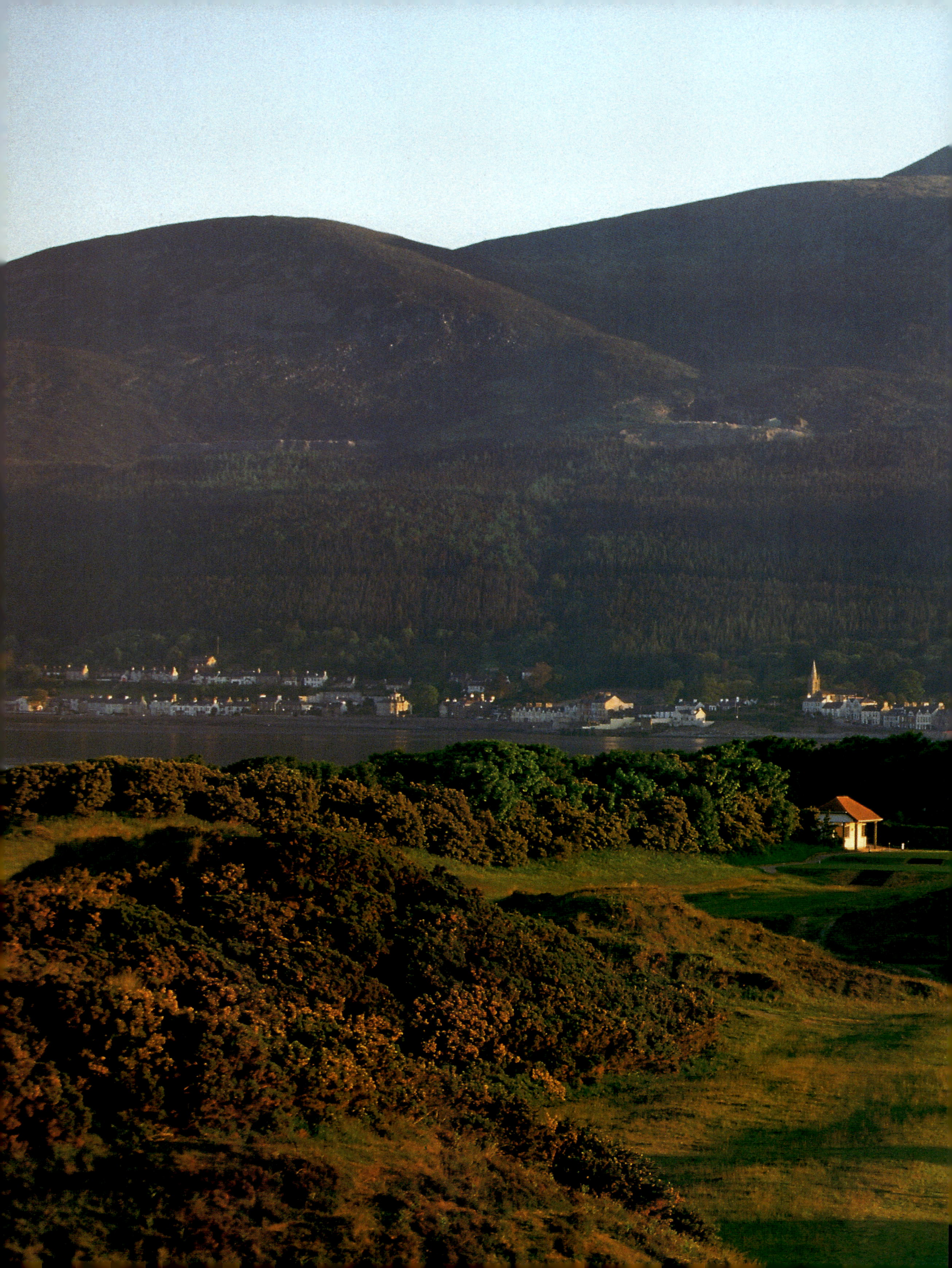

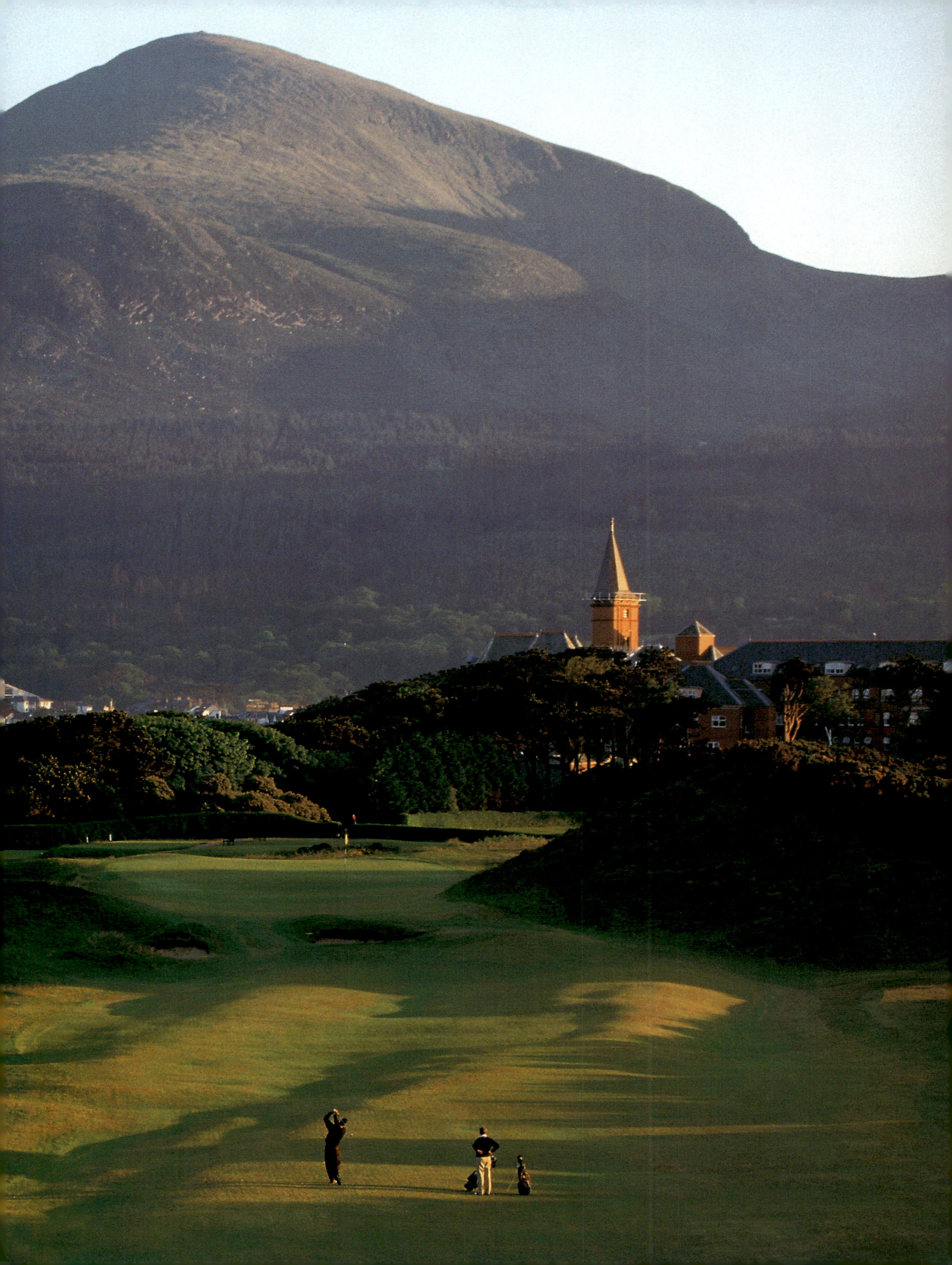

da viele Wettbewerbe ausgetragen wurden. Wie viele andere Traditions-Golfclubs durchlitt auch er nach dem 2. Weltkrieg Phasen des Wohlstands und der Schwierigkeiten. Dies gilt bis zur heutigen Zeit, da neue Strategien angewendet werden, um die beiden Plätze und das Clubhaus zu erhalten und zu verbessern.

Nach dem Tod von Earl Annesley setzte der Club keinen weiteren Präsidenten ein, doch die Bindung zur Familie besteht bis zum heutigen Tag. So zählt Richard Annesley, der zwar die Güter, nicht jedoch den Titel erbte, auch heute zur aktiven Mitgliedschaft. Kürzlich schenkte er dem Club den Grundbesitz, wofür dieser sich damit revanchierte, dass er den sogenannten Second Course zu Ehren der Annesleys nach ihnen benannte.

County Down gebührt neben Portmarnock die Ehre, der eine von zwei irischen Clubs zu sein, aus deren Reihen ein R & A-Captain ausgewählt wurde. Es ist Harry McCaw, der die Flagge County Downs hoch hält (und Joe Carr für Portmarnock). Er wurde 1995 ins Amt berufen. Und kein Anderer hätte sich besser dafür geeignet, setzte er sich doch stets für seinen Club und fürs irische Golf im Allgemeinen ein. Zweimal war er Captain in County Down, erstmals im Jahr 1970 und zum zweiten Mal 1989 im 100. Jahr des Clubs.

Royal County Down hat eine ganze Palette von Wettbewerben aufzuweisen. Dennoch gab es bezüglich des Gesetz gebenden Clubs in Schottland einige Unzufriedenheiten, vor allem in der Belfaster Presse. Und so zitieren Harry McCaw und Brum Henderson in der interessanten und geistreichen Clubchronik aus Anlass des 100. Geburtstages den „Northern Whig" des Jahres 1902, als man sich in einem Editorial darüber beschwerte, dass der R & A die Meisterschaftsqualitäten des Platzes nicht ausreichend anerkenne: „Die Wahrheit über den derzeitigen Platz in Newcastle", schrieb die Zeitung, „sieht so aus: der Platz hat eine Range, erstklassige Grüns und Hindernisse, wie sie sich die ehrgeizigsten Golfer erhoffen. Die Landschaft des Mourne-Gebirges ist wohl wünschenswerter als das Flachland von St. Andrews oder der Sumpf in Muirfield."

Vier Jahre nach seiner Gründung wurde im Club die erste große Meisterschaft ausgerichtet – die Irish Open Amateur, die von John Ball aus Hoylake gewonnen wurde, dem seinerzeit größten Amateurgolfer. Viele weitere offene und interne Amateurmeisterschaften folgten, außerdem drei Mal die Irish Open Championship sowie vier Mal die Irischen Profi-Meisterschaften. County Down war Austragungsort der Home Internationals von 1933 und 1957. Im Jahr 1970 gewann Michael Bonallack, später Sekretär des R & A, die einzigen Amateurmeisterschaften, die in County Down veranstaltet wurden.

Obwohl Royal County Down ein traditioneller Männer-Club ist, ist man über die Rolle des Damengolfsports sehr stolz. Der unabhängige, jedoch auch auf dem Platz ansässige Ladies Club wurde im Jahr 1894 gegründet und Countess Annesley war seine erste Präsidentin. Vier Jahre später wurde im Club der erste gemischte Vierer ausgetragen, und eine besonders kühne Dame machte in diesem Schaltjahr auf der Rückseite des Programmzettels sogar einen Heiratsantrag. Ihr sorgfältig formulierter Brief endete wie folgt: „Sollte ich falsch liegen, lassen Sie die Sache ruhen. Sie bleiben bei Ihrer Meinung und ich bei meiner. Sollte ich in der Angelegenheit keine Antwort erhalten, dann werde ich mir die Freiheit nehmen, die Frage woanders zu klären." Die Clubchronik schweigt sich ob dieses nicht-golferischen Wettbewerbs aus.

Insgesamt zehn Ladies Close Championships und sieben Ladies British Open Amateur Championships wurden in County Down ausgetragen. 1968 fand auf den Links der Curtis Cup statt, den das amerikanische Team gewann.

County Down ist ein mittelgroßer Golfclub mit 480 Mitgliedern, einschließlich einiger Fern-Mitglieder, die mehr als 80 Kilometer vom Club entfernt wohnen. Schließlich gibt es eine Junioren-Abteilung (18 bis 25 Jahre) und eine Jugendabteilung (unter 18), in der vorwiegend Söhne von Mitgliedern sind. „Die Mitgliedschaft wird auf Einladung hin ausgesprochen", erzählt Clubsekretär Peter

Rolph. „Es gibt keine Warteliste und nur eine recht geringe jährliche Fluktuation – höchstens zehn pro Jahr. Alles wird daran gemessen, wieviele Leute wir vernünftiger Weise an einem Samstags-Hat auf den Platz bekommen." Und so mündet das fundamentale Kriterium für eine Mitgliedschaft in der Frage: „Is he Hatable?"

In Anbetracht der Tatsache, dass beim Hat nie mehr als 60 Personen spielen können, ist die Beteiligung nur ein kleiner Teil der gesamten Mitgliedschaft. Am Mittwoch, dem zweiten exklusiv für die Mitgliedschaft reservierten Tag, sind es sogar noch weniger. Der Sonntag ist dem Mourne-Club vorbehalten, der im Jahr 1946 als Artisans Club begann und der heute mit 300 Mitgliedern ein erfolgreicher Club ist. Im Sommer ist das Clubgelände während der restlichen Woche gut besucht, im Winter dagegen wirkt der Platz fast wie ausgestorben.

Die kommerzielle Seite entwickelte sich erst in den vergangenen Jahren. In der Sommersaison ergießen sich Busladungen voller Golfer über den Platz. Meistens handelt es sich um Amerikaner, die sich auf einer Pauschalreise zu den berühmten irischen Golfclubs befinden. Die Einnahmen sind beachtenswert und der Club beginnt, sich auf sie zu verlassen. Das eingenommene Geld wurde in den Annesley Course, in Sicherungsmaßnahmen gegen das Meer und dazu verwendet, dass die Beitragssätze für die Mitglieder niedrig gehalten werden können. Wie Prestwick hat der Platz zwei Gesichter, je nach Wochentag und Jahreszeit. Manchmal nimmt diese Zweiteilung kuriose Formen an, wenn z.B. zu sehr belegten Lunch-Zeiten der Mitglieder-Speiseraum mit einem schlichten Paravent getrennt wird, wobei die Besucher die größere Abteilung mit Blick über den Platz erhalten.

Im Allgemeinen jedoch hat man einen Modus Vivendi gefunden, wie man das freundliche und familiäre Gesicht der Mitglieder-Tage und die fremdartige kommerzielle Seite unter einen Hut bringt. Die Quintessenz ist einfach: Wenn der Saturday-Hat in angemessener Zeit funktioniert, ist man alle Sorgen los. Der dichteste Zustrom zur Members' Bar ist demnach um 12.30 Uhr eines jeden Samstags des Jahres.

Es mag überraschend sein, dass die nordirischen Unruhen den Club nicht sehr überschatten. In der Tat ist der Golfsport – und übrigens auch Rugby-Football – gesamtirisch organisiert. In den letzten Jahrzehnten der Unruhen gab es nur einen Zwischenfall, bei dem eine IRA-Autobombe auf dem Parkplatz in die Luft flog und den Caddiemeister verletzte, der zufällig gerade aus dem Clubhaus herauskam. Einige der Mitglieder, die etwa in Diensten der Regierung stehen, kommen mit ihren Leibwächtern zum Hat. Der Club selbst hat keine Vorurteile – so sind etwa ein halbes Dutzend katholische Geistliche Mitglieder im Club und etliche Auswärtige Mitglieder aus der Republik.

Das Wesen von Royal County Down ist Toleranz, Einfach- und Offenheit. Dazu Harry McCaw: „Wir nutzen einen der besten Golfplätze der Welt. Wir sind dazu verpflichtet, ihn mit anderen zu teilen."

Die Mitglieder empfinden eine tiefe Zuneigung zu ihrem Club. Ein Zuhause jenseits des Zuhauses, ein gesegneter Rückzugsort, umgeben von einem erstklassigen Golfplatz und einer fantastischen Landschaft. Buster Holland, ein ehemaliger Club-Captain und loyaler Verfechter des Hats, bringt es auf den Punkt: „Als ich noch als Gynäkologe praktizierte, arbeitete ich die ganze Woche, um hier am Samstag her zu kommen. Ich traf all die Freunde in der Bar, nahm ein paar Drinks, hatte ein nettes Essen und ging auf einem schönen Parcours auf die Runde. Irgendwann gegen sieben Uhr abends fuhr ich nach Hause. Und ich hatte das Gefühl, ich hätte gerade eine Woche Urlaub hinter mir."

Heiligtum

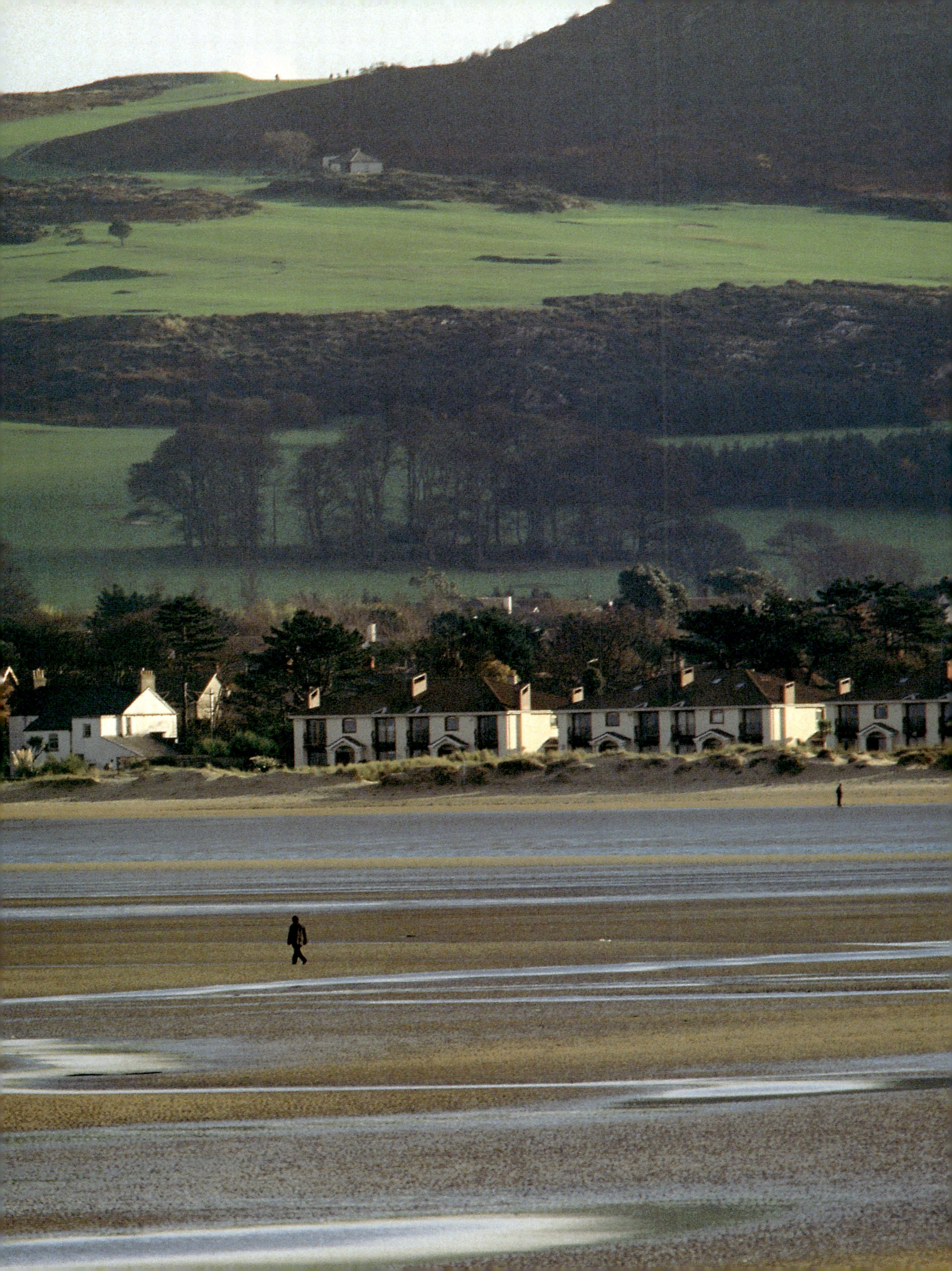

Portmarnock Golf Club

An einem Sonntagmorgen im Januar. Der Windmesser im Golf Club Portmarnock zeigt Windstille an. Doch irgendetwas kann nicht so recht stimmen, laufen doch die Mitglieder draußen verpackt wie alpine Skiläufer herum. In der Tat kann man den nordwestlichen Böen, die in Spitzen eine Geschwindigkeit von bis zu 80 Kilometern erreichen, auf den Links fast nur die Stirn bieten, indem man sich in den Wind hinein lehnt. Die kalte, feuchte Luft zieht bis ins Mark. Der Regen hat nachgelassen, aber voll beladene Wolken lassen weitere Schauer erwarten, die dann über dem vollgesogenen Land niedergehen. Vielleicht hat es etwas damit zu tun, dass Dinge in Irland oft kritisch, aber nie ernsthaft sind. Jedenfalls ist der berühmte Golfplatz am Rande der Irischen See von Spielern bevölkert – fröhliche, rotgesichtige Iren, die ihre Tasche geschultert haben und deren Stimmen und Gelächter vom Wind getragen werden.

„Ich war stets der Überzeugung, dass Portmarnock der fairste Test ist, den der Golfsport in der Welt zu bieten hat", meint Joe Carr, lange Jahre bester Amateurgolfer Irlands und Englands sowie Mitglied des Clubs. „Man bekommt das, was man verdient – und das ohne Abstufungen." Carr weist darauf hin, dass Portmarnock – wie übrigens alle berühmten Links-Plätze – Wind benötigen: „Ohne Wind richten die modernen Profigolfer den Platz zugrunde… Der Unterschied zwischen einer Runde mit und ohne Wind beträgt sechs oder sieben Schläge."

Der Platz besticht trotz des Windes durch seine natürliche Symmetrie und seine strenge Schönheit. An drei Seiten grenzt der Platz an Wasser und rund ums Clubhaus befindet sich eine Kiefern-Baumgruppe, was auf einem Links-Course durchaus selten ist. Vom Platz hat man traumhafte Ausblicke auf die Inseln Lambay und Eye, dem Hill of Howth im Süden, und an klaren Tagen kann man im Nordwesten das Mourne-Gebirge erkennen, in dem der Golf Club Royal County Down Zuflucht findet. Charakteristisch für den rund 6400 Meter langen Par-72-Meisterschaftsplatz sind zwei gegenläufige Schleifen mit jeweils neun Löchern sowie tiefes, undurchdringliches Rough, das übermäßigen Ehrgeiz und Unüberlegtheit gleichermaßen bestraft, außerdem einige blinde Löcher sowie makellose, ehrliche Grüns.

„Portmarnock sollte wie eh und je ein Platz sein, auf dem man gegen die Natur antritt und nicht gegen von Menschenhand geschaffene Hindernisse." So der frühere Captain und Ehrensekretär Jack Eustace, übrigens mit über 90 Jahren ältestes Clubmitglied. „Als unsere Vorfahren den Platz anlegten, hatten sie keinen Anlass, sich als Landschaftsarchitekten zu betätigen." Jack Eustace wurde vor über 70 Jahren Mitglied im Club, zu einem Zeitpunkt, als lediglich Pferde für Antrieb sorgten. „Ich musste

Stiefel tragen, wenn die Fairways geschnitten wurden, damit diese nicht beschädigt wurden. Da dies die einzig mögliche Methode war, sowohl zu mähen als auch Erdarbeiten zu verrichten, kamen wir zu nichts anderem."

Auch die Gründung des Golf Clubs Portmarnock folgte dem altbekannten Muster. Wie in St. George's, Brancaster, Hoylake und anderen englischen und irischen Traditionsclubs waren es auch hier Schotten, die mit Hilfe des kleinen weißen Balls missionierten. Der Clubgeschichte zufolge begann alles an jenem Tag des Jahres 1894, als der 26-jährige Dubliner Versicherungsmakler William Chalmers Pickerman und sein Kollege George Ross hinüber zur Halbinsel Portmarnock ruderten. Als sie ihren Fuß an Land setzten, war für sie sofort klar, dass es sich um erstklassiges Links-Land handelt – und das nur ca. zwölf Kilometer vom Zentrum Dublins entfernt.

Der Grund und Boden gehörte dem schottischstämmigen John Jameson und seiner Familie, die im 18. Jahrhundert die berühmte Whiskey-Diestillerie in Dublin gegründet hatte und in der Nähe einen eigenen Golfplatz besaß.

Mit einem Augenzwinkern wurde ein Deal abgeschlossen: Ein Pachtvertrag über 25 Jahre zu „äußerst moderaten Bedingungen" – im Gegenzug wurde im Oktober 1894 der Club gegründet, mit John Jameson als Präsident, George Ross als Captain sowie William Pickerman als Ehrensekretär und Schatzmeister.

Tatsächlich war Pickerman die treibende Kraft im Hintergrund. Er heuerte Mungo Park aus Schottland an, der ihn dabei unterstützte, die ersten neun Löcher zu gestalten. Park wurde auch der erste Golflehrer des Clubs. Später dann legte mit George Coburn ein weiterer Schotte die zweiten neun Löcher an. 1971 kamen schließlich die letzten neun Löcher hinzu, die von Fred Hawtree designt wurden. Die Werte dieses 27-Löcher-Platzes preist Portmarnocks derzeitiger Ehren-Sekretär Maurice Buckley: „Aus meiner Sicht ist dies ein ganz fantastischer Platz, denn egal was passiert, man kann immer eine Runde Golf spielen. Wenn auf dem Meisterschaftsplatz ein Turnier ausgetragen wird, kann man immer noch 18 Löcher spielen, in dem man die dritten 9 mit dem Old Course kombiniert."

Portmarnock ist in seiner abseitigen Lage einmalig – eine große private Halbinsel. Und fast überall hat man Ausblicke aufs Wasser und ist dennoch nicht weit von Dublin entfernt. Selbst zu Beginn des 20. Jahrhunderts schrieb das Golfer's Magazine über die Anfahrt: „Trotz Nutzung aller zivilisierten Möglichkeiten – Straßenbahn, Zug, Kutsche und Boot – dauerte die Anfahrt fast eine Stunde."

Das derzeitige Clubhaus, eine verschachtelte edwardianische Konstruktion, stammt aus dem Jahr 1906 und war Nachfolger des reetgedeckten Hauses eines Schafhirten sowie des darauf folgenden abgebrannten Clubhauses. Am interessantesten ist der Club-Room, der in Irland als Lounge bekannt ist. Hier befindet sich eine offene Feuerstelle, tief hängende Lampen und lederne Ohrensessel. Verglichen mit anderen traditionellen Clubs verfügt Portmarnock über einen der wenigen attraktiven Umkleide-Bereiche. Die im Jahr 1912 gebauten, dunkelblauen Schränke mit den Messingbeschlägen haben wegen des Lichts, das den Raum der Länge nach durchstrahlt, nur ein wenig an Intensität verloren. Trotzdem ist der Raum – wie der Platz – von einer reinen und natürlichen Atmosphäre erfüllt.

Die Members' Bar – auch sie mit einem gemütlichen Kohlekamin ausgestattet – weist zwei Kuriositäten auf. Dabei handelt es sich nicht um jene beiden Gentlemen, die nach ihrer sonntäglichen Runde an der Feuerstelle bis in die Nacht reden und trinken, sondern um zwei gerahmte Besonderheiten an der Wand. Einmal handelt es sich um eine alte Karte von Howth und Conyborough (Portmarnock) aus dem Jahr 1800, die von Kapitän William Bligh von der HMS Bounty unterschrieben ist. Zum Anderen hängt hier ein Brief des ehemaligen US-Präsidenten George Bush, datiert auf den August 1991, geschrieben am Vorabend des Walker Cups, jenem Turnier, das nach seinem Großvater mütterlicherseits, George Herbert Walker, benannt wurde.

Vorangehende Seiten:
Der Hill of Howth jenseits der Bucht.
Gegenüber:
Bleiglas-Detail

Folgende Seiten:
Greenkeeping am frühen Morgen

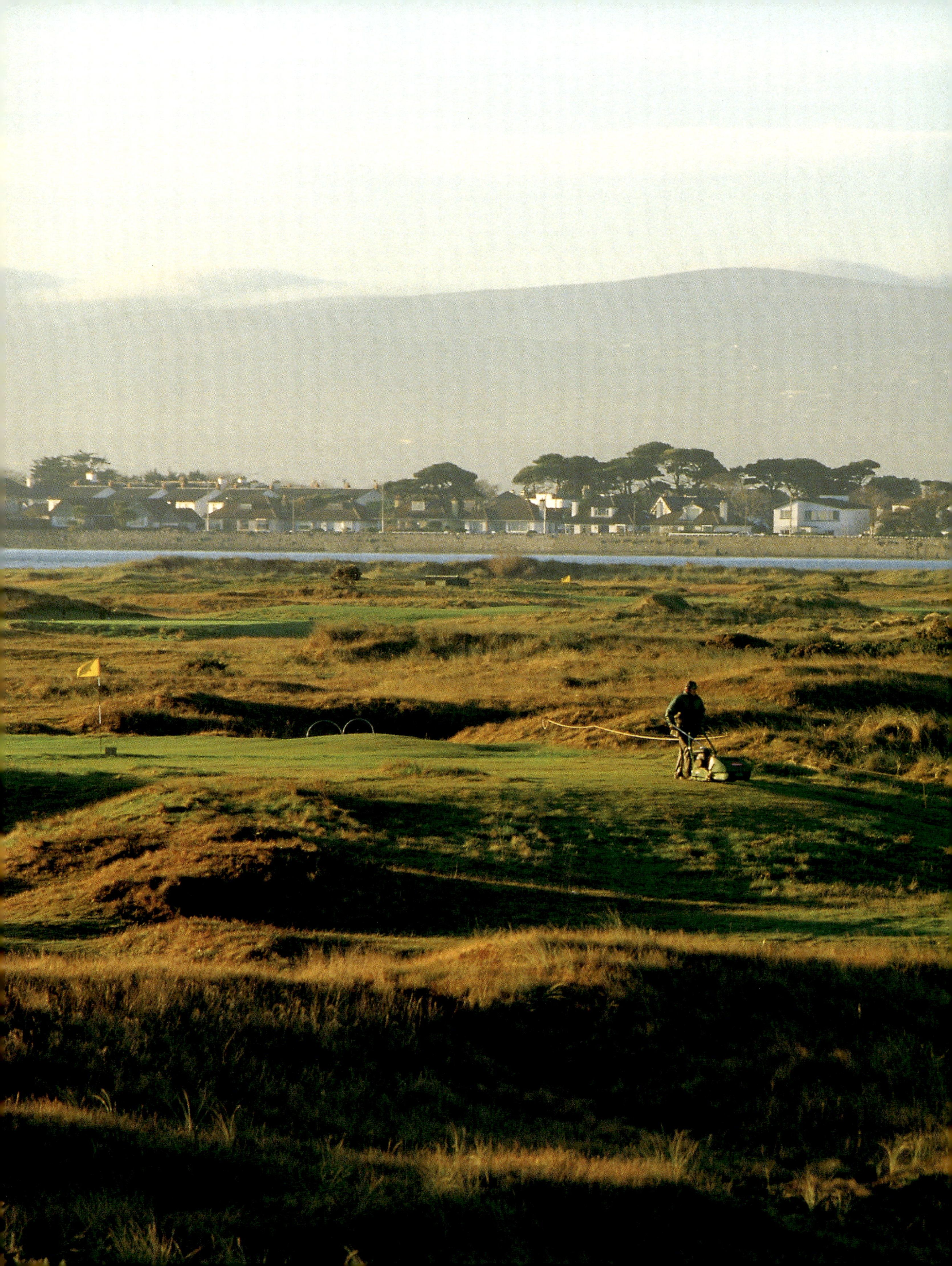

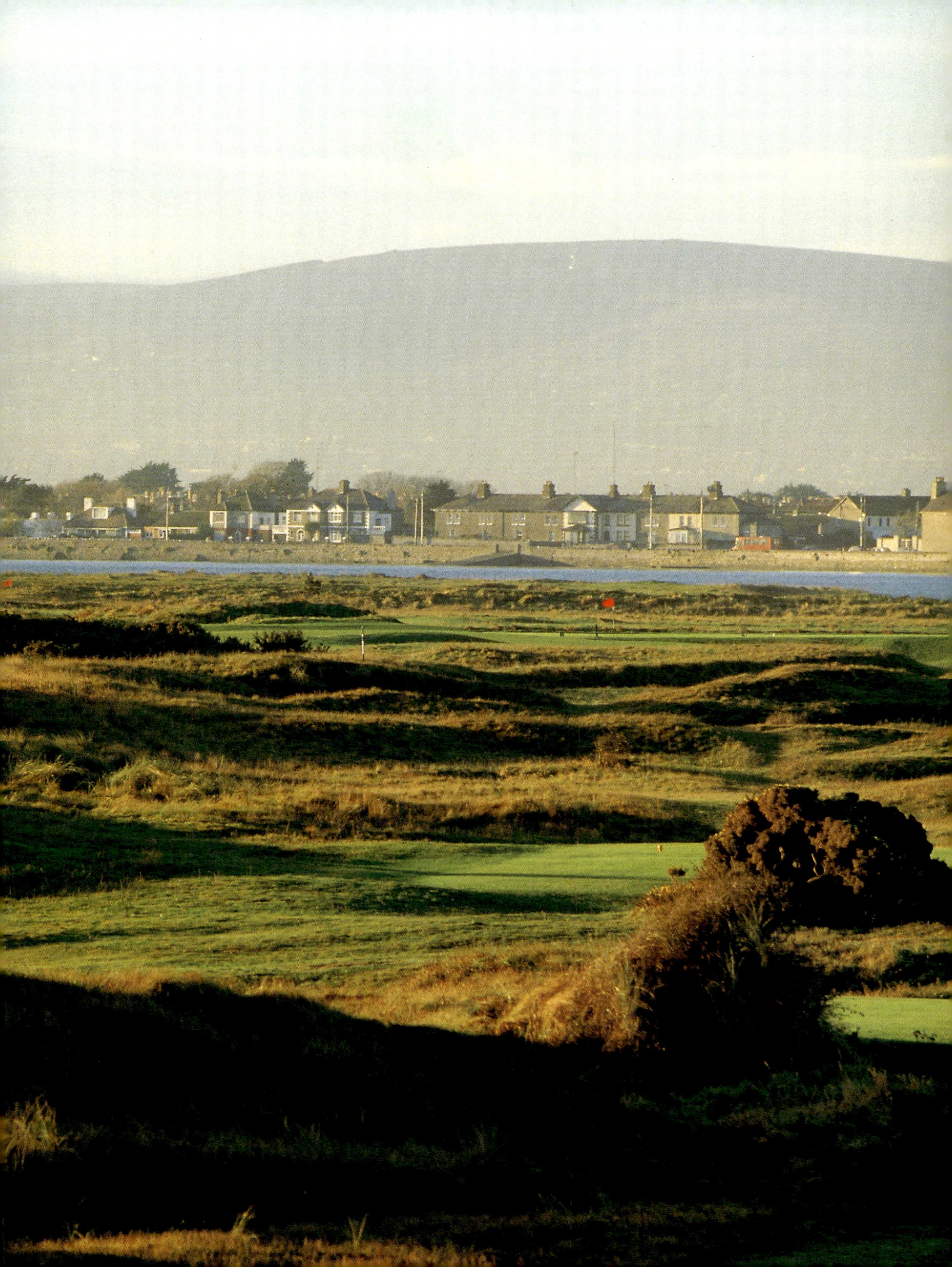

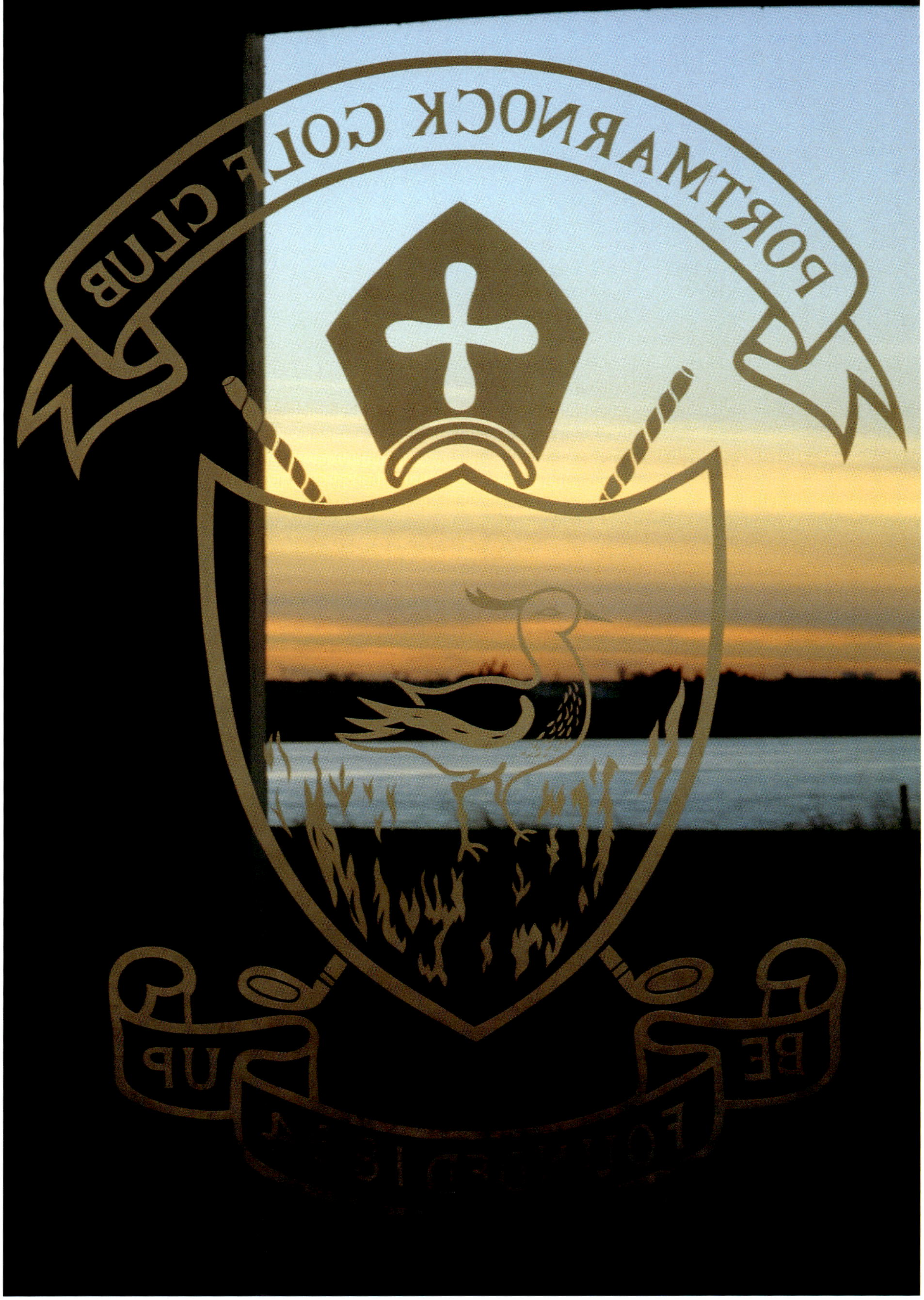
PORTMARNOCK GOLF CLUB
BE
UP

J. F. (Jack) Eustace, Veteran in Portmarnock. Gegenüber: Blick durch die Tür des Caddymeisters.

Wie Royal County Down beeinflusste und dominierte auch Portmarnock schon sehr früh den irischen Golfsport. Nur fünf Jahre nach seiner Gründung wurde in Portmarnock der erste Profi-Wettbewerb ausgetragen, den Harry Vardon gewann. Schon bald war Portmarnock Austragungsort der irischen PGA-Championship, und 1927 gastierte hier die erste Irish Open, die weitere fünf Mal hierher zurückkehrte. Nicht weniger als 14 Mal wurde in Portmarnock zwischen 1975 und 1990 die Carroll's Irish Open ausgetragen.

Die extreme Trockenheit des Jahres 1995 und die großen Zuschauerzahlen mehrerer Irish Open in Folge hätten beinahe das Aus für den Platz bedeutet. Dank einer Turnierpause im Jahr 1996 und der Installation eines Bewässerungssystems befinden sich die Links wieder in einem Top-Zustand und sind so gut wie eh und je.

Wie die meisten Links-Courses leidet auch dieser Platz unter Meeres-Erosion, vor allem am Velvet-Strand auf der östlichen Seite der Halbinsel. Die Löcher 12, 15 und 16 waren dabei am stärksten bedroht, doch inzwischen ist das Problem unter Kontrolle. Andererseits gibt es durch Landaufspülungen am unteren Ende des Platzes Ausgleichsflächen. Manchmal ist der Parcours auch überflutet, aber anders als die meisten irischen Inlandsplätze sickert das Wasser schnell ab und es kann weiter gespielt werden. Schnee ist nicht nur selten, sondern schmilzt auch schnell weg.

Üblicher Weise wird in Portmarnock Vier-Ball gespielt bzw. Einzel bei Turnieren. Dazu ein Mitglied: „Bei unserem Wetter kann man fast ganzjährig Vier-Ball spielen." Die in Schottland, einigen kleineren englischen Clubs sowie in County Down (beim Hat) so beliebten Foursomes kommen nur selten zum Einsatz.

Folgende Seiten: *Chippen auf dem 14. Grün.*

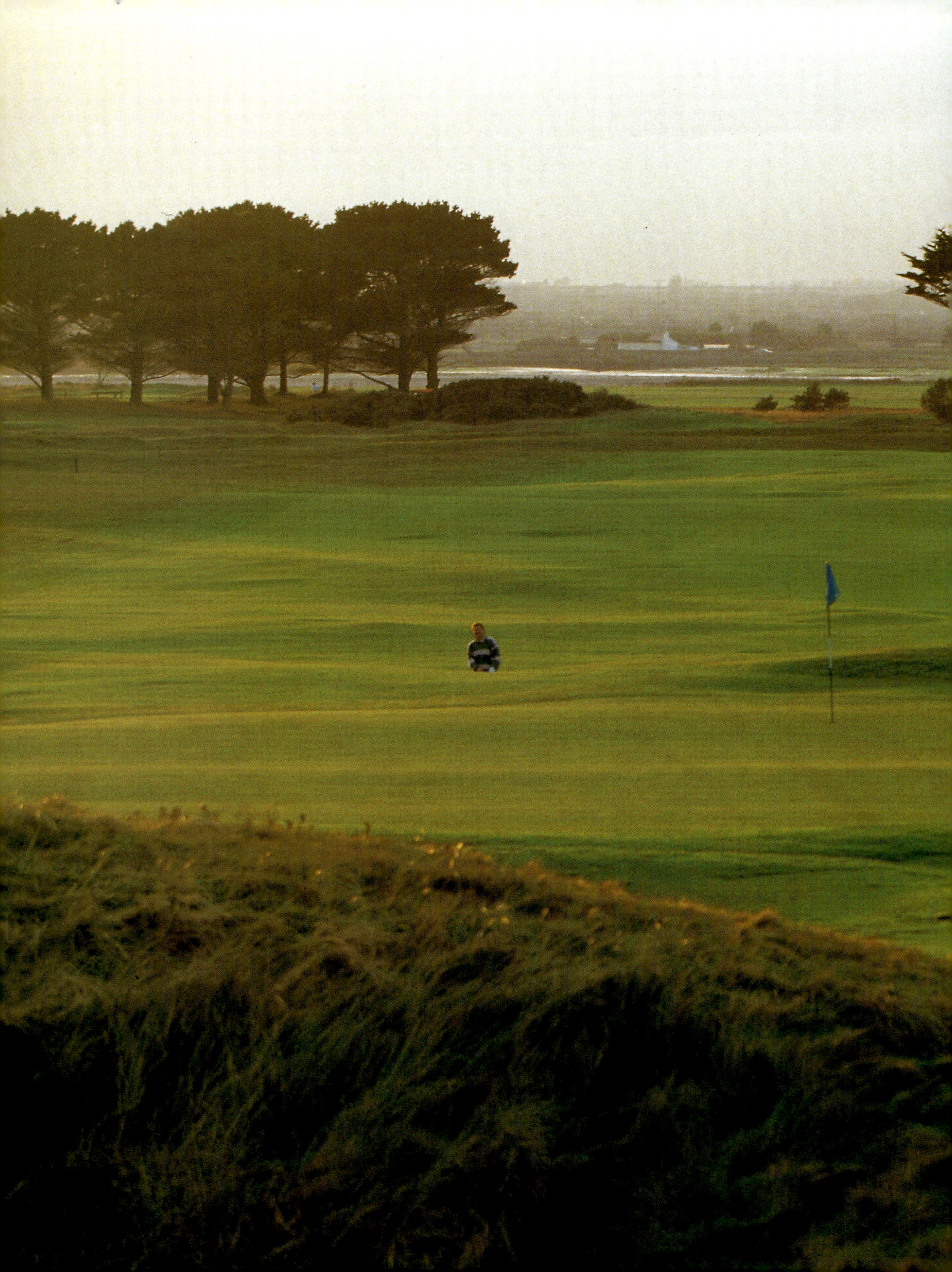

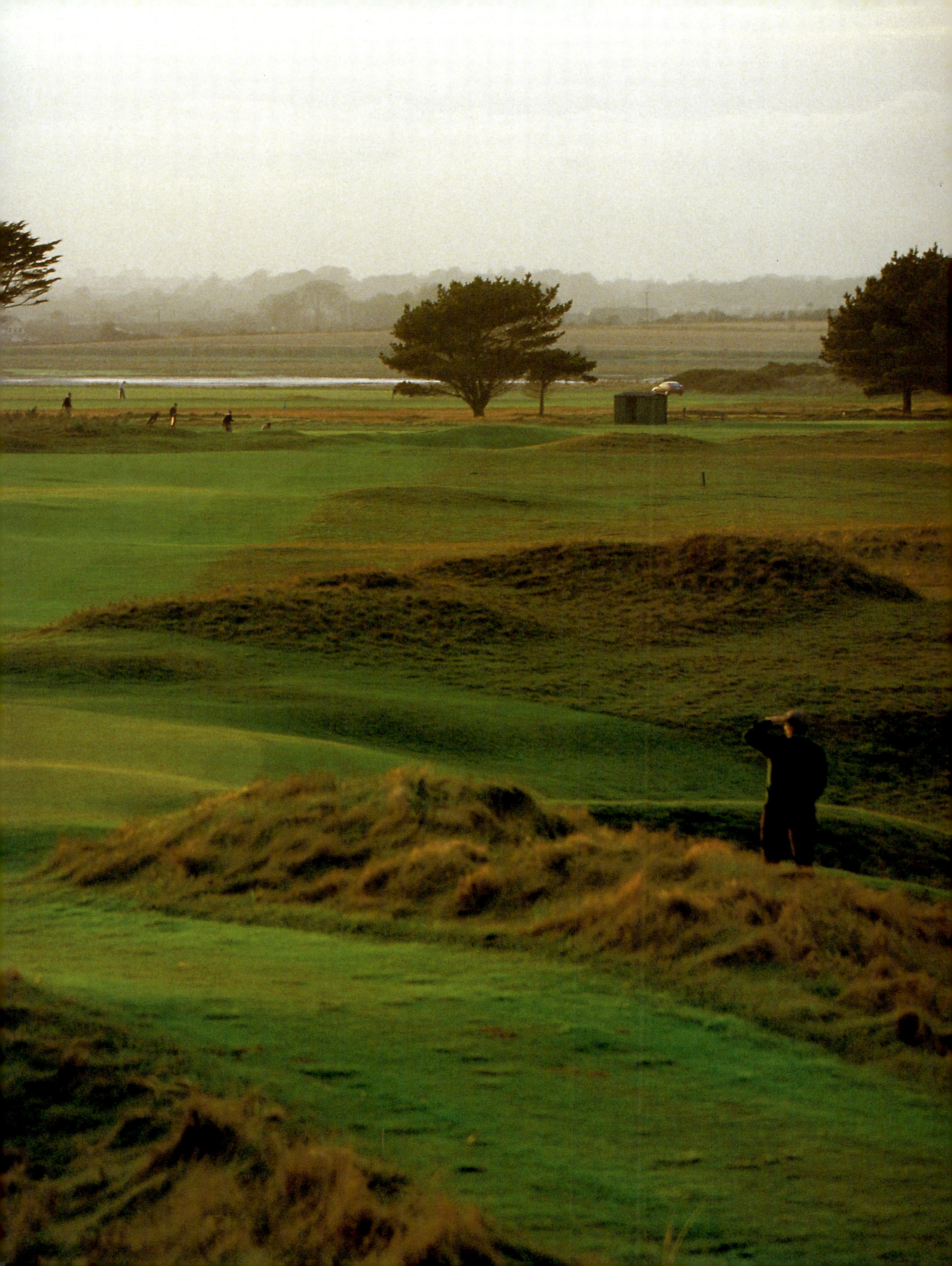

J. B. (Joe) Carr, ehemaliger Captain des Walker-Cup-Teams und des R & A.
Gegenüber oben: *Ehren-Sekretär M. A. (Maurice) Buckley*
Gegenüber unten: *Die Lounge in Portmarnock*

Folgends Seiten: *Ein guter Bunkerschlag am 4. Grün.*

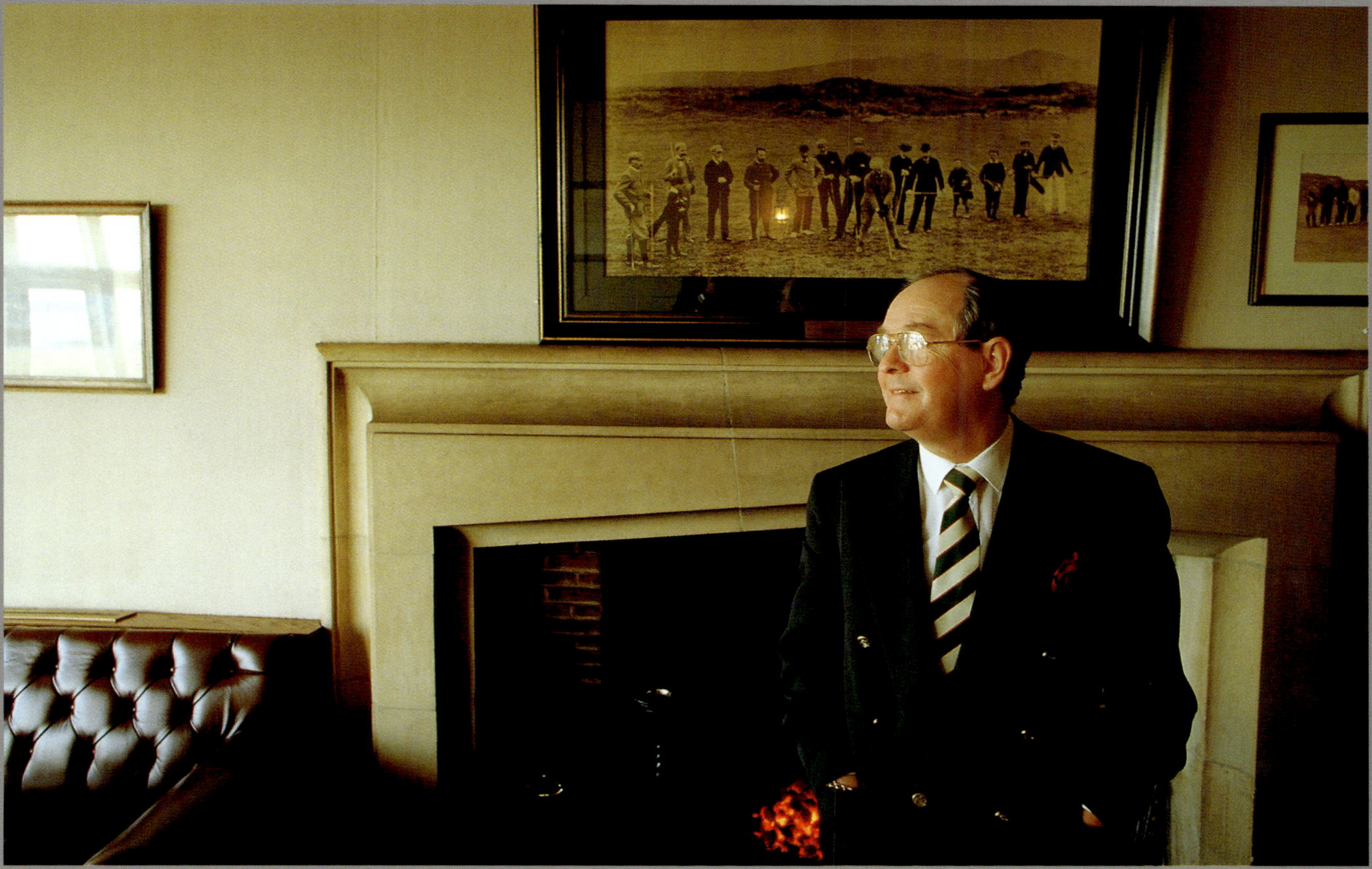

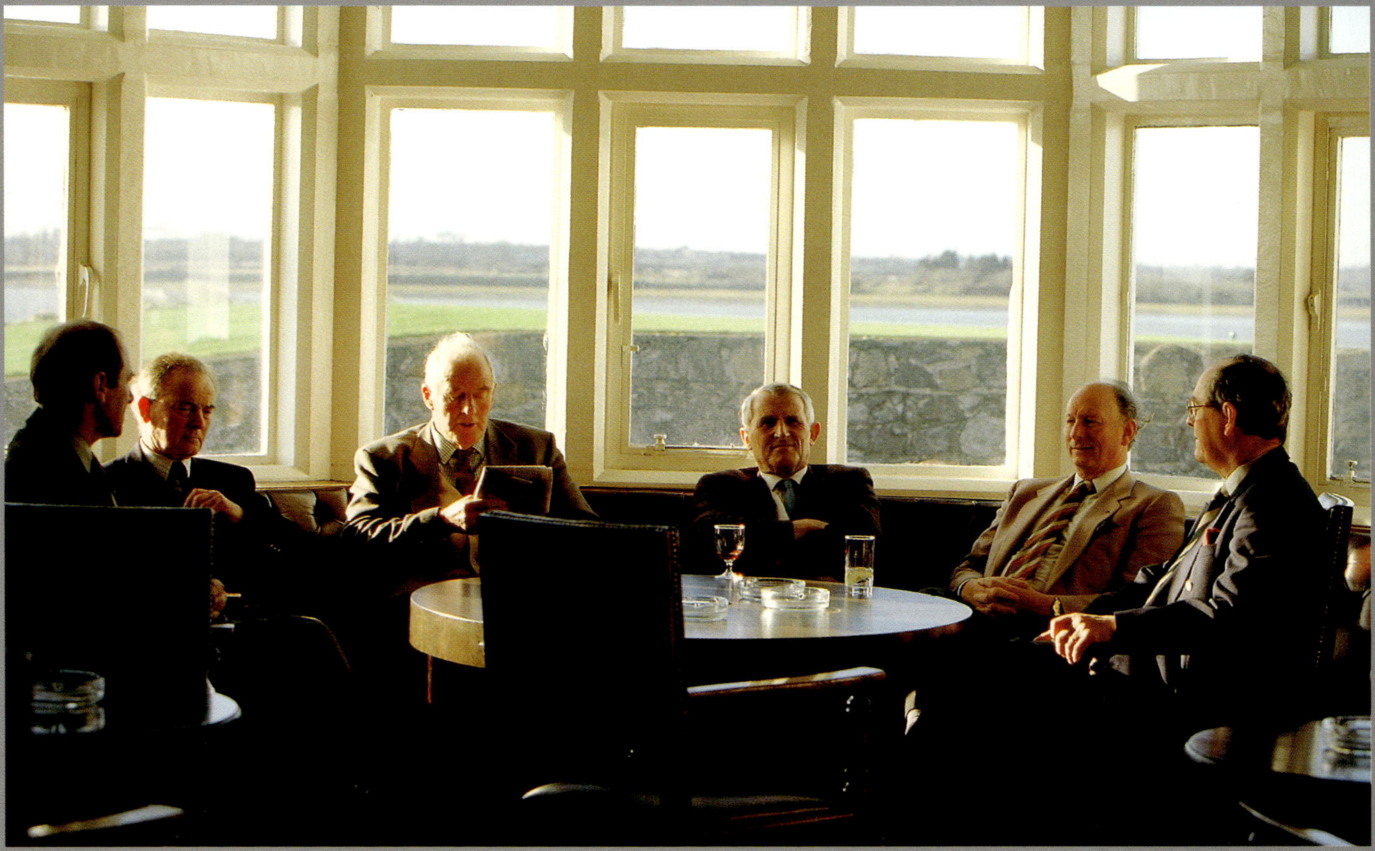

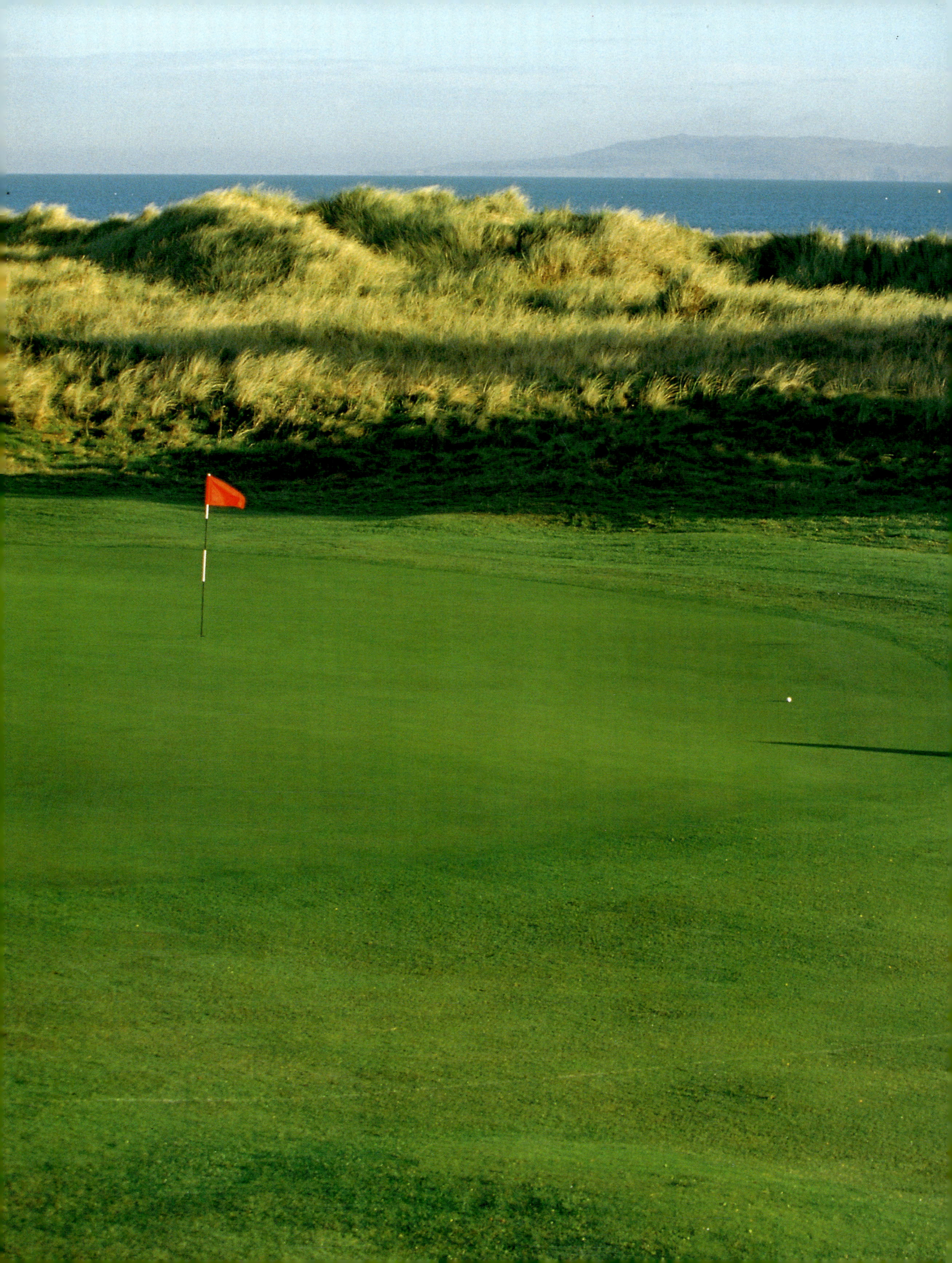

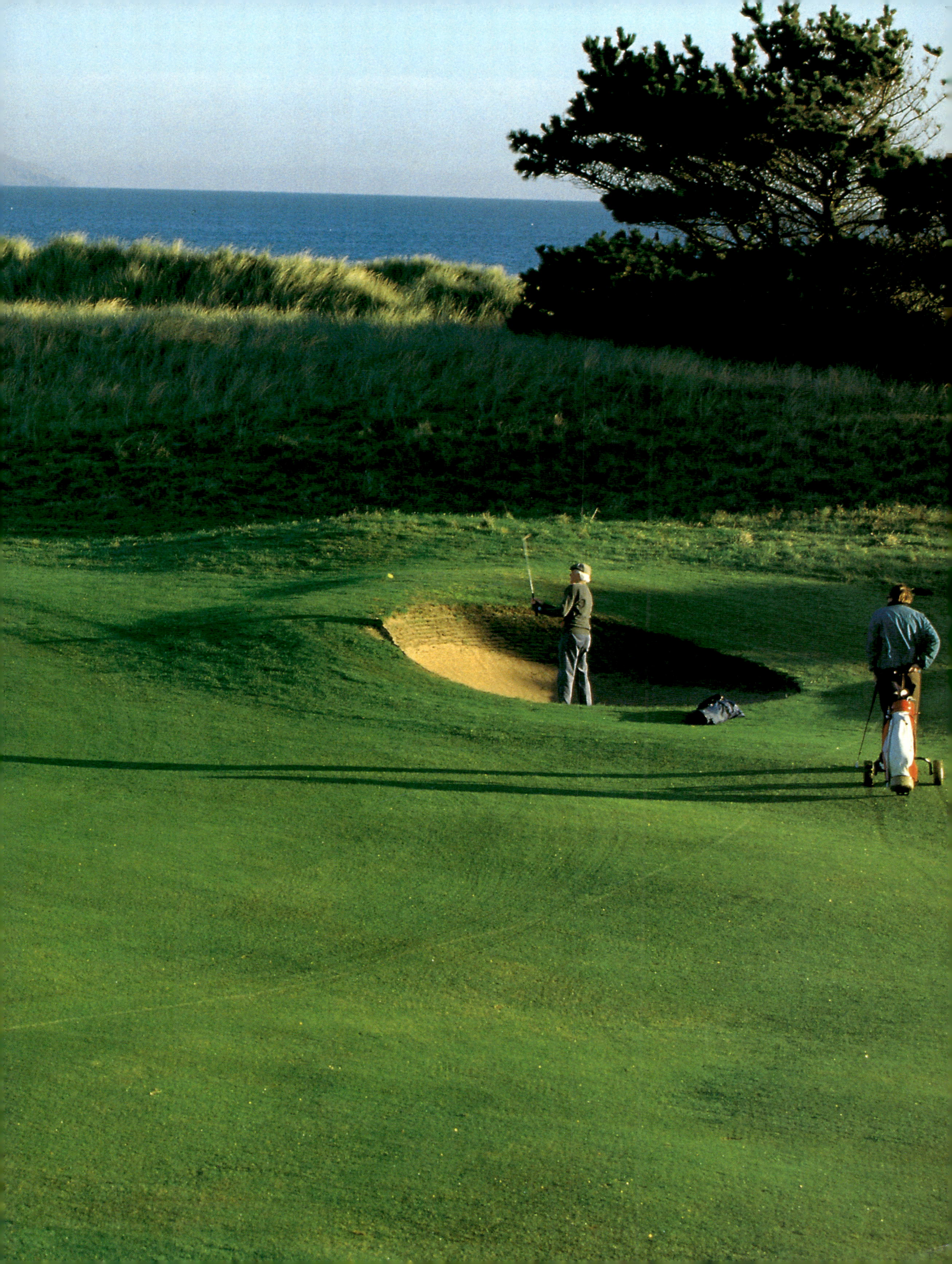

„Die erste Regel lautet, wenn man hier spielen will, dass man sich nicht um die Wettervorhersage kümmern darf. Es klingt vielleicht hoffnungslos, aber entweder ist sie falsch oder aber die Wetterlage bessert sich, ehe der Tag zu Ende ist."

Sportsgeist zeichnet den Club aus, solange interne Turniere gespielt werden. Ganz anders sieht es aus, wenn es gegen andere Clubs oder Golfing Societies geht: „Bei Wettkämpfen gegen andere Clubs kann es schon sein, dass wir in der ersten Runde ausscheiden", erzählt ein Mitglied, „aber bei clubinternen Wettbewerben, vor allem kurz vor Weihnachten, wenn wir um unseren Braten spielen, dann geht es sehr ehrgeizig zu." Gewettet wird nur wenig oder fast überhaupt nicht.

Die Clubaktivitäten konzentrieren sich auf den Golfsport. Das Captain's Dinner, die Weihnachtsfeier sowie ein kleineres Abendessen aus Anlass der Jahresversammlung sind die einzigen ernst zu nehmenden Abendveranstaltungen. Elegante Mittagessen sind nicht üblich, da die Mitglieder Suppen und Sandwiches in der Ungezwungenheit der Bar bevorzugen. Im Gegensatz zu traditionellen englischen Golfclubs gibt es weder Kummel-Trinken noch ist es üblich, dass die Spieler ihren Hund mit auf die Runde nehmen können. Doch wenn es um Erfrischungen in flüssiger Form geht, dann sind auch die Iren für ein paar gute Ideen zu haben. In der Bar sind sämtliche irischen Whiskeys wohl vertreten (Jameson, Powers, Paddy, Crested Ten, Black Bush und Bushmills Malt – übrigens der einzige irische Malt-Whiskey), von Guinness und einigen exzellenten Zapfbieren, wie etwa dem göttlichen Smithwick's einmal abgesehen. Durchaus überraschend ist die Tatsache, dass die Gesetze gegen Trunkenheit am Steuer sich nicht auf diese Form der Unterhaltung ausgewirkt haben.

Obwohl Portmarnock eine ganze Reihe von Club-Charakteren aufzuweisen hat, sind es doch die Leistungen dreier Mitglieder, die dazu beitragen, die geschichtliche Entwicklung, die golferische Kompetenz und den menschlichen Aspekt zu definieren. Es sind Harry Bradshaw, Jack Eustace und Joe Carr.

Harry Bradshaw kam im Jahr 1950 als Golflehrer nach Portmarnock und blieb bis zum seinem Tod im Jahr 1990. Der Ryder-Cup-Spieler triumphierte bei der Irish Professional Championship, der Irish Open und der Dunlop Masters. Traurige Berühmtheit als golferische Legende erlangte er bei der British Open 1949 in Royal St. George's, als am 5. Loch sein Abschlag in einer zerbrochenen Flasche landete. Anstatt auf einen Schiedsrichter zu warten, entschied er sich, weiter zu spielen. Doch der Ball flog samt vieler Glassplitter keine 20 Meter weit, und er benötigte weitere vier Schläge um einzulochen. Schließlich beendete er das Turnier gleichauf mit Bobby Locke, der dann aber im Stechen gewann. „The Brad", wie er liebevoll genannt wurde, war in Portmarnock als Lehrer, als Geschichten-Erzähler und als Vorbild für die Jugend beliebt.

Jack Eustace kam 1925 als junges Mitglied in den Club. Später diente er als Captain, als Ehren-Sekretär und als Präsident. Zudem zeichnete ihn die Tatsache aus, dass er Bindeglied zu den Gründungsvätern des Clubs war, nicht zuletzt durch seine lebendigen Erinnerungen an William Pickerman. „Ich erinnere mich an ihn als einen großen, schweren Mann mit einem glänzenden, roten Gesicht. Er trug eine Brille und hatte einen vollen, seitlich herunter hängenden Schnurrbart." Ferner schrieb er in seiner persönlichen Ansicht über den Club: „Pickerman war ein sehr guter Scratch-Spieler", aber auch ein Mann der golferischen Aphorismen, von denen eine in der Clubchronik zitiert wird. „Versäumen Sie es nie, sowohl auf dem Platz als auch im Clubhaus so laut wie möglich zu reden. Das erzeugt Aufmerksamkeit, und obwohl viele einen für einen ordinären Kerl halten, werden andere die eigene Selbsteinschätzung teilen."

Gegenüber, oben: *Joe Carr und Freunde*
Gegenüber, unten: *Mitglieder beim Abschlag auf dem ersten Tee.*

Folgende Seiten: *Rough am 6. Loch des „gelben Parcours".*
Dämmerung in der Nähe des Clubhauses.

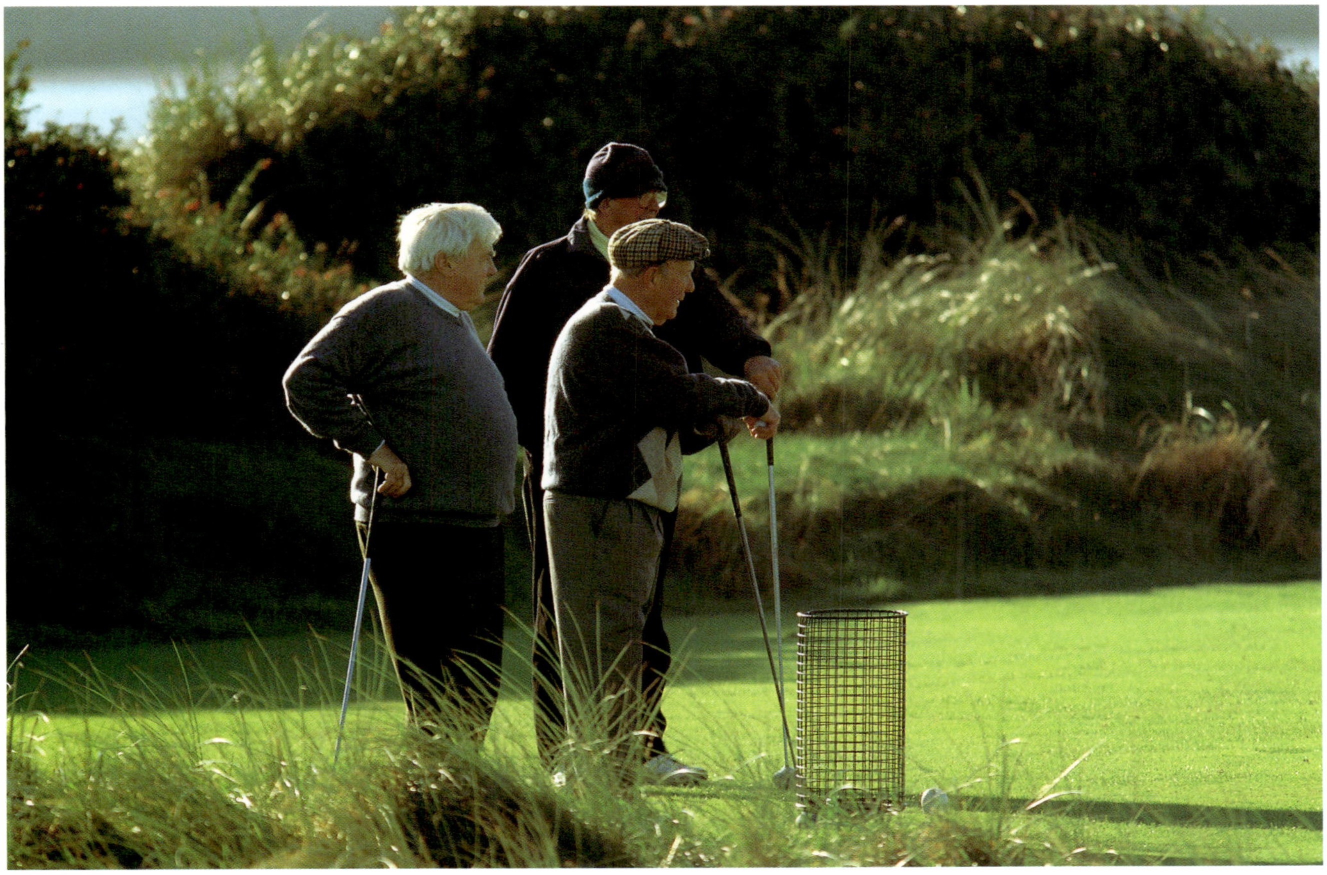

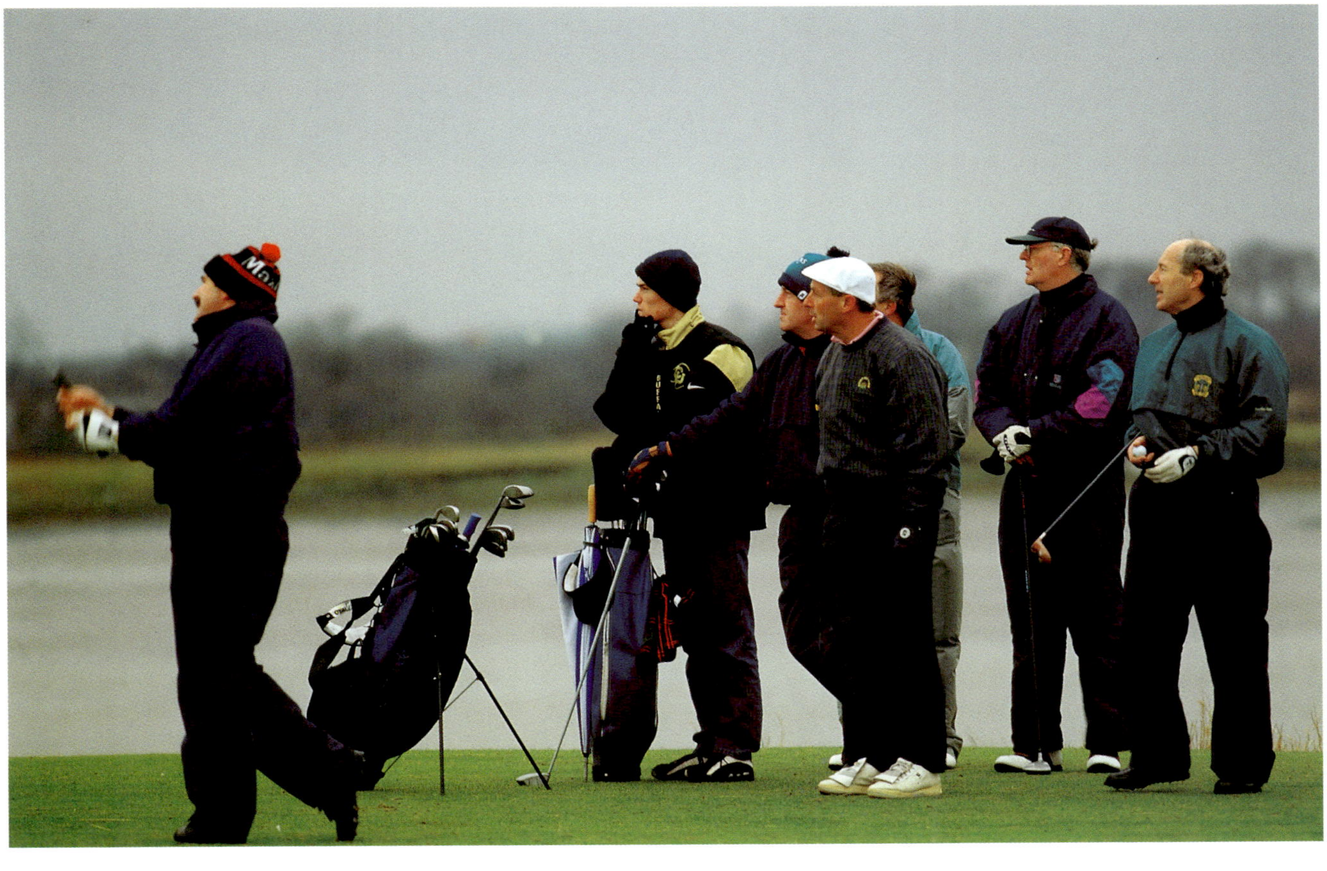

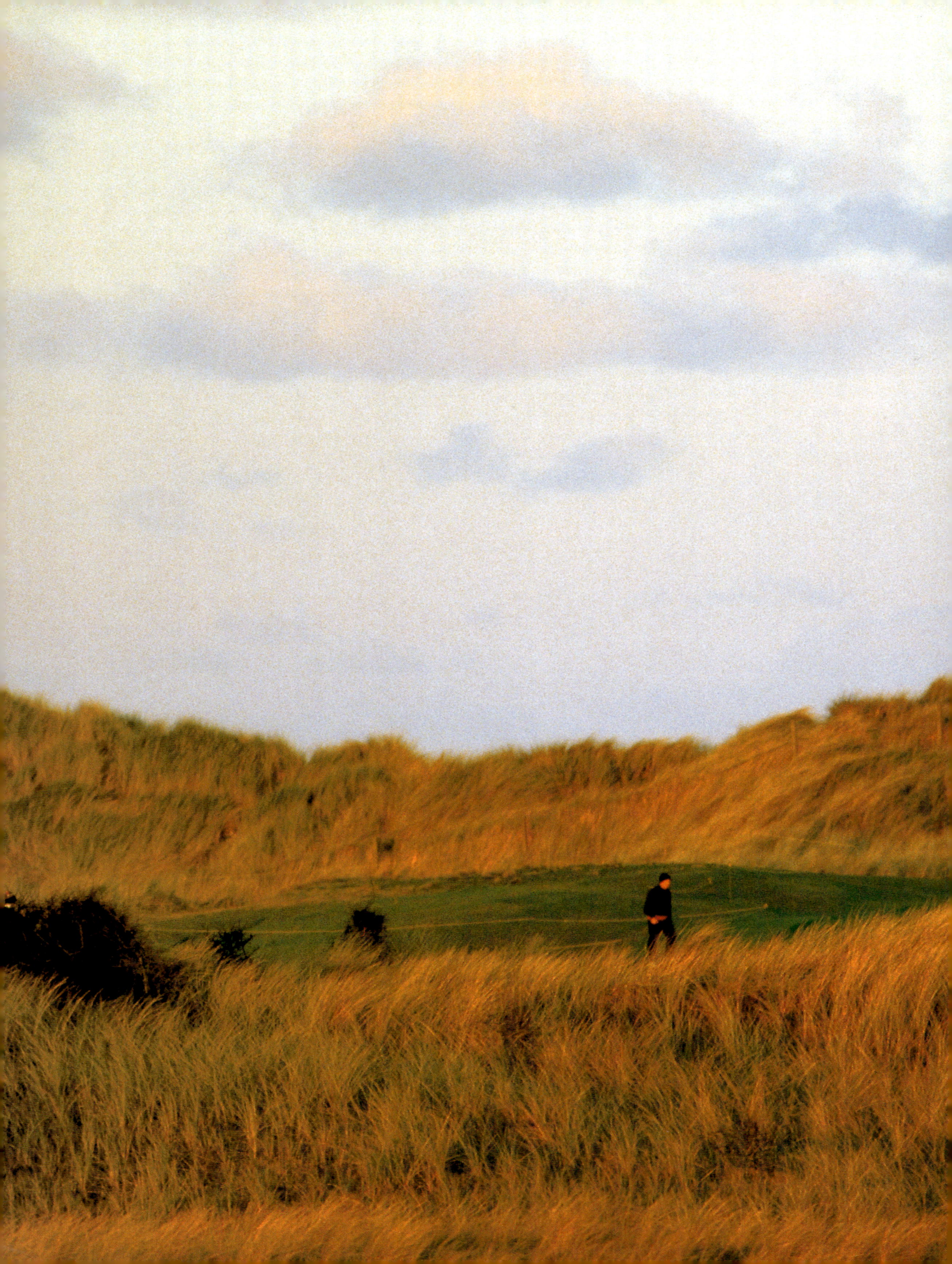

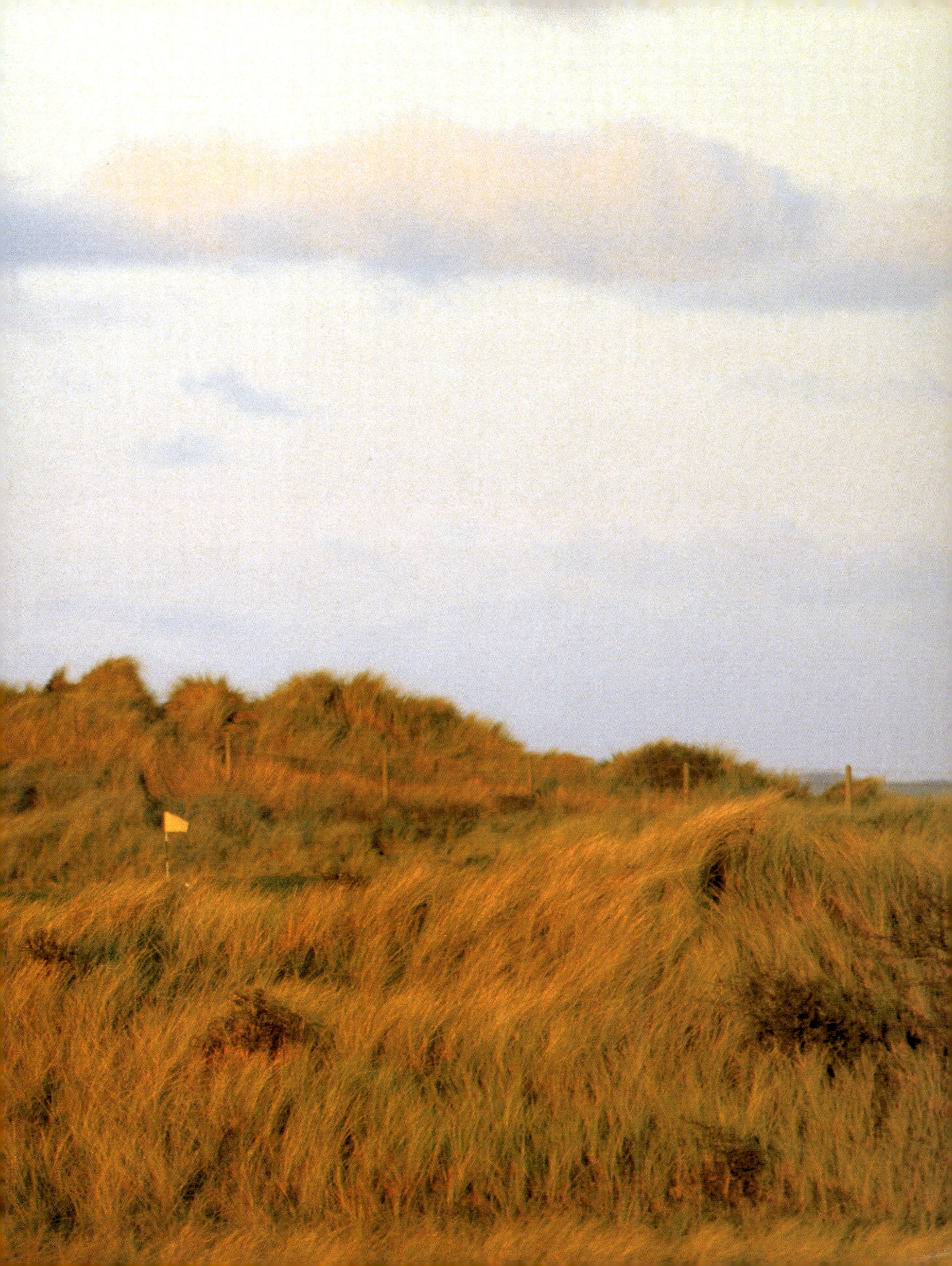

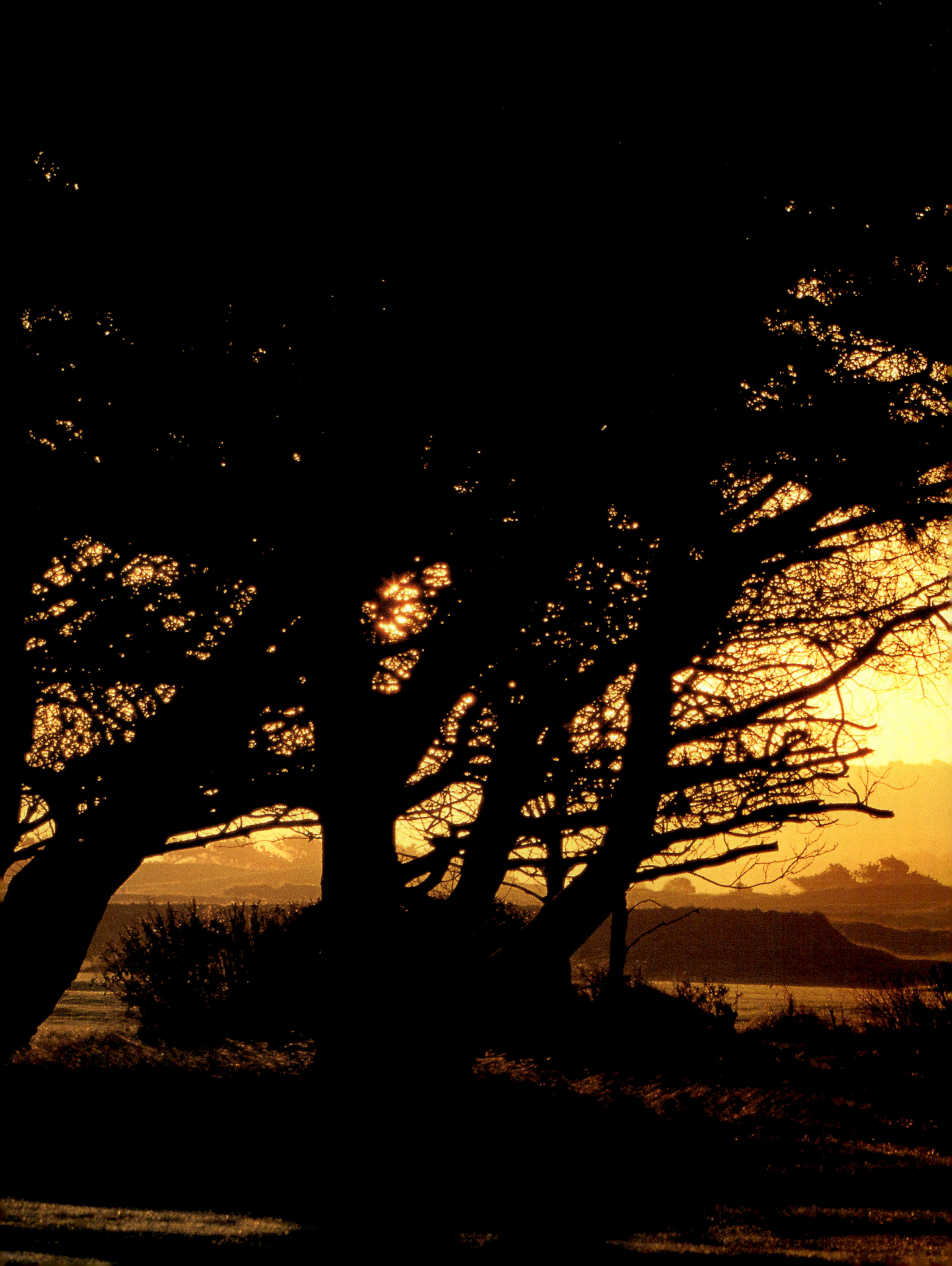

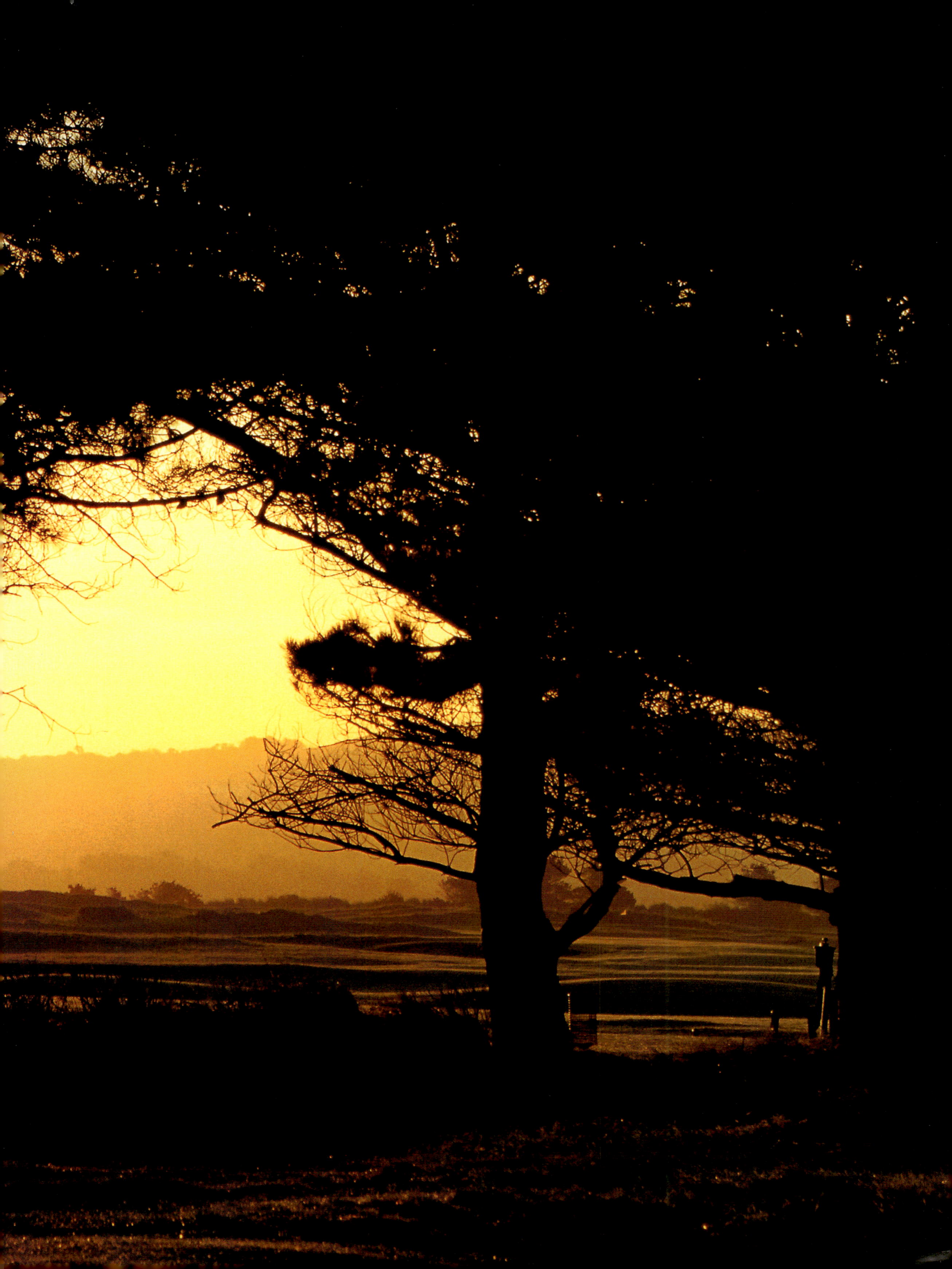

Zwei Dinge hält Jack Eustace in Portmarnock für ungewöhnlich: „Zum Einen die Abgeschiedenheit. Man arbeitet in Dublin und kommt hierher – ich kann mich noch gut an die Leute erinnern, wie sie das Watt mit Pferd und Karren überquerten. Plötzlich ist man wieder bei seinen Ursprüngen. Zum Anderen die Mitglieder. Man wird nur aufgenommen, wenn man ‚clubbable' ist. Weder Geld noch Macht spielen eine Rolle." Am Rande sei erwähnt, dass auch die Religion keine Rolle spielt, wenn es um eine Mitgliedschaft geht.

Jack Eustace ist Traditionalist, der davon überzeugt ist, dass ein guter Privatclub autoritär geführt werden sollte, weil er, wie er sagt, „wie eine Zelle" sein müsse. Er glaubt fest daran, dass Portmarnock seinen Status als Männer-Club beibehalten sollte. Frauen könnten als Gäste spielen und der Club könnte auch Damen-Turniere ausrichten, aber eine Ladies' Section dürfe es nicht geben. Jack Eustaces Einfluss auf den Club nimmt inzwischen schon physische Dimensionen an. Ein durchaus talentierter Kunsttischler, der die Ehrentafeln, einige Tische und auch den Stuhl des Captains gefertigt hatte – ein beeindruckender, thronähnlicher Stuhl aus geschnitzter Eiche –, blickte nach vollbrachter Arbeit zu ihm auf und sagte: „Gut, ich muss jetzt aber gehen. Es ist der 25. Hochzeitstag meines Sohnes und ich muss heute abend noch ein Dinner für zwölf Personen kochen."

Auch Joe Carr spielt mit seinen über 76 Jahren noch regelmäßig Golf. Er ist voll von lebendigen Golf-Geschichten und Erinnerungen an seine brillante Amateur-Karriere. Sein Vater und seine Mutter waren die Manager in Portmarnock. Weil sie auf dem Gelände lebten, verbrachte der junge Joe die ersten 17 Jahre seines Lebens auf diesem Platz, wo er auch sein erstes Golf spielte: „Üblicher Weise spielte ich jeden Tag, und manchmal schwänzte ich sogar die Schule, um dies tun zu können." In den 50-er und 60-er Jahren nannte man Joe Carr in England und Irland „Mr. Amateur Golf", da er alles gewann, was in seiner Reichweite war und er schließlich Captain des Walker-Cup-Teams wurde.

Joe Carrs Verdienste um den Golfsport wurden 1992 damit geehrt, dass er bei der Herbstversammlung als erster Ire zum Captain des R & A benannt wurde. Während seiner Amtszeit wurde er einmal gebeten, als Schiedsrichter in Pebble Beach in den USA zu fungieren. Die dürftigen Geographie-Kenntnisse des örtlichen Offiziellen führten dazu, das Joe Carr und seine Aufgabe wie folgt angesagt wurden: „Der Schiedsrichter dieses Matches ist Mr. J. B. Carr, Captain des Royal and Ancient Golf Club of St. Andrews in Schottland aus Dublin in England." Ein Freund, der neben ihm stand, drehte sich um und sagte: „Es wurden schon Kriege aus nichtigerem Grund angezettelt."

Portmarnock zählt 1100 Mitglieder, von denen etwa die Hälfte aktiv spielen. Neben einer Jugendabteilung (12 bis 16 Jahre) gibt es eine Juniorenabteilung (16 bis 20 Jahre), Fern-, Wochen- und Auslandsmitgliedschaften. Doch ist Dublin die Heimat der aktiven Mitglieder, wobei 60 Prozent aus dem Süden und 40 Prozent aus dem nördlichen Teil kommen. Das Durchschnittsalter liegt bei Mitte 60 („Von Jack Eustace abgesehen, der es ein bisschen nach oben treibt", meint Joe Carr). An Wartelisten glaubt man nicht im Club: „Wir machen uns keine Sorgen, dass der Club aussterben könnte", meint Maurice Buckley, „aber in ein paar Jahren könnte das Problem schon auftreten." Das System sieht so aus, dass man alle zehn Jahre einen ganzen Schwung von neuen Mitgliedern aufnimmt. „Wir hatten schon seit 1990 keine Aufnahmen mehr. Damals haben wir 20 Leute reingelassen. Es könnte schon sein, dass wir in den nächsten Jahren wieder einmal 20 neue Mitglieder aufnehmen."

Portmarnock ist so etwas wie eine nationale Institution. Zu den Ehrenmitgliedern gehören der irische Präsident, der amerikanische Botschafter sowie weitere auserwählte Politiker. Besucher können den Platz montags, dienstags, donnerstags und zu bestimmten Uhrzeiten auch freitags bespielen. In Portmarnock kennt man keine Masseninvasionen per Bus und begleitender Infanterie, wie man es von vielen anderen irischen Clubs her kennt.

Als „nationales Heiligtum" verfügt der Club auch über eine große und mächtige Hierarchie, wobei der Ehren-Sekretär eine irisch-spezifische Institution ist. Hinzu kommen ein Captain, der Präsident, zwei Vize-Präsidenten, ein Ehren-Schatzmeister, zwei Treuhänder sowie ein achtköpfiger Vorstand. Fast möchte man sagen, dies seien mehr als die aktive Mitgliedschaft in Swinley Forest. Der Ehren-Sekretär wird durch die Mitglieder für eine fünfjährige Amtszeit gewählt. Dazu Joe Carr: „Und wenn er ein starker Charakter ist – und davon hatten wir ein paar – dann sind seine Worte Gesetz."

„Der Ehren-Sekretär entspricht im Prinzip dem Managing Director. Von Natur aus ist dieser eher traditionell und konservativ geprägt. Seine Hauptaufgabe liegt darin, die Club-Politik zu überwachen und den Status Quo beizubehalten. Es lässt sich nicht vermeiden, dass auch unpopuläre Entscheidungen gefällt werden müssen, aber dazu braucht er eben einen starken Charakter. Portmarnock kann sich glücklich schätzen, einige sehr durchsetzungsfähige Ehren-Sekretäre gehabt zu haben, die – jeweils mit ihrem eigenem Stil – dem Club große Dienste erwiesen."

Welche Bedeutung hat Portmarnock für die Iren? In einem 1944 veröffentlichten Heftchen aus Anlass des 50. Clubjubiläums, gibt Seamus O'Connor eine Antwort, die immer noch Gültigkeit zu haben scheint: „Für einen bewussten Iren ist Portmarnock mehr als nur Golf-Links von nationaler und internationaler Bedeutung… Hier harmonieren alle Iren, hier einigen sich die verschiedensten Ideen und die unterschiedlichsten Vorgeschichten… Hier entstanden Freundschaften, die unvereinbar schienen, die ernst und von langer Dauer sind und weiterhin ganz natürlich anwachsen."

Auch ein Mitglied, das an diesem kalten, windigen Sonntag in der Lounge seinen Drink zu sich nimmt, bringt es auf den Punkt: „Ich kann mich genau daran erinnern, als mich ein junger Barkeeper fragte, wie ich Portmarnock empfände. Ich antwortete ihm, dass es ein Platz sei, wo einem nicht einfach ein Bierglas über den Kopf geschüttet werde. Es ist ein Ort – so sagen wir es in Irland –, der einen diszipliniert. Er hat einen leisen, beruhigenden Einfluss. Er ist ein Refugium."

Großstadt-Golfer: Der Golf Match Club

Die St. James Street in London: ein Donnerstag Ende Januar im Zentrum der Londoner Clubszene. Ein halbes Dutzend Männer in Dinner-Jackets treten aus dem White's, biegen nach links ab und folgen der Straße. Ihr Ziel ist ein weiteres Gebäude im Georgian Stil auf derselben Straßenseite. Bei Boodle's kehren sie ein, gehen die große Treppe hinauf, um oben in der Bar ganz ähnlich gekleidete Herren zu treffen, die sich dort versammelt haben. Freudig grüßen sie einander, da sie offensichtlich einer einzigartigen und besonderen Bruderschaft angehören. Ihnen gemeinsam ist nicht nur das von ihnen betriebene altehrwürdige Golfspiel, sondern auch die Affinität zueinander sowie die Tatsache, dass die meisten von ihnen hier in der Hauptstadt auch rein physisch nah beieinander leben. Zweck des Treffens ist, miteinander zu essen, sich zum Golf zu verabreden und bald – wenn sie denn gespielt haben – hier wieder zusammen zu kommen.

Der Match Club feierte vor kurzem sein 100. Jubiläum. Es ist der älteste Club dieser Art überhaupt. Er verfügt über keinen Platz, hat kein Clubhaus und auch keine Angestellten. Der Boodle's Club, wo sich von Oktober bis April an jedem dritten Donnerstag die Mitglieder treffen, ist in etwa das, was man unter einem Hauptquartier versteht. Den Schlüssel zu diesem ungewöhnlichen Club hält der Schriftführer, von dem es in einem Jahrhundert nur neun Amtsinhaber gab. Der derzeitige „Recorder" übernahm das Amt im Jahr 1989 unter einem Motto, das sein Vorgänger formulierte: „Steigerung der Freude des Match Clubs an Dinner- und Golfveranstaltungen." Und es sieht so aus, als sei er in höchstem Masse erfolgreich.

In peniblen Aufzeichnungen hat der Schriftführer jedes einzelne Match der Clubmitglieder registriert. Man erführe dann, wenn man es wirklich wissen wollte, dass am 9. Dezember 1956 beim Match in Berkshire „Sir James Waterlow und Hon P. Samuel H. Ingram und Lord Tennyson" mit einem Schlag Vorsprung schlugen.

In früheren Jahren war Woking der erste Club der Wahl, mit gelegentlichen Wettbewerben in Berkshire, Swinley oder Royal St. George's. Letztere drei sind – neben Sunningdale, ab und zu Royal Ashdown Forest und New Zeland – auch heute noch beliebte Austragungsorte. Woking ist indes nicht mehr angesagt. Der Austragungsort der jeweiligen Matches gab zumindest theoretisch einen Hinweis darauf, wo die Mitglieder sonst hin gehörten, aber sie konnten durchaus auch anderswo ausgetragen werden. Während die Mitgliedschaft hauptsächlich aus London kommt, hat vermutlich jeder in diesem Buch genannte Club Mitglieder auch im Match Club.

Normaler Weise werden Foursomes über 36 Löcher ausgetragen, wobei man sich untereinander auf einen Club einigt. Doch gibt es auch andere Spielformen. Es ist Tradition, dass die Sieger eines Matches für das Mittagessen und den Tee in dem Club aufkommen, in dem gespielt wurde. Wettkämpfe, bei denen es um den Clubeinsatz in Höhe von 25 Pfund (hinzu kommen Nebenwetten) geht, müssen spätestens am Sonntag vor dem folgenden Dinner ausgetragen werden, an dem dann auch noch die offenen Wetten und Einsätze beglichen werden müssen. Simon Radcliffe: „Seitdem die Sieger für das Essen zahlen müssen, geht immer alles ganz gut auf – und so sollte es sein." In der Saison 1997/1998 gab es insgesamt sieben Dinners, 56 Matches und rund 60.000 Mark wechselten den Besitzer. Diese Veranstaltungen werden vor allem bei den jüngeren Mitgliedern immer beliebter, wobei im Schnitt 35 Teilnehmer dabei sind.

Es gibt 70 Mitglieder, einen jährlich zu wählenden Captain und einen Schriftführer, der für die Dinners, die Turniere und die Statistik sowie die Wetten zuständig ist. Hinzu kommt ein fünfköpfiger Vorstand. Wie jeder gute Golfclub auch, verfügt der Match Club über eigenes Clubsilber, wenn auch in bescheidenem Maße – vier alte Putter, vollbehangen mit silbernen Bällen, wobei jeder scheidende Captain neue hinzufügt, außerdem eine silberne Butterdose und eine Fruchtschale. Wenn sie nicht gebraucht werden, werden diese im Safe des Boodle's Clubs verwahrt.

Alles begann im Jahr 1896, als der enthusiastische Golfer und Gentleman Ernest Lehmann auf die Idee kam, einen Dinner- und Match-Club in London zu gründen. Er selbst hatte in Muirfield einem Dinner beigewohnt, dem ein Match vorangegangen war, bei dem auch gewettet wurde. Das erste Dinner fand im Januar 1897 im Bath Club in der Dover Street des Stadtteils Piccadilly statt. Insgesamt 19 Mitglieder nahmen teil, der Captain und der Recorder wurden gewählt und insgesamt neun Matches vereinbart, bei denen es um insgesamt 19 Pfund und 15 Shilling ging. In der 1996 veröffentlichten Clubchronik wird der Recorder zitiert, der über diesen Anlass geschrieben hatte: „ Zu später Stunde trennten sich die Mitglieder in der allgemeinen Stimmung, dass das Gründungs-Dinner viel versprechend für eine erfolgreiche und nützliche Zukunft der Vereinigung sei." Diesem Zitat folgt in der Clubhistorie folgende selbst formulierte Bemerkung: „645 Dinners und 4556 Matches später sind wir davon überzeugt, dass unsere drei Gründer sicher unser Entzücken darüber teilen würden, dass es in der Tat eine erfolgreiche und nützliche Vereinigung ist. Bis jetzt, jedenfalls..."

Obwohl klein und exklusiv, repräsentierte der Match Club sowohl die große Bandbreite des britischen Golfsports als auch die Spitzen des britischen Establishments. Dazu gehörten die Amateur-Champions Horace Hutchinson, Freddie Tait, Robert Harris und Roger Wethered. Bernard Darwin war Captain von 1906 bis 1907 und Arthur Croome, Mitbegründer sowohl der Oxford and Cambridge Golfing Society als auch der Senior Golfers' Society, war von 1919 bis 1923 zunächst Schriftführer und von 1925 bis 1926 Captain.

Der Match Club zählt insgesamt über 40 ausländische Mitglieder, von denen 13 im Walker Cup gespielt haben und acht sogar als dessen Captain. 22 R & A-Captains sind oder waren auch Mitglieder im Match Club.

Seine Treffen und Essen veranstaltete der Clubs in vielen Orten – u.a. im White's, im Turf Club, im Bath Club, im Carlton Hotel, im Cafe Royal und im Claridge's. Seit nunmehr 20 Jahren trifft man sich im weitläufigen und eleganten Boodle's Club.

Zusätzlich zu den internen Turnieren spielt der Club gelegentlich auch gegen andere Golfclubs des Landes sowie im Ausland. Eine der regelmäßigen und auch beliebtesten Veranstaltungen findet gegen den Golf Club Muirfield statt, aus dessen Reihen sich auch der Londoner Club entwickelte. Die Clubchronik besagt, dass der Match Club im Jahr 1994 der Honourable Company zum 250. Geburtstag eine Kiste mit Bollinger Champagner überreichte. Zwar verlor der Match Club die Begegnung auf den Links, kam dafür aber mehr in den Genuss seines Geschenks als Muirfield, vor allem, so heißt es, „beim Frühstück am Tag nach dem Match."

Wer sind heutzutage die Mitglieder dieses ungewöhnlichen Clubs? Die meisten gehören entweder zum R & A bzw. zu den traditionellen Clubs im Südosten Englands, wie etwa Sunningdale, Royal St. George's, Swinley Forest und Rye. Die familiären Verbindungen sind sehr stark ausgeprägt und der schulische Hintergrund heißt in der Regel Eton oder Charterhouse. Früher gab es sehr viele Militärs, Regierungsmitglieder und Parlamentarier. Heute sind es ganz normale Berufe, die in London angesiedelt sind. Doch immer noch gibt es auch Gentlemen in der Tradition der Gründerväter des Match Clubs, die sich lediglich dem Vergnügen hingeben.

Dazu eines der wenigen amerikanischen Mitglieder: „Der Match Club ist von großer Kameradschaft und Gutmütigkeit geprägt. Die Qualität des Golfspiels ist weniger wichtig als die Qualität des Einzelnen. Es ist eine Klasse-Truppe, geradeheraus und aus einem Guss."

Golfautor und Kommentator Bruce Critchley meint: „Es handelt sich hierbei um eine typisch englische Institution." Die Mitgliedschaft wird einem angetragen und die Entscheidung über einen Kandidaten muss im Vorstand einstimmig gefällt werden. Schon durch das Fehlen bei einem Dinner im Laufe der Saison verwirkt man automatisch seine Mitgliedschaft. Mitglieder, die England verlassen, können sich auf eine Liste passiver Mitglieder setzen lassen und sind herzlich eingeladen, bei einem Besuch in London am Dinner teilzunehmen. Gäste dürfen nicht nur zum Essen mitgebracht werden, sondern können auch mitspielen.

Ein Wort zu den Moles, einem anderen Londoner Dinner-Match-Club, der häufig als Konkurrenz des Match Clubs angesehen wird. The Moles wurde im Jahr 1911 durch ein Mitglied des Match Clubs (Victor Longstaff) gegründet. Da es Überschneidungen bei der Mitgliedschaft gibt, stellt sich die Frage, wie man die beiden unterscheidet: „Die Moles wählen ihre Mitglieder aus guten Golfern aus, die essen", meint Simon Ratcliffe, „und der Match Club sucht seine Mitglieder bei guten Essern, die auch Golf spielen." Eine andere Definition kommt von einem Mitglied und Anhänger beider Clubs: „Die Moles-Leute schimpfen, bevor sie trinken."

Das Dinner ist zu Ende und die 30 Mitglieder des Match Clubs und ihre Gäste sitzen rund um die polierten Mahagoni-Tische im Kerzen erleuchteten Speiseraum, der – fälschlicher Weise – auch Saloon genannt wird. Die Damast-Gardinen verdecken die großen Fenster zur St. James Street. Nichts um sie herum deutet auf die kalte Nacht draußen und auf die Einwohner der riesigen Stadt. Captain Andrew Milne erhebt sich, genauso wie alle anderen der Runde. „Gentlemen, auf die Queen", sagt er und hebt sein Glas, „the Queen", raunt es rund um den Tisch, während die Gläser auf den loyalen Toast erklingen.

Es folgt eine kleine Pause, in der die Mitglieder eine Erfrischung zu sich nehmen und der Dinge harren, die da kommen. Havanas werden angezündet. Schnell ist die gesamte Gruppe vom Aroma des reinen und handgerollten Tabaks umhüllt. Port und Brandy werden gereicht, während der Captain den Recorder darum bittet, die Resultate des letzten Matches zu verlesen und zu bestätigen, dass alle Schulden beglichen worden sind. Danach begrüßt er die Gäste und gibt jene sechs Matches bekannt, die die Mitglieder beim Drink vor dem Essen untereinander bzw. mit einem Gast vereinbart haben. Diese werden dann niedergeschrieben und in die silberne Fruchtschale des Clubs gelegt. Der Schriftführer muss freilich davon überzeugt sein, dass das Match von einer fairen Wette begleitet wird, ansonsten verweigert er dessen Ansage. Wenn der Recorder ein Match ausgerufen hat, werden Wetten angenommen. Alles wird penibel niedergeschrieben, was am Wert der abendlichen Unterhaltung nichts ändert. Nach dem Dinner löst sich die Versammlung auf. Die einen gehen nach oben, um Snooker, die anderen nach unten, um eine Runde Bridge zu spielen. Wieder andere gehen auf die gegenüber liegende Seite der St. James Street, um vielleicht ein letztes Glas Port im Pratts einzunehmen. Oder aber sie genießen das Londoner Nachtleben.

Über 100 Jahre sind seit dem ersten Treffen des Match Clubs vergangen. Damals saß Queen Victoria noch auf ihrem Thron. Und ein neues Jahrhundert erwartet die Mitglieder, die wie eh und je lachen und scherzen, sich auf kommende Golf-Begegnungen freuen und schließlich über die breite Hauptverkehrsstraße St. James strömen. Der Zigarrenqualm steigt gen Himmel und verschwindet in der dunklen, kalten Luft. Sie sagen sich ein letztes Gute Nacht und gehen ihrer Wege.

Match-Club-Mitglieder und ihre Gäste beim Trinken, Essen und Ausknobeln, hier im Londoner Boodle's.

Club-adressen

*Royal and Ancient
Golf Club of St. Andrews*
St. Andrews, Fife KY16 9JD,
Schottland
Tel.: 0044-1334-472112
Fax: 0044-1334-477580

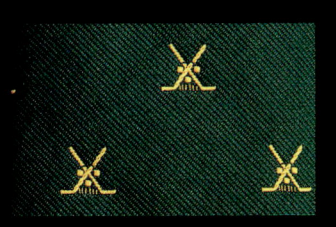

Prestwick Golf Club
2 Links Road,
Prestwick, Ayrshire KA9 1QG,
Schottland
Tel.: 0044-1292-477404
Fax: 0044-1292-477255

Royal Liverpool Golf Club
Meols Drive,
Hoylake,
Wirral, Merseyside L47 4AL,
England
Tel.: 0044-151-6323101
Fax: 0044-151-6326737
E-mail: Sec@rlgc.u-net.com

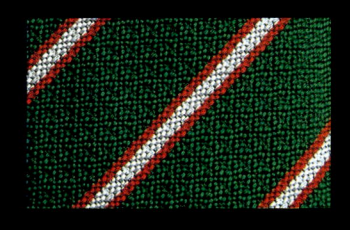

The Royal St. George's Golf Club
Sandwich, Kent CT13 9PB,
England
Tel.: 0044-1304-613090
Fax: 0044-1304-611245

Rye Golf Club
Camber,
Rye, East Sussex TN31 7QS,
England
Tel.: 0044-1797-225241
Fax: 0044-1797-225460

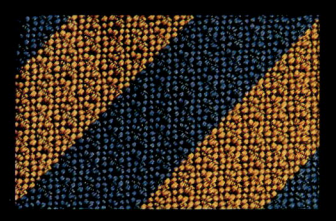

Sunningdale Golf Club
Ridgemount Road,
Sunningdale, Berkshire SL5 9RW,
England
Tel.: 0044-1344-21681
Fax: 0044-1344-24154

Swinley Forest Golf Club
Coronation Road,
South Ascot, Berkshire SL5 9LE,
England
Tel.: 0044-1344-874979
Fax: 0044-1344-874733
Keine Clubkrawatte

*Royal Worlington and
Newmarket Golf Club*
Mildenhall,
Bury St. Edmunds, Suffolk IP28 8SD,
England
Tel. u. Fax: 0044-1638-717787

Royal West Norfolk Golf Club
Brancaster,
King's Lynn, Norfolk PE31 8AX,
England
Tel.:   0044-1485-210223
Fax: 0044-1485-210087

Royal Porthcawl Golf Club
Porthcawl, Mid Glamorgan CF36 3UW,
Wales
Tel.: 0044-1656-782251
Fax: 0044-1656-771687

The Royal County Down Golf Club
Newcastle, County Down BT33 0AN,
Nord-lrland, UK
Tel.: 0044-13967-23314
Fax: 0044-13967-26281

Portmarnock Golf Club
Portmarnock, County Dublin,
Irland
Tel.: 00353-1-846-2968
Fax: 00353-1-846-2601

The Golf Match Club
Ohne feste Adresse.
Die monatlichen Abendessen des Match Club
finden im Boodle's Club in London statt.

Danksagungen

Alles begann mit einer Frage meines guten Freundes Richard Sutton: „Würdest du jemals ein Buch über Golf schreiben?" Und so ist es mir ein besonderes Anliegen, all die Freunde und Kollegen aufzulisten, die zum Gelingen dieses Buches beigetragen haben – und dies, da ich das Projekt als Nicht-Golfer begann und jetzt ein paar Mal den Score von 100 geknackt habe. Ich verdanke diesen Leuten also eine neue Beschäftigung… und kleinere Verletzungen.

Richard Sutton und Brooks Carey, beides ehrgeizige Golfer, waren meine treuen Ratgeber bei der Vorbereitung für dieses Buch. Zunächst reisten sie mit mir nach England und Irland, um den Clubs das Buchkonzept zu präsentieren und mich vor Fehlern bei Golfgesprächen zu bewahren. Später begleiteten sie mich und den Buchautor John de St. Jorre durch die Pforten der Clubs bis hin zu den Plätzen, wo wir den alten Sport beobachten konnten. Dass sie die Texte im Laufe ihrer Entstehung lesen konnten, war für die Gesamtheit des Projekts von entscheidender Bedeutung. Sie waren sehr hilfreich, wenn es darum ging, etwas genauer hinzusehen.

Zu großem Dank sind wir den Captains, den Honorary Secretaries, ehemaligen Captains und illustren Mitgliedern verpflichtet, die uns in ihren Clubs mit Charme und Humor empfingen: Michael Attenborough, John und Shirley Batt, David Beazley, John Behrend, A. D. H. (Tony) Biggins, John Boardman, Tim, Liz und Alex Boatman, Michael J. E. G. Bower, Maurice Buckley, Nicholas Burn, J. B. (Joe) Carr, Bruce Critchley, Richard Cole-Hamilton, S. A. G. Cooley, F. J. Frank Davis, J. C. R. Downing, der 19. Earl of Derby, J. G. Edwards, J. E. (Jack) Eustace, Brian Fitzgerald, J. A. (Jo) Floyd, Margaret Freety, F. R. (Bobby) Furber, Peter Gardiner-Hill, Douglas Gardner, John R. Gillum, Gareth Griffiths, Daniel Griggs, Paul Guest, Neil Harman, David und Kathleen Harvey, Tom Harvey, Buster Holland, Dr. D. W. (David) James, John R. James, Jonathan und Sarah Jempson, Murray Lawrence, Peter Lewis, Ian Lochhead, Dr. Omar Malik, J. M. (Michael) Marshall, Sandy Matthewson, Harry McCaw, Dr. L. (Leo) McMahon, H. B. (Henry) Mercer, Sir John Milne, R. J. Morgan, Brian Morrison, D. (David) Nicholson, Ian Pattinson, Simon Radcliffe, W. E. (Bill) Rhys, R. C. (Rupert) Ross, Nicholas Royds, Michael Scott, Sir Patrick Sheehy, Tim Smartt, E.W. (Jim) Swanton, Dr. A. D. (Percy) Walker, Stephen Walton mit Familie und John Whitfield.

Besonderer Dank gilt den Sekretären des Clubs für ihre Anstrengungen: Sir Michael Bonallack, Ian Bunch, Major Nigel A. Carrington-Smith, Lt. Col. C. J. Gilbert, Major Guy Hipkin, Group Captain C. T. Moore, Colonel Ian T. Pearce, Frank Prescott, John Quigley, Peter Rolph, Gerald E. Watts, A. W. Woolcott und Stewart Zuill.

Es war erneut ein Vergnügen mit dem Autoren John de St. Jorre und dem Grafiker Sam Antupit zusammen zu arbeiten. Es ist unser drittes gemeinsames Projekt.

Die Eastman Kodak Company stellte großzügig Ektachrome und Kodachrome-Filme zur Verfügung. Entwicklung durch BWC Labs. Die Kameras und Objektive wurden von Canon/USA zur Verfügung gestellt. Außerdem möchte ich folgenden Personen für ihre Zeit, ihre Großzügigkeit und ihre Freundschaft danken: Bill Acquavella, Anthony Adams, The Brook Club, Bill Caler, Nicholas Calloway, James Cowperthwait, Parker Gilbert, Cathy Harrison, Clifford Jones, Vicki Lewis, Nike Newler, Geoffrey Norman, John Phelan, Tim Smith, Karen Teitlebaum und Dick Wilson.

Zu guter Letzt – ein Buch dieser Größe und Ausstattung wäre ohne engagierte Sponsoren nicht möglich gewesen: B. T. Alex Brown, Business Week Magazine, Canon/USA, Omni Hotels, Rolex/USA und US Trust.

Anthony Edgeworth
Wellington, Florida
am 31. August 1998

Edgeworth Editions
www.greatgolfcourses.com